古代歷史文化 研究輯刊

七 編

王明蓀 主編

第6冊

日唐中央統治體制異同之研究
——以大寶令和養老令爲主

山下訓儀 著

國家圖書館出版品預行編目資料

日唐中央統治體制異同之研究——以大寶令和養老令爲主／
山下訓儀 著 — 初版 — 新北市：花木蘭文化出版社，2012〔
民 101〕
目 4+262 面；19×26 公分
（古代歷史文化研究輯刊 七編；第 6 冊）
ISBN：978-986-254-816-5（精裝）
1. 天皇制度　2. 政治制度　3. 比較研究
618　　　　　　　　　　　　　　　　　　101002535

ISBN-978-986-254-816-5

9 789862 548165

古代歷史文化研究輯刊

七　編　第六冊　　　　　　ISBN：978-986-254-816-5

日唐中央統治體制異同之研究——以大寶令和養老令爲主

作　　者　山下訓儀
主　　編　王明蓀
總 編 輯　杜潔祥
出　　版　花木蘭文化出版社
發 行 所　花木蘭文化出版社
發 行 人　高小娟
聯絡地址　新北市永和區中正路五九五號七樓
　　　　　電話：02-2923-1455／傳眞：02-2923-1452
網　　址　http://www.huamulan.tw 信箱 sut81518@gmail.com
印　　刷　普羅文化出版廣告事業
初　　版　2012 年 3 月
定　　價　七編 24 冊（精裝）新台幣 38,000 元

日唐中央統治體制異同之研究
——以大寶令和養老令爲主

山下訓儀　著

作者簡介

山下訓儀，出生於日本長崎縣，1990年來台教日文，現任實踐大學應用日文學系專任助理教授。研究領域是中、日文比較文法教授法及中日關係史、日本史、日本企業實務。曾經就讀國立成功大學歷史研究所（碩士班）與國立中正大學歷史研究所（博士班）。碩士論文為《六三法之研究》，其他歷史相關的論文有〈唐朝對日本大化革新土地‧租稅制度之影響及其比較〉、〈日據末期為配合日本國家總動員法，在台灣施行的勞務動員之狀況及其影響〉。出版書籍有《山下基礎日本語》、《依中、日文比較語言對照法的文法解說書》、《實力養成日本語基礎》、《商用日語 I》、《商用日語 II》。

提 要

　　日本在西元645年經過大化革新之後，為了實現以天皇為中心的中央集權體制，而向唐朝不斷的學習。但因為日本的國情與唐朝不同，所以無法完全採用其統治體制。因此日本引進唐朝統治和律令制度的同時，篩選、修改了不符合日本國情的部分，創造出日本獨特的統治和律令制度。筆者主要研究唐、日間中央統治體制之差異，以及日本為何未全採用唐朝統治體制之原因。本文共五章（第一章緒論不包含在內）十節（前言和小結不包含在內），第二章「古代天皇之性質與氏族間之權力架構」中主要分析並探討日本天皇的淵源和日本國家的形成過程；大化革新前後的天皇性質與氏族之間的權力架構，以及有否取代天皇氏的抗衡勢力。本論文的核心部分在第三章到第五章，第六章為結論。

　　第三章「日本皇位繼承法未全採用唐制的原因及其影響」中，以「古代家族」家長制度的角度，來探討日本未採用類似中國的直系嫡子皇位繼承法之理由。並分析由於皇家企圖採用中國式的直系嫡子皇位繼承法，以及自古以來根深蒂固的氏族制度，而受到兩者極大影響的家族法，用以闡明當時天皇家為了企圖仿照中國皇位繼承法，如何利用日令家族法，和實際的「古代家族」家長繼承法之間如何產生矛盾，以及為何必須改良唐令家族法的理由。

　　第四章「日本政體之性質以及未全採用唐政體之原因」中，把重點放在日本的二官制和唐三省制，並進一步探討當初日本未能完全採用唐政體，以及只採用唐宰相的合議體制，而未採用唐三省制等原因。

　　在日本中央政府的中樞組織架構中沒有像唐三省制那樣，以分權制衡為基礎的三權分立體制存在；相對的，唐制政事堂的合議體制是以分權制衡為基礎的三省，使各機關實際運作上謀求方便，也為皇帝正確判斷國政並進行決策。既然太政官中樞組織的性質與唐制不同，唐、日之間的國政決策程序也會產生不同的結果。因此在第五章「唐、日國政決策程序之比較」中，主要進行唐、日間中樞決策與上奏及執行流程之比較，並分析產生差異之原因。

目

次

附　錄

第一章　緒　論

一、研究動機

　　筆者對於中、日關係史，尤其是對於政治及法制史方面有相當濃厚的興趣，因此在成功大學攻讀歷史研究所時，就以臺灣日據時期的政治制度及法律制度做爲研究中、日關係史的一環，研究題目爲「六三法之研究」。筆者現在所進行題目爲「日唐中央統治體制異同之研究」。其研究動機，除了對於中、日關係史有濃厚的興趣之外，也是因爲在研究日據時期臺灣的政治制度及法律制度的過程中，經常懷有以下的疑問：

　　日本政府與清朝政府締結《馬關條約》之後，便開始著手經營臺灣，然而，就立即面臨到統治臺灣的難題。因爲當時臺灣的歷史背景、臺灣人民的風俗習慣、民族意識形態以及政治和法律觀念等都跟日本有相當大的差異，也還未能達到實行立憲政體政治的階段。因此當然無法將當時日本所實行的政治制度及法律制度直接套用在臺灣上。只能先從日本現行的政治制度及法律制度當中篩選出比較能夠套用在臺灣上的制度，先將它嘗試著到臺灣施行，並應實際需求而加以修改。

　　當 581 年（隋文帝開皇元年、敏達天皇十年）楊堅建立隋朝時，相當於日本的飛鳥時代初期，約在以天皇爲中心統一日本建立大和朝廷的 180～280 年後。可說是還處於歷史淺薄，國家剛建立的初步階段。相較於中國，當時的日本仍屬於落後國家。當時，身爲天皇攝政的聖德太子，爲了能穩定以天皇爲中心的中央集權國家，便於 607 年（隋煬帝大業三年、推古天皇十五年）派遣遣隋使到中國學習先進的政治制度、法律制度及文化等，藉此加速日本

的漢化。此制度進行直到 894 年（唐昭宗乾寧元年、宇多天皇寬平六年）廢止遣唐使止，期間長達 287 年，前後總共派遣留學生（遣隋使、遣唐使）18次。於 645 年（唐太宗貞觀十九年、孝德大化元年）中大兄皇子（天智天皇）在中臣鎌足等人的同心協力之下，推翻蘇我氏（氏族），並進行大化革新，建立了以天皇爲中心的中央集權國家，也鞏固了律令制度的基礎。

　　隋唐時期的中國和日本之間的關係正好跟日據時期的臺灣以及和明治維新後成爲近代國家的日本之間的關係恰好相反。在隋唐時期，日本不管是在歷史背景、政治和法律觀念、民族意識形態或文化水準上，都跟中國有相當差距，日本當時到底是如何地去吸收、仿照隋唐朝的統治體制及律令制度呢？這是筆者在研究當中所產生的疑問，也是進行「日唐中央統治體制異同之研究」之研究動機。

二、研究方向與目的

　　隋朝的文帝廢除貴族主義的九品官人法，實行著重才能的科舉制度，打破以舊貴族爲主的專制政治，廣泛地採用人才，同時也給與中小地主的子弟們擔任官吏的機會。至於唐朝，尤其是唐太宗的貞觀之治時期，在政治制度方面；以儒家道德爲基礎，建立容納直諫制度，除廣泛地吸收知識官僚的意見外，也重視直接接觸人民的地方官吏之意見。此外，唐朝可說是律令制度的成熟期，其建立的制度成爲了日本在飛鳥時代末期 702 年（周武后長安二年、文武天皇大寶二年）和奈良時代中期 757 年（唐肅宗至德二載、孝謙天皇天平寶字元年）所施行的《大寶律令》〔註1〕以及《養老律令》〔註2〕之基礎。雖然唐朝的君主將部分權力託付給高級官僚，但在分權制衡的政治制度下，設官分職，依法舉職，以維持國家的穩定和安泰，並免於皇帝在地位上遭受到威脅。對日本而言，以明確規範，重建中央威權，鞏固君主權位的唐

〔註 1〕《大寶律令》是以永徽律（疏）令爲範本的。《大寶律令》現已散失，不過可從《令集解》中的「古記」（《大寶令》的註釋）來略推其內容。

〔註 2〕於 718 年（唐玄宗開元六年、元正天皇養老二年）至 721 年（唐玄宗開元九年、元正天皇養老五年）由藤原不比等爲總裁所撰定，39 年後的 757 年（唐肅宗至德二載、孝謙天皇天平寶字元年）施行。養老律，以永徽律（疏）爲藍本，共 500 條、12 篇。但現存的只有職制律與賊盜律的全部、名例律的前半、衛禁律的後半與鬥訟律的一部分。《養老令》除以永徽令爲藍本外，也可能參考開元三年令，或從永徽令至開元七年令之間其他的令文。《養老令》還保留得算完整。

朝，的確值得奉爲圭臬。雖然日本早在隋唐朝前就開始一點一滴地模仿中國文化，但是，隋唐時期始是建立日本的統治體制以及律令制度最重要的時期。因此日本政府才會一直派遣遣隋使和遣唐使到中國吸收各方面的知識、制度及文化等。

但日本並非將隋唐時期的統治體制及律令制度完全直接套用到日本上。因爲當時中國和日本在政治和律令觀念、民族意識心態、歷史背景和文化水準上等有很多不同或者是不相容之處。譬如：

（一）中國的君主地位隨時會遭受到威脅，政治上的錯誤會導致國家的衰亡，中國自古以來不斷地改朝換代。但日本並非如此。日本在 3 世紀左右才進入階級社會，形成初步的國家體系，在大約從 4 世紀初到 4 世紀末時統一日本而建立大和朝廷，此國家的君主在 5 世紀左右開始稱之爲大王。〔註3〕在 5 世紀之前已經建立了在世襲皇位下的天皇制度，但這並不表示從此以後的天皇制度是任何人都不可侵犯的神聖地位。日本的天皇直到 645 年（唐太宗貞觀十九年、孝德天皇大化元年）大化革新後，才確實建立了神聖不可侵犯的地位，也即無可取代的君主地位，日本亦開始加速仿照唐朝而逐漸地建立統治體制及律令體系。在律令體制建立之後不久的 710 年（唐睿宗景雲元年、元明天皇和銅三年）到 720 年（唐玄宗開元八年、元正天皇養老四年）之間，日本最古老的史書《古事記》和《日本書紀》完成，史書上首次詳細地記載天皇的由來，並強調天皇爲日本神（天照大神）的子孫。然而，天皇雖可以維持皇位，但自古以來卻有隨時會面臨失去實際政權而變成傀儡的危機。

（二）中國毗鄰國家及民族眾多，也易受外族影響和侵略。相對地日本爲單一民族的島國，不容易受到外族的影響，更容易維持日本獨特的政治體系以及民族意識心態。

（三）在地理方面中國遠比日本國土大，人口也較多。

（四）在思想方面唐朝以儒教思想爲基礎來治理國家。但是日本以佛教與神道思想爲基礎來治理國家。

因此當時的日本應該是從唐朝的統治體制及律令制度當中篩選出能夠適用於日本的部分，將它套用到日本來施行，並應實際需求來加以修改。

〔註 3〕雖然在 7 世紀後期（唐高宗）時，天武天皇才首次採用天皇稱號，但本文以下統稱某大王（某天皇）。

　　之前已有些專家學者們研究過日本所制定的統治體制及律令制度與唐制之間的比較，但是對於在唐、日的統治體制及律令制度上所產生差異的原因，並未曾被更進一步詳細地探討，更何況是有關於唐朝統治體制及律令制度未能完全被日本採用的內容及其原因，此則更少被提及並加以探討了。因此爲了更進一步明瞭唐、日之間中央統治體制的差異，以及日本從唐朝的統治體制及其相關律令當中篩選、修改或者制定日本獨特的統治體制以及其相關律令之原因，換句話說，當時的日本未能完全採用某些唐朝的統治體制及其相關律令之原因，筆者把它當做中、日關係史的一環，進行「日唐中央統治體制異同之研究」。相信此研究將對中、日文化交流關係史之研究具有正面價值。本文除「緒論」與「結論」外，擬分爲四章進行研究論述，其論述流程是，首先在第二章中說明天皇和氏族間的權力關係以及其大化革新前後的演變，其次在第三章和第四章中分析唐化運動對日本的皇位繼承法與政體帶來的影響，並且闡明唐、日政體間產生的差異內容和原因，最後在第五章中進一步地探討此差異對唐、日國政決策帶來的影響，其主要論點如下：

　　在第二章「古代天皇之性質與氏族間之權力架構」中的第二節「日本古代國家之建立與天皇間之權力關係」中，主要探討日本古代國家的國體以及政體如何形成，以及當時天皇和氏族們之間的權力架構爲何。接下來，在第三節「天皇與氏族間之權力關係演變」中，探討唐化運動如何開始並且其運動對天皇和氏族們之間的權力關係帶來怎麼樣的影響，以及爲何唐化運動的過程中必須實行大化革新之原由；在大化革新之前的天皇制度是否具有神聖不可侵犯的地位，即有無足以取代天皇氏的抗衡勢力。

　　在第三章「日本皇位繼承法未全採用唐制的原因及其影響」中的第二節「天皇皇位繼承法之原則及大兄制度」中，探討在大化革新之前的日本古代天皇皇位繼承法和大兄制度之間有何關係，並且說明與唐帝國的皇位繼承法之間有何差異。接下來，在第三節「日本古代家族家長繼承法與皇位繼承法間之關連」中，以日本古代家族的家長制度之角度來分析爲何日本有其獨特的皇位繼承法存在，在第四節「中國式皇位繼承法與氏族制度對家族法之影響」中，更進一步地探討此古代家族的家長繼承法與當時天皇家所企圖仿照中國方式的皇位繼承法之間的矛盾以及天皇和氏族制度之間的關係，對家族法相關的日令帶來如何的影響，以及爲何與此家族法相關的日令與唐令之間產生差異。在第五節「大化革新後之皇位繼承問題」中，透過大化革新後的

天皇家在政治上的演變，更進一步地探討大化革新後天皇家所企圖仿照中國方式的皇位繼承法對政體帶來的影響，以及爲何當時日本無法繼續維持類似中國的直系嫡子皇位繼承法之理由。

在第四章「日本政體之性質及未全採用唐制之原因」中的第二節「神祇官之成立及唐制間之比較」中，主要探討此制爲何跟唐制不同，而在日本的政體中有神祇官的存在。在此分析神祇官的職掌和其性質與唐制之間的差異，以及神祇官在統治體制中的角色，以解釋在日本的政體中獨立設置神祇官的理由和其目的。至於第三節「太政官中樞組織的性質及唐三省制間之比較」，透過太政大臣、左右大臣、辨官局、大少納言、少納言局、中務省的職掌及其性質與唐制之間的比較，闡明太政官中樞組織和三省制間性質之差異，並試探唐、日中央中樞組織架構和其性質上產生差異的原因和內容，藉以解釋日本未採用唐三省制，而只採用唐宰相合議制的原因。

在第五章「唐、日國政決策程序之比較」，於第二節「中樞決策及執行之比較」和第三節「上奏制度之比較」中，分別探討太政官中樞組織的性質與唐三省制間之差異，在唐、日制間的國政決策程序上，帶來怎麼樣的差異。

三、研究範圍

研究的年代範圍設定於聖德太子首次派遣遣隋使到中國的 607 年（隋煬帝大業三年、推古天皇十五年）左右的飛鳥時代初期，到 750 年（唐玄宗天寶九載、孝謙天皇天平勝寶二年）左右的奈良時代中期之間。因爲日本大規模吸收唐律令而在 701 年（周武后長安元年、文武天皇大寶元年）八月告一段落，並在 702 年十月施行的《大寶律令》，以及在 718 年（唐玄宗開元六年、元正天皇養老二年）開始制定並在 757 年（唐肅宗至德二載、孝謙天皇天平勝寶九年）施行的《養老律令》，兩者都是具有完整體系的成文法典，而後者更被認爲是奈良時期日本所制定律令之最終集大成者。因此可認爲日本的統治體制及律令制度在施行《養老律令》時，幾乎已經都到了成熟期。雖然日本政府從 750 年到廢止遣唐使的 894 年（唐昭宗乾寧元年、宇多天皇寬平六年）爲止，也還陸續派遣遣唐使到中國，但是在 751 年高仙芝所率領的唐朝軍隊被大食打敗後，不久就發生了安史之亂，唐朝的國勢從此衰退不振，政局也趨於惡化。因此可認定當時的日本向唐朝學習統治體制及律令制度的主要時期，大約止於 750 年代左右。故此研究的下限定於到 750 年代左

右爲止。

另外，在中央統治體制中的政體方面，主要探討日本中央神祇官和太政官中樞組織以及唐中央三省制爲主。在律令方面，雖然律令所規定的法令，涉及到有關於刑法、政治、民政、軍事和經濟等非常廣泛的範圍，但因爲筆者研究的中心是統治體制，而且在奈良時代的唐化運動中，日本所制定的律令之最終集大成是《養老律令》，因此在此論文中只探討與統治體制相關的唐、日令，尤其日令方面以《大寶令》和《養老令》爲主，做爲研究的主要領域範圍。

四、研究回顧

關於在大化革新之前的天皇制，不少學者以 5 世紀之前已經建立了任何人都不可侵犯的王權爲前提加以研究《日本書紀》，結論爲懷疑《日本書紀》中的歷史記載。然而，也有些學者認爲：建立任何人都不可侵犯的王權之年代是 7 世紀後期的天武天皇時代（唐高宗時），雖然從彌生時代到古墳時代時（3～4 世紀末）暫時出現類似具有龐大王權般的勢力，但之前的日本基本上尚未建立鞏固的王權；而是不斷地爭奪王權，也就是尚處於爭奪霸權時代。尤其是大谷明稔在〈天智、天武部族抗爭の結末・古代國家に關する研究（四）〉〔註4〕中，強烈地主張天武天皇之前的王權並非任何人都不可侵犯的王權。筆者認同此意見，也認爲重新研究日本建立鞏固王權的年代有其必要性，不然的話，對於《日本書紀》中的歷史記載。必將產生無數的疑點，令人難以自然接受它的記載，也無法抓住史實。

在國體的皇位繼承法方面，諸多學者認定古代天皇的繼承法是採用類似兄弟繼承法，但日本的皇位繼承多受到支持天皇背後的氏族們鬥爭所影響，所以它似乎沒有一定的規則存在，然而，井上光貞注意到在天皇家中有些冠上「大兄」名號的皇子，遂對之加以研究，在《日本古代國家の研究》〔註5〕中試探天皇的皇位繼承之規則；但他對於「大兄」制度的見解，也有不合理的部分。之後，雖然近人成清弘和〔註6〕也在〈大后と大兄〉和〈日本古代王

〔註4〕 大谷明稔，〈天智、天武部族抗爭の結末・古代國家に關する研究（四）〉，收入柏原高等學校，《研究紀要》第八號，1998 年 10 月。

〔註5〕 井上光貞，《日本古代國家の研究》，東京：岩波書店，1965 年。

〔註6〕 成清弘和，〈大后と大兄〉，《續日本紀研究》第二三四號，1984 年 8 月，收入氏著《日本古代の王位繼承と親族》，東京：岩田書院，1999 年，第 1 刷；成

位繼承法試論〉論文中發表，關於「大兄」制度與皇位繼承法間關聯的見解，但筆者仍然尚未得到有說服力的解釋之感。另外，中田薰在《法制史論集・第一卷》〔註7〕中站在所謂大部分遺產歸屬於嫡子是基於日本自古以來的習慣法之立場，進行《大寶戶令》和《養老戶令》之間應分條之比較研究。但筆者難以認同他的見解。筆者認為在《大寶戶令》應分條中的遺產繼承的規定受到濃厚的政治影響，也與皇位繼承法間有所關連，並非基於日本自古以來的習慣法而訂立的。然而目前尚未有下列兩點詳細的研究成果：一為，氏族的家族形態之「古代家族」家長制度的角度來詳細地探討日本獨特的皇位繼承法之淵源，以及日本在基本上沒有採用類似中國的直系嫡子皇位繼承法之理由。二為，分析受到日本根深柢固的氏族制度和天皇家在大化革新後所採用類似中國的直系嫡子皇位繼承法影響的家族法，用來闡明當時天皇家為了仿照中國式的皇位繼承法，如何利用日令家族法；和實際的「古代家族」之家長繼承法之間產生如何矛盾；為何必須改良唐令家族法之理由。

在政體的組織架構方面，關於設置神祇官的理由，牧健二在《日本法制史論》〔註8〕中表示：神祇官是基於日本特殊的國體而設置的官府，在《職原抄》中所說的「又神國之故以當官置人政官之上乎」，表示日本重視此官的原因。諸多學者們也曾經解釋為因為日本自古以來即是重視祭祠神祇之國家，或者是因為尊重天皇等說法。

石尾芳久在《日本古代天皇制の研究》〔註9〕中指出：《職原抄》中的神國思想必須從當時的政治思想來探討，不能只因為把神祇官之條文列在職員令規定的開頭，就馬上判斷為這是把神祇官置於諸官之上的依據，因為《職原抄》是北畠親房個人的見解，跟《大寶令》和《養老令》之官制本來的構想沒有甚麼關係。

利光三津夫對於此問題在《日本古代法制史》〔註10〕中主張：對於以律令規定來設置此神祇官，在江戶時代民間盛傳之理由，係因為日本具重視神

清弘和，〈日本古代王位繼承法試論〉，《日本書紀研究》第二十一冊，東京：塙書房，1997年6月，收入氏著《日本古代の王位繼承と親族》，東京：岩田書院，1999年，第1刷。
〔註7〕中田薰，《法制史論集》第一卷，東京：岩波書店，1986年。
〔註8〕牧建二，《日本法制史論》，東京：弘文堂，1929年。
〔註9〕石尾芳久，《日本古代天皇制の研究》，東京：法律文化社，1969年7月。
〔註10〕利光三津夫，《日本古代法制史》，東京：慶應通信，1995年，再版。

祇祭祀的國風之緣故，但設置此神祇官之原因並非特別重視神祇官，而是由於律令時代的天皇具雙重性格。此時代的天皇具有在大化革新之前的，做爲天皇在宗教上的最高祭祀權者之一面，以及在大化革新之後的，做爲中國式的統治世俗的皇帝之一面。律令的制定者注目這一點，故設置代替皇帝行使行政權的太政官與代替在宗教上的最高祭祀權者天皇行使神祇祭祠的神祇官。因此類似把神祇官設置爲太政官的高層機關等說法完全錯誤，神祇官當做官府的地位，位置比八省還要下層。

但筆者無法完全認同上述牧健二、石尾芳久和利光三津夫三者之見解。因爲如果與唐朝政體仔細地比較，就會發現無法以三者的見解來完全解釋當時的日本與唐朝政體之間產生差異之理由，也等於是日本特別獨立設置神祇官之原因。

另外，鄭顯文在《唐代律令制研究》〔註11〕中進行唐代的《祠令》和日本的《神祇令》間之比較，即進行兩者祭祀名稱、對祭祀用品和祭祀管理的規定、古代皇帝（天皇）即位禮儀等之比較，但未探討日本特別獨立設置神祇官之原因。在古代中、日關係史以及古代中、日國體間的比較方面，高明士在《東亞古代的政治與教育》〔註12〕一書中提到有關古代中、日外交關係的問題；甘懷眞在《皇權、禮儀與經典詮釋：中國古代政治史研究》一書中進行中國古代皇帝號與日本天皇號間性質之比較，也在〈從天下觀到律令制的成立：日本古代王權發展的一側面〉〔註13〕論文中提到中、日間古代王權和天下觀念之差異，非常值得參考。

至於政治中樞的太政官制度，石井良助在《日本法制史概要》〔註14〕中僅僅解釋爲當時的日本導入唐朝的政治體制，是按照日本國家的需求而簡化，這似乎成爲諸多學者們的公識。在中、日比較研究方面，雖然有瀧川政治郎著的《日本法制史》和中田薰著的《法制史論集・第三卷》〔註15〕等研

〔註11〕鄭顯文，《唐代律令制研究》，北京：北京大學出版社，2004年，第1版。

〔註12〕高明士，《東亞古代的政治與教育》，臺北：財團法人喜瑪拉雅研究發展基金會發行，2003年5月，第2版。

〔註13〕甘懷眞，《皇權、禮儀與經典詮釋：中國古代政治史研究》，臺北：國立臺大出版中心，2004年6月，初版；甘懷眞，〈從天下觀到律令制的成立：日本古代王權發展的一側面〉，收入高明士編，《東亞傳統教育與法制研究（一）教育與政治社會》，臺北：國立臺大出版中心，2005年7月，初版。

〔註14〕石井良助，《日本法制史概要》，東京：創文社，1989年5月，第35刷。

〔註15〕瀧川政治郎，《日本法制史》，東京：有斐閣，1930年，再版；中田薰，《法制

究成果，但僅解釋在日本太政官組織相當於唐制的哪個官職，並且略爲比較說明而已。另外早川庄八在〈制について〉和〈律令太政官制の成立〉〔註16〕中主張天武朝六官有可能不隸屬於辨官局的前身大辨官，甚至說六官具有政務的審議權，當時的太政官並非國政審議的機關，僅是奏宣機關，太政官和大辨官兩官相具並列構造。筆者認爲天武朝六官雖有自立性質，但他的說法代表 7 世紀末的天武朝權力架構和政體之性質，與以 6 世紀中葉開始發展的大夫制度爲基礎，於 8 世紀初形成的《大寶令》以後的太政官之性質完全相反，兩者間產生許多矛盾，而且他的見解缺乏依據，可說是有點極端的看法。相對的，吉川眞司在《律令官僚制の研究》〔註17〕中指出太政官的合議制在日本傳統的大夫合議制上繼承唐宰相的合議制，但未進一步詳細地探討唐、日中央中樞組織間產生怎麼樣的差異和其原因，以及日本爲何只採用唐宰相的合議制，而未能採用唐三省制。至於中文書方面，雖然幾乎沒有深入探討唐、日中央中樞組織間的差異之論文，但唐制方面有嚴耕望〈論唐代尚書省之職權與地位〉、沈任遠《隋唐政治制度》、錢穆《中國歷代政治得失》、陳炳天《唐代政治制度研究》、毛漢光〈論唐代之封駁〉、謝元魯《中央政權決策研究》、袁剛《隋唐中樞體制的發展演變》、雷家驥《隋唐中央權力結構及其演進》、吳宗國〈隋與唐前期的宰相制度〉、高明士《中國中古政治的探索》等許多有關唐代政治制度方面的論文，非常值得參考。〔註18〕

史論集》第三卷，東京：岩波書店，1943 年。

〔註16〕 早川庄八，〈律令太政官制の成立〉，收入坂本太郎博士古稀記念會，《續日本古代史論集》上卷，東京：吉川弘文館，1972 年 7 月；早川庄八，〈制について〉，收入井上光貞博士還曆記念會編，《古代史論叢》中卷，東京：吉川弘文館，1978 年。

〔註17〕 吉川眞司，《律令官僚制の研究》，東京：塙書房，1998 年 2 月，第 1 版。

〔註18〕 嚴耕望，〈論唐代尚書省之職權與地位〉，收入國立中央研究院歷史語言研究所集刊編輯委員會，《國立中央研究院歷史語言研究所集刊》第二十四本一冊，台北：國立中央研究院歷史語言研究所，1953 年 6 月，初版；沈任遠，《隋唐政治制度》，台北：臺灣商務印書館，1977 年 10 月，初版；錢穆，《中國歷代政治得失》，台北：東大圖書，1981 年 9 月，再版；陳炳天，《唐代政治制度研究》，台北：臺灣商務印書館，1983 年，初版；毛漢光，〈論唐代之封駁〉，收入國立中正大學，《國立中正大學學報》人文分冊，第一期第三卷，嘉義：國立中正大學出版，1992 年；謝元魯，《中央政權決策研究》，台北：文津出版社，1992 年，初版；袁剛，《隋唐中樞體制的發展演變》，台北：文津出版社，1994 年 6 月，初版；雷家驥，《隋唐中央權力結構及其演進》，台北：東大圖書股份有限公司，1995 年；吳宗國，〈隋與唐前期的宰相制度〉，收入吳

五、研究方法

　　爲了順利進行此研究，將研究的重點放在日本國體的性質和繼承法、日本的政體、決定國策系統的問題上，同時進行與唐朝統治體制之間的比較。雖然以統治體制相關的唐、日令爲比較的基礎，但在日本方面，日令所規定的法令不一定代表實際施行的統治體制，因此必須從日本天皇的性質、天皇和氏族之間的權力關係、政治理念和大化革新的影響等當時的日本歷史背景、唐朝政體性質的優點和缺點等角度，來仔細地分析比較日本當時統治體制，進而探討未被日本完全採用的統治體制以及其原因。因此本文之進行以一般的歷史研究法爲主。

　　在研究工具方面，主要使用《唐六典》、《通典》、《舊唐書》、《新唐書》、《唐會要》、《唐開元禮》、《資治通鑑》、《貞觀政要》、《通志二十略》、《唐大詔令集》、《二十五史》、《唐律疏議》、《日本書紀》、《日本書紀私記》、《續日本紀》、《日本後紀》、《釋日本紀》、《古事記》、《帝王編年記》、《令集解》、《令義解》、《類聚三代格》、《律》、《政事要略》、《類聚符宣抄》、《延喜式》、《交替式》、《日本三代實錄》、《懷風藻》、《扶桑略記》、《朝野群載》、《公卿補任》、《藤氏家伝》等第一手資料和其他古代資料，以及《唐令拾遺》、《唐令拾遺補》等前輩學者們的研究成果和相關資料。尤其是日令方面，必須仔細地閱讀《古記》、《令釋》、《讚記》、《跡記》、《穴記》、《朱說》等當時的學者按照實際狀況而對日令的註釋，用來了解當時實際上施行的統治體制，以及立法者以日令來規定並施行其統治體制之眞正目的和立法精神。

六、凡　例

（一）西元年代均使用羅馬數字，並且省略"西元"字標示，如：2008 年、前 300 年。

（二）依照情況，標示西元年代後，在（　）中以漢字來標示中國年號和日本年號，而且依照情況在中、日年號前記載帝王名或征夷大將軍名（日本武家時代），如果標示兩國年號時，中國年號列在日本年號前，如：607 年（隋煬帝大業三年、推古天皇十五年）。但至於雄略天皇之前的

宗國主編，《第二屆國際葦學研究會議論文集》，上海：上海辭書出版社，2003 年 8 月第 1 版；高明士，《中國中古政治的探索》，臺北：五南圖書出版社，2006 年 10 月，初版第 1 刷。

帝王，因為其在位年代並不明確，因此均不標示日本年號。

（三）因為日本從 645 年大化元年開始，才部分使用年號制度，從《大寶律令》完成的 701 年大寶元年開始，正式完全採用。因此 645 年大化元年之前的年代以及從 645 年大化元年開始到 701 年大寶元年之前的部分年代均以天皇執政年來標示年號，如：670 年（唐高宗咸亨元年、天智天皇九年）。

（四）世紀、期間和順序均使用羅馬數字，如：5 世紀、360 年期間、第 3 代。

（五）（　）中記載的天皇名稱，是代表其人即位成天皇後的名稱，如：中大兄皇子（天智天皇）。

（六）除天皇之外的日本和朝鮮歷史與神話故事中的人物姓名及神名下面，一律都劃實線，如：中大兄皇子。

（七）當時日文史料（令集解、日本書記等）之原文只使用句點符號，因此筆者以現行的標點符號方式修改引用文。高麗《三國史記》亦同。

第二章　古代天皇之性質與氏族間之權力架構

第一節　前　言

　　日本的舊統治體制在 593 年（隋文帝開皇十三年、推古天皇元年）第一代女皇推古天皇和輔助她的聖德太子出現後，逐漸地進行改革，在 645 年（唐太宗貞觀十九年、孝德天皇大化元年）大化革新後呈現出很大的改變，仿照唐朝，建立了以中央集權為目的的新統治體制。也可以說大化革新是在日本史上非常大的轉換，之後日本朝向以天皇為中心的中央集權之律令國家邁進。雖然如此，日本並非走跟中國完全一樣的路線，而在仿照唐朝的統治體制的同時，也產生出日本獨特的統治體制。日本古代史存在許多疑點，依照《日本書紀》和《古事記》的記載，將天皇氏在日本古代史的地位定位為自古以來具有神聖不可侵犯的地位，但當然不能相信《日本書紀》所有的記載。為了了解為何當時日本不能完全仿照唐朝的統治體制，而走出其獨特路線之原因，在本章裡，首先必須先分析並探討日本天皇的淵源和日本國家的形成過程；大化革新前後的天皇性質與氏族之間的權力架構，以及有否取代天皇氏的抗衡勢力。了解上述在國家形成過程上的日本天皇性質以及與氏族之間的權力架構，方能針對為何未完全仿照唐制加以探討。

第二節　日本古代國家之建立與天皇間之權力關係

一、日本古代國家之建立與氏姓制度

　　日本在前 300 年（周報王十五年）左右進入彌生時代，從朝鮮半島傳進了耕田的技術，這對於日本帶來很大的影響。之後，日本開始以農耕做爲經濟的基礎，人們的生活因而變得更富裕和複雜，也可以居留在固定的地點，因而導致產生許多更大的部落。當初以部落爲中心的，規模比較小的政治、經濟和社會架構，透過血緣或地緣關係，跟其他部落融合，其過程中逐漸地形成了統治其部落的核心勢力，至於出現具有相當規模的政治和經濟圈之地方豪族，所融合的部落形成小國，西漢時代當時的日本共有一百多個國家存在。《漢書・地理志》云：「樂浪海中有倭人，分爲百餘國，以歲時來獻見云。」〔註1〕

　　之後，日本的國王在 57 年（東漢光武帝中元二年）時派遣使者到中國，光武帝賜給使者「漢委奴國王」的印信。《後漢書・東夷列傳》倭條伝：

　　　建武中元二年，倭奴國奉貢朝賀，使人自稱大夫，倭國之極南界也。

　　　光武賜以印綬。〔註2〕

3 世紀左右的日本有三十多個國家使譯通中國，其中最強大的國家是邪馬臺國，《三國志・魏書・東夷傳》倭人條伝：

　　　舊百餘國，漢時有朝見者，今使譯所通三十國。……南至邪馬臺國，

　　　女王之所都，……可七萬餘戶。〔註3〕

但此時的邪馬臺國尚未具有統一日本的勢力。到了古墳時代 4 世紀初，由於人們生活水準的提高和複雜化，部落逐漸地形成了相當廣泛的政治和經濟圈，同時日本的社會架構也變得更加複雜，更促進了小國之間的融合，進一步導致大和朝廷的日本統一。

　　邪馬臺國的女王是卑彌呼，多數的學者認爲統一日本的主權者天皇氏〔註4〕的始祖是卑彌呼的後裔。但也有許多學者是以考古學和廣泛的史學角

〔註1〕見〔漢〕班固，《漢書》（台北：鼎文書局，1997 年 10 月，第 9 版），卷二十八〈地理志〉，頁 1658。

〔註2〕見〔宋〕范曄，《後漢書》（台北：鼎文書局，1999 年 4 月，第 2 版第 1 刷），卷八十五〈東夷列傳〉倭條，頁 2821。

〔註3〕見〔晉〕陳壽，《三國志・魏書》（台北：鼎文書局，1997 年 5 月，第 9 版），卷三十〈東夷傳〉倭條，頁 854。

〔註4〕這時尚未有天皇之名稱，應該稱爲國王。

度來加以探討，而且在各種方面都很有說服力，說明天皇氏的始祖是在<u>卑彌呼</u>時代之後來自於中國北方民族之首長。但因爲跟本論文的主旨並沒有直接的關係，因此在此不深入探討天皇氏的來源。無論如何，天皇氏是具有相當規模的諸國之核心勢力，最後統一日本而建立大和朝廷（4 世紀初〜末），而形成此核心勢力的氏族聯合體中之一。他在壓制其他氏族後，確保了統率的地位。山崎丹照認爲眞正的第一代天皇是第 10 代崇神天皇（3 世紀初〜4 世紀初），〔註 5〕從他開始便一直世襲下去，以規模遠遠超越埃及金字塔的仁德天皇古墳來看，可以想像到了第 15 代應神天皇和第 16 代仁德天皇時（4 世紀中葉〜5 世紀初），在政治上天皇氏已經具有鞏固和穩定的地位以及權力。但這不表示後世天皇氏的地位和實際政權也能如此鞏固和穩定。

　　日本古代天皇制的性質在於以天皇爲中心的氏族國家體制。所謂的氏族國家體制是由於血緣關係所構成的集團，形成一個稱之爲「氏」的社會組織，此複數的「氏」集團聚集而形成日本古代的國家。天皇氏就是此集團中具有最大勢力的豪族。在此氏族中產生宗支關係時，通常由宗族來統率支族，各氏族的族長稱之爲「氏上」，其氏上以外的成員稱之爲「氏人」。這些大小氏族各自具有世襲的職業。當時皇家和諸氏統率叫做「部」的技能集團，其成員稱爲「部民」，此「部民」服從皇家或氏族而從事特殊的職業，並且因所屬之單位之不同，分別總稱之爲「部曲」、「品部」、「子代」（也稱爲「名代」或「田部」），如下【圖 2-1】〈氏族國家體制圖〉。「部」中也有與氏族同樣的名稱，例如：<u>蘇我</u>部是屬於<u>蘇我</u>氏的私民集團，<u>中臣</u>部是屬於<u>中臣</u>氏的私民集團，也有與氏族的名稱不一致的，由特殊職業名稱或地名等取名的「部」，就是弓削部、矢作部和鍛治部等職業部，這些爲了大和朝廷或爲皇家服務的技能集團之「部民」總稱之爲「品部」，直接管理其「部」的諸氏官人集團稱之爲「伴」。「伴」是由大和朝廷召集所任命爲「國造」的地方豪族族長（氏上）之一族來擔任的，其首長是中央的官人，稱之爲「伴造」，世襲此職務的統轄權。「品部」是隸屬於「伴造」和「伴」的勞動者，以「伴」所出身的「國造」統治的區域內之「部民」來當其「品部」。雖然「伴造」與「氏上」之性質不相同，但是，「伴造」統率此「部民」而世襲其職業的過程

〔註 5〕請參考山崎丹照，《天皇制の研究》（東京：シュージアム圖書，1997 年 9月），頁 14（原版氏著，《天皇制の研究》，東京：帝國地方行政學會，1959年 2 月）。

圖 2-1：氏族國家體制圖

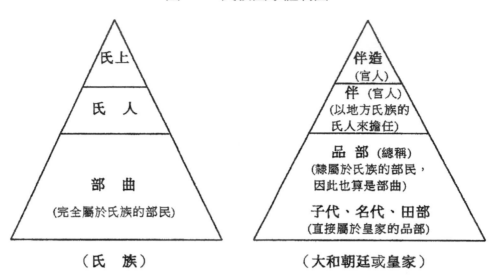

中，此「部民」好像變得具有以「伴造」為「氏上」的氏族的「部民」之性質，也有「氏上」率領許多「私民」（「部曲」）侍奉天皇氏或大和朝廷的過程中，得到類似「伴造」地位的狀況。因此也產生屬於大和朝廷「伴造」的「部」與屬於「氏上」的「部」之間的界線模糊之現象，但是，「品部」與其說是氏族的私民，倒不如說是個直接隸屬於大和朝廷的「部民」。「子代」、「名代」是直接隸屬於皇家的「部民」，「田部」是在皇家直轄地的「屯倉」耕耘的「部民」，也是直接隸屬於皇家的「部民」。其實，「子代」、「名代」和「田部」此三種「部民」只是單單名稱不相同而已，仍然是指同樣一個屬於皇家的「部民」。但，諸氏也有完全隸屬於諸氏之私民，不管諸氏所管理之「品部」或者完全屬於諸氏之私民，凡是隸屬於諸氏之「部民」，跟其職業無關，一律統稱為「部曲」。上述的「部民」不一定是以血緣關係結合的集團，但隨著時間的發展，該集團與氏族之間慢慢產生同族觀念，導致以此同族精神來更堅固地團結起來。〔註6〕

　　這些大小氏族各自擁有表示出身地和在政治和社會地位的，大和朝廷所賜給氏上之稱號，這就是「姓」。例如：身為天皇以及皇子的後代並且列入臣下的氏族使用「公」、「別」、「臣」姓，如蘇我臣和巨勢臣等；以天皇氏為中心所形成氏族聯合體的核心勢力之氏族使用「連」姓，如大伴連和物部連

等；此下還有「直」、「造」、「首」等姓，他們都是屬於中央的氏族；地方的氏族中有「國造」、「縣主」、「稻置」、「史」等姓，負責地方行政。此「姓」的名稱共有三十多種，這是大約四世紀中葉左右開始的制度，稱之爲「氏姓制度」（大化革新前的氏族制度），大和朝廷用來把氏族們套用在政治組織體系內，以便加強國家組織。此「姓」被各氏族所世襲，尤其大和朝廷設置輔助天皇的重臣職大臣和大連之官〔註7〕以後，大臣之職選出於臣姓的氏族，大連的職選出於連姓的氏族，兩者都當做宰相參與朝政。其實，大臣和大連之職成爲大和朝廷常設之官，是在南朝宋代（421～478 年之間）朝貢中國的倭五王〔註8〕之一雄略天皇在位的年間（大約 456～479）才開始，就任大臣和大連之官的人選依照傳統，都被限定於由固定的氏族來擔任，例如：就任大臣的氏族是身爲<u>武內宿禰</u>的後裔──<u>平群</u>氏、<u>臣勢</u>氏和<u>蘇我</u>氏等；就任大連的氏族是<u>大伴</u>氏和<u>物部</u>氏的兩氏。因此這些氏族們利用本身固定的崇高地位，來擴大私有地，增加私有民，漸漸地培養自己的勢力，在經濟上也站在優勢的立場。〔註9〕

山崎丹照在《天皇制の研究》中指出：天皇直接的統治權只在於大皇氏的直轄地和其部民而已，如果徵用屬於諸氏族之土地和人民時，先對其「氏上」下達命令，也就是說天皇對其他氏族的土地以及部民，並沒有直接的統治權和領有權。屬於天皇氏的訴訟，是由天皇來裁斷，屬於其他氏族的訴訟，則由其「氏上」來裁斷，不同的氏族之間的訴訟，才由朝廷來處理。〔註10〕

由此可知，在根深蒂固的氏姓制度下，由固定的氏族以世襲的方式來持續佔據中央政府的重要位置，這代表天皇尤其在人事方面無法完全掌控中央政府的權力，而且土地和人民並不屬於天皇所有，而是屬於諸氏族的「氏上」，天皇只是爲了維持核心勢力的氏族聯合體之間的權力架構而執政。即大和朝廷的政權當時無法脫離由大和地區氏族形成的氏族聯合之政權。筆者認爲天

〔註7〕大臣爲第 13 代成務天皇在位的大約 4 世紀初～中葉時設置的官，<u>武內宿禰</u>就任大臣。大連爲第 11 代垂仁天皇在位的大約 3 世紀初～4 世紀初時設置的官，<u>物部十千根</u>就任大連。

〔註8〕請參考石井良助，《天皇──天皇の生成および不親政の傳統》（東京：山川出版，1982 年，第 2 刷），頁 78。關於倭五王，請參考註 15。

〔註9〕請參考石井良助，前揭書，頁 77；山崎丹照，前揭書，頁 29、31～32。

〔註10〕請參考山崎丹照，前揭書，頁 29～31。

皇雖然對諸「氏上」有相當權力，但爲了鞏固天皇的地位以及謀圖大和朝廷的發展和穩定，不得不尊重其他核心勢力，因此要徵用屬於諸氏族之土地和人民時，可能對於大部份的事情，在基本上必須先透過與「氏上」之間協商的方式進行，而不至於如專制君主般地下達命令。即天皇只是當做朝廷內氏上們的統御者，扮演朝廷內總括核心勢力氏族們意見之角色。

二、氏族之抬頭與天皇間之權力關係

石井良助在《天皇——天皇の生成および不親政の傳統》中指出：在古文裡有所謂「しろしめすすめらみこと」用來稱讚天皇的詞句，大概是指「以神的意志來統治的人」之意，這句話表示天皇具有宗教上的神威，有可能是指以宗教上的神威做爲基礎的天皇權力達到高峰時的 4 世紀中葉到 5 世紀初之應神天皇和仁德天皇（第 16 代天皇），因爲從第 18 代允恭天皇開始在《日本書紀》中有關於天神和地神的記載逐漸地減少，這代表天皇的地位在宗教上的神威迅速衰退以及朝向非宗教性的傾向。〔註11〕

另外，他也指出：5 世紀左右開始稱天皇爲「大王」。他認爲這是因爲對於逐漸喪失宗教神威之天皇，並不適合再採用「しろしめすすめらみこと」的稱呼，因此開始以「大王」的名稱取而代之。「王」本來是對「氏上」的稱呼，因而以「大王」的稱呼來表示統率諸「氏上」的天皇。〔註12〕筆者認同石井良助上述之看法。其理由如下：

根據《三國志・魏志・東夷傳》倭條，邪馬臺國的女王卑彌呼於 3 世紀中葉左右逝世，由壹與繼承卑彌呼而成爲邪馬臺國的女王，〔註13〕壹與在 266年（晉武帝泰始二年）派遣使者去西晉朝貢，故《晉書・世祖武帝紀》云：「十一月己卯，倭人來獻方物。」〔註14〕從此開始到 413 年（晉安帝元興九年）

〔註11〕請參考石井良助，前揭書，頁 72、75。

〔註12〕請參考同上書，頁 79～80。

〔註13〕見《三國志・魏志》，卷三十〈東夷傳〉倭條，頁 857～858。該條云：「其八年，太守王頎到官。倭女王卑彌呼與狗奴國男王卑彌弓呼素不和，遣倭載斯、烏越等詣郡說相攻擊狀。……卑彌呼以死，大作冢，徑百餘步，狗葬者奴婢百餘人。更立男王，國中不服，更相誅殺，當時殺千餘人。復立卑彌呼宗女壹與，年十三爲王，國中遂定。」由此可見，卑彌呼逝世的年代大約是從 247年（魏齊王正始八年）後到繼承卑彌呼的壹與派遣使者去西晉的 266 年（晉武帝泰始二年）之間。

〔註14〕見〔唐〕房玄齡等，《晉書》（台北：鼎文書局，2003 年 1 月，第 9 版），卷三〈世祖武帝紀〉泰始二年十一月條，頁 55。

派遣使者去東晉朝貢〔註15〕為期大約 150 年的期間當中，在中國的史書中並沒有有關於日本朝貢的記載，而且根據南朝《宋書》和《梁書》，倭五王（讚王、珍王、濟王、興王、武王）〔註16〕從 421 年（宋武帝永初二年）開始到 478 年（宋順帝昇明二年）有陸續朝貢宋朝，而奏請承認稱其自稱的名位。尤其是 438 年（宋文帝元嘉十五年）倭珍王自稱「使持節、都督倭、百濟、新羅、任那、秦韓和慕韓六國諸軍事、安東大將軍、倭國王」，向宋文帝要求冊封為都督六國諸軍事，用來壓制百濟和新羅兩國。但，宋文帝在同年四月僅任命倭珍王為安東將軍・倭國王，到了 451 年（宋文帝元嘉二十八年），宋文帝才任命倭珍王之弟濟王為使持節、都督倭、新羅、任那、加羅、秦韓和慕韓六國諸軍事、安東將軍、倭國王，並在同年七月使倭濟王晉昇為安東大將軍，但百濟仍尚未被包含在內。在 477 年（宋順帝昇明元年）十一月時，倭興王之弟武王自稱「使持節、都督倭、百濟、新羅、任那、加羅、秦韓和慕韓七國諸軍事、安東大將軍、倭國王」，再次要求冊封為將百濟包含在內的都督七國諸軍事，但，宋順帝仍然只冊封為不包含百濟在內的都督六國諸軍事。其事詳細如下：

《宋書・夷蠻列傳》記云：

> 高祖永初二年，詔曰：「倭讚萬里修貢，遠誠宜甄，可賜除授。」〔註17〕太祖元嘉二年，讚又遣司馬曹達奉獻方物。讚死，弟珍立，遣使貢獻。自稱使持節、都督倭百濟新羅任那秦韓慕韓六國諸軍事、安東大將軍、倭國王。表求除正，詔除安東將軍、倭國王。……二十年，倭國王濟遣使奉獻，復以為安東將軍、倭國王。二十八年，加使持節、都督倭新羅任那加羅秦韓慕韓六國諸軍事，安東將軍如故。并除所上二十三人軍、郡。濟死，世子興遣使貢獻。世祖

〔註15〕 見《晉書》，卷十〈安帝紀〉元興九年是歲條，頁264。該條云：「是歲，高句麗、倭國及西南夷銅頭大師並獻方物。」由此可見，《晉書・安帝紀》並無明確記載朝貢的國王是否為倭王，因此在《宋書・夷蠻列傳》倭國條的有關五王朝貢的紀載中沒有提到此事。

〔註16〕 因為《宋書》和《梁書》有關倭五王的血緣關係之記載有所出入，因此關於倭五王相當於哪個天皇，學者們的看法眾說紛云。但筆者支持《宋書》的記載，因為《宋書》的記載能夠與《日本書紀》的天皇家譜一致。由此可見，倭五王應該是第 17 代履中天皇（讚王）、第 18 代反正天皇（珍王）、第 19 代允恭天皇（濟王）、第 20 代安康天皇（興王）、第 21 代雄略天皇（武王）。

〔註17〕 這時有可能宋武帝冊封倭讚王為安東將軍・倭國王。

大明六年，詔曰：「倭王世子<u>興</u>，……新嗣邊業，宜授爵號，可安東將軍、倭國王。」<u>興</u>死，弟<u>武</u>立，自稱使持節、都督倭百濟新羅任那加羅秦韓慕韓七國諸軍事、安東大將軍、倭國王。〔註18〕

同傳復云：

順帝昇明二年，遣使上表曰：「封國偏遠，……臣雖下愚，忝胤先緒，驅率所統，歸崇天極，道遙百濟，裝治船舫，而句驪無道，圖欲見吞，掠抄邊隸，虔劉不已，每致稽滯，以失良風。雖曰進路，或通或不。臣亡考<u>濟</u>實忿寇讎，壅塞天路，控弦百萬，義聲感激，方欲大舉，奄喪父兄，使垂成之功，不獲一簣。居在諒闇，不動兵甲，是以偃息未捷。至今欲練甲治兵，申父兄之志，義士虎賁，文武效功，白刃交前，亦所不顧。若以帝德覆載，摧此彊敵，克靖方難，無替前功。竊自假開府儀同三司，其餘咸假授，以勸忠節。」詔除<u>武</u>使持節、都督倭新羅任那加羅秦韓慕韓六國諸軍事、安東大將軍、倭王。〔註19〕

考之於本紀，《宋書・文帝本紀》記倭王先後之封授如下：

（元嘉十五年）夏四月……己巳，以倭國王<u>珍</u>爲安東將軍。〔註20〕

（元嘉二十八年）秋七月甲辰，安東將軍倭王倭<u>濟</u>進號安東大將軍。〔註21〕

《宋書・孝武帝本紀》亦云：

（大明六年）三月……壬寅，以倭國王世子<u>興</u>爲安東將軍。〔註22〕

《宋書・順帝本紀》亦云：

（昇明元年）冬十一月己酉，倭國遣使獻方物。〔註23〕

至《梁書・東夷列傳》又記云：

晉安帝時，有倭王<u>贊</u>。<u>贊</u>死，立弟<u>彌</u>。〔註24〕<u>彌</u>死，立子<u>濟</u>。<u>濟</u>死，立子<u>興</u>。<u>興</u>死，立弟<u>武</u>。齊建元中，除<u>武</u>持節、督倭新羅任那加羅

〔註18〕見〔梁〕沈約，《宋書》（台北：鼎文書局，1998年7月，第9版），卷九十七〈夷蠻列傳〉倭國條，頁2394～2395。

〔註19〕見同上書，〈夷蠻列傳〉倭國條，頁2395～2396。

〔註20〕見同上書，卷五〈文帝本紀〉元嘉十五年四月條，頁85。

〔註21〕見同上書，〈文帝本紀〉元嘉二十八年七月條，頁100。

〔註22〕見同上書，卷六〈孝武帝本紀〉大明六年三月條，頁129。

〔註23〕見同上書，卷十〈順帝本紀〉昇明元年十一月條，頁195。

〔註24〕「<u>彌</u>」等於「<u>珍</u>」。

　　秦韓慕韓六國諸軍事、鎮東大將軍。（梁）高祖即位，進<u>武</u>號征東大
　　將軍。〔註25〕

在 4 世紀末（第 15 代應神天皇），倭國派遣軍隊到任那而設立日本府，之後
不久的仁德天皇（第 16 代天皇）時，開始產生統治朝鮮南部的問題，也就是
新羅的抬頭，〔註26〕但是以宗教神威做為基礎的天皇權力達到高峰的應神天
皇和仁德天皇之後的第 17 代履中天皇，才開始陸續派遣使者去中國朝貢，並
且再三要求中國皇帝承認天皇的地位是使持節、都督倭、（百濟）、新羅、任
那、（加羅）、秦韓和慕韓六或七國諸軍事、安東大將軍、倭國王。筆者認為
此朝貢的目的不僅是要讓中國承認天皇對於百濟、新羅、任那的統治權，而
且做為針對百濟和新羅兩國的政治方針之一環，因為天皇在宗教上的神威迅
速衰退，如果能有像中國那樣強大國家的背書，便宛似如虎添翼，會更容易
取得氏族們之支持。因此天皇也才需要藉由透過被東洋最大帝國中國冊封的
方式來取代宗教上的神威，以確保天皇的威嚴，同時得到在國際上被公認的
倭國王地位。高明士關於中國對東亞的封貢制度，在《東亞古代的政治與教
育》中云：

　　郡公、郡王之爵位，也是作為朝班序列（即政治地位）之依據，而
　　封為某國王者則為虛封，一如魏晉以來之制，……「○○國王」之
　　稱，就中國而言，不過是表明其為外臣之君，……但就外夷而言，
　　受封為國王，其國家之存在，已獲得中國的承認，成為天下萬國之
　　一員。〔註27〕

另外，日本對朝鮮的侵略導致百濟和新羅兩國經常向日本朝貢，在應神天皇
（4 世紀末）以後，兩國不但帶來許多金銀財寶和奴隸，也帶來新技術和中國
文明，並且吸引朝鮮和中國各方面的技術人員，帶動日本文明的發展。因此
天皇家和氏族們變成越來越富裕。本來，天皇具有宗教上的神威時，會透過
祭祀來維持政治上的地位，氏族們，尤其是單純的一般人民會將天皇敬以為
神，如果一旦天皇在宗教上的神威衰退時，如 5 世紀初開始，天皇作為氏族

〔註25〕見〔唐〕姚思廉，《梁書》（台北：鼎文書局，1998 年 7 月，第 9 版），卷五十
　　　　四〈東夷列傳〉倭條，頁 807。
〔註26〕請參考林屋友次郎，《天皇制の歷史的根據》上卷（東京：喜久屋書店，1946
　　　　年 10 月），頁 175。
〔註27〕高明士，《東亞古代的政治與教育》（臺北：財團法人喜瑪拉雅研究發展基金
　　　　會發行，2003 年 5 月，第 2 版），頁 150。

聯合的統率者，則必須以武力和財力來統治氏族和人民，這就是祭政分離的開始。〔註28〕筆者認爲，其祭政分離的現象則是導致日本快馬加鞭地促進經濟發展的原因。

但朝鮮半島和中國的局勢改變，日本無法繼續在朝鮮身上得到好處，到了 6 世紀中葉時，新羅終於滅掉任那，日本的軍隊也不得不從朝鮮半島撤退，而導致提供軍隊的、跟天皇家疏遠的九州之氏族磐井，以獨立之名引起叛亂。〔註29〕由此可知，這代表對氏族們而言，可以得到好處時便支持天皇；但天皇利用價值變少，就開始更進一步地想擴大自己勢力，甚至會有取代天皇掌控實際政權之構想。這就是氏族們的抬頭，日本的軍隊從朝鮮半島撤退的 6 世紀中葉便開始，氏族們的鬥爭演變成越來越激烈的局面。

ねずまさし在《天皇家の歷史》上卷中指出，對於與天皇聯合的氏族們的立場而言，天皇的權力越強則越有利於他們對人民的統治，或者是遭受外面其他氏族的攻擊時來保護自己，因此氏族們爲了保護本身階級上的權益，則必須推崇天皇，也委託各種權力給天皇氏，將天皇塑造成絕對神聖的神。〔註30〕

由此可言，對於與天皇聯合的氏族們而言，天皇的存在是爲了鞏固氏族們自身的權益，而不是像中國，做爲專制君主掌握絕對的權力。而且在日本古代特殊的氏姓制度下，不可能出現像中國般掌握絕對權力的專制君主。但就算天皇在宗教上的神威衰退，尤其針對人民，仍然需要把天皇的地位神化起來，即讓他繼續具有超越階級的性格。氏族們的目的在於利用天皇和自己的特殊階級，來擴大自己的勢力以及保護自己的權益，來掌控實際上的權力，藉此與天皇互利共存。

其實，對於這些氏族們而言，只要是能夠與天皇互利共存，由誰來擔任天皇都無所謂。但是，因爲天皇氏有深具神化的歷史背景存在，所以才能夠適任這個角色，並非任誰都隨時可以取而代之。而且因爲當時的日本是氏族們聯合經略的單一國家，也尚未有其他足以推翻大和朝廷之強大勢力，所以氏族們透過委託各種權力給天皇，把天皇的地位神化之方式來維持氏族們之間的均衡勢力以及確保自己的利益。因此日本當時的天皇制並非像中國般，

〔註28〕請參考ねずまさし，《天皇家の歷史》上卷（東京：三一書房，1977 年），頁 42、48；石井良助，前揭書，頁 84。

〔註29〕請參考ねずまさし，前揭書，頁 70。

〔註30〕請參考同上書，頁 49。

有勢力的人，一旦掌握政權，就可推翻舊朝代，以天命之名，來建立新的朝代而自己當皇帝。

　　ねずまさし在《天皇家の歷史》上卷中也指出：

　　　　天皇國家是由大地主和奴隸所有者共同聯合的國家，本來是以保護
　　　　自己的利益為主要目的。但透過灌溉技術、防禦以及宗教上的地位，
　　　　灌輸人民天皇具有保護人民和部落利益的使命之觀念，導致人民自
　　　　然而然產生出需要國家、主權者和祭主等念頭，以便模糊所有者的
　　　　階級搾取和壓制人民之性格。這就是日本能長期持續經略天皇國家
　　　　之理由，也是日本民族能長期持續崇拜天皇和此國家，以及根深蒂
　　　　固地信賴原始神道之原因之一。〔註31〕

雖然他說這就是日本民族能長期持續崇拜天皇之原因之一。但筆者認為崇拜天皇只不過是崇拜統治者，也就是將統治者神化的現象，其實，中國皇帝也是如此。因此這並不代表天皇氏已經獲得任何人都不可侵犯的神聖地位。

　　5世紀初天皇在宗教上的神威衰退，與從4世紀末開始的朝鮮和中國文明和技術、技術人員的引進，促使了日本國土的開發，的確增加了日本的生產力，對於日本經濟之發達有所貢獻，大和朝廷的財政因而變得充裕，增加了日本的經濟力。但其影響不僅如此，在《日本書紀前篇・雄略紀》雄略二十三年（479年）條遺詔載：「大連等民部廣大充盈於國。」〔註32〕

　　由此可見，大和朝廷的財政變得充裕的同時，諸氏族的經濟力也同時變得充裕。尤其是大臣的平群氏、臣勢氏、蘇我氏以及大連的大伴氏和物部氏等。各氏族在經濟上的發展導致了氏族們以及皇室和氏族之間的鬥爭，在第26代繼體天皇在位（從507～530年）時，由於大伴金村在朝鮮半島外交政策上失敗，導致大伴氏在政治上失利。至於平群氏和臣勢氏也遭受到蘇我氏的壓制。〔註33〕到了552年（梁元帝承聖元年、欽明天皇十三年）十月時，關於崇拜同年同月從百濟傳來的佛教還是尊重日本傳統的神道之問題，進步派

〔註31〕請參考同上書，頁50。
〔註32〕見舍人親王，《日本書紀前篇》〔該書成立於720年（唐玄宗開元八年、元正天皇養老四年），收入黑板勝美編，《新訂增補國史大系》，東京：吉川弘文館，2002年3月，普及版第13刷〕，卷第十四〈雄略紀〉雄略二十三年八月條，頁390。
〔註33〕請參考山崎丹照，前揭書，頁33。

的蘇我氏和保守派的物部氏、中臣氏相對立。〔註 34〕新羅 562 年（陳文帝天嘉三年、欽明天皇二十三年）滅掉任那之後，蘇我氏和物部氏之間的鬥爭演變得更激烈，在 587 年（陳後主禎明元年、用明天皇二年）第 31 代用明天皇駕崩不久之後，蘇我馬子討伐物部守屋，物部氏終於被蘇我氏所滅，中臣氏也喪失在朝廷內的勢力。如此，出現蘇我馬子的專制政治，天皇最終變成傀儡，而喪失實際上所擁有的政權。

其實，天皇只是氏族間的鬥爭工具。蘇我氏透過跟天皇氏締結姻親關係，來擴大自己的勢力，蘇我稻目的女兒，也就是蘇我馬子的姊妹堅鹽媛和小姊君成爲第 29 代欽明天皇的妃子，尤其是堅鹽媛的子女更成爲第 31 代用明天皇和第 33 代推古天皇。〔註 35〕在 585 年（陳後主至德三載、敏達天皇十四年）第 30 代敏達天皇駕崩之後，蘇我馬子擁戴堅鹽媛和欽明天皇所生的橘豐日皇子成爲第 31 代用明天皇，然而從這時候開始，蘇我氏和其他氏族之間的關係已經變得惡化了。〔註 36〕

之後，用明天皇於即位兩年後的 587 年駕崩，因物部氏守屋擁戴小姊君和欽明天皇所生的穴穗部皇子，而蘇我馬子擁戴敏達天皇的皇后炊屋姬，形成蘇我氏和物部氏之間對於皇位繼承之激烈爭奪戰。最後，蘇我馬子跟物部守屋開戰而滅掉物部氏，在炊屋姬和蘇我馬子的推薦之下，泊瀨部皇子成爲了第 32 代崇峻天皇。〔註 37〕

由此可知，皇子們對於皇位繼承的鬥爭之背後有氏族們做爲靠山，也就是背後氏族們的權力關係著皇位繼承，因此可以很容易地想像出當時的天皇對於具有實權的大氏族（大臣或大連）在政治上幾乎沒有發言權。這就是由氏族聯合形成的國家之命運。

但，在這樣的狀況下難免利用者（蘇我馬子）和被利用者（第 32 代崇峻天皇）之間會容易發生衝突，蘇我馬子在 592 年（隋文帝開皇十二年、崇峻天皇五年）暗殺第 32 代崇峻天皇即是其例。暗殺天皇是前所未聞之事，這就

〔註 34〕 請參考舍人親王，《日本書紀後篇》〔該書成立於 720 年（唐玄宗開元八年、元正天皇養老四年），收入黑板勝美編，《新訂增補國史大系》，東京：吉川弘文館，1997 年 4 月，普及版第 14 刷〕，卷第十九〈欽明紀〉欽明十三年十月條，頁 76～78。
〔註 35〕 她就是第 30 代敏達天皇的皇后炊屋姬，之後成爲日本史上第 1 代的女帝——推古天皇。
〔註 36〕 請參考《日本書紀後篇》，卷第二十一〈用明紀〉用明元年條，頁 119～122。
〔註 37〕 請參考同上書，〈崇峻紀〉即位前紀，頁 124～129。

是否認並推翻天皇神化的歷史行為，好比把天皇只視為單純的氏族聯合首領，而由真正掌握實權之人取而代之，成為下一個新的首領，表示天皇的地位面臨危機。雖說如此，但僅以權力一統天下的首領難免再產生氏族們之間的鬥爭或引起其他氏族們之反抗，也對百姓沒有說服力。因此對蘇我氏而言，把天皇當成傀儡的狀況才是最佳選擇。其實，崇峻天皇在有人送上一隻野豬時，邊指那頭豬，邊像暗示般跟旁人說：我想要有一天可以像砍這豬頭般斬下自己憎恨的人之頭顱。因此蘇我馬子擔心自己生命的安危，便先下手暗殺天皇。〔註 38〕無論原因如何，能夠隨意大膽地暗殺天皇，這代表蘇我氏的勢力已經超越天皇和其他氏族，而事實上的天皇就是蘇我氏。如果叛逆蘇我氏的話，就算已經是被蘇我氏自己推薦的天皇，也無法確保住其皇位，甚至自身的性命都岌岌可危。

另外，石井良助在《天皇──天皇の生成および不親政的の傳統》中提到：稱讚天皇的詞句「しろしめすすめらみこと」的「しろしめす」本來是具有「知道神意」之含意，但是在祭政分離後，天皇的所謂「知道神意」之行為已經失去像以前般的重要性，後來「しろしめす」的含意變成「知道諸重臣的上奏」，即「庶政見聞」之含意。〔註 39〕

津田左右吉在〈大化改新の研究〉以及〈上代日本の道德生活〉中，也提到：「有可能因為天皇似乎從（距離大化革新）很久以前開始就不干預行政，成為慣例，因此我國才有太政大臣一職之必要。」〔註 40〕並又說：「女性即位大皇現象多為情不得已狀況下所產生出的特例，這也表示天皇在上代〔註 41〕也不干預行政，而實際上是由其他的人來代為統轄政務。」〔註 42〕

〔註38〕　請參考同上書，〈崇峻紀〉崇峻五年條，頁 131～132。

〔註39〕　請參考石井良助，前揭書，頁 84。

〔註40〕　見津田左右吉，〈大化改新の研究〉第二篇（收入氏著，《津田左右吉全集》第三卷，東京：岩波書店，1986 年 11 月，第 2 刷），頁 183（原文載於津田左右吉，〈大化改新の研究〉，《上代日本の社會および思想》，1933 年，頁 287）。

〔註41〕　「上代」指「太古和上古」的總稱，也僅指「太古」，所謂的「太古」指大和時代（大約 4 世紀初到 4 世紀末時期開始）之前，所謂的「上古」有兩種說法，一是指從大和時代以後到 793 年（唐德宗貞元九年、桓武天皇延曆十二年）奈良時代為止的時期，二是指從大和時代到 645 年（唐太宗貞觀十九年、孝德天皇大化元年）蘇我氏被滅亡的大化革新為止的時期。

〔註42〕　見津田左右吉，〈上代日本の道德生活〉第三篇（收入氏著，《津田左右吉全集》第三卷，東京：岩波書店，1986 年 11 月，第 2 刷），頁 340（原文載於

由此可知，天皇不干預行政，其實就會擁立皇后當女帝，在執政上也沒有甚麼太大的影響。反而，就日本古代的傳統來說，女帝因爲在皇后時基本上幾乎不太會參與政治，所以對於具有龐大勢力的氏族而言，反而比較容易掌控，因此蘇我馬子在 587 年（陳後主禎明元年、用明天皇二年）討伐物部氏守屋時遂擁立敏達天皇的皇后炊屋姬（第 33 代推古天皇）。另一方面，女帝因爲不容易成爲偏向的抗衡勢力，所以在氏族們的激烈鬥爭時，可以扮演一個暫時應付而避開緊張或危險情勢的角色，對於相較弱勢的氏族們而言，也可以趁此機會藉著女帝來恢復自己的地位。因此在蘇我馬子暗殺第 32 代崇峻天皇的翌年——592 年（隋文帝開皇十二年、崇峻天皇五年），不是蘇我馬子，而是群臣們擁立炊屋姬成爲第 33 代推古天皇。此對於暗殺崇峻天皇的蘇我馬子而言，是避開在政治上的緊張情勢，以及降低其他氏族們對他反抗之最佳選擇。

第三節　天皇與氏族間之權力關係演變

一、聖德太子之政策及唐化運動之萌芽

在日本歷史上第一位女帝——第 33 代推古天皇即位的同時，推古天皇把穴穗部間人皇后〔註43〕和第 31 代用明天皇之間所出生的聰穎孩子厩戶皇子作爲皇太子，讓他上任日本歷史上第一次設置的攝政職位。他就是在日本歷史上非常出名的聖德太子。根據《古事記‧應神天皇紀》阿知吉師、王仁條，叫做王仁的學者在應神天皇時（4 世紀末～5 世紀初）從百濟來日本呈獻《論語》十卷和《千字文》一卷；〔註44〕至於佛教，百濟的聖明王在 552 年（梁元帝承望元年、欽明天皇十三年）請求日本出兵，保護百濟不受新羅的侵略時，把佛像和經典呈獻給第 29 代欽明天皇，〔註45〕因此聖德太子已經受到佛

　　　津田左右吉，〈上代日本の道德生活〉，《上代日本の社會および思想》，頁529）。
〔註43〕穴穗部間人皇女是欽明天皇和小姊君之間所出生的女孩，她和推古天皇有堂姊妹關係。
〔註44〕見太安萬侶，《古事記》〔該書成立於712 年（唐玄宗延和元年、元明天皇和銅五年），收入丸山二郎，《標注訓讀古事記》，〈本文編〉，東京：吉川弘文館，1965 年 12 月〕，中卷〈應神天皇紀〉阿知吉師、王仁條，頁 69。該條云：「貢上人名。和邇吉師。即論語十卷。千字文一卷。并十一卷付是人。即貢進。」
〔註45〕請參考《日本書紀後篇》，卷第十九〈欽明紀〉欽明十三年條十月，頁76～

教和儒教很大的影響。聖德太子以恢復而建立皇權為目的，積極努力去仿照隋朝的制度而進行改革。但當時日本的國家體制還是氏族國家體制，天皇對於其他氏族之人民和土地沒有直接的統治權，因此儒教所提倡的王道思想完全與氏族國家體制並不相容，更何況是在天皇喪失權威而在蘇我氏霸權的狀況下。雖然如此，聖德太子除了受到佛教和儒教思想的影響以外，也因為隋朝對日本具有精神上的壓力，〔註46〕因此的確感覺到以當時的氏族國家體制，無法加強國家體制和國力，所以才必須建立以天皇為中心的，以王土王民思想為基礎的中央集權之國家體制。以下要探討聖德太子的改革內容和其影響。

聖德太子在 603 年（隋文帝仁壽三年、推古天皇十一年）仿照隋朝制定冠位十二階〔註47〕的制度，打開了廣泛採納人才之路。所謂的冠位十二階制是依照十二個冠的顏色來區別氏族的階級，換句話說，這是一種把氏族們套用在以天皇為中心的國家官僚階級制度中之手段。但，對於是否將所有的氏族都納為冠位十二階制的對象是非常令人質疑的，因為當時具有最大勢力的是蘇我氏，國家權力都集中在他的手上，而且他將推古天皇當成自己的傀儡來看待，至少他應該認為他自己是處於相當於大皇同等地位的，或者與天皇共同經略國家的人物才對。因此如果所有的氏族包括自己為適用冠位十二階制的對象，那他不可能那麼簡單就同意將國家官僚階級制度置為冠位十二階制。

77。根據《上宮聖德法王帝說》，佛教傳來的年代是 538 年（梁武帝大同四年、宣化天皇三年），如下：「戊午年十月十二日，百濟國主明王，始奉度佛像、經教并僧等。敕授蘇我稻目宿禰大臣，令興隆也。」見著者不詳，《上宮聖德法王帝說》（該書成立於 10～11 世紀平安時代中葉，收入佛書刊行會編纂，《大日本佛教全書》第一一二冊〈聖德太子傳叢書〉，東京：名著普及會，1987 年 2 月，覆刻版第 2 刷），頁 47。按：佛教傳來的年代，也許公元 538 年才是正確也說不一定。然而，儘管距離第 33 代推古天皇越早的天皇，其在位期間和事情發生的年代之誤差越大，但，在南朝《宋書》和《梁書》中所記載的，有關倭五王的記錄與在《日本書紀》中所記載的，有關第 21 代雄略天皇（倭五王其中的第 5 個王）的記錄有很多部分一致，因此在此論文中第 21 代雄略天皇後的天皇之在位期間和事情發生的年代，雖然多少有誤差，但完全按照《日本書紀》。

〔註46〕隋朝已經是具備完善的律令制度以及以君主為中心的中央集權制度之強大國家，跟當時的日本比起來，呈顯出天壤之別，因此對日本造成精神上的壓力。

〔註47〕冠位十二階即大德、小德、大仁、小仁、大禮、小禮、大信、小信、大義、小義、大智、小智的十二個階級。

　　冠位十二階中的冠位名稱「仁、禮、信、義、智」是源自於中國五行思想的「五常」之「五德」，〔註48〕在其五冠之上再增加「德冠」而產生出六個階級，再把六個階級又分爲「大」和「小」的兩個階級。筆者認爲有可能因爲「德冠」的「德」總括「五常」中的各德項，因此在其五冠之上再增加「德冠」，當做統轄其他五冠的最高等級。

　　至於「德冠」的顏色，很多學者認爲「德冠」的顏色是紫色，因爲在643年（唐太宗貞觀十七年、皇極天皇二年）時，蘇我馬子的兒子蘇我蝦夷賜給自己的兒子蘇我入鹿紫冠，比擬大臣的地位，如：「壬子，蘇我大臣蝦蛦緣病不朝。私授紫冠於子入鹿，擬大臣位。」〔註49〕由此可知，紫冠是賜給大臣之冠，而且是十二階中最高的冠位，與中國漢代以來代表高官之顏色紫色相同。但這個推測，沒有甚麼根據能夠實際證明「德冠」的顏色是紫色，也沒有依據可以證明大臣也被包含在冠位十二階制的對象內。

　　對於這個問題，井上光貞在《日本古代國家の研究》中指出：喜田新六和黛弘道仔細地分析冠位十二階和大化革新之後的冠位制之間的關係，就闡明了大德和小德相當於大寶官位令的四位（相當於唐令四品），如：【表2-1】〈冠位和官位對照表〉。而且在643年（唐太宗貞觀十七年、皇極天皇二年）時，蘇我蝦夷賜給自己的兒子蘇我入鹿紫冠，比擬大臣的地位，在649年（唐太宗貞觀二十三年、孝德天皇大化五年）三月因爲左右大臣阿部麻呂和蘇我倉山麻呂逝世，因此在四月賜給巨勢德陀古臣和大伴長德連紫冠而任命爲左右大臣，如：「於小紫巨勢德陀古臣，授大紫爲左大臣；於小紫大伴長德連，授大紫爲右大臣。」〔註50〕依照喜田新六整理的【表2-1】〈冠位和官位對照

〔註48〕 五常之義，古人說法不一，但聖德太子應用於「五常爲五德」之思想。漢董仲舒對策云：「夫仁、誼、禮、知、信，五常之道，王者所常脩飭也。」見〔漢〕班固，《漢書》，卷五十六〈董仲舒傳〉，頁2505。而且「仁、義、禮、知、信」，古人稱之爲「五德」，如：《毛詩正義》，〈秦〉小戎條云：「言念君子，溫其如玉。」箋云：「言，我也。念君子之性，溫然如玉，玉有五德。」其下疏引聘義云：「君子比德於玉焉：溫潤而澤，仁也；縝密以栗，知也；廉而不劌，義也；垂之如墜，禮也；孚尹旁達，信也。即引詩云言念君子，溫其如玉，有五德也。……唯言五德者，以仁義禮智信五者人之常，故舉五常之德言之耳。」見〔唐〕孔穎達等，《毛詩正義》（收入國立編譯館主編，《十三經注疏分段標點》第三冊，台北：新文豐出版公司，2001年，初版），卷第六之三〈秦〉小戎條，頁653～657。

〔註49〕 見《日本書紀後篇》，卷第二十四〈皇極紀〉皇極二年十月條，頁198。

〔註50〕 請參考《日本書紀後篇》，卷第二十五〈孝德紀〉大化五年四月條，頁247。

表），在 647 年（大化三年）和 649 年（大化五年）的紫冠都置於第三階級的位置。

表 2-1：冠位和官位對照表 [註51]

603 年（推古天皇十一年）			大德小德	大仁小仁	大禮小禮	大信小信	大義小義	大智小智		（備註）
647 年（大化三年）	大織小織	大繡小繡	大紫小紫	大錦	小錦	大青	小青	大黑	小黑	建武	
649 年（大化五年）	大織小織	大繡小繡	大紫小紫	大花上大花下	小花上小花下	大山上大山下	小山上小山下	大乙上大乙下	小乙上小乙下	立身	
701 年（大寶元年）	正一從一	正二從二	正三從三	正四從四	正五從五	正六從六	正七從七	正八	從八	初位	《大寶令》（位階）

井上光貞復指出：647 年（大化三年）十二月的冠位改革（冠位十三階）後不久的 648 年（大化四年）四月，雖然廢除古冠而施行冠位十三階，但只有左右大臣仍然繼續使用古冠，如下：「夏四月辛亥朔，罷古冠。左右大臣猶著古冠。」[註52] 而所謂繼續使用的大化以前的大臣古冠是指紫冠，被廢除的大化以前的古冠指冠位十二階之冠。由此可見，紫冠從推古朝到大寶令制為止，的確是賜給大臣之冠。從推古朝到 647 年（大化三年）的冠制，有僅適用於比大臣低階級之官員 [註53] 的冠位十二階制，以及賜給大臣的紫冠兩種，而大臣不包含在冠位十二階制的對象內。 [註54]

[註51] 此圖表引用於同上書，頁 285（原圖表載於黛宏道，〈冠位十二考〉，《東大教養學部人文科學科紀要》第十七號，1959 年）。雖然日本的「位階」相當於中國的「品階」，但是，皇兄弟皇子稱爲親王（女帝之子也相同），屬於在大寶官位令中另外規定的「品位」一～四品中。「位階」主要是以諸王或諸臣爲對象，使用「正從～位」的方式來表示。另外，日本沒有採用隋朝九品三十階之原因是因爲日本政治體制的規模比中國小，因此官員人數也比中國少。

[註52] 請參考同上書，〈孝德紀〉大化四年四月條，頁 243。

[註53] 比照日本的令制而言，相當於八省長官卿以下的四位（相當於唐令四品）以下官人。

[註54] 請參考井上光貞，《日本古代國家の研究》（東京：岩波書店，1965 年），頁 286～290。

　　由此可知，從推古朝到 647 年（大化三年），雖然大臣在冠位十二階之上
另設有紫冠之地位，但是，相當於大寶官位令一位至三位的大臣以上階級，
尚未有明確的冠位階級規定。

　　雖然如此，但在 645 年（唐太宗貞觀十九年、孝德天皇大化元年）六月
十四日，中臣鎌子（之後的藤原鎌足）已經接受大錦之冠位，成爲內大臣。
〔註 55〕此大錦之冠本來是 647 年（大化三年）十二月所制定的冠位十三階制
中的冠位。由此可見，在 645 年（大化元年）時，以中大兄皇子（第 38 代天
智天皇）和中臣鎌子爲核心的改革派已經有把冠位十二階改爲冠位十三階之
構想，而且其中一部分已經被採納而施行，等到 647 年（大化三年）十二月
才正式制定而完全施行。由於冠位十三階制，大臣也完全被列入冠位制中，
也就是說，大臣職位的氏族也被套用在國家官僚階級制度裡，大化革新之前
表示世襲和身分地位的「大臣」名稱，在大化革新後已經被列入爲國家官僚
機構中的官職之一，但這不一定是代表完全去除世襲性的和氏族國家體制的
性質。

　　另外，聖德太子當初施行冠位十二階制時，爲何無法把大臣列入冠位制
中？竹內理三在《律令制と貴族政權》中指出：聖德太子透過大臣和東宮共
同執政的方式，企圖要把政治上的大權集中在天皇身上。〔註 56〕雖然不知道
聖德太子是否確有此企圖，但筆者基本上認同竹內理三的見解。然而，從制
定冠位十二階制隔年所制定的憲法十七條的內容來看，聖德太子的理想本
來是打算將所有的氏族通通列入冠位階級規定中，使之成爲以天皇爲中心的
國家之官人的；但因爲當時蘇我馬子的勢力非常龐大，而無法改革氏族國家
體制，所以與其說是聖德太子爲了實現他的理想而企圖利用蘇我氏，倒不如
說是爲了避開跟蘇我馬子之間的摩擦，而不得不把蘇我氏當成與自己共同執
政的人看待。無論怎樣，既然蘇我馬子是與聖德太子共同執政的夥伴，因
此他應該不是站在接受冠位頒授之立場，而是站在將冠位頒給大臣以下官人
之立場。

　　聖德太子在 604 年（隋文帝仁壽四年、推古天皇十二年）制定憲法十七
條，明定君臣之間的地位關係，以及提出官吏應有的態度和理想的政治理念，

〔註 55〕請參考《日本書紀後篇》，卷第二十五〈孝德紀〉孝德即位前紀條，頁 216～
　　　　217。
〔註 56〕請參考竹內理三，《律令制と貴族政權》第 I 部（東京：御茶の水書房，1963
　　　　年 1 月，第 1 版第 3 刷），頁 143。

其詳如下：〔註57〕

一曰：以和爲貴，無忤爲宗。人皆有黨，亦少達者。是以或不順君父，乍違于鄰里。然上和下睦，諧於論事，則事理自通，何事不成。

二曰：篤敬三寶。三寶者佛法僧也。則四生之終歸，萬國之極宗。何世何人非貴是法。人鮮尤惡，能教從之。其不歸三寶，何以直枉。

三曰：承詔必謹。君則天之，臣則地之。天覆地載，四時順行，萬氣得通。地欲覆天，則致壞耳。是以君言臣承，上行下靡。故承詔必愼，不謹自敗。

四曰：群卿百寮以禮爲本。其治民之本，要在乎禮。上不禮而下非齊，下無禮以必有罪。是以群臣有禮，位次不亂。百姓有禮，國家自治。

五曰：絕饕棄欲明辨訴訟。其百姓之訟，一日千事。一日尚爾，況乎累歲。頃治訟者，得利爲常，見賄聽讞，便有財之訟，如石投水。乏者之訴，似水投石。是以貧民則不知所由。臣道亦於焉闕。

六曰：懲惡勸善，古之良典。是以無匿人善，見惡必匡。其諂詐者，則爲覆國家之利器，爲絕人民之鋒劍。亦佞媚者，對上則好說下過，逢下則誹謗上失。其如此人，皆無忠於君，無仁於民，是大亂之本也。

七曰：人各有任，掌宜不濫。其賢哲任官，頌音則起。奸者有官，禍亂則繁。世少生知，剋念作聖。事無大少，得人必治。時無急緩，遇賢自寬。因此國家永久，社稷勿危。故古聖王爲官以求人，爲人不求官。

八曰：群卿百寮，早朝晏退。公事靡盬，終日難盡。是以遲朝不逮于急，早退必事不盡。

九曰：信是義本，每事有信。其善惡成敗，要在于信。群臣共信，何事不成。群臣無信，萬事悉敗。

〔註57〕見《日本書紀後篇》，卷第二十二〈推古紀〉推古十二年四月條，頁 142～146。

十曰：絕忿棄瞋，不怒人違。人皆有心，心各有執。彼是則我非，我是則彼非。我必非聖，彼必非愚，共是凡夫耳。是非之理，詎能可定，相共賢愚如鐶无端。是以彼人雖瞋，還恐我失。我獨雖得，從眾同舉。

十一曰：明察功過，賞罰必當。日者賞不在功，罰不在罪。執事群卿，宜明賞罰。

十二曰：國司、國造，勿斂百姓。國非二君，民無兩主。率土兆民以王爲主。所任官司，皆是王臣。何敢與公賦斂百姓。

十三曰：諸任官者，同知職掌。或病或使，有關於事然得知之日，和如曾識。其以非與聞，勿防公務。

十四曰：群臣百寮，無有嫉妒。我既嫉人，人亦嫉我。嫉妒之患，不知其極。所以智勝於己則不悅，才優於己則嫉妒。是以五百之乃今遇賢，千載以難待一聖。其不得賢聖，何以治國。

十五曰：背私向公，是臣之道矣。凡夫人有私必有恨，有憾必非同，非同則以私妨公。憾起則違制害法，故初章云，上下和諧，其亦是情歟。

十六曰：使民以時，古之良典。故冬月有間，以可使民。從春至秋，農桑之節，不可使民。其不農何食，不桑何服。

十七曰。夫事不可獨斷，必與眾宜論。少事是輕，不可必眾。唯逮論大事，若疑有失，故與眾相辨，辭則得理。

依照憲法十七條的內容來看，可以了解聖德太子確實受到儒教思想的濃厚影響，也可以推測出當時氏族們的執政狀況。他們利用政治上的地位，進行暴政和虐政來壓迫百姓。於是，聖德太子爲了解救百姓，也就是說，進行爲了百姓的政治以及實現自己的期望，而下決心利用攝政的地位，以儒教思想爲基礎，努力去改革政治道德和其體制。換句話說，也是爲了勸戒當時氏族們而改變當時的氏族國家體制，而制定了憲法十七條。筆者認爲尤其是憲法十七條之第三條，其內容應該是針對當時比天皇勢力還要大的蘇我氏而暗示的。

另外，聖德太子是精通佛教的虔誠佛教徒，以憲法十七條中的第二條和他攝政的情況來看，推古天皇在 594 年（隋文帝開皇十四年、推古天皇二年）

二月對於太子和大臣首次詔敕的主旨在於興隆三寶；〔註58〕又從他擔任攝政職務時的奏上內容〔註59〕來看，聖德太子在執政上真正的理想和最終的目標，是透過佛教和政治的融合，來達到佛教所說的淨土。其實，隋文帝早在585年（開皇五年、用明天皇元年）時正式以月光童子的身分統治隋朝，以便實現「淨土」，〔註60〕聖德太子不可能不知道此事情。隋朝以儒教思想為基礎的王道思想以及當時皇帝所謂以佛教教化天下的政治理想，誠為聖德太子實現理想最值得仿照的國家體制。因此隋朝的政治體制，的確成為當時日本國家體制所瞻之馬首。

但，當時日本的政治體制是氏族國家體制，以君主為中心的儒教思想與當時日本的狀況並不相容。筆者認為，於是，聖德太子基於佛教的理念，採用適合氏族國家體制之方式來進行才對。林屋友次郎在《日本古代國家論》中指出：聖德太子的構想並非在所謂「為了國民的政治」之名目下，刻意削減天皇或氏族權限的政治體制，而是透過天皇、僧團、氏族和國民四個階級互相協助的方式，對所有的階級帶來互利的政治體制。〔註61〕

林屋友次郎也指出：聖德太子為了賦與當時文化和知識較差的國民以自力完成淨土的能力，按照計畫引進中國文化，並非國民的需求而引進的文化。〔註62〕

根據《唐大和上東征傳》，日本遣唐使在753年（玄宗天寶十二載、孝謙天皇天平勝寶五年）十月請求唐皇帝玄宗允許帶天臺宗的鑑真和尚（日本「律宗」的開祖）去日本傳戒，但被唐玄宗增加附加條件，要求日本遣唐使也必須帶道士去日本宣傳道教；然而，日本遣唐使卻對玄宗皇帝說明日本國家的立場和方針後，而拒絕了皇帝的要求。不過為了跟唐皇帝妥協，遣唐使又奏

〔註58〕見同上書，〈推古紀〉推古二年二月條，頁136～137。此條云：「詔皇太子及大臣，令興隆三寶。」

〔註59〕見平氏，《聖德太子傳曆上卷》（該書成立於平安時代中葉，收入佛書刊行會編纂，《大日本佛教全書》第一一二冊〈聖德太子傳叢書〉，東京：名著普及會，1987年2月，覆刻版第2刷），推古元年四月條，頁18。該條云：「伏願陛下擇賢良以輔治，用善哲以輔民，則萬國歡心，四海平安。臣出家入道，為度外者，興隆佛教，紹曜玄風。」

〔註60〕請參考古正美，《從天王傳統到佛王傳統》（香港：商周出版，2003年6月，初版），頁163～172。「月光童子」指具有月光菩薩性質，即以佛教教化天下的轉輪聖王。

〔註61〕請參考林屋友次郎，《日本古代國家論》（東京：學生社，1972年），頁196。

〔註62〕請參考同上書，頁265。

上讓<u>留春</u>、<u>桃原</u>等四個日本人留在中國學習道士法，其事如下：

> 天寶十二載次癸巳十月十五日壬午，日本國使大使特進<u>藤原朝臣清</u>
> <u>河</u>、副使銀青光祿大夫、光祿卿<u>大伴宿禰胡麻呂</u>、副使銀青光祿大
> 夫秘書監<u>吉備朝臣眞備</u>、衛尉卿<u>安倍朝臣衡</u>等來至延光寺，白大和
> 上（<u>鑑眞</u>）云：弟子等早知大和上五回渡海，向日本國將欲傳教。故
> 今親奉顏色頂歡喜。弟子等先錄大和上尊名并持律弟子五僧，已奏聞
> 主上，向日本傳戒。主上要令將道士去。日本君王先不崇道士法，
> 便奏<u>留春</u>、<u>桃原</u>等四人令住學道士法。爲此大和上名亦奏退。願大
> 和上自作方便，弟子等自在載國信物船四舶，行裝具足。〔註63〕

<u>新川登龜男</u>就這件事情指出：可能是因爲對於剛建立律令國家基礎的日本而
言，如果貿然引進佛教以外的教義（道教）來日本，恐怕會造成國民思想上
的混亂，因此才不得不果斷地拒絕唐朝政府的要求。〔註64〕

筆者認同<u>新川登龜男</u>的看法，由此可見，日本的國家計畫從推古天皇以
後，按照<u>聖德</u>太子的國家計畫路線進行。但除非改善官吏的素質，不然根本
無法實現<u>聖德</u>太子的理想。<u>聖德</u>太子的精神和理想國家的夢想日後帶給日本
很大的影響，也被後世的政治人物傳承下去，可能是因而才啓發他們推動大
化革新。

二、大化革新之始末及霸權鬥爭

所謂的大化革新是以<u>中大兄皇子</u>（第38代天智天皇）和<u>中臣鎌子</u>（之後
的藤原鎌足）爲主導，從 645 年（唐太宗貞觀十九年、孝德天皇大化元年）
六月八日發生的討滅蘇我氏本家的<u>蝦夷</u>和<u>入鹿</u>父子之事件開始，以孝德天皇
在 645 年（大化元年）即位後的翌年一月一日所宣布的革新詔敕爲中心，到
654 年（唐高宗永徽五年、孝德天皇白雉五年）期間所進行的政治改革。筆者
首先探討討滅蘇我<u>蝦夷</u>和<u>入鹿</u>父子之事件對於皇家的政治改革有何影響，也
就是說<u>蝦夷</u>和<u>入鹿</u>父子的存在如何阻礙皇家的政治路線。由革新後之詔敕和

〔註63〕見淡海眞人元開，《唐大和上東征傳》一卷〔該書成立於779 年（唐代宗大曆
　　　　十四年、光仁天皇寶龜十年）二月，收入佛書刊行會編纂，《大日本佛教全書》
　　　　第一一三冊〈遊方傳〉，東京：名著普及會，1984 年 7 月，覆刻版第 2 刷〕，
　　　　頁 119。
〔註64〕請參考新川登龜男，《道教をめぐる攻防》（東京：大修館書店，1999 年 6
　　　　月），頁 253～254。

奏請文來看，政治改革之主要內容概略如下：

645年（大化元年）八月庚子東國國司之詔的改革要點總共有三項，如下：〔註65〕

（一）任命東國〔註66〕國司，並且派遣使者到倭國〔註67〕六縣製作戶籍以及調查田畝。

（二）國司沒有其國之審判權，也不得收賄。

（三）在空地設置兵庫，收納保管其國郡之刀、甲、弓和箭，如邊境接近蝦夷之國，點清其武器而讓本主保管之。

646年（大化二年）正月甲子改新之詔的改革要點總共有五項，如下：〔註68〕

（一）廢除以前天皇所擁有的私有民、各地的屯倉、臣、連、伴造、國造和村子之首長所擁有的部民以及豪族經營的田莊。另外，賜食封給大夫（五位）以上，對於大夫以下的官員和百姓，賜與布帛。

（二）建都城〔註69〕而制定其畿內之範圍，在畿內置國司〔註70〕、郡司〔註71〕、關塞、斥候、防人、驛馬和傳馬，並且製作鈴契來制定地方的劃分。在京內每坊置坊長一人，四坊置令一人，以管理戶口。

（三）首次制定戶籍、計帳和班田收授之法。以五十戶為一里，每里置里長一人，以管理戶口而分配農桑。田是長度三十步，寬度十二步為一段，十段為町，租稅是每段稻穗二束二把，每町二十二束。

（四）廢除賦役，執行田之調，在絹、絁、絲和綿當中，依照土地的狀

〔註65〕請參考《日本書紀後篇》，卷第二十五〈孝德紀〉大化元年八月五日條，頁219～220。

〔註66〕根據井上光貞的解釋，東國的範圍為東方八道之國，之後的東海道、東山兩道一帶的八個小國。請參考井上光貞，前揭書，頁359～363。

〔註67〕倭國指之後的大和國。

〔註68〕請參考《日本書紀後篇》，卷第二十五〈孝德紀〉大化二年一月一日條，頁224～226。

〔註69〕在645年（大化元年）十二月從大和飛鳥遷都難波長柄豐碕，大和飛鳥在現在的奈良縣，難波長柄豐碕在現在的大阪府。

〔註70〕國司的四等官為守（長官）、介（次官）、掾（判官）、目（主典）。

〔註71〕從國造中選出大領和少領。郡司的四等官為大領（長官）、少領（次官）、主政（判官）、主帳（主典）。

況而選其中之一。田是每町絹一丈，四町一匹，一匹的長度爲四丈，寬度二尺半，每町絁二丈，二町一匹，長度和寬度與絹相同。布四丈，一町一端，長度和寬度與絹和絁相同。另外收戶別之調，每戶貲布一丈二尺，調副物依照土地的狀況來選定鹽或贄。官馬是中等馬每一百戶一匹，良馬每二百戶一匹，以布取代馬時，每戶一丈二尺。武器是各自提供刀、甲、弓、箭、旗和鼓。仕丁本來是每三十戶一人，但改爲每五十戶一人，以五十戶負擔仕丁一人之糧。

（五）每戶庸布一丈二尺，庸米五斗。采女（女官）是郡司的少領以上者之姐妹或子女中選出容貌端正者，以一百戶負擔采女一人之糧，其庸布和庸米與仕丁相同。

646 年（大化二年）三月辛巳東國國司之詔的改革要點如下：〔註72〕

判定東國國司的賞罰，廢除官司的屯田和吉備嶋皇祖母（皇極天皇之已故母）的各地租田，其田地改爲群臣和伴造的班田。

646 年（大化二年）三月壬午皇太子（中大兄皇子）對於孝德天皇提出所謂現在群臣、連以及伴造、國造所有的歷代天皇所設置於皇室之私民（子代入部）和皇子們私有的私民（御名入部）以及皇祖大兄（孝德天皇之祖父）的私民（御名入部）和其屯倉是否必須照舊維持現狀的諮問，奏上而回答說：天無二日，國無二君，統一天下並且可以掌控萬民的人是只有天皇而已。所以以入部和食封之民來補充仕丁是可以依照先前的規定處理。如此，中大兄皇子獻上私有的 524 個入部和 181 個屯倉。〔註73〕

孝德天皇以 646 年（大化二年）八月癸酉廢止品部之詔來表示並下達以下三個政治方針：〔註74〕

（一）廢除天皇、臣、連、伴造和國造所擁有的品部而改爲國民。

（二）日後任用他們的方式爲廢除皇子、卿大夫、臣、連、伴造和氏族之舊職，另設置百官以及制定位階，而賜與他們其官位。

（三）調查而接收之田，平均分給國民做爲口分田。

〔註72〕請參考《日本書紀後篇》，卷第二十五〈孝德紀〉大化二年三月十九日條，頁229～232。

〔註73〕請參考同上書，〈孝德紀〉大化二年三月二十日條，頁232～233。

〔註74〕請參考同上書，〈孝德紀〉大化二年八月十四日條，頁237～239。

　　孝德天皇在 647 年（大化三年）十二月制定七色冠位十三階，在 648 年（大化四年）四月，廢除古冠而施行冠位十三階，在翌年二月又改冠位十三階爲冠位十九階，而且命令由有遺隋使和遺唐使經歷的博士<u>高向玄理</u>和僧旻擬定八省百官之制度。

　　由此可知，大化革新的目的歸納爲以下五點：

（一）所有的土地和人民歸屬於國家。

（二）建立並且充實地方政府以及其組織。

（三）製作戶籍和計帳，施行班田收授法以及租、庸、調的稅制。

（四）加強地方的軍備和防備。

（五）廢除氏姓制度而設置新百官和位階制度，用來準備建立以天皇爲中心的中央集權制度。

　　接著，要進一步探討<u>蘇我氏蝦夷</u>和<u>入鹿</u>父子當時的動向如何。

　　631 年（唐太宗貞觀五年、舒明天皇三年）唐太宗對高句麗採取強硬政策，〔註 75〕爲了斷絕高句麗的後路，唐太宗格外重視對倭的外交，而在 632 年派遣中國的遺唐使回日本時，讓新州刺史<u>高表仁</u>一起前往日本。〔註 76〕當時舒明大皇（629 年即位）的朝廷殷勤地招待此使者，但舒明天皇的朝廷在 630 年已經接受高句麗的使者宴子拔和百濟的使者<u>恩率素子</u>們，在 631 年也接受了百濟<u>義慈</u>王之子<u>余豊璋</u>做爲人質。〔註 77〕由此可見，舒明天皇的朝廷對與唐朝對立關係的高句麗和百濟採取友好政策。其實，此時掌控日本政權的人物是<u>蘇我蝦夷</u>，從他父親<u>蘇我馬子</u>掌控政權之時代開始，針對高句麗和隋唐朝的友好政策都沒有改變，確實繼承下去了。

　　雖然<u>蘇我蝦夷</u>進行此愼重的維持現狀的外交政策，但是，女帝皇極天皇

〔註75〕見〔後晉〕劉昫等，《舊唐書》（台北：鼎文書局，2000 年 12 月，第 9 版），卷一百九十九上〈東夷列傳〉高麗條，頁 5321。該條云：「（貞觀）五年，詔遣廣州都督府司馬長孫師往收瘞隋時戰亡骸骨，毀高麗所立京觀。建武懼伐其國，乃築長城，東北自扶餘城，西南至海，千有餘里。」

〔註76〕請參考門脇禎二，〈「大化改新」から壬申の亂へ〉（收入《東アジア世界における日本古代史講座（5）·隋唐帝國の出現と日本》，東京：學生社，1981 年），頁 78；又《舊唐書·東夷列傳》高麗條載云：「貞觀五年，遣使獻方物。唐太宗矜其道遠，敕所司無令歲貢，又遣新州刺史高表仁持節往撫之。」（頁 5340）

〔註77〕請參考《日本書紀後篇》，卷第二十三〈舒明紀〉舒明二年三月～三年三月條，頁 180～181。

（642年即位）的朝廷因爲在643年款待在642年被義慈王驅逐出百濟的翹岐
（義慈王之子）之緣故，〔註78〕難免跟百濟之間造成對立關係。加上，在642
年夏天被百濟打敗的新羅持續受到高句麗和百濟的聯合壓制，終於在643年
九月請求唐太宗出兵救援。爲此，唐太宗派遣使者命令高句麗停止攻擊新羅，
但因爲大臣泉蓋蘇文掌控高句麗政權而不服從唐太宗的命令，因此唐太宗出
兵進入高句麗南界，攻水口城而打敗高句麗。〔註79〕

在鄰近諸國這樣的局勢下，日本無法繼續像蘇我蝦夷般的，採行愼重的
維持現狀的外交政策，而必須對唐帝國展開積極的外交政策來進行改革。也
許蘇我入鹿積極地學習唐帝國各方面的知識，以符合日本當時的局勢，因此
實際上他的勢力早在642年（唐太宗貞觀十六年、皇極天皇元年）時就已經
超越父親蘇我蝦夷，甚至代替身爲大臣的父親親自執政。到了643年末時，
蘇我入鹿已經完全掌握住在政界上的主導權。根據《家傳·大師（鎌足）傳》，
蘇我入鹿也經常去遣唐使旻法師的學堂，積極地學習唐帝國的相關知識，也
受到極高的評價。概況如下：

> 近臣宗我鞍作（蘇我入鹿），威福自己，權勢傾朝。咄嗟指麾，無不
> 靡者。但，見大臣（藤原鎌足）自肅如也。人咸恠之。嘗羣公子，
> 咸集于旻法師之堂，講周易焉。大臣後至，鞍作起立，抗禮俱坐。
> 講詑將散，旻法師擊目留矣。因語大臣云，入吾堂者，無如宗我太
> 郎。但，公（藤原鎌足）神識奇相，實勝此人。願深自愛。〔註80〕

〔註78〕請參考同上書，卷第二十四〈皇極紀〉皇極二年二月條，頁197。
〔註79〕見《舊唐書》，〈東夷列傳〉高麗條，頁5322。該條云：「（貞觀）十七年，封
　　　　其嗣王藏爲遼東郡王、高麗王。又遣司農丞相里玄獎齎璽書往說諭高麗，令
　　　　勿攻新羅。……蘇文竟不從。太宗顧謂侍臣曰：『莫離支賊弒其主，盡殺大
　　　　臣，……夫出師弔伐，須有其名，因其弒君虐下，敗之甚易也。』」又同書，
　　　　〈新羅條〉載云：「（貞觀）十七年，（百濟）遣使上言：『高麗、百濟，累相
　　　　攻襲，亡失數十城，兩國連兵，意在滅臣社稷。謹遣陪臣，歸命大國，乞偏
　　　　師救助。』太宗遣相里玄獎齎璽書賜高麗曰：『新羅委命國家，不闕朝獻。爾
　　　　與百濟，宜即戢兵。若更攻之，明年當出師擊爾國矣。』太宗將親伐高麗，
　　　　詔新羅纂集士馬，應接大軍。新羅遣大臣領兵五萬人，入高麗南界，攻水口
　　　　城，降之。」（頁5335）
〔註80〕見藤原仲麿，《家伝》卷上〈大師（鎌足）傳〉〔該書成立於760年（唐肅宗
　　　　上元元年、淳仁天皇天平寶字四年），收入沖森卓也、佐藤信、矢嶋泉，《藤
　　　　氏家伝：鎌足·貞慧·武智麻呂伝：注釈と研究》，東京：吉川弘文館，1999
　　　　年5月〕，〈第一影印編〉〔該影印編中的《家伝》內容是在1774年（清乾隆
　　　　三十九年、德川家治征夷大將軍天安永三年）由藤原貞幹以法桐宗乘圓僧於

另外，在 628 年（唐太宗貞觀二年、推古天皇三十六年）推古天皇駕崩後，因爲推古天皇尚未定立皇太子，因此大臣蘇我蝦夷馬上面臨選定皇位繼承者之問題。山背大兄王是出身於上宮王家（聖德太子一族）的皇位繼承有力候選人之一，他的父親聖德太子與蘇我氏之間有血緣關係，母親也是蘇我馬子的女兒刀自古郎女。根據《扶桑略記‧舒明紀》，蘇我蝦夷本來希望由山背大兄王來繼承皇位，故載謂「其舅毛人臣（蘇我蝦夷）等，以大兄王，欲令繼帝位。」〔註 81〕

　　筆者認爲根據《日本書紀後篇‧舒明紀》舒明即位前紀條，蘇我氏的長老蘇我境部摩理勢臣支持山背大兄王，〔註 82〕並且是蘇我蝦夷的叔叔，故最有資格可以成爲族長；但是他哥哥蘇我馬子逝世後，則由他的侄子，也就是蘇我氏本家的蘇我蝦夷來成爲族長，也同時擔任大臣之職，因此在蘇我境部摩理勢臣和蘇我蝦夷兩者之間甚容易產生出相互對立之關係。蘇我蝦夷有可能爲了避免蘇我氏一族之分裂而支持山背大兄王，然而因爲推古天皇遺詔的存在，〔註 83〕多數的大夫們〔註 84〕遵循此遺詔而推舉田村皇子（第 34 代舒明

1196 年（宋寧宗慶元二年、源賴朝征夷大將軍建久七年）抄寫舜禎僧所收藏的原本之版本來校正者〕，頁 6～7。蘇我入鹿也叫做蘇我太郎林臣鞍作。因爲原文的標點符號不明確，因此依照《藤氏家伝：鎌足‧貞慧‧武智麻呂伝：注釈と研究》，〈第三注釋編〉。以下《家伝》的引用文之標點符號均依照其〈第三注釋編〉。

〔註81〕　見阿闍梨皇圓，《扶桑略記》（該書成立於平安時代 12 世紀後期，收入黑板勝美編，《新訂增補國史大系》第十二卷，東京：吉川弘文館，2003 年 9 月，新裝版第 2 刷），第四〈舒明紀〉舒明即位前紀條，頁 48。

〔註82〕　請參考《日本書紀後篇》，卷第二十三〈舒明紀〉舒明即位前紀條，頁 177～179。

〔註83〕　此遺詔非常曖昧，沒有明確地指出到底是由誰來繼承皇位，而且是誰在怎麼樣的狀況下聽取天皇的遺詔都不明確等，留下諸多疑點。其實，山背大兄王知道蘇我蝦夷的決定後，對蝦夷表達不滿而抗議，直接再次確認蝦夷的心意，但蝦夷並沒有馬上回答，而派遣大夫們到山背大兄王説明，這時山背大兄王問大夫們説：你們剛剛所説的遺詔內容，與我親自聽的略有不同，到底是誰聽此遺詔？請參考《日本書紀後篇》，卷第二十三〈舒明紀〉舒明即位前紀條，頁 172。

〔註84〕　形成集議體的大夫（群臣）制度，可能是在欽明天皇（540～570 年）時成立，最慢也在 6 世紀末聖德太子時以豪族層的官僚化爲目的成立，大和地方的有力豪族們以接受大臣們有關於國政的諮問之方式，部分參與朝政。其資格是在畿內有力的臣連氏族當中選出相當於冠位十二階的小德（四位）以上者。由於冠位十二階，大夫和其他的人之間的區別變得很清礎，大夫層在政治上的地位也被保障，公正地承認由大夫層來形成朝廷的執政部門。至於聖德太

天皇），因此蘇我蝦夷不得已決定由田村皇子來繼承皇位。〔註85〕遵循天皇遺詔來推舉皇位繼承人，可見大夫們有企圖加強皇權的想法。

其實，蘇我蝦夷可能因爲田村皇子的皇后也是蘇我馬子的女兒，即使由田村皇子來即位，蘇我蝦夷也可以得到外戚之地位，而且與其由於推翻推古天皇的遺詔而造成大夫們的不滿，倒不如避開多餘的責任而尊重推古天皇的遺詔。此結果，使蘇我蝦夷遭受到蘇我境部摩理勢臣的強烈反抗。對他而言，最重要的是避免蘇我氏一族的分裂，因此蘇我蝦夷在 628 年趁機殺害了境部摩理勢臣。〔註86〕

但是，因爲舒明天皇也尚未定立皇太子，而在 641 年駕崩於百齊宮，因此又產生出繼承者的問題。這時候的天皇候選人是山背大兄王、輕皇子（第 36 代孝德天皇）、古人大兄皇子〔註87〕和中大兄皇子（第 38 代天智天皇）四個人，輕皇子是中大兄皇子之叔叔，舒明天皇是輕皇子的姐夫，古人大兄皇子是中大兄皇子的異母哥哥。其實，以上次天皇人選的過程來看，應該是由山背大兄王來嗣位才對。然而，蘇我蝦夷竟然推舉舒明天皇的皇后即位天皇。她就是第 35 代皇極天皇（642 年即位）。蘇我蝦夷擁戴女皇皇極天皇的理由，以他個性較爲愼重的作法來看，可能是爲了暫時避免產生以上宮王家爲首的其他抗衡勢力的不滿。他本來要擁戴的是古人大兄皇子，故史謂：「蘇我臣入鹿獨謀將廢上宮王等，而立古人大兄爲天皇。」〔註88〕

雖然蘇我蝦夷依舊被任命爲大臣，但在實際上是由性情剛強並且脾氣暴躁的蝦夷兒子入鹿來親自執政。蘇我氏 6 世紀末開始掌控朝廷的財源，逐漸地成爲擁有許多支氏族之巨大豪族，他們的統治領土也同時擴大。〔註 89〕後來，蘇我蝦夷在 642 年（皇極天皇元年）把蘇我氏之祖廟建立在葛城之高倉，跳八佾之舞（天子之行事），而且任意使用國內一百八十多個部曲（氏人

子，廣泛地採用人才，而使他們推動朝廷的政治，如果有相當的貢獻，以冠位十二階制賜冠位給他們。雖然這種方式抵觸重視門第的姓制，而導致大氏族們之不滿，但由於設置大夫制，廣泛地吸收其他豪族們的意見，同時可以解消他們的不滿。在推古天皇（603 年）時，大夫層甚至參與有關外征和皇位繼承的問題。請參考笠原英彥，《天皇と官僚(古代王權をめぐる權力の相克)》（東京：PHP 研究所，1998 年 12 月），頁 39～40。

〔註85〕請參考《日本書紀後篇》，卷第二十三〈舒明紀〉舒明即位前紀條，頁 173。

〔註86〕請參考同上書，〈舒明紀〉舒明即位前紀條，頁 177～179。

〔註87〕他是舒明天皇和蘇我馬子的女兒所生之子。

〔註88〕見《日本書紀後篇》，卷第二十四〈皇極紀〉皇極二年十月條，頁 199。

〔註89〕請參考笠原英彥，前揭書，頁 70。

的私有民）和爲了太子的養育費所分配的部民（上宮乳部之民），在生前把兩個自家的墳墓建在皇居的東南，稱蝦夷的墓爲大陵，稱入鹿之墓爲小陵。〔註90〕上宮王家也可能因爲山背大兄王沒有被推舉爲天皇而感到不滿，因此聖德太子的女兒上宮大娘姬王終於對蘇我父子之無禮之行爲，激怒而批評說：

> 於是上宮大娘姬王發憤而歎曰：蘇我臣專擅國政，多行無禮。天無二日，國無二王。何由任意悉役封民。〔註91〕

筆者認爲這些蘇我蝦夷和入鹿父子之行爲，似乎是他們父子對皇家的示威和挑戰，對蘇我入鹿而言，可能是爲了激怒上宮王家，以便有討滅上宮王家的理由，而預謀的行爲。因爲上宮王家對蘇我氏一族早就深感不滿，再加上宮王家的財力擴大已經威脅到蘇我本家，〔註92〕故其存在會威脅到蘇我蝦夷和入鹿父子之生存空間。因此對掌控政權的蘇我入鹿而言，上宮王家是爲了達成自己的野心而不得不除掉的對象，並對此早就胸有成竹。

　　根據《日本書紀後篇·皇極紀》皇極二年條，蘇我蝦夷在 643 年（皇極天皇二年）十月賜給自己的兒子蘇我入鹿紫冠，把兒子入鹿比擬大臣，加上蘇我入鹿對於上宮的諸王們之名聲遠播，感到嫉妒，而不自量力地越過臣下之身分，企圖把自己比擬君主，所謂「蘇武臣入鹿深忌上宮王等威名，振於天下，獨謀僭立」是也。〔註93〕而且蘇我蝦夷在 628 年殺害支持山背大兄的境部摩理勢臣，山背大兄對他的怨恨已經非常深。〔註94〕由蘇我蝦夷和入鹿父子之行爲以及與上宮王家之間的對立關係來看，蘇我蝦夷絕對不可能願意讓山背大兄王即位天皇，必須擁戴古人大兄皇子。古人大兄皇子在大化革新後，輕皇子讓位給他爲天皇時，他果斷地拒絕，馬上用刀削去自己的頭髮，當場削髮出家。〔註95〕由此狀況來看，古人大兄皇子在此動亂期間根本沒有

〔註90〕請參考《日本書紀後篇》，卷第二十四〈皇極紀〉皇極元年十二月條，頁 195～196。

〔註91〕見《日本書紀後篇》，卷第二十四〈皇極紀〉皇極元年十二月條，頁 196。

〔註92〕請參考笠原英彥，前揭書，頁 71。

〔註93〕見《日本書紀後篇》，卷第二十四〈皇極紀〉皇極二年十月條註，頁 199。「獨謀僭立」的涵義爲「獨斷地圖謀越權而比擬君主」。

〔註94〕見《家伝》，卷上〈大師（鎌足）傳〉，頁 9。該〈大師（鎌足）傳〉云：「後崗本天皇二年歲次癸卯冬十月，宗我入鹿與諸王子共謀，欲害上宮太子之男山背大兄等曰，山背大兄吾家所生。明德惟馨，聖化猶餘。崗本天皇嗣位之時，諸臣云云，舅甥有隙。亦依誅坂境部臣摩理勢，怨望已深。」

〔註95〕請參考《日本書紀後篇》，卷第二十五〈孝德紀〉孝德即位前紀，頁 216。

膽識繼承皇位，是想要避免皇家和大氏族們之間的爭奪霸權鬥爭。由此可言，除非在他的背後有蘇我氏當靠山，換句話說，他的生存幾乎都依賴蘇我氏的勢力，否則古人大兄皇子應該無法成爲天皇。因此可能是蘇我入鹿認爲古人大兄皇子比較好掌控，也就是可以當做傀儡，利用價值相當高，因而才先擁戴他也說不定。

但，某些學者們對於在《日本書紀》中所說蘇我入鹿擁戴古人大兄皇子的記載，認爲蘇我入鹿是爲了獲得外戚的地位才擁戴古人大兄皇子，或者是爲了避免與對抗勢力之間的相互摩擦才如此爲之。但是，筆者認爲因爲古人大兄皇子之母親雖是蘇我馬子的女兒法提郎女，但山背大兄王的母親也是蘇我馬子的女兒刀自古郎女，所以對蘇我氏而言，擁戴山背大兄王，也可以同樣確保外戚的地位。其實，對早已掌控政權的蘇我入鹿而言，不一定需要格外重視這個外戚的地位，也不可能是爲了避免對抗勢力之反抗，而特意擁戴古人大兄皇子，否則無法說明前述的蘇我蝦夷和入鹿父子專橫的行爲。因爲如果擔心對抗勢力反抗的話，蘇我氏早就抑制自己專橫的行爲了。

蘇我蝦夷和入鹿父子專橫的行爲不僅如此，蘇我入鹿在 643 年（皇極天皇二年）十一月終於派遣小德巨勢德太臣和大仁土師娑婆連突襲在斑鳩宮的山背大兄王，燒掉斑鳩宮。這就是所謂的上宮王家討滅事件。當時山背大兄王好不容易在山中躲過一劫。但不久之後，因爲缺乏食糧，所以山背大兄王下山躲在斑鳩寺，尋被蘇我入鹿發現，因此山背大兄王與他的子弟和妃妾們都被迫自盡。〔註96〕更加上，蘇我入鹿在 644 年（皇極天皇三年）把他們的房子建在甘橿岡，稱蝦夷的房子爲上之宮門，稱入鹿的房子爲谷之宮門，甚至蝦夷稱自己的孩子們爲王子等。〔註97〕由此可見，他們的所做所爲無疑是完全僭越之行爲。

至於上宮王家討滅事件，雖然根據《日本書紀後篇・皇極紀》皇極二年十月條記載，似乎此事件是由於蘇我入鹿爲了讓舒明天皇和蘇我馬子女兒法

〔註96〕請參考同上書，〈皇極紀〉皇極二年十一月條，頁 199～201。
〔註97〕見《日本書紀後篇》，卷第二十四〈皇極紀〉皇極三年十一月條，頁 206。該條云：「冬十一月，蘇我大臣蝦夷、兒入鹿臣，雙起家於甘橿岡，稱大臣家曰上宮門，入鹿家曰谷宮門，稱男女曰王子。」按：雖然在 702 年施行律令制之後，「親王」或「王」是指皇族，但 7 世紀中葉的日本在制度上沒有稱爲「王子」的說法，而只有將大王的孩子稱爲「みこ（御子）」，在 7 世紀後期（高宗）時，天武天皇首次採用天皇號的同時，將「皇子」兩個字套用在「みこ」，因此在此所謂的「王子」兩個字可能是暗示相當於皇子之子。

提郎女所生的古人大兄即位，也就是僅僅爲了自己的利益而獨立獨行引起的事件，如：「蘇我臣入鹿獨謀將廢上宮王等，而立古人大兄爲天皇。」〔註98〕但是根據《上宮聖德太子傳補闕記》和《聖德太子傳曆下卷・皇極紀》，參與暗殺計畫的卻是總共有六人，即是蘇我入鹿、輕王（輕皇子、第36代孝德天皇）、巨勢德太古臣、大伴馬甘連、中臣鹽屋和枚夫長者。〔註99〕由此可知，輕皇子也是參與上宮王家討滅事件的主謀者之一，他也在蘇我入鹿的掌控下。

　　其實，至於上宮王家討滅事件，在《日本書紀後篇・皇極紀》皇極二年十一月條中確實可以看到刻意隱瞞不利事實之傾向，如：把上宮王家討滅事件主謀者的責任只推到蘇我入鹿之身上，毫無提到輕皇子和其他共謀者。〔註100〕或者在皇極二年十月條中格外強調蘇我入鹿的惡行和山背大兄王的德行之間差異的傾向，如：蘇我大臣蝦夷知道兒子入鹿討滅上宮王家之訊息時，對入鹿的惡行憤怒而後悔，並且責罵他的這一段記載，以及山背大兄王躲在斑鳩寺時，雖然臣下三輪文屋君提醒他說使用上宮乳部之民舉兵，但山背大兄王果斷地拒絕三輪文屋君之建議，而所說不可以爲了自身的災難而動員人民，爲了國家的安寧，寧可犧牲自己的這一段記載。〔註101〕有可能是天皇家在編纂《日本書紀》的過程中刻意隱瞞不利的事實，或者透過特別強調對天皇家有利的題材，或者稍微捏造事實等方式，來使《日本書紀》的讀者

〔註98〕　見同上書，〈皇極紀〉皇極二年十月條，頁199。
〔註99〕　見著者不詳，《上宮聖德太子傳補闕記》〔該書成立於1122年（宋徽宗宣和四年、鳥羽天皇保安三年）十一月，收入佛書刊行會編纂，《大日本佛教全書》第一一二冊〈聖德太子傳叢書〉，東京：名著普及會，1987年2月，覆刻版第2刷〕，頁4。該補闕記云：「癸卯年十一月十一日丙戌，亥時，宗我大臣并林臣入鹿、致奴（茅渟）王子兒名輕王、巨勢德太古臣、大臣大伴馬甘連公、中臣鹽屋、枚夫等六人發惡逆，至計太子子孫男女二十三王，無罪被害。」巨勢德太臣也稱爲臣勢德太古臣。按：原文「中臣鹽屋枚夫等……」此句漏掉句點。應該是「中臣鹽屋。枚夫等……」（當時的原文只使用句點而已）。
〔註100〕　見《日本書紀後篇》，卷第二十四〈皇極紀〉皇極二年十一月條，頁201。該條云：「蘇我大臣蝦蛦聞山背大兄王等惣被亡於入鹿，而嗔罵曰：噫入鹿極甚愚癡，專行暴惡。儞之身命不亦殆乎。」
〔註101〕　見同上書，〈皇極紀〉皇極二年十月條，頁200。該條云：「山背大兄王等對曰：如卿所導（道），其勝必然。但吾情冀十年不役百姓，以一身之故豈煩勞萬民，又於後世不欲民言由吾之故喪己父母。豈其戰勝之後，方言丈夫哉。夫損身固國，不亦丈夫者歟。」

對蘇我入鹿產生負面印象，以便使殺害蘇我入鹿的行爲正當化。

還有，根據《家傳・大師（鎌足）傳》，蘇我入鹿與諸王子共謀加害山背大兄王等計謀，情況如下：

> 後崗本天皇二年歲次癸卯冬十月，宗我入鹿与諸王子共謀，欲害上宮太子之男山背大兄等曰，山背大兄吾家所生。明德惟馨，聖化猶餘。崗本天皇（舒明天皇）嗣位之時，諸臣云云，舅甥（蘇我蝦夷、山背大兄）有隙。亦依誅坂境部臣摩理勢，怨望已深。方今，天子崩殂，皇后臨朝。心必不安。焉無亂乎。不忍外甥之親，以成國家之計。諸王然諾。但恐不從，害及於身。所以共許也。以某月日，遂誅山背大兄於斑鳩之寺。〔註102〕

筆者認爲此事有可能反映以蘇我入鹿爲中心，已經形成建立新國家體制構想之派系。倘若如此，所謂的新國家體制絕對不是以天皇氏爲中心的中央集權體制，而是以蘇我氏爲中心的中央集權體制，蘇我入鹿引起上宮王家討滅事件的眞正的原因最終還是歸納爲下列理由：因爲財力擴大到讓蘇我本家感到危機程度的上宮王家之存在，會威脅到蘇我蝦夷和入鹿父子之生存空間，也爲了達成自己的野心，也就是以蘇我入鹿爲中心，建立新國家體制，而必須討滅上宮王家。

其實，天皇家和蘇我入鹿的政治路線在基本上沒有甚麼差異，都是以類似唐帝國的中央集權爲目的，唯一差異之處在於是以誰爲中心的中央集權制度，也就是以天皇氏爲中心或者是以蘇我氏爲中心之差別。此理由歸納爲下列五點：

（一）建立國家不久（約300年）的飛鳥時代中期（7世紀中葉）的國家體制仍然是氏族聯合體制，天皇的權限相當有限，甚至連決定下一代天皇也必須透過氏族們的協議和承諾。雖然當時的日本是因爲氏族們聯合經略的單一國家，也沒有其他可以足以推翻大和朝廷之強大勢力，所以氏族們擁立天皇氏，藉由委託各種權力給天皇，並且把天皇塑造成絕對和神聖的神之方式來維持氏族們之間的均衡勢力以及確保自己的利益。但是，從6世紀初開始氏族們之間的均衡勢力已經瓦解了，至於蘇我氏，在6世紀末之前（馬子時代）已經壓制平群氏、臣勢氏、大伴氏和物部氏等氏族而完全掌控政權，處於與聖德太子共同執政之立場，這代表蘇我氏已經逐漸形成與天皇氏同等的

〔註102〕見《家伝》卷上〈大師（鎌足）傳〉，頁9～10。

勢力。在聖德太子逝世之後，蘇我氏的權力逐漸變大，當中尤其是蘇我入鹿，完全掌控政權，其權力已經遠遠超越天皇家。門脇禎二和甘粕健在《古代專制國家》中解釋關於引起大化革新的統治上矛盾之原因，指出：

> 7 世紀根本上的矛盾，並非由於蘇我氏與中臣鎌子、中大兄皇子之間的對立而產生的，而是由於天皇家之家長層開始邊破壞自古以來的統治體制之基礎，邊逐漸掌握村落領導權，因此與其他豪族們之間產生對立。因為蘇我氏與中臣鎌子、中大兄皇子都同樣是豪族，也都是統治階級，所以就算在他們之間有些立場上的差別，也僅是如何統治所面臨他們（族豪）鬥爭的人民之差別而已。與《日本書紀》所描寫出的引起大化革新的前提矛盾之間有所差別。〔註103〕

筆者非常認同他的見解，也認為雖然當時的執政者在編纂《日本書紀》上有所企圖，也可以透過捏造歷史人物之言論或者利用描寫歷史的技巧來影響讀者的感觸，但是既然是將《日本書紀》當做史書編纂，就不能產生捏造史實上的行為。不然，捏造歷史人物之行為容易被當時的讀者看破，反而會導致讀者對於《日本書紀》的記載質疑，編者無法達到當初編纂《日本書紀》的目的。因此在《日本書紀》中關於蘇我氏各種惡行之記載應該幾乎是符合史實，而且應以像門脇禎二與甘粕健的見解角度來看當時的狀況，才可以自然接受《日本書紀》有關於蘇我氏各種惡行之記載，也可以了解其理由。

　　（二）對已經完全掌控政權的蘇我氏而言，天皇已經沒有利用價值，也不太需要擁立天皇，自己剝奪王權就行。雖然如此，但天皇氏有深具神化的歷史背景存在，並非任誰都隨時可以取而代之。然而，身為天皇以及皇子的子孫並且列入臣下氏族使用「臣」姓，蘇我氏的祖先是武內宿禰，〔註104〕根據《日本書紀前篇・孝元紀》孝元七年二月條，武內宿禰是第 8 代孝元天皇的庶長子彥太忍信命之曾孫，〔註105〕蘇我入鹿是孝元天皇的第 11 代後裔，也有天皇家的血統。其實，關於他的祖先確實是武內宿禰與否不太重要，也許

〔註103〕請參考門脇禎二、甘粕健，《古代專制國家》（收入門脇禎二、甘粕健、黑田俊雄等，《体系・日本歴史》第一卷，東京：日本評論社，1967 年，第 1 版第 1 刷），頁 110～111。

〔註104〕見《日本書紀後篇》，卷第十八〈宣化紀〉宣化元年二月條，頁 44。該條云：「又以蘇我稻目宿禰為大臣。」蘇我氏到了第 28 代宣化天皇時（536 年～），才突然出現在《日本書紀》中，而成為大臣，由「蘇我稻目宿禰」名稱可以了解蘇我氏是武內宿禰的後裔。

〔註105〕請參考《日本書紀前篇》，卷第四〈孝元紀〉孝元七年二月條，頁 150。

說不定蘇我氏自己編造出來的。對蘇我入鹿而言,最重要的是當時已經形成所謂以武內宿禰爲祖先的蘇我氏門第依據,有利於蘇我氏以出身之門第爲由,將爭奪王權加以合理化。而且《大寶繼嗣令》與唐令不同,特別明訂皇親之底線,《大寶繼嗣令》皇兄弟條云:「自親王五世之王,雖得王名,不在皇親之限。」﹝註106﹞筆者認爲設立此規定的目的可能是藉此預防出現像蘇我氏般利用出身門第而爭奪王權的事件。

(三)於大化革新後,到了天武天皇和持統天皇時,特別透過神話故事強調天皇家是萬世一系,具有任何人都不可侵犯的神聖地位,及天皇氏祖先爲天神之觀念,如:之後在元明天皇和元正天皇(天武、持統系統的天皇)時成立的《古事記》和《日本書紀》中記載,並在從唐朝導入律令制度的過程中設置神祇官,以便特別強調天皇的神格化。﹝註107﹞因此筆者認爲在大化革新後的天武天皇和持統天皇的時代,天皇家確實建立任何人都不可侵犯的神聖地位,及徹底灌輸天皇氏萬世一系觀念的。此時,以前的「大王」名稱被改稱爲「天皇」,﹝註108﹞變成名實相符的日本統治者,才能得到永不磨滅的地位。

(四)蘇我入鹿經常向去唐朝留學歸來的遣唐使旻法師請教,並且吸收有關唐朝的知識,因此應該熟悉唐朝的皇帝制才對。

(五)其實,不少學者僅僅認爲蘇我馬子和入鹿謀害天皇或皇子和上宮王家之行爲,只不過是蘇我氏的權力鬥爭,或者是掌控實權者專橫的結果,並且以天皇家已經在大化革新之前,建立任何人都不可侵犯的神聖地位之認知爲前提進行研究,因此當《古事記》和《日本書紀》的記載產生矛盾時,就開始質疑在《古事記》和《日本書紀》中的記載。但筆者認爲此見解和認知是由於不知不覺受到《古事記》和《日本書紀》編者以及對天皇的成見而產生的結果,研究者不能那麼容易忽略蘇我氏謀害天皇等的行爲。更加上蘇我馬子和入鹿謀害天皇或皇子和上宮王家之後,也像事不關己般地繼續

﹝註106﹞見仁井田陞,《唐令拾遺補》(東京:東京大學出版會,1997 年),第三部〈大寶繼嗣令〉第十三,第 1 皇兄弟條,頁 1081。所謂的「自親王五世之王」是由親王開始計算,還是由親王的下一代開始計算不詳。另外,此規定應該是受到姬周宗法制度影響。

﹝註107﹞請參考本論文第三章第五節「大化革新後之皇位繼承問題」和第四章第二節「神祇官之成立及唐制間之比較」。

﹝註108﹞關於「天皇」號,請參考本論文第三章註 86。

擔任大臣之職，而<u>輕</u>皇子儘管也加入消滅上宮王家之一派，但他能夠參與下任天皇的決策，甚至被推舉為下一代天皇，在在表示大化革新前，氏族們尚未有天皇是任何人都不可侵犯的神聖地位之觀念。當時天皇被稱為「大王」，「王」本來是對氏上的稱呼，像門脇禎二敘述般，天皇氏與<u>蘇我氏</u>、<u>中臣鎌子</u>、<u>中大兄皇子</u>他們都同樣是身為豪族，也同時是統治階級，天皇基本上只不過是為了維持氏族們之間的均衡勢力以及確保氏族們的利益，扮演氏上們的統御者大王之角色。尤其是在<u>蘇我入鹿</u>掌控政權時，的確有取代天皇氏的勢力，並且具有勢力的氏族們處於互奪王權的鬥爭之狀況。如果按照勢力的順序來列舉此時爭奪王權的人物的話，就是以<u>蘇我入鹿</u>為首，有<u>山背皇子</u>、<u>中大兄皇子</u>、<u>輕皇子</u>、<u>古人大兄皇子</u>等人。因此蘇我氏才可以公然地進行謀害天皇或皇子和上宮王家之行為，也可以經常把自己比擬君主，而<u>輕</u>皇子也才可以位居具有爭奪王權勢力的氏族之一，公然地參與下任天皇的決策。

第四節　小　結

　　日本古代天皇制的性質在於以天皇為中心的氏族國家體制，天皇氏就是此集團中具有最大勢力的豪族。但天皇只是當做朝廷內氏上們的統御者，扮演朝廷內總括核心勢力氏族們意見之角色。5世紀初以後天皇的地位在宗教上的神威迅速衰退，在祭政分離後，天皇的所謂「しろしめす（知道神意）」之行為已經失去像以前般的重要性。「しろしめす」的含意變成「知道諸重臣的上奏」，即「庶政見聞」之含意，天皇不干預行政，遂成為慣例。因此開始以「大王」的名稱取而代之。

　　對於與天皇聯合的氏族們而言，需要透過把天皇的地位神化起來，即讓他繼續具有超越階級的性格，委託各種權力給天皇之方式，維持氏族們之間的均衡勢力，以及保護自己的權益，也利用天皇和自己的特殊階級，來確保自己的利益，以及擴大自己的勢力，來掌控實際上的權力。藉此與天皇互利共存。進入6世紀後，各氏族在經濟上的發展導致了氏族們與皇室和氏族之間的鬥爭，在6世紀末時<u>物部氏</u>終於被蘇我氏所滅，<u>中臣</u>氏也喪失在朝廷內的勢力，於是出現蘇我馬子的專制政治，天皇最終變成傀儡而喪失實權。

　　雖然日本當時的天皇制並非像中國般，有勢力的人一旦掌握政權，就可推翻舊朝代，以天命之名，來建立新的朝代而自己當皇帝；但是，這並不代

表天皇氏已經獲得任何人都不可侵犯的神聖地位。

推古天皇讓聖德太子上任日本歷史上第一次設置的攝政職位。聖德太子以恢復且建立皇權爲目的，積極努力去仿照隋朝的制度並進行改革，制定冠位十二階制。但當時日本的國家體制還是氏族國家體制，天皇對於其他氏族之人民和土地沒有直接的統治權，因此儒教所提倡的王道思想與氏族國家體制完全不相容，更何況是在天皇喪失權威，而蘇我氏霸權的狀況下。聖德太子的理想本來是打算將所有的氏族通通列入冠位階級規定中，使之成爲以天皇爲中心的國家，但因爲當時蘇我馬子的勢力非常龐大，而無法改革氏族國家體制，所以聖德太子爲了避開跟蘇我馬子之間的摩擦，而不得不把蘇我氏當成與自己共同執政的人看待。

在聖德太子逝世後，蘇我蝦夷和入鹿父子專橫的行爲更激烈，尤其蘇我入鹿。就蘇我入鹿的立場而言，如果一旦以天皇氏爲中心的中央集權體制完全建立，就會削減蘇我入鹿自己本身目前的權力。就天皇氏的立場而言，如果蘇我氏的實權持續下去，根本不可能由天皇氏來實現在詔敕中所說的改革，除非是以蘇我入鹿爲君主進行改革，才有可能實現其改革，但那時候的國家制度以及中央政府架構，有可能會變成幾乎都仿照唐帝國般的模式，並且君主之形態和性質也變成像蘇我氏般強者以自己出身的門第爲由，任意將爭奪王權加以合理化，即所謂萬世一系的天皇制會從日本歷史中消失，由強者來統治日本，會導致變成反覆改朝換代之模式，或者像在 1192 年（南宋光宗紹熙三年、源賴朝征夷大將軍建久三年）後的武士時代般，天皇變成傀儡，完全失去執政權，而由其他氏族來執政的狀態。〔註 109〕天皇家由於在大化革新之後的努力，好不容易才建立了任何人都不可侵犯的、萬世一系神聖的天皇地位。因此雖然武士時代來臨後，天皇家的政治地位完全淪落爲傀儡而不干涉政治，但是，至少能夠維持爲萬世一系神聖的天皇地位。

其實，雖然說日本終於實現以天皇氏爲中心的中央集權制度；但自古以來牢不可破由大氏族爲中心的政治體制，即氏族制度，並無法馬上完全廢止。除非從 6 世紀中葉開始慢慢建立的大夫制度持續健全地發展下去，或者中央政府的組織架構能像唐朝般，具有權力分散制衡的架構，不然在實權集中於某一部分人之中央政府組織機構下，無法實現眞正以天皇爲中心的中央

〔註 109〕天皇在武士時代變成傀儡，朝廷完全失去執政權，而由武士來執政了，這就是天皇完全委託武士執政權之模式。

集權制度。〔註110〕因爲在此時代已沒有絕對性的神威以及不變的法律約束，天皇也已經沒有了建立大和朝廷初時在宗教上絕對性的神威和吸引力，而且人類本來有無盡的欲望和野心存在著，更何況是完全掌控政權的人，所以爭奪霸權的野心更強烈。大化革新就是一種在天皇氏和蘇我氏之間互奪王權鬥爭之結果。

最後，蘇我氏的滅亡本身就是大化革新的最大目的，對天皇家有最大的貢獻。對天皇家而言，蘇我氏沒有滅亡，就沒有大化革新之開始。雖然國家成立的歷史尚短，並且國家的體系和政治制度還未成熟，但是，當時天皇氏是以萬世一系的天皇制爲理想，並建立以天皇氏爲中心的中央集權制度爲目標，而努力進行唐化運動，他絕對無法接受像中國方式的改朝換代或天皇變成傀儡，完全失去執政權。因此也無法接受像蘇我入鹿般的政治人物之存在。

〔註110〕按：因爲擔心大氏族又掌控政權，因此在皇族的權力達到最高峰的第 40 代天武朝（673～686 年）時，沒有任命左、右大臣，只繼承天智朝的官職「御史大夫」（在《大寶令》下官職「大納言」的前身），並改稱爲「納言」。請參考本論文第四章第三節第二目「太政大臣、左右大臣職掌與辨官局及尚書省間之比較」。

第三章　日本皇位繼承法未全採用 唐制的原因及其影響

第一節　前　言

　　根據《日本書紀》和《古事記》的記載，關於日本初期的皇位繼承，在從第1代神武天皇到第14代仲哀天皇的14代天皇當中，有12代都是父子之間的直系繼承，而2代則是由兄弟之間相互繼承，但編纂《日本書紀》和《古事記》的期間爲710年（唐中宗唐隆元年、元明天皇天皇和銅三年）到720年，即剛好處於日本不斷地吸收唐律令，而編纂成完整體系的日本成文《大寶律令》不久的時期。也許日本把唐代的律令制度導入的過程中，受到中國皇位繼承法的直系主義觀念之影響，才開始編寫第14代之前天皇的家譜，也剛好在這段時期，大化革新也已經告一段落，政權亦已經回到天皇之手中，故日本從第40代天武天皇（673年即位）開始到第46代孝謙天皇（749年即位）之間，已經以直系主義的觀念實行過皇位繼承。

　　諸多學者說明古代天皇的皇位繼承法是採用類似兄弟繼承法，但因爲日本的皇位繼承幾乎受到背後支持天皇而具有勢力的氏族們鬥爭之影響，所以它似乎沒有一定的法則存在。然而，有些學者注意到在天皇家中有些冠上「大兄」之名號的皇子，遂加以「大兄」之研究，稱之爲「大兄」制度，用來試探天皇的皇位繼承法則。筆者認爲，日本的皇位繼承法並非沒有一定的法則存在，而有一定的理念和原則存在，並且與所謂的「大兄」制度之間有密切關係存在，也可見類似中國的直系嫡子皇位繼承法之性質。但前輩學者

尚未以直系主義嫡子皇位繼承法之角度來分析「大兄」制度和皇位繼承法之間的關係。因此在此首先要以直系主義嫡子繼承法之角度來分析日本皇位繼承法的原則與「大兄」制度之間的關係；同時，要闡明「大兄」制度存在之理由。

從唐朝導入律令制度之前的日本並未採用中國式直系嫡子皇位繼承法，而是從唐朝導入律令制度後，才開始採用類似中國的直系嫡子皇位繼承法，它對於日令家族法帶來很大影響，但不久之後，又恢復導入律令制度之前的繼承法。筆者以「古代家族」家長制度的角度，來探討日本未採用類似中國的直系嫡子皇位繼承法之理由。並分析由於皇家企圖採用中國式的直系嫡子皇位繼承法，以及自古以來根深蒂固的氏族制度，而受到兩者極大影響的家族法，用以闡明當時天皇家爲了企圖仿照中國皇位繼承法，如何利用日令家族法，和實際的「古代家族」家長繼承法之間如何產生矛盾，以及爲何必須改良唐令家族法的理由。即透過當時天皇家的歷史背景以及天皇與氏族制度之間的關係，詳細地探討日令和唐令家族法之間的差異。另外，筆者透過分析大化革新後的天皇家在政治上的演變，而更進一步地探討企圖採用類似中國的直系嫡子皇位繼承法對於政體所帶來的影響，以及日本當時不能繼續維持此皇位繼承法之理由。

第二節　天皇皇位繼承法之原則及大兄制度

一、皇位繼承法之原則

日本歷史學者認爲在《日本書紀》和《古事記》的記載中，比較符合史實的帝紀是從 4 世紀末的第 15 代應神天皇開始。因此在此列出從第 15 代天皇到第 40 代天武天皇爲止之家譜，如下【圖 3-1】〈應神天皇家譜圖〉和【圖 3-2】〈繼體天皇家譜圖〉。〔註 1〕由此可知，日本當時的天皇與中國皇帝的皇位繼承法相當不同。中國的皇位繼承方式是由嫡子來繼承皇位，接下來由嫡

〔註 1〕 請參考井上光貞，《日本古代國家の研究》（東京：岩波書店，1965 年），頁 182～183；舍人親王，《日本書紀前篇》（收入黑板勝美編，《新訂增補國史大系》，東京：吉川弘文館，2002 年 3 月，普及版第 13 刷），卷第十〈應神紀〉，頁 269；舍人親王，《日本書紀後篇》（收入黑板勝美編，《新訂增補國史大系》，東京：吉川弘文館，1997 年 4 月，普及版第 14 刷），卷第二十九〈天武紀〉，頁 389。

圖3-1：應神天皇家譜圖

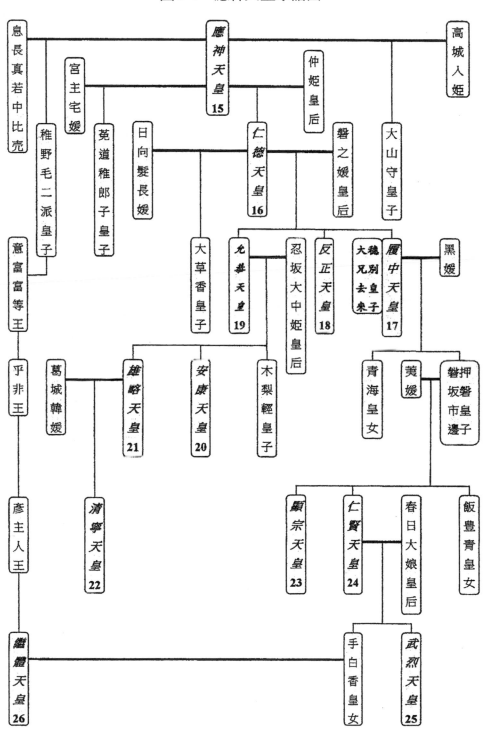

圖 3-2：繼體天皇家譜圖

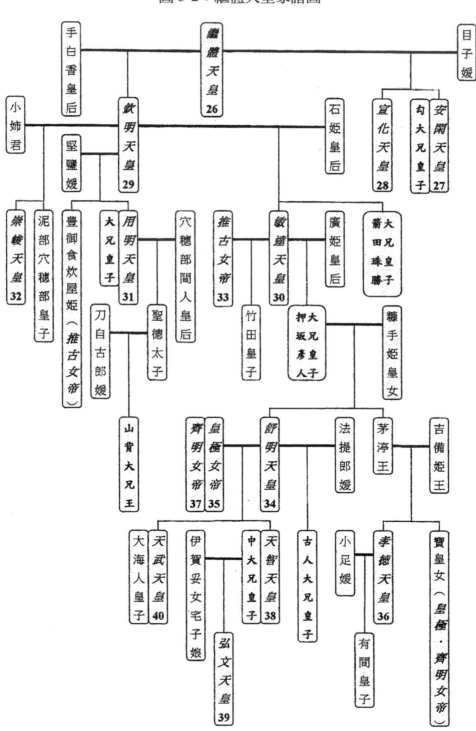

孫來繼承皇位，如果無嫡子，也沒有嫡孫，或雖然有嫡子而嫡子有罪疾時，則由嫡子的兄弟依照長幼順序來繼承皇位。如果皇后無子時，則由庶長子來繼承皇位。〔註2〕

至於日本天皇之皇位繼承方式，似乎沒有一定的規則，但在基本上是由皇后長子（嫡子）來優先繼承皇位，如仁德、履中、天智〔註3〕、弘文天皇，《日本書紀後篇·繼體紀》繼體元年條載：

> 立皇后手白香皇女脩教于内，遂生一男，是爲天國排開廣庭尊（欽明天皇）。是嫡子而幼年，於二兄治後，有其天下。二兄者，廣國排武金日尊（安閑天皇）與武小廣國押盾尊（宣化天皇）也。〔註4〕

但，如果嫡子已經逝世時，由嫡子之弟來繼承皇位，如敏達天皇。

接著，依照長幼順序在同母之弟（皇后之諸子）之間相互繼承皇位，如履中、反正、允恭、安康、雄略、天智、天武天皇；如果沒有可以繼承皇位的同母弟時，則由異母的弟弟（庶子）來繼承皇位，如用明、崇峻天皇。如果皇后無子嗣或者嫡子的年紀尚幼時，亦得由庶長子來繼承皇位，如清寧天皇（因爲皇后無子嗣）及安閑、宣化天皇（因爲繼體天皇的嫡子欽明天皇的年紀尚幼）。

但依照情況，如果庶長子當嫡子的哥哥（異母兄），如古人大兄皇子時，〔註5〕或天皇的侄子是嫡妻的弟弟，〔註6〕相當於嫡子的舅舅，如輕皇子（孝德天皇）時，都有可能會產生出嫡子推讓皇位之狀況，如中大兄皇子（天智天皇）。在 645 年（唐太宗貞觀十九年、孝德天皇大元年）六月進行大化革新幾天後，皇極天皇將要把皇位讓給嫡子中大兄皇子，但中大兄皇子與當時進行大化革新的夥伴，也是同時此改革的核心人物中臣鎌子商量之後，先把皇

〔註2〕 請參考雷家驥，《隋唐中央權力結構及其演進》（台北：東大圖書股份有限公司，1995 年），頁 278。

〔註3〕 天智天皇在天智七年時才即位，因齊明女帝駕崩之後，他仍以皇太子的身分繼續執政了 6 年。若從孝德天皇即位時開始計算，他爲太子長達 22 年之久。

〔註4〕 見《日本書紀後篇》，卷第十七〈繼體紀〉繼體元年三月條，頁 15。其意是「以手白香皇女爲皇后，治理有關後宮之事，不久出生一個男子，這就是天國排開広庭尊（欽明天皇）。雖然他是個嫡妻之子，但因爲年紀尚幼，因此由兩個哥哥來執政後繼治理天下。所謂的兩個哥哥就是安閑天皇（庶長子）和宣化天皇（庶子）。」

〔註5〕 雖然古人大兄皇子因爲拒絕繼承皇位，所以沒有成爲天皇，但他的確成爲中大兄皇子推讓皇位之第二個人選。第一個人選是舅舅輕皇子。

〔註6〕 侄女寶皇女（女帝皇極、齊明天皇）嫁給了伯父舒明天皇。

位推讓給身爲中大兄皇子的舅舅輕皇子，在《日本書紀後篇・孝德紀》孝德即位前紀條中載中臣鎌子對中大兄皇子提醒的一段話：

> 古人大兄，殿下（中大兄皇子）之兄也。輕皇子（孝德天皇），殿下之舅也。方今古人大兄在，而殿下陟天皇位，便違人弟恭遜之心。
>
> 且立舅以達民望，不亦可乎。〔註7〕

雖然如此，但重要的是中大兄皇子（天智天皇）本來是從皇極天皇繼承皇位的第一人選，這代表當時的日本也有以嫡子來繼承皇位爲原則的觀念存在。以上就是繼承皇位的原則。

二、大兄制度

以第 16 代仁德天皇的嫡子爲首，不管嫡子或嫡系天皇庶子系統的長子，往往冠上「～大兄」之名號，如大兄去來穗別皇子（第 17 代履中天皇）、勾大兄皇子（第 27 代安閑天皇、第 26 代繼體天皇時的太子）、箭田珠勝大兄皇子（第 29 代欽明天皇的嫡子）、大兄皇子（第 31 代用明天皇）、押坂彥人大兄皇子（用明天皇時的太子）、山背大兄王（聖德太子的長子）、古人大兄皇子（第 34 代舒明天皇的庶長子）、中大兄皇子（第 38 代天智天皇、第 34 代舒明天皇時的太子），這就是所謂的「大兄」制度。因爲資料不足，所以沒人研究過其來源和意義等詳細內容，但這無疑是以冠上「大兄」之名號的皇子們來成爲天皇、皇太子或有力的天皇候選人。井上光貞在《日本古代國家の研究》中對「大兄」制度指出以下見解：第 22 代清寧天皇之後，皇位歸屬於第 17 代履中天皇（「大兄」）嫡系的磐坂市邊押磐皇子（市邊之忍齒王）之次子第 23 代顯宗天皇，第 27 代安閑天皇（勾大兄皇子、媵妾之長子）之後，由其弟弟的第 28 代宣化天皇（媵妾之子）來繼承皇位，之後再來由其弟弟第 29 代欽明天皇（嫡子）來繼承後，皇位再也沒有回歸到身爲「大兄」的安閑天皇之家系，因爲安閑天皇無子嗣。因此這是皇位繼承在兄弟之間相互繼承完後，歸屬於「大兄」家系的原則之例外。除此之外，「大兄」的兄弟之間相互繼承完皇位之後，最後仍舊歸屬於「大兄」之家系，這代表當時在日本有

〔註7〕 見《日本書紀後篇》，卷第二十五〈孝德紀〉孝德即位前紀條，頁215。其意是「古人大兄皇子是您（中大兄皇子）的哥哥，輕皇子（孝德天皇）是舅舅。儘管現在有古人大兄皇子在，但由您繼承皇位的話，會違背所謂身爲弟弟者服從哥哥之人道。且由於擁立舅舅，能夠達成民望的話，這也算不錯吧！」

由長子（「大兄」家系）來繼承之觀念。〔註8〕

　　但是，關於皇位繼承最後歸屬於哪一個家系之問題，筆者認為當時在日本的確也有類似中國的直系嫡子皇位繼承之觀念。並沒有凡是大兄家系的，不分嫡系或嫡系天皇庶子系統的長子，均可平等地獲得到直系皇位繼承權〔註9〕機會之觀念。也就是說，直系皇位繼承權是優先歸屬於嫡系，如果嫡子逝世，也沒有嫡孫，則嫡子之弟照長幼順序得到直系皇位繼承權，既然具有直系皇位繼承權，便可以對自己的嫡子冠上「大兄」之名號，如第30代敏達天皇，因為第29代欽明天皇的嫡子箭田珠勝大兄皇子於其在位時已逝世，而且也無子嗣，所以是由同母弟敏達天皇，而不是由欽明天皇的第一個庶子用明天皇來得到直系皇位繼承權。因此敏達天皇才對自己的嫡子冠上「大兄」之名號，而稱他為押坂彥人大兄皇子。在第33代推古天皇之後，皇位竟然回到並且固定於具有直系皇位繼承權的敏達天皇和廣姬皇后之間的家系，由舒明天皇來繼承皇位，之後也仍然按照筆者前述的直系皇位繼承權和皇位繼承法的原則繼承下去。

　　其實，欽明天皇的庶子用明天皇（大兄皇子）也依照其直系皇位繼承權的觀念，冊立敏達天皇的嫡子押坂彥人大兄皇子為皇太子，〔註10〕但是，押坂彥人大兄皇子因為與當時掌控政權的蘇我氏沒有血緣關係，因此喪失繼承皇位之機會，結果由蘇我稻目的女兒小姊君（蘇我馬子的妹妹）之子崇峻天皇來繼承皇位。接著崇峻天皇被蘇我馬子暗殺之後，由蘇我稻目的長女堅鹽媛（蘇我馬子的妹妹）之長女豐御食炊屋姬來繼承皇位，成為日本首位的女帝。關於押坂彥人大兄皇子，在《日本書紀後篇》用明紀二年（587年、隋文帝開皇七年）條中提到中臣勝海連製造太子押坂彥人大兄皇子和竹田皇子的人像而詛咒他們的記載為止，在《日本書紀》中就再也沒有他的記載，只能藉由其他資料來推測，他有可能至少在594年（推古天皇二年）當時還活著，而且在607年（推古天皇十七年）之前逝世。

　　至於嫡系天皇庶子系統的「大兄」名號，並不代表等於具有直系皇位繼

〔註8〕請參考井上光貞，前揭書，頁185～186。

〔註9〕所謂的直系皇位繼承權指皇子兄弟之間相互繼承完皇位之後，當作嫡系家族，子子孫孫優先繼承皇位之權利。

〔註10〕押坂彥人大兄皇子，在《日本書紀後篇‧用明紀》用明二年四月條中記載為太子彥人皇子，如：「遂作太子彥人皇子像與竹田皇子像厭之。」見《日本書紀後篇》，卷第二十一〈用明紀〉用明二年四月條，頁123。

承權之家系，而僅僅是表示有機會可以得到直系皇位繼承權之正統家系而已，除非嫡子和嫡子之弟都沒有繼承人，不然無法得到直系皇位繼承權，例如：第 20 代安康天皇本來打算將皇位讓給仁德天皇的嫡子履中天皇（<u>大兄去來穗別</u>皇子）的庶長子<u>磐坂市邊押磐</u>皇子，〔註 11〕但<u>磐坂市邊押磐</u>皇子在 456 年（宋孝武帝孝建三年、安康天皇三年）時，遭到嫉妒他的安康天皇之弟弟（第 21 代雄略天皇）謀害，在同月<u>磐坂市邊押磐</u>皇子同母弟也遭到謀害了。〔註 12〕至於第 27 代安閑天皇，只是因爲第 26 代繼體天皇的嫡子欽明天皇的年紀尚幼，所以由庶子先來繼承皇位而已，並非第 27 代安閑天皇因爲無子嗣，而無法維持直系皇位繼承權，而是因爲他本來沒有直系皇位繼承權之緣故。換句話說，因爲繼體天皇的嫡子是欽明天皇，就算安閑天皇有子孫，也無法成爲具有直系皇位繼承權之家系，因此無論怎樣，皇位繼承都應該遲早回歸到並且固定於具有直系皇位繼承權的欽明天皇和<u>石姬</u>皇后之家系才對。由此可知，安閑天皇確實並非井上貞光所主張般的「大兄」家系的原則之例外，皇位繼承也並非最後歸屬於「大兄」家系，而是最後歸屬於具有直系皇位繼承權之家系。

雖然如此，但在實際上，下任天皇的人選，還需考慮到現任天皇的意志，或按照個人因素（年齡和行爲、勢力等）以及與具有權力的氏族（如蘇我氏）之間的血緣關係等，亦得經過氏族們的協議而決定之，如第 31 代用明天皇、第 32 代崇峻天皇、第 33 代推古天皇即是其例。但是，此皇位也可以拒絕繼承而讓給別的皇子繼承。

另外，由【圖 3-1】〈應神天皇家譜圖〉和【圖 3-2】〈繼體天皇家譜圖〉可見，雖然「大兄」的長子也幾乎都成爲天皇或皇太子，但都沒有冠上「大兄」之名號，如<u>聖德太子</u>〔註 13〕、第 34 代舒明天皇、第 39 代弘文天皇，「大兄」的嫡或庶長孫之一代，也就是「大兄」的下下一代時，才再冠上「大兄」之名號，如<u>山背大兄</u>王、古人大兄皇子、<u>中大兄</u>皇子（第 38 代天智天皇）。

〔註 11〕因爲履中天皇的子孫才是具有直系皇位繼承權的正統家系，履中天皇的皇后草香幡梭皇女無子嗣，所以打算將皇位讓給履中天皇（<u>大兄去來穗別</u>皇子）的庶長子<u>磐坂市邊押磐</u>皇子。

〔註 12〕請參考《日本書紀前篇》，卷第十四〈雄略紀〉雄略即位前紀，頁 359～360。

〔註 13〕雖然大兄皇子（第 31 代用明天皇）的長子聖德太子尚未成爲天皇，但是他在推古天皇時，擔任過攝政之職位，代替天皇執政，並且具有繼承皇位之足夠的條件，在得到繼承皇位的機會之前，在 622 年（推古天皇三十年）時已經逝世了。

筆者認為，「大兄」本來是可以得到直系皇位繼承權之正統的家系的皇子，在皇子兄弟之間相互繼承皇位的慣例之下，其長子也是個將來可以繼承皇位之最有力的候選人。因此不需要讓「大兄」之長子又冠上「大兄」之名號來刻意強調是可以得到直系皇位繼承權之正統的家系。雖然如此，天皇的媵妾多，皇子自然也會變多，加上在皇子兄弟之間相互繼承皇位的慣例之下，決定下任天皇時，還需顧及到現任天皇的意志，或按照個人因素以及與具有權力的氏族之間的血緣關係等的話，嫡妻和媵妾的皇子之間的關係變得更複雜，所以「大兄」的家系在「大兄」的嫡或庶長孫之一代時，必須再表明是可以得到直系皇位繼承權之正統的家系。因此「大兄」的長子不冠上「大兄」之名號，再其下一代「大兄」的嫡或庶長孫又冠上「大兄」之名號，依照如此的順序來一直重複循環下去。

至於<u>磐坂市邊押磐</u>皇子之庶長子，也就是<u>大兄去來穗別</u>皇子（第 17 代履中天皇）的庶孫子（第 24 代仁賢天皇），因為仁德天皇的嫡子履中天皇是具有直系皇位繼承權的正統家系，而且履中天皇的皇后<u>草香幡梭</u>皇女無子嗣，因而按照「大兄」制度的法則，本來應該可以冠上「大兄」之名號才對。但是，因為在 456 年（宋孝武帝孝建三年、安康天皇三年）父親<u>磐坂市邊押磐</u>皇子遭到雄略天皇謀害時，他當時只是 7 歲，跟他弟弟（第 23 代顯宗天皇）一起逃亡而且隱姓埋名，一直躲在丹波國与謝郡（現在的京都府丹後半島），〔註14〕所以《日本書紀》沒有提到有關他出生時的詳細記載，僅僅是在〈顯宗紀〉顯宗即位前紀條中介紹他稱為憶計王。筆者認為其「大兄」名號之使用也許尚未根深蒂固，或者是依照父親<u>磐坂市邊押磐</u>皇子和他弟弟遭到謀害之狀況來看，在仁賢天皇出生時，也許有某些無法對他冠上「大兄」名號之理由也不一定。

由此可言，日本的皇位繼承法以兄弟繼承法為主，也具有中國式的，基於直系主義的嫡子繼承法之性質，即自然存在著嫡系優先的直系皇位繼承權之觀念，皇位繼承在皇子兄弟之間相互繼承完後，最後仍然回歸到具有直系（包括嫡系及庶系）皇位繼承權之「大兄」家系。

另外，當時朝鮮半島的新羅、高句麗和百濟三國的國王繼承法，雖然基本上採用與中國相同的直系嫡子王位繼承法，但常見的是如果太子（通常是

〔註14〕請參考《日本書紀前篇》，卷第二十一〈顯宗紀〉顯宗即位前紀條，頁 400～401。

嫡子來當太子）的年紀尚幼時，則暫時由國王的兄弟來繼承王位。然而，到了該決定其下一代國王的時候，如果此太子已經達到了足以繼承王位之年齡，則由此太子來繼承下一代王位，也就是直系皇位繼承權仍然在於此太子之家系。但如果嫡子是不肖之子，或者是在政權內或人民的評價不好、嫡子的弟弟比較聰明時，則可由別的繼承人來繼承下一代王位，同時，直系皇位繼承權也變成屬於別的繼承人之家系。例如：因爲高句麗第 5 代國王慕本王之嫡子翊是不肖之子，因此國人擁戴國王的唐弟宮（也稱爲於漱）繼承王位，而成爲高句麗第 6 代國王太祖大王；〔註 15〕因爲政壇內和人民對高句麗第 8 代國王新大王之嫡子拔奇（也稱爲發岐）的評價差，因此由拔奇的第一個弟弟男武（也稱爲伊夷謨）來繼承王位，而成爲高句麗第 9 代國王故國川王。〔註 16〕因爲新羅第 3 代國王儒理尼師今王的次子婆娑尼師今比哥哥逸聖尼師今（儒理尼師今的嫡子）更聰明，因此群臣們擁戴次子婆娑尼師今來繼承王位，而成爲新羅第 5 代國王婆娑尼師今王，此時直系皇位繼承權已經不是屬於嫡子逸聖尼師今，而已經是轉移到次子婆娑尼師今。後來，因爲新羅第 6 代國王祇摩尼師今王（婆娑尼師今王的嫡子）沒有留下子嗣便逝世，因此由逸聖尼師今來繼承王位，而成爲新羅第 7 代國王逸聖尼師今王，直系皇位繼承權也如此回歸到嫡子逸聖尼師今。〔註 17〕但在實際上這種狀況比較少見，常見的是國王無子嗣時，由國王的弟弟來繼承王位之狀況。但是的確可以說，當時朝鮮半島的新羅、高句麗和百濟三國較爲重視重臣們和人民的支持，或是因爲當時朝鮮半島呈現新羅、高句麗和百濟三國鼎立之局面，因此不得不重視候選人繼承王位的能力和資格；但除非嫡子的能力明顯比他弟弟差，或者是依照先王遺言來推薦其他人選，如新羅第 4 代國王脫解尼師今

〔註 15〕 見金富軾，《三國史記》〔該書成立於 1145 年（宋高宗紹興十五年、近衛天皇久安元年），收入金鍾權譯，《完譯・三國史記》，出版地不詳：先進文化社，1969 年 3 月〕，卷第十五〈高句麗本紀第三〉太祖大王條，頁 271。該條云：「太祖大王（或云國祖王）諱宮，小名於漱，琉璃王子古鄒加再思之子也。……太子不肖，不足以主社稷。國人迎宮，繼立。」

〔註 16〕 見同上書，卷第十六〈高句麗本紀第四〉故國川王條，頁 284。該條云：「故國川王（或云國襄）諱男武，（或云伊夷謨）新大王伯固之第二子。伯固薨，國人以長子拔奇不肖，共立伊夷謨爲王。」

〔註 17〕 見同上書，卷第一〈新羅本紀第一〉婆娑尼師今條，頁 20。該條云：「婆娑尼師今立。儒理王第二子也。（或云儒理弟奈老之子也）……臣僚欲立儒理太子逸聖，或謂逸聖雖嫡嗣，而威明不及婆娑，遂立之。」

王，由新羅第 3 代國王<u>儒理尼師今王</u>的遺命而成為國王，〔註 18〕否則還是以直系嫡子繼承法為原則。

　　由此可知，朝鮮半島三國當時的繼承法是剛好跟日本相反，以類似中國的，基於直系主義的嫡子皇位繼承法為主，也具有類似日本的兄弟繼承法性質的皇位繼承法，用來解決有時侯出現年幼的帝王等直系嫡子皇位繼承法之缺點，日本當時的兄弟皇位繼承法算是日本獨特的繼承法。

第三節　日本古代家族家長繼承法與皇位繼承法間之關連

一、古代家族

　　接著要深入探討當時的日本不完全採用中國式直系嫡子皇位繼承法的理由。日本古代的政治組織體系是以天皇為中心的氏族國家體制，所謂的氏族是以「古代家族」為核心而形成的政治組織，天皇氏也不例外。因此在此首先探討日本「古代家族」的成立過程以及其發展。

　　日本古代共同體之主體是「家庭共同體（House-Community）」，以「家庭共同體」為單一經濟個體，也是一個經濟組織，所有的生產及消費行為都被統管於其家庭內，成為土地所有的基本單位，律令上將它稱為「鄉戶」。「家庭共同體」本來是由有血緣關係的幾個核心家庭，或者缺乏夫妻兩者其中之一的小家庭所構成的，〔註 19〕即合併旁系親族而形成的大家族，這看起來類似於以血緣關係為基礎組成的「氏族共同體」。然而大部分的地區是採取夫妻分居制，為了經營夫妻關係，維持狹小的通婚圈，讓兩家之間產生較密切的親族關係，形成以地緣關係為基礎的共同體。〔註 20〕如果以此角度來

〔註 18〕見同上書，〈新羅本紀第一〉脫解尼師今條，頁 19。該條云：「<u>脫解尼師今立。</u>（一云吐解）時年六十二，姓<u>昔</u>，妃阿孝夫人。……至<u>南解王</u>五年，聞其賢，以其女妻之。至七年，<u>登庸</u>為大輔，委以政事。<u>儒理</u>將死曰：先王顧命曰：吾死後無論子婿，以年長且賢者繼位，是以寡人先立，今也宜傳其位焉。」

〔註 19〕比較發達的地區則採用夫妻同居制，另外較為落後的地區除了鄉戶主之外都採用原始的夫妻分居制，當初大部分的地區採用後者。

〔註 20〕藤間生大在《日本古代國家》中說明由於在文化水準較低的地域社會之夫妻分居制下，丈夫常常找妻子之必要，古代人的通婚圈非常狹小。請參考藤間生大，《日本古代國家》（東京：伊藤書店，1946 年），頁 22～23。鈴木榮太郎也在《日本農村社會學原理》，〈通婚圈〉中說明如果沒有生活水準的提高，

看，這是類似於以地緣關係爲基礎的「村落共同體」。但「村落共同體」是以獨立的核心家庭爲其成員，具有法院和村落的官員，也有規定其成員在身分上的權利和義務，用來鞏固地緣上的團結。而日本古代當初的共同體，將以血緣關係爲基礎的「家庭共同體」做爲組織成員，並又以地緣關係爲基礎，故其共同體介於氏族共同體和村落共同體之間，藤間生代稱之爲「親族共同體」。〔註21〕

當時耕地不是以個人爲單位佔有其田地耕作，而是以鄉戶爲單位，由其成員共有其田地，因此鄉戶的主體性本來很強。隨著文明發展，夫妻同居制逐漸普及，通婚圈也同時擴大，夫妻兩家之間的地緣關係和較密切的親族關係變薄弱。因而「親族共同體」逐漸喪失其主體性，鄉戶成員也從「親族共同體」分離而獨立，而且開始跟旁系親族或旁系親族的家庭們住在一起，同時也吸收了一些同黨和寄人（寄口）〔註22〕等血緣外的平民及奴婢做爲勞動者。因此鄉戶逐漸地擴大起來，而形成龐大的大家族「家族共同體」。之後其「家族共同體」更進一步吸收其他地區的大量的同黨和寄人以及奴婢，而形成更龐大的大家族。這就是「古代家族」。〔註23〕在日本古代，「家庭共同體」並未轉移爲「村落共同體」，而是維持大家族的特性，移轉爲「古代家族」，並且迄未產生大家族的解體現象。〔註24〕

那麼，日本古代的「家庭共同體」爲何未轉移爲村落共同體，而發展到「古代家族」？筆者認爲此原因在於家族架構以及家長制度的發展。隨著大家族的擴大，鄉戶主（家長）的地位跟之前的「家族共同體」或「親族共同體」鄉戶主之地位不同，他變成嚴格的權威者，再也不是像之前那樣的單純家庭指導者。尤其是更龐大的大家族「古代家族」，需要鄉戶主的統御力以及鞏固的家族組織，在家族組織方面，鄉戶主與大多數的寄人及奴婢之間產生

通婚圈就不可能擴大到部落外，在通婚圈較狹小的地域會產生較獨特的文化、較一致的生活方式以及相互的信賴感，形成其地域獨特的共同社會之基礎。請參考鈴木榮太郎，《日本農村社會學原理》第八章第三節〈通婚圈〉（東京：時潮社，1940年），頁488～489、505。

〔註21〕請參考藤間生大，前揭書，頁20～26、35～37。

〔註22〕寄人（寄口）指由於家庭衰落或衰亡之緣故，家人失散或者變成孤苦無依的人，雖然他不是奴婢，而是一般百姓，但被隆興的家庭收養，成爲隸屬於其家庭的勞動者，稱他們爲寄人（寄口）或同黨。

〔註23〕請參考藤間生大，前揭書，頁41～42、57～59。

〔註24〕請參考同上書，頁35、42。

主人與服從者的關係。這些大多數的寄人和奴婢受到鄉戶主統管，成爲經營「古代家族」的重要勞動力，在大家族中也扮演非常重要的角色，可以說是日本古代獨特的。而把寄人和奴婢納入家族架構，可使以鄉戶主爲中心的大家族之結合性更加強。

二、賤民制度下之家長制度

爲了維持鄉戶主（家長）的統御力，並且鞏固以鄉戶主（家長）爲中心的家族組織的結合，需要一些原動力，不然無法維持鄉戶主的權威。筆者認爲鄉戶主權威之背景在於家長制度的發展，此家長制度的發展成爲「古代家族」發展的直接原動力。那發展家長制度的原動力爲何？其源自於古代社會的風俗習慣和思想，以及政府的政治制度。在律令制度下，有關鄉戶和鄉戶主的規定（政治制度），並非完全仿照唐律令，也非突然以強迫的方式來強制施行的，而是將早就存在著的古代社會風俗習慣變爲法令化而已，所以必然會顧及當時的狀況，或按照當時的社會風俗習慣（社會制度）而制定，如此更促進了家長制度的發展。因此日本律令與唐律令之間自然會有部分差異，並附加日本獨特的規定，尤其是家族法相關的律令規定。例如家人和奴婢都屬於家族的「賤民」，〔註25〕唐令與日令在遺產法令上則有不同的規定，可以顯示其差異。

按：《唐戶令》應分條云：

> 諸應分田宅及財物者，兄弟均分。……妻家所得之財，不在分限。……兄弟亡者，子承父分。繼絕亦同。兄弟俱亡，則諸子均分。……〔註26〕

〔註25〕在律令制上新規定的賤民分爲叫做「五色の賤」的五層階級，即陵戶（守天皇陵墓之人。他們可以得到與良民一樣的口分田，但無法成爲良民）、官戶（超過 76 歲時被解放爲良民，他們可以得到與良民一樣的口分田）、家人（在主人的同意下，可以被解放爲良民，他們可以得到良民三分之一的口分田）、官奴婢（是個在朝廷服務的奴婢，他們可以得到與良民一樣的口分田，他們超過 66 歲以上或廢疾時變成官户）、私奴婢（是個地方豪族擁有的奴婢，在主人的同意下，可以被解放爲家人，他們可以得到良民三分之一的口分田）。請參考仁井田陞，《唐令拾遺補》（東京：東京大學出版會，1997 年），第三部〈養老戶令〉第八，第 38 官奴婢條、第 39 放家人奴婢爲良家人條，頁 1038；仁井田陞，《唐令拾遺補》第三部〈養老田令〉第九，第 27 官戶奴婢條，頁 1335。

〔註26〕見同上書，〈唐戶令〉第九，第 27 應分條，頁 1028。

而《養老戶令》應分條則云：

> 凡應分者，家人、奴婢、氏賤不在此限。田宅、資財，其功田、功
> 封、唯入男女。總計作法。嫡母、繼母及嫡子，各二分。妾同女子
> 之分。庶子一分。妻家所得，不在分限。兄弟亡者，子承父分。養
> 子亦同。兄弟俱亡，則諸子均分。〔註27〕

在《養老戶令》應分條中的「家人。奴婢」或「氏賤」等詞句，可看出當時由日本獨特的「古代家族」架構之性質所產生的特徵。

雖然牧健二在《日本法制史論》中說「家人」相當於唐代的「部曲」，〔註28〕但《養老戶令》爲何不採用唐令中的「部曲」之詞，而使用「家人」之詞？在大化革新以前的日本大和朝廷，賜給地方氏上（地方豪族的族長）「國造」和「県主」等姓，以地方分權的方式來擴大地方之統治，其地方豪族（氏族）所擁有的土地稱爲「田莊」，在此工作的農民集團（氏上的私民團體）叫做「部曲」，此「部曲」意味著諸氏之私民，而並非代表奴隸。實際上其「部曲」有貴賤之別，其中叫做「家人部」的最低級「部民」才屬於賤民，此子孫在大化革新後也沒有被解放，而仍然被列入爲叫做「家人」的賤民階級。〔註29〕「家人」同於資財並且有名無姓，可以擁有口分田，這些部分跟奴婢相同，但「家人」不得買賣，也沒有「使喚殆盡」之狀況，並且可以爲戶，〔註30〕也可以說其身分高於奴婢一等。則唐「部曲」在《唐戶令》應分條中未列爲遺產繼承之對象，李天石在《中國中古良賤身份制度研究》中指出：唐「部曲」雖然屬於賤民，但跟奴婢不相同，不同於資財，不得買賣，也不得像牛馬一樣「盡頭驅使」，而且可以擁有財產（沒有口分田），並且有完整的姓名，其身分高於奴婢一等。〔註31〕由此可見，雖然「家人」比較接近唐「部曲」性質，但在大化革新以前的日本「部曲」和唐「部曲」詞之用法完全不相同，並且「家人」只指日本「部曲」其中屬於賤民之階級。因此當時日本中央政府不能採用唐「部曲」之名稱，而以「家人」的名稱來

〔註27〕見同上書，〈養老戶令〉第八，第23應分條，頁1028。
〔註28〕請參考牧建二，《日本法制史論》（東京：弘文堂，1929年），頁367～373。
〔註29〕同上書，頁98～99。
〔註30〕請參考藤原明久、牧英正，《日本法制史》（東京：青林書院，1995年11月），頁50。
〔註31〕請參考李天石，《中國中古良賤身份制度研究》（南京：南京師範大學出版社，2004年5月，第1版），頁256～263。

取代之。還有，在當時日本中央政府所區分爲五層階級的賤民中也有屬於氏族的族長「氏上」所有的「家人」和「奴婢」，〔註32〕這就是叫做「氏賤」。根據《養老戶令》，「氏賤」不能列入瓜分繼承之遺產內。

　　西島定生在《中國古代國家と東アジアの世界》中指出：唐代的良賤身份是一種國家身份，是皇帝爲了實現對人民的統治而設立的。良賤身份的劃分標準是依照兩者是否被納入統治階級制定的所謂「禮的秩序」。也就是唐代的良人（庶民以上）處於禮的秩序之內，而賤民（奴婢）則是處於此秩序之外。〔註33〕李天石在《中國中古良賤身份制度研究》中指出：「中古時期的良賤身份制度，在三國西晉時期，隨著社會政治經濟的變化而開始形成；在南北朝時期引禮入律、特別是在北魏重建以門閥世族爲中心的身份等級制度的過程中日益系統化；而至隋唐之際，中古良賤身份制度經過了長期的發展而日臻成熟與完善。」〔註34〕他也更具體解釋說：

　　　唐初政府雖然在掌握大量無主荒田的基礎上實行了均田制度。……
　　　唐代的均田制度也是一種身份等級授田制。……另一方面，它又在
　　　相當程度上保障了大土地所有者對土地的占有。……又明確規定，
　　　周隋官僚貴族之子孫襲父祖爵依舊，這都確保了舊朝士族官僚對其
　　　私有田宅的繼續占有。在史籍中，關於唐代前期門閥貴族擁有大量
　　　土地和依附人口的記載也是不少的。……既然門閥世族的土地大多
　　　自周魏以來便已有之，而且他們取得土地的手段也和南北朝時期的
　　　世族地主差不多，因此在這些土地上生產的勞動者也不會有太大變
　　　化，主要還是佃客、部曲、奴婢之類。依附者與土地的不可分割性
　　　正是世族土地所有制的特點之一。〔註35〕

他又云：

　　　儘管經過隋末農民戰爭，唐代部曲、奴婢之類賤民的數量較南北朝
　　　時期有了很大減少，但由於農民起義涉及範圍的不平衡性，由於唐

〔註32〕氏族的鄉戶有兩種「家人‧奴婢」，一種是屬於氏族成員「氏人」個人，並且可以列入瓜分繼承之遺產內的「家人‧奴婢」，另外一種是屬於氏族族長「氏上」個人，並且不能列入瓜分繼承之遺產內的「家人‧奴婢」（「氏賤」）。「氏賤」是特別由「氏上」來分配給各「氏人」鄉戶戶主的「家人‧奴婢」。
〔註33〕請參考西島定生，《中國古代國家と東アジアの世界》（東京：東京大學，1983年），頁125。
〔註34〕見李天石，前揭書，頁237。
〔註35〕見同上書，頁241～243。

初世族土地所有制總體上仍占統治地位，更由於契約租佃制與雇佣制的相對不盡發展，故部曲、奴婢，在大土地所有者的全部勞動人口中仍占有一定的比例，大多仍從事生產。唐代前期所制定的唐律，之所以存在大量關於部曲、奴婢的法律條文，正是以這種現實的經濟基礎與生產關係爲背景的。〔註36〕

由此可知，唐良賤身份的劃分是基於國家統治理念。筆者認爲日本古代國家對良賤身份的劃分也是基於以擁有大量土地的氏族爲核心之國家統治理念，此劃分標準是首先將賤民排除在社會秩序之外，這好比唐代賤民處於「禮的秩序」之外，再以形成日本統治制度核心之氏族制度的秩序來規範良民階層，以便形成所謂的良人共同體。但其良人共同體的內部實際上包含了各階級的對立和階層的分裂，因此賤民制度以及劃分良賤身分之清楚規定，是爲了維持，甚至鞏固日本國家的各階級和階層之秩序而不可或缺的重要政策，賤民在此中則扮演非常重要的角色。其實，當時日本的執政者把氏賤不列入瓜分繼承遺產內的理由，主要是爲了避免自古以來日本政治體制基礎單位的氏族之分裂和秩序之破壞，造成政治的不穩定，因此日本在日令的家族法中才制定日本獨特的遺產繼承法。關於此問題以及它所代表的意義，在本章第四節「中國式皇位繼承法與氏族制度對家族法之影響」中，將會更進一步地深入探討。

三、古代家族家長繼承法與兄弟皇位繼承法

南部昇研究鄉戶主（家長）的繼承問題，詳細地分析日本的古代籍帳，而在《日本古代戶籍の研究》中指出很獨特的見解，其概況如下：〔註37〕

戶主（家長）繼承之規定明定在《戶令》戶主條中，該條云：「凡戶主，皆以家長爲之」，〔註38〕《令義解》〔註39〕以及《令集解》〔註40〕中的《古記》

〔註36〕見同上書，頁 255。
〔註37〕請參考南部昇，《日本古代戶籍の研究》（東京：吉川弘文館，1992 年），頁 310～349。
〔註38〕見《唐令拾遺補》第三部〈養老戶令〉第八，第 5 戶主條，頁 1014。日本史學者們認爲《養老戶令》的此條文與《大寶戶令》相同。
〔註39〕《令義解》是《養老令》的註釋，右大臣清原夏野等人奉敕撰，成立於約 833 年（唐文宗太和七年、淳和天皇天長十年）左右。
〔註40〕《令集解》成立於 859～876 年（唐懿宗咸通元年～唐僖宗乾符三年、清和天皇貞觀元年～十八年），由明法博士惟宗直本收集諸說之大成，撰成《令集解》

〔註 41〕和《令釋》〔註 42〕站在採用嫡子繼承法的立場，對《戶令》戶主條的規定，解釋為禁止前戶主之兄弟（伯叔父）在同一個戶籍中的長輩，也就是旁系親族繼承戶主。《義解》在《令集解前篇‧養老戶令》第 5 戶主條中註云：「嫡子也。凡繼嗣之道，正嫡相承。雖有伯叔，是為傍親，故以嫡子為戶主也。」〔註 43〕《古記》亦註云：「依法定嫡子，合為戶主也。」〔註 44〕《令釋》又註云：「若父死，母子見存者，以男為之。又有伯叔兄數人，猶以嫡子為戶主也。」〔註 45〕

但律令政府對戶主的資格，在《戶令》為戶條中規定並要求由達到能夠勝任其任務之年齡者來當戶主，該條云：「凡戶內欲析出口為戶者，非成中男（少丁）及寡妻妾者，並不合析。應分者，不用此令。」〔註 46〕《古記》和《朱說》〔註 47〕對於「非成中男（少丁）及寡妻妾者，並不合析。」部分的條文，解釋此理由和適當的年齡，《古記》註云：「非成少丁，謂少丁以上合析也。」〔註 48〕《朱說》亦註云：「不堪政故。」〔註 49〕而且《令釋》對於「應分者，不用此令。」部分的條文，強調能夠勝任是最重要的條件，《令釋》註云：「有堪為戶主者，縱非成中男及寡妻妾，而聽之耳。」〔註 50〕南部昇認為：為了能夠滿足《戶令》所要求的以丁男以上或能夠勝任之嫡子來繼承家

四十卷。《令集解》中，引用許多令的註釋書與學說，包括：《大寶令》的註釋《古記》、《養老令》的註釋《令釋》、《跡記》、《穴記》、《義解》（《令義解》的註釋）、《讚記》和《朱說》等。

〔註41〕 《古記》是《大寶令》的註釋，成立於約 738 年（唐玄宗開元二十六年、聖武天皇天平十年）左右。

〔註42〕 《令釋》是《養老令》的註釋，成立於787～791 年（唐德宗貞元三～七年、桓武天皇延曆六～十年）。

〔註43〕 見惟宗直本，《令集解前篇》（收入黑板勝美編，《新訂增補國史大系》第二十三卷，東京：吉川弘文館，2004 年 9 月，新裝版第 2 刷），卷第九〈養老戶令〉第八，第 5 戶主條，引《義解》，頁 262。

〔註44〕 見同上書，〈養老戶令〉第八，第 5 戶主條，引《古記》，頁 263。

〔註45〕 見同上書，〈養老戶令〉第八，第 5 戶主條，引《令釋》，頁 262。

〔註46〕 見《唐令拾遺補》第三部〈養老戶令〉第八，第 13 為戶條，頁 1020。此條文中的「中男」部分在《大寶令》的條文中說為「少丁」。

〔註47〕 《朱說》是《養老令》的註釋，成立於857～876 年（唐宣宗十一年～唐僖宗乾符三年、文德天皇天安元年～十八年）。

〔註48〕 見《令集解前篇》，卷第九〈養老戶令〉第八，第 13 為戶條，引《古記》，頁 273。

〔註49〕 見同上書，〈養老戶令〉第八，第 13 為戶條，引《朱說》，頁 273。

〔註50〕 見同上書，〈養老戶令〉第八，第 13 為戶條，引《令釋》，頁 273。

長之條件，嫡子的年紀尚幼時，必須以嫡妻或庶長子等人來暫時代替年幼的嫡子當家長才行，但是，在戶籍資料中沒有如此現象。

南部昇也指出：根據奈良時代的古代籍帳《大日本古文書》（一），跟伯叔父同一個戶籍的嫡子（現戶主之子）相當多，如下【表 3-1】〈嫡子和其伯叔父之間的戶籍狀況表〉〔註 51〕，如果當時以直系的嫡子繼承法來繼承戶主之地位的話，其嫡子成爲戶主後，戶主跟伯叔父同一個戶籍的家庭也相當多才對，如下【圖 3-3】〈直系嫡子繼承時的推測圖〉〔註 52〕；而且如果嫡子到了某一定的年齡（假如年齡 18 歲）時，才可以採用嫡子繼承法來繼承戶主之地位的話，跟伯叔父同一個戶籍的、年齡 18 歲戶主也相當多才對。但情況並非如此，反之，不管嫡子的年齡幾歲，跟伯叔父同一個戶籍時幾乎都沒有是戶主的，如下【表 3-2】〈戶主和其伯叔父之間的戶籍狀況表〉〔註 53〕。這代表日本的「古代家族」採用兄弟繼承法，不管嫡子的年齡幾歲，只要與伯叔父住在一起，嫡子在實際上就不能當戶主，如下【圖 3-4】〈兄弟繼承時的推測圖〉。〔註 54〕

筆者也非常認同南部昇的看法，也認爲除非前戶主過世後，其嫡子單獨形成新的鄉戶而成爲戶主，但這會造成鄉戶（古代家族）之分裂，五十戶一里的規定也不成立，並且會出現年幼戶主的核心家庭；而且不跟伯叔父同一個戶籍的戶主之年齡集中在從 20 到 70 歲，19 歲以下幾乎沒有，尤其是 40 歲到 60 歲最多，如：【表 3-2】〈戶主和其伯叔父之間的戶籍狀況表〉，這無疑是因爲採用兄弟繼承之緣故而造成的結果。而且《養老戶令》第 13 爲戶條中有規定說：「凡戶內欲析出口爲戶者，非成中男（少丁）及寡妻妾者，並不合析。應分者，不用此令。」因此難以想像是按照直系嫡子繼承法，由直系嫡子來繼承戶主地位，而單獨形成新的鄉戶。

由此可見，日本「古代家族」的戶主（家長）之繼承法確實是採用兄弟繼承法，而不是採用直系嫡子繼承法。雖然《古記》和《令釋》對於日《戶令》戶主條有上述的解釋，但並不符合當時實際的狀況，其主要理由恐怕在

〔註 51〕 該表引自南部昇，前揭書，頁 328。（編該表的資料是來自東京帝國大學文科大學史料編纂掛，《大日本古文書》（一）東京：東京帝國大學，1901 年 7 月）。

〔註 52〕 該圖引自同上書，頁 328。〔編該圖的資料是來自《大日本古文書》（一）〕。

〔註 53〕 該表引自同上書，頁 334。〔編該表的資料是來自《大日本古文書》（一）〕。

〔註 54〕 該圖引自同上書，頁 336。〔編該圖的資料是來自《大日本古文書》（一）〕。

表 3-1：嫡子和其伯叔父之間的戶籍狀況表

地方 ＼ 年齡	9歲以下	10～19	20～29	30～39	40～49	50歲以上	計
跟伯叔父同一個戶籍的嫡子（父親是戶主）御野	14人	12人	11人	8人	1人	0人	46人
北九州	1	1	2	1	0	0	5
下総	1	3	6	0	0	0	10
陸奧	0	1	0	0	0	0	1
計	16	17	19	9	1	1	62人
不是跟伯叔父同一個戶籍的嫡子（父親是戶主）御野	5	13	18	9	6	6	53
北九州	3	8	10	6	2	2	29
下総	1	2	3	0	0	0	6
陸奧	0	0	1	0	0	0	1
計	9	23	32	15	8	8	89
不詳（因爲資料不完整）御野	0	0	1	0	0	0	1
北九州	0	0	0	3	0	0	3
下総	0	0	1	0	0	0	1
陸奧	0	0	0	0	0	0	0
計	0	0	2	3	0	0	5
合　計	25	40	53	27	9	9	156

表 3-2：戶主和其伯叔父之間的戶籍狀況表

地方 ＼ 年齡	9歲以下	10～19	20～29	30～39	40～49	50～59	60～69	70～79	80～89	90歲以上	計
跟伯叔父同一個戶籍的戶主　御野	0人	0人	1人	0人	1人	0人	0人	0人	0人	0人	2人
北九州	0	0	0	0	0	0	0	0	0	0	0
下総	0	0	0	1	0	0	0	0	0	0	2
陸奧	0	0	1	0	0	0	0	0	0	0	1
計	0	0	2	1	2	0	0	0	0	0	5人
不是跟伯叔父同一個戶籍的戶主　御野	0	0	15	18	22	30	18	8	4	0	115
北九州	0	0	2	7	10	13	6	2	1	0	41
下総	0	1	3	3	7	3	2	1	0	0	20
陸奧	0	0	0	0	2	0	0	0	1	0	3
計	0	1	20	28	41	46	26	11	6	0	179人
不詳（因爲資料不完整）御野	0	0	0	0	0	1	1	0	0	0	2
北九州	0	0	0	0	0	2	2	0	0	0	4
下総	0	0	1	0	2	1	1	0	0	0	5
陸奧	0	0	0	0	0	0	0	0	0	0	0
計	0	0	1	0	2	4	4	0	0	0	11
合　計	0	1	23	29	45	50	30	11	6	0	195人

圖3-3：直系嫡子繼承時的推測圖

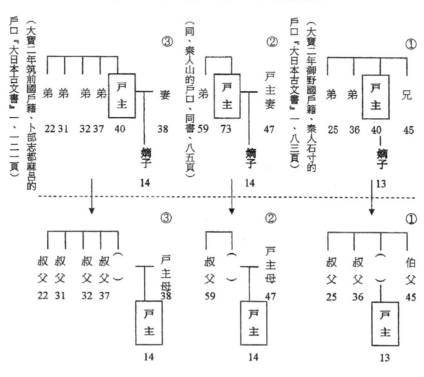

圖3-4：兄弟繼承時的推測圖

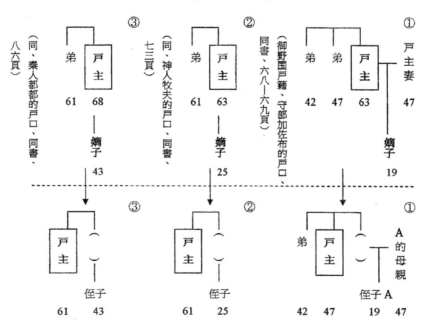

於視家長能否勝任其任務。也就是說，當時的日本與其說重視嫡子，毋寧說更重視嫡子有否能力擔任其職務。

以「古代家族」為核心而形成的政治組織氏族之族長（氏上）繼承法，也與日本「古代家族」的家長（戶主）之繼承法相同，一向採用兄弟繼承法。因此氏族集團中具有最大勢力的天皇氏也與其他氏族之族長繼承法幾乎都相同，在皇位繼承法上採用兄弟繼承法。但因為日本古代人的潛意識中有宗法觀念存在著，〔註55〕故日本皇位繼承法同時也包含中國式的直系嫡子繼承法之性質在內。

筆者認為天皇氏一向採用兄弟繼承法之原因是，日本自古以來，在氏姓制度下形成氏族聯合體而共同執政，跟「古代家族」的家長和氏族的族長（氏上）之人選相同，最重要的條件是端視其人能否勝任。因此在決定下一代天皇之適當人選時，格外重視他年齡和性質等候選人個人的因素，而且也潛在著重於同族間的輩分高低和兄弟長幼的牢不可破道德觀念。例如前述欽明天皇雖然是第26代繼體天皇的嫡子，但因為年紀尚幼，因此被認為不適合擔任天皇，結果由庶子安閑天皇和宣化天皇優先即位；又如第19代允恭天皇的嫡子木梨輕皇子雖然貴為皇太子，但因品行不良之緣故，而無法受到群臣們的敬服，結果由允恭天皇的次子穴穗皇子即位，而成為第20代安康天皇；〔註56〕以在大化革新後，中大兄皇子有關皇位繼承的問題與中臣鎌子商量時，中臣鎌子對中大兄皇子提醒的一段話來看，便可以了解著重於同族間的輩分高低和兄弟長幼的道德觀念。《日本書紀後篇・孝德紀》孝德即位前紀條云：

> 古人大兄，殿下之兄也。輕皇子，殿下之舅也。方今古人大兄在，而殿下陟天皇位，便違人弟恭遜之心。且立舅以達民望，不亦可乎。〔註57〕

這些史籍中的記載即是其例。著重於同族間的輩分高低和兄弟的長幼，固表

〔註55〕關於日本古代人潛意識中的宗法觀念，在第四節「中國式皇位繼承法與氏族制度對家族法之影響」中，將會更進一步地深入探討。

〔註56〕見《日本書紀前篇》，卷第十三〈安康紀〉安康即位前紀條，頁350。該條云：「冬十月瘞禮畢之。是時太子行暴虐，淫于婦女。國人謗之，群臣不從，悉隸穴穗皇子。」其意是「冬天10月允恭天皇的葬禮結束。這時因為身為太子的木梨輕皇子對婦女施暴行，也是淫亂（奸污親妹妹輕大娘皇女），因此國民誹謗太子，群臣都不敬佩，而支持穴穗皇子。」

〔註57〕見《日本書紀後篇》，卷第二十五〈孝德紀〉孝德即位前紀條，頁215。

現出當時日本人之民族性，也反映在日本人的語言本身。也就是說，從自古以來在日語裡，存在著較複雜的尊敬語、謙讓語和禮貌語等看，此是其他國家語言中少見的表現，也就可以了解此特性了。其實，此特性也有在同族間減少相互鬥爭以及維持同族間秩序之作用。

由此可見，一方面，天皇家在氏族聯合體的共同執政下，無法讓不適合擔任天皇的候選人勉強繼承皇位，不然，無法向其他氏族們交代；而另一方面，往往由於某些氏族的勢力很強，天皇家和氏族間的權力架構會左右其繼承人選以及他日後的執政；甚至也會發生皇室內的權力鬥爭。天皇家爲了能夠應付這些氏族們以及維持皇室內的秩序，必須更愼重地考量候選人在各方面的因素和資格，並重視天皇家輩分的高低以及兄弟的長幼，而選出下一代能夠勝任之天皇，因此日本必須採用兄弟皇位繼承法。前述內容就是當時日本在獨特的政治上背景下，不完全採用以唯一具有絕對權力，以及獨攬所有實權之皇帝來統治的中國之直系嫡子皇位繼承法，而採用日本獨特的兄弟皇位繼承法之原因。

雖然兄弟皇位繼承法不會發生因爲皇子年幼即位，由重臣們來攝政，而使他們有機會完全掌控政權的形勢；或者由皇太后來垂簾聽政或直接執政，剝奪天皇的權限，使天皇成爲傀儡等，但日本皇位繼承的人選方式難免會造成在皇家內或氏族們間的權力鬥爭，甚至天皇候選人常常被氏族們利用成爲鬥爭工具等負面因素，導致政治上的危機。因此會出現暫時由女帝來執政以避開危機，並由適當的人來輔助女帝攝政的現象，如：女帝推古天皇和皇極天皇的執政以及聖德太子代替推古天皇的攝政。〔註58〕這即是其例。

第四節　中國式皇位繼承法與氏族制度對家族法之影響

一、古代家族家長繼承法與日令家族法間之矛盾

既然日本仿照的唐令只是規定爲「凡戶主，皆以家長爲之」，沒有特別規定由誰當戶主或家長，但爲何《義解》和《古記》把《戶令》此條文解釋爲「故以嫡子爲戶主也」；「依法定嫡子，合爲戶主也」？筆者認爲原因如下：

〔註58〕聖德太子是皇太子，以皇太子的立場來輔助女帝，並非跟皇室無關的重臣。

　　日本也許是深受到中國「宗法思想」的影響，根據《三國志・魏書・東夷傳》倭條，在 3 世紀左右（卑彌呼時代）的日本（倭國），氏族和家族之間已經有存在著宗族關係，故謂：

> 其俗，國大人皆四五婦，下戶或二三婦。婦人不淫，不妒忌。不盜竊，少諍訟。其犯法，輕者沒其妻子，重者滅其門戶。及宗族尊卑，各有差序，足相臣服。〔註59〕

因為如此，所以在日本的皇位繼承法中，才也有類似中國的直系嫡子繼承法性質。

　　但最大的理由是受到當時天皇家企圖實施直系嫡子皇位繼承法的影響，詳細地分析與家族法相關之日令和其註釋，就可以發現「古代家族」的家長繼承法與日令和日令之註釋之間產生矛盾，為了解決其矛盾，立法者在相關法令的條文中，下了一番工夫，而加以修改，因此唐令與日令之間必然產生差異，茲略析論如下。

　　當時天皇家已經從蘇我氏奪回政權，到了天武天皇時皇族的權力達到最高峰，建立了鞏固的皇親政治體制。天武天皇和天武系統的皇族們從唐朝導入律令時，企圖利用唐朝的直系嫡子皇位繼承法之觀念，套用在家族法上而加以解釋。因此，此註解解釋的觀念與日本當時實際的狀況迥然不同。日令基本上是將在大化革新前就已存在的政治制度模式，或者是長期演變出來的風俗習慣（社會制度），以法令的方式來重新規定，但是也有以當時執政者的某種企圖和潛在性的觀念來修改和解釋某些條文之狀況，如上引《古記》對日《戶令》戶主條之解釋，因此難免出現與實際狀況完全不相符的現象。社會的風俗習慣就是能夠維持並發展家長制度的原動力，日本「古代家族」的家長人選方式，自古以來的確是採用兄弟繼承法，並非採用直系嫡子繼承法，就算是以法令來訂定新規定，也無法輕易改變。在遺產繼承方面，若實際上「古代家族」有像《義解》和《古記》解釋般，以大宗的直系嫡子為家長的風俗習慣的話，如同《大寶律令》所規定者，以嫡子來繼承前家長遺產中全部宅邸、家人、奴婢以及一半的財物（極端的嫡庶異分主義）也非常合理，

〔註59〕見〔晉〕陳壽，《三國志・魏書》（台北：鼎文書局，1997 年 5 月，第 9 版），卷三十〈東夷傳〉倭條，頁 856。根據〈東夷傳〉倭條，日本（倭國）本來是以男子為王，但後來在國內產生動亂，因此擁戴女子為王，該條云：「其國本亦以男子為王，住七八十年，倭國亂，相攻伐歷年，乃共立一女子為王，名曰卑彌呼。」

藉以使家長的權限更加擴大，並且可以鞏固「古代家族」以家長爲中心的團結。《大寶戶令》應分條云：

> 應分者，宅及家人奴婢，並入嫡子。其奴婢等，嫡子隨狀分者聽。財物半分，一分庶子〔註60〕均分。妻家所得奴婢不在分限。還於本宗。兄弟亡者，子承父分。兄弟俱亡，則諸子均分。寡妻無男者，承夫分。若夫兄弟皆亡，各同一子之分。有子無子等，謂在夫家守志者。〔註61〕

雖然唐制家長權威是身分上的地位，但日本並非如此，當時日本的社會風俗習慣是採用兄弟繼承法，若像《大寶律令》所規定般，以直系嫡子來繼承前家長遺產中全部宅邸、家人、奴婢以及一半的財物的話，難以發揮家長之權限和統御力，即無法維持「古代家族」以家長爲中心的體制，因而此體制會容易瓦解。而且導入律令制度後，氏族成員中官位最高者成爲該氏族之氏上，所以《古記》對《日戶令》戶主條之解釋根本不符合當時氏族們實際的「古代家族」狀況。

至於《養老戶令》應分條，立法者應該是考慮到實際的狀況，而重新規定嫡子和嫡子以外的男子之遺產繼承比率爲2：1，如：「嫡母、繼母及嫡子，各二分。妾同女子之分。庶子一分。」〔註62〕這無疑是來自唐代食封制度中的食封繼承法，因爲嫡子做爲戶主的繼嗣者，必須繼承祖先的祭祀義務，所以比其他的法定繼承人多加一分。

關於遺產繼承比率，《唐六典·尚書戶部》戶部郎中、員外郎條注云：

> 食封人身沒以後，所封物隨其男數爲分，承嫡者加與一分。若子亡者，即男承父分；寡妻無男，承夫分。若非承嫡房，至玄孫即不在分限，其封物總入承嫡房，一依上法爲分。其非承嫡房，每至玄孫，準前停。其應得分房無男，有女在室者，準當房分得數與半；女雖多，更不加。雖有男……〔註63〕

《唐會要·緣封雜記》天寶六載三月六日戶部奏條又云：

〔註60〕 在此所謂的庶子不是指妾之諸子，而是指嫡子之外的所有男子，相當於在唐令中的非承嫡者。請參考中田薰，〈養老戶令應分條の研究〉（收入氏著，《法制史論集》第一卷，東京：岩波書店，1986年），頁58。

〔註61〕 見《唐令拾遺補》第三部〈大寶戶令〉第八，第23應分條，頁1029。

〔註62〕 見同上書，〈養老戶令〉第八，第23應分條，頁1028。

〔註63〕 見〔唐〕李林甫等撰、〔唐〕陳仲夫點校，《唐六典》（北京市：中華書局，2005年4月，第2次印刷），卷第三〈尚書戶部〉戶部郎中、員外郎條，頁79。

天寶六載三月六日，戶部奏，諸道請食封人。……又準戶部式節文。
諸食封人身歿以後，所得封物，隨其男數爲分；承嫡者加一分。至
元孫即不在分限，其封總入承嫡房，一依上法爲分者。若如此，則
元孫諸物，比于嫡男，計數之間，多校數倍。舉輕明重，理實未通，
望請至元孫以下，準元孫直下一房，許依令式，餘並請停，唯享祭
一分。百世不易，自然爭競永息，勳庸無替。〔註64〕

由此可知，《養老戶令》應分條規定的遺產繼承比率2：1，沿自唐令食封繼承
法之規定，跟《大寶戶令》比起來，其變化實在太大，對嫡子而言，損失非
常大，簡直是天壤之別，同時也允許女子之繼承權。在《養老戶令》和《大
寶戶令》之間爲何產生如此差異？以下更進一步探討有關根據遺書來分配遺
產的問題，同時，也說明筆者對此問題的見解。

　　唐令中關於遺書的效力，據《唐喪葬令》身喪戶絕條云：「諸身喪戶絕
者，……若亡人在日，自有遺囑處分，證驗分明者，不用此令。」〔註65〕但
是，在《唐戶令》應分條上沒有任何有關於遺書的效力之規定，該條云：

諸應分田宅及財物者，兄弟均分。……妻家所得之財，不在分
限。……兄弟亡者，子承父分。（繼絕亦同）兄弟俱亡，則諸子均
分。〔註66〕

戶主（被繼承人）在無繼承人時，才可用遺書來分配其財產。由此可見，唐
令的遺產繼承法，除了食封繼承法（嫡庶異分主義）以外，一般都是在兄弟
之間平均分配（均分主義），以保障法定繼承人的權利。

　　至於《大寶令》，在《大寶喪葬令》身喪戶絕條載：「身喪戶絕無親者，
所有家人奴婢及宅資，四隣五保，共爲檢校。財物營盡功德，其家人奴婢
者，放爲良人。若亡人存日處分，證驗分明者，不用此令。」〔註67〕由此可
知，《大寶令》也跟唐令一樣，也有無法定繼承人時，便可用遺書來分配遺產
之規定。但是，在《大寶戶令》應分條中，另有遺書相關的規定，如：「其奴

〔註64〕見〔宋〕王溥撰，《唐會要》下冊（臺北：世界書局，1989年4月，第5版），
　　　　卷九十〈緣封雜記〉天寶六載三月六日條，頁1645～1646。
〔註65〕見《唐令拾遺補》第三部〈唐喪葬令〉第三十二，第21身喪戶絕條，頁
　　　　1466。
〔註66〕見同上書，〈唐戶令〉第九，第27應分條，頁1028。
〔註67〕見同上書，〈大寶喪葬令〉第二十六，第13身喪戶絕條，頁1466。在此條文
　　　　中所謂的「存日處分」，除了《唐喪葬令》所說的「遺囑處分」的含意以外，
　　　　還有「被繼承人在生前的讓與」之含意。

婢等，嫡子隨狀分者聽。」《古記》針對此條文，註云：「注，其奴婢等，嫡
子隨狀者聽，謂必令分，任意不聽也。」〔註68〕又註云：「嫡子任意耳，抑不
合令分也。」〔註69〕

由此可見，在《古記》中有兩種解釋，一為遺書會約束嫡子，必須依照
《戶令》，根據遺書來分配奴婢等遺產。二為嫡子不受遺書之約束，可以任意
決定執行遺書與否。為何有如此模稜兩可的解釋？筆者認為是因為日本自古
以來受到「宗法思想」的影響，並且編纂《大寶令》的時代是以第41代女帝
持統天皇為首，是天武系統的皇族們，企圖推動直系嫡子皇位繼承法的時代，
《大寶繼嗣令》繼嗣條中也明定八位以上氏上的繼承方法。該條云：

> 凡內八位以上繼嗣者，皆嫡相承。若無嫡子，及有罪疾者，立嫡孫。
> 無嫡孫者，以次立嫡子同母弟。無母弟，立庶子。無庶子，立嫡孫
> 同母弟。無母弟，立庶孫。但氏上者，聽勅。〔註70〕

文意顯示當時日本強調中國式的直系嫡子繼承法，因此立法者在《大寶戶令》
中制定為「應分者，宅及家人奴婢，並入嫡子。」日令的解釋者雖然知道並
不符合實際的狀況，但仍必須把「家長」或「戶主」之詞解釋為「謂，嫡子
也。凡繼嗣之道，正嫡相承」，然而另一方面，《大寶戶令》的立法者同時在
應分條中附加「其奴婢等，〔註71〕嫡子隨狀分者聽」之條文，藉以解決《大
寶戶令》的規定與家人、奴婢等實際遺產繼承狀況之間的矛盾，即解決《大
寶戶令》所規定的遺產分配上不公平的現象，允許把形成家庭經濟基礎的家
人、奴婢等根據遺書來分配。在實際上，不僅是嫡子，其他兄弟也應該繼承
一定比率的家人和奴婢等遺產才對，但能夠根據遺書來分配的家人和奴婢等
遺產卻有一定的限制存在。此詳細內容如下：

家長（戶主）為了好好地經營「古代家族」，而需要比其他遺產繼承人擁
有更多的家人和奴婢，這些比其他遺產繼承人多出來的家人和奴婢幾乎都是
從前戶主直接所繼承的遺產分配外之家人和奴婢。《古記》把《大寶戶令》應

〔註68〕 見《令集解前篇》，卷第十〈養老戶令〉第八，第23應分條，引《古記》，頁
　　　　291。
〔註69〕 見同上書，〈養老戶令〉第八第23應分條，引《古記》，頁291。
〔註70〕 見《唐令拾遺補》第三部〈大寶繼嗣令〉第十三，第2繼嗣條，頁1081～
　　　　1083。「勅」字限用於日本法令上的專門用語，如「勅旨式」或引用日本史料
　　　　中的原文時使用，其他一般用語，統一使用中國的漢字「敕」字。
〔註71〕 「其奴婢等」主要指家人、奴婢，但也包含宅物和其他財產在內。請參考本
　　　　章註75。

分條的條文，套用到《大寶喪葬令》身喪戶絕條對於「亡人存日處分」的條文解釋中，用來承認遺書會約束嫡子，同時限制前戶主根據遺書來分配遺產之範圍，如下：

　　《古記》在《養老喪葬令》身喪戶絕條「亡人存日處分」的條文解釋中針對《大寶戶令》應分條云：

　　　　問：絕戶亡人存日處分者，任用聽之。未知戶令應分者，宅及家人奴婢，並入嫡子。財物半分，一分庶子均分。此條，亡人存日處分者用不？答：此亦依處分耳。〔註72〕

　　《古記》在該條「亡人存日處分」的條文解釋中又註云：

　　　　若爲嫡承繼物者，不合聽。唯當身之時物者，隨處分耳。〔註73〕

《古記》又把《大寶喪葬令》身喪戶絕條中對於「亡人存日處分」的條文解釋，套用到《大寶戶令》應分條中，用來限制前戶主根據遺書來分配遺產之範圍。《古記》在《養老戶令》應分條中，針對《大寶喪葬令》身喪戶絕條「亡人存日處分」的條文解釋亦註云：「問：亡者處分用不？答：證驗分明者，依處分耳。」〔註74〕該條文解釋又註云：「己身之時物者得分也。從祖父時承繼宅家人奴婢者，不合依令耳。」〔註75〕此《古記》的解釋中所說的「爲嫡承

〔註72〕見惟宗直本，《令集解後篇》〔該書成立於859～876年（唐懿宗咸通元年～唐僖宗乾符三年、清和天皇貞觀元～十八年），收入黑板勝美編，《新訂增補國史大系》第二十四卷，東京：吉川弘文館，2004年10月，新裝版第2刷〕，卷第四十〈養老喪葬令〉第26，第13身喪戶絕條，引《古記》，頁970。

〔註73〕見同上書，卷第四十〈養老喪葬令〉第26，第13身喪戶絕條，頁970。按：《古記》由直系嫡子來繼承戶主爲前提來加以解釋，此條文中仍然使用「若爲嫡承繼物者」之說法。其實，依照實際的狀況，修改此條文的話，必須解釋爲「若爲下一個戶主承繼物者」才對。

〔註74〕見《令集解前篇》，卷第十〈養老戶令〉第八，第23應分條，引《古記》，頁299。

〔註75〕見同上書，卷第十〈養老戶令〉第八，第23應分條，引《古記》，頁299～300。這條文沒有僅指定「奴婢」，而說爲「己身之時奴婢者得分也。從祖父時承繼宅家人奴婢者，不合依令耳。」並且《古記》在《養老戶令》應分條中也提到丈夫在生前把財物和奴婢轉讓給妻子和妾的例子，如：「夫存日，妻妾之家別，處分營造，分異奴婢雖嫡子不得恐覓。」（見《令集解前篇》，卷第十〈養老戶令〉第八，第23應分條，引《古記》，頁299）。可見所謂的「物者」是指物質上的財物和家人、奴婢等，而並非僅指物質上的財物，即家人和奴婢屬於廣義的財物中。而且《古記》承認遺書會約束嫡子，也可見《大寶戶令》應分條的條文「其奴婢等，嫡子隨狀分者聽。」中的「其奴婢等」包含宅物和其他財產在內。

繼物者」以及「從祖父時承繼宅家人奴婢者」，不外乎是由父親（前戶主）從祖父（前前戶主）那裡繼承來的；戶主交給下一個戶主之住宅及家人、奴婢等，這意味著也有不包含在遺產分配內的，由戶主來管理的住宅及家人、奴婢存在。換句話說，也有屬於戶主個人的，包含在遺產分配內的財物及家人、奴婢存在。而且《古記》的解釋承認也把「亡人存日處分」適用於應分條中，即承認遺書會約束嫡子，所謂的「己身之時物者」，即由父親（前戶主）分配給戶主和其兄弟等法定繼承人的，屬於戶主個人的家人、奴婢和其他遺產以及戶主自己得來的財物等，戶主可以把這些財產根據遺書來分配給自己的孩子們。

由此可見，實際上在兄弟之間相互繼承戶主地位下，各兄弟們輪到自己繼承戶主地位時，同時從前戶主那裡繼承，爲了戶主具備的住宅和家人、奴婢等，至於前戶主，把父親所分配給他的以及他自己得來的，屬於個人的財產根據遺書來分配給自己的孩子們，如：【圖 3-5】〈兄弟繼承法下的家長地位和遺產的繼承圖〉。

圖 3-5：兄弟繼承法下的家長地位和遺產的繼承圖

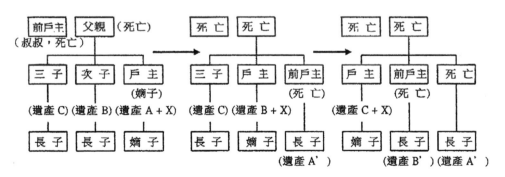

遺產 A、B、C：在兄弟之間瓜分繼承的父親之遺產。
遺產 A'、B'：前戶主的長子繼承的遺產。（該圖中前戶主的子，爲了避開複雜化，只列入長子）
遺產 X：由戶主來繼承的（無法在兄弟之間瓜分的）遺產。
※女子的遺產繼承部分和戶主自己得來的財產部分，沒有列入該圖中（省略）。

總之，《大寶戶令》應分條的解釋者因受到當時政治上的影響，而無法公正地承認此遺書之效力，最好以消極的態度來解釋此遺書之效力。也就是說，採用所謂因爲遺書不約束嫡子，所以嫡子可以任意決定是否執行其遺書，以及按照實際狀況，解釋爲因爲遺書約束嫡子，所以嫡子必須依照遺書來分配遺產的兩種模稜兩可的解釋方式。即《大寶戶令》應分條根據遺書來模糊分

配遺產的灰色地帶。然而日令以唐令爲藍本，唐令除非是當無法定繼承人時，不然不承認任何遺書的效力，用來保障其法定繼承人的權利。在法定繼承人的權益方面，不僅是從唐令的角度，就算從《養老戶令》的角度來看，此「其奴婢等，嫡子隨狀分者聽」的條文，也應該解釋爲除了爲了戶主具備的住宅和家人、奴婢等以外，對於其他財物，戶主的遺書具有約束嫡子之效力，嫡子必須根據遺書來分配家人奴婢等以及其他遺產才對。因此《古記》的解釋也才承認將「亡人存日處分」適用於應分條中。

二、由大寶令和養老令所載家族法分析戶令應分條之目的

　　至於《養老令》，不但在《養老喪葬令》身喪戶絕條中規定爲「凡身喪戶絕無親者，……若亡人存日處分，證驗分明者，不用此令」，〔註76〕在《養老戶令》應分條中也重新規定爲「亡人存日處分，證據，灼然者，不用此令」，〔註77〕《令釋》在《養老戶令》應分條中的，對於「亡人存日處分」的條文解釋如下：

　　　　凡此條，與喪葬令云各異。〔註78〕然依理相通，可用。縱牒不入司，
　　　　而遺言分明，可依遺言。〔註79〕

由此可知，雖然在《養老戶令》應分條中所規定的「亡人存日處分」條文之適用條件與《養老喪葬令》中此條文的適用條件並不相同，但在《養老戶令》應分條上附加此條文而明定一般的遺產分配也能適用「亡人存日處分」規定，而且《養老戶令》沒有特別限制能夠根據遺書來分配的遺產範圍，這代表《養老戶令》公正地承認遺書的效力。關於這一點，《養老戶令》應分條在條文上與《大寶戶令》大不相同，更何況是《唐戶令》。但《養老戶令》中的對遺產

〔註76〕見《唐令拾遺補》第三部〈養老喪葬令〉第二十六，第 13 身喪戶絕條，頁 1466。

〔註77〕見同上書，〈養老戶令〉第八，第 23 應分條，頁 1029。

〔註78〕「亡人存日處分」本來是在《大寶喪葬令》身喪戶絕條中制定的規定，在《大寶戶令》應分條中沒有此規定。但《古記》在該條中解釋註云：「問：亡者處分用不？答：證驗分明者，依處分耳。」《古記》在《養老喪葬令》身喪戶絕條中又註云：「問：絕戶亡人存日處分者，任用聽之。未知戶令……」由此可見，在《養老戶令》應分條中重新附加的「亡人存日處分」是針對一般的遺產繼承的規定，在《養老喪葬令》身喪戶絕條中的「亡人存日處分」是針對亡者或絕戶者的遺產繼承之規定。

〔註79〕見《令集解前篇》，卷第十〈養老戶令〉第八，第 23 應分條，引《令釋》，頁 299。

繼承人的分配比率，比較接近於《唐戶令》。

《養老戶令》應分條特意附加上「氏賤不在此限」之條文，直接禁止把「氏賤」包含在遺產分配的範圍之內，但以「亡人存日處分」之條文來公正地承認遺書的效力，《令釋》和《朱說》等並沒有採用特別限制能夠根據遺書來分配的遺產範圍之解釋。則《大寶戶令》雖然在應分條中沒有提及「氏賤」相關的規定，但《古記》把《大寶喪葬令》身喪戶絕條中對於「亡人存日處分」的條文解釋，套用到《大寶戶令》應分條中，用來限制前戶主根據遺書來分配遺產之範圍。筆者認爲，這意味著因爲《養老戶令》已經附加「氏賤不在此限」的條文，用來直接明定禁止把氏賤包含在遺產分配內，所以不需要像《大寶戶令》般，採用特意限制根據遺書來分配遺產範圍之解釋。由此可見，立法者制訂《戶令》應分條規定的眞正目的，在於保障氏族的族長（氏上）對「氏賤」的所有權。再加上，《養老戶令》應分條中規定嫡子和嫡子以外的男子之遺產繼承比率爲 2：1，也來自唐代食封繼承法，因此可以說日《戶令》應分條規定的主要對象的確是氏族們。從以法令來確保氏上權益的條文內容來看，也可以了解「氏賤」對氏上的重要性；天皇和氏族們之間尚有生命共同體的勢力均衡之關係存在，即氏族制度尚未完全瓦解。接下來對於這個問題，將更進一步地探討。

氏族就是「古代家族」所發展的政治和社會組織，在此氏族之家長中，由大宗的家長成爲氏族之族長（氏上）。導入律令制度後，實際上由氏族中官位最高者成爲氏上。在大化革新後的 664 年（唐高宗麟德元年、天智天皇三年）二月，奉「甲子之詔」改正大化革新以來的官位制度，並且重新設定大氏〔註80〕、小氏〔註81〕、伴造氏，以及其氏上的「民部」和「家部」，〔註82〕以便讓官位制度和全國的氏族制度有所連接，並且爲了限定屬於各氏族的氏

〔註80〕 所謂的大氏是有大錦位以上的，相當於《大寶令》官位四位以上的氏上之氏族。

〔註81〕 所謂的小氏是有小錦位以上的，相當於《大寶令》官位五位以上的氏上之氏族。

〔註82〕 有一部分學者認爲所謂的「民部」是恢復原來制度「部曲」之別名，也有一部分學者認爲大化革新前所說的「部曲」是已經包含「民部」和「家部」兩種私民在內之說法。筆者認爲「民部」是在以前的「部曲」中屬於大化革新後被解放成公民的私民，「家部」是在以前的「部曲」中屬於尚未被解放的「家人部」之子孫（家人）。因爲大化革新的目的中有廢除氏族擁有的土地和部民，而改爲公地公民之項目，但「家人部」的子孫不包含在被解放之對象內，根本沒有受到重視，既然恢復原來的制度「部曲」，需要順便把「部曲」分爲公民和賤民（家人）兩種。因此才不使用「部曲」之名。

人之範圍，而特別規定爲氏人只限定於屬於氏上的父系之直系親屬者。〔註83〕
其氏上率領自己的氏人和部民，而從事中央或地方政府之政務，具有世襲的
職務或職業，跟一般的公民不相同。由此可見，雖然在大化革新後，採用公
地公民的制度，廢除氏族們的私有地和領民制度，但實際上並無法完全廢除
大化革新前的舊制度，這就是氏姓制度。筆者認爲以氏族們而言，此制度對
於氏族們的生存非常重要，也是表示門第制度。聖武天皇駕崩後仍然是氏族
（藤原氏等）抬頭的時期。從此史實來看，也可以了解天皇和氏族們之間尚
有生命共同體的勢力均衡關係，以及氏族制度尚未完全瓦解，因此皇族也不
能爲了改革的理想，就完全疏忽氏族們；反之，爲了改革則更需要氏族們的
協助，所以無法完全廢除此舊制度，不然會造成政治的不穩定。氏族所擁有
的私民「部民」，因爲在大化革新後廢除領民制度，所以在身分上又變成爲公
民，但實際上仍然以食封的方式賜給舊領主（氏上），甚至在 664 年時又恢復
氏上之「民部」和「家部」，並且「家人部」的子孫在大化革新後也未被解放，
而變成叫做「家人」（賤民之一）的賤民。〔註84〕由於氏族之族長（氏上）仍
然具有其「民部」的統治權以及家人和奴婢（賤民）的所有權，氏族們的經
濟基礎都仰賴「民部」以及家人和奴婢（賤民）之工作，因此立法者才會以
氏族們爲中心，制訂上述的《大寶令》和《養老令》的家族法。

對氏族而言，「民部」以及家人和奴婢（氏賤）扮演著非常重要的角色，
爲了鞏固氏族的團結，也爲了維持族長（氏上）對其他氏族成員（氏人們）
之權威，以及避免氏族內的分裂和秩序之破壞，族長（氏上）必須繼續掌控
「民部」和家人和奴婢（賤民），而置於自己的控制之下。因此雖然氏賤算是
財產的一部分，但是不能列入家屬能夠分配繼承之遺產內。〔註85〕

第五節　大化革新後之皇位繼承問題

一、天武系統下的皇位繼承法

大化革新之後，日本開始以唐律令爲藍本，著手編纂律令法典，更加努

〔註83〕 請參考《日本書紀後篇》，卷第二十七〈天智紀〉天智三年二月條，頁 287～
288。
〔註84〕 請參考牧健二，《日本法制史論》（東京：弘文堂，1929 年），頁 187～190。
〔註85〕 「民部」雖然跟氏賤相同地受到族長（氏上）之控制，但他們是屬於公民。
而不是賤民，因此不能列入《戶令》規定的遺產內。

力建立以天皇爲中心的律令國家體制，在天智天皇和天武天皇時，皇族的權力達到高峰。〔註86〕尤其是在天武天皇時，建立了鞏固的皇親政治體制，完全採行直系嫡子皇位繼承法。大化革新之後，皇太子的權限和地位也大幅地提昇，皇太子在實質上成爲天皇統治權之唯一代行者，也是皇嗣，跟首次代替天皇執政擔任攝政職務的聖德太子並不相同，而是完全掌控執政權的皇太子，《家伝・大師（鎌足）傳》云：

> 皇祖母尊，俯從物願，再應寶曆，悉以庶務委皇太子。皇太子每事
> 諮決，然後施行，……〔註87〕

〔註86〕由於 663 年的白江口之戰，日本大敗於中國，感到中國的威脅。雖然天智天皇 665 年開始再恢復遣唐使（第 5 次），採用了唐、日友好政策，669 年也再派遣第 6 次遣唐使，但從天武天皇開始一直到大寶律令完成的 701 年（唐中宗嗣聖十八年、文武天皇大寶元年）爲止又停止遣唐使，同時加速了以天皇爲中心的律令國家體制之建立，並將國號「倭」改爲「日本」，從 702 年才再恢復遣唐使（第 7 次），對中國報告改國號之事宜。請參考〔後晉〕劉昫等，《舊唐書》（台北：鼎文書局，2000 年 12 月，第 9 版），卷一百九十九上〈東夷列傳〉日本國條，頁 5340；〔宋〕歐陽修、宋祁等，《新唐書》（台北：鼎文書局，1998 年 10 月，第 9 版），卷二百二十〈東夷列傳〉日本條，頁 6208。另外，大多數的日本歷史學者認爲採用「天皇」號的也是此時候〔請參考熊谷公男，《大王から天皇へ》（收入《日本の歷史》第三卷，東京：公談社，2001 年 1 月，第 1 刷），頁 9～15〕。由此可見當時日本對中國的對抗意識。按：雖然部分學者認爲採用「天皇」號的是 7 世紀初聖德太子的時候，但筆者認爲在 7 世紀末天武和持統天皇時期，才採用「天皇」號，而且日本的「天皇」號來自唐高宗（唐朝在 674 年八月十五日將「皇帝」改爲「天皇」）。因爲國號由「倭」改爲「日本」的也是此時候。而且假如日本在 7 世紀初已經採用「天皇」號的話，這則意味唐朝算是仿效日本（7 世以後的日本，已經不再參與以中國爲軸心的冊封體制，因此在中國的天下秩序中，雖無冊封，但仍列爲諸「蠻夷」的臣屬者），將「天皇」號採用於唐高宗身上，這是難以想像的事〔關於倭國在隋代的天下秩序地位，請參考高明士，《東亞古代的政治與教育》（臺北：財團法人喜瑪拉雅研究發展基金會發行，2003 年 5 月，第 2 版），頁 191～205〕。但唐朝「天皇」即皇帝，則日本「天皇」即大王，當然日本「天皇」與唐朝不相同。甘懷眞在《皇權、禮儀與經典詮釋：中國古代政治史研究》中云：「在唐代，中國所施用的政治語言已成爲普遍的用語，如天子、皇帝。然而，中國的皇帝、天子等稱號，在中國的政治脈絡中，是被置於天下之號、皇帝之姓、名、字、號的概念系統中。可是當日本因其自身的政治需要而引入皇帝、天子等稱號時，經常是引入這些語言，而這些語言在日本的脈絡中被重新詮釋，被賦與了新的意義。」見〔甘懷眞，《皇權、禮儀與經典詮釋：中國古代政治史研究》（臺北：國立臺大出版中心，2004 年 6 月，初版），頁 501〕，筆者也完全認同他的見解。

〔註87〕見藤原仲麿，《家伝》卷上〈大師（鎌足）傳〉（收入沖森卓也、佐藤信、矢

大臣則在大化革新後冠位列爲第三等，雖然是位居貴族中最高階級的地位，也是百官之長，但是大臣完全被列於臣下之類別，因而太子和大臣之間建立了明顯的區別，大化革新前後，在《日本書紀》的記載上也有所差異。如大化革新前《日本書紀後篇・推古紀》推古十三年四月條記云：「天皇詔皇太子、大臣及諸王、諸臣，共同發誓願。」〔註88〕皇太子站在聽詔敕的立場，而大化革新後《日本書紀後篇・孝德紀》大化元年六月條則記云：「天皇、皇祖母尊、皇太子，於大槻樹之下，召集羣臣盟曰：……」〔註89〕皇太子站在召集羣臣的立場，並非聽詔敕一邊的人。

　　大化革新後首任皇太子的是大化革新的核心人物中大兄王子（天智天皇）。他當上第 36 代孝德天皇和第 37 代齊明天皇（第 35 代皇極天皇重新踐祚）兩代天皇的皇太子。雖然如此，但在 654 年（唐高宗永徽五年、孝德天皇白雉五年）十月孝德天皇駕崩後，他並非立刻即天皇位，反而是擁戴身爲他母親的皇極天皇再次即位成爲齊明天皇，並以皇太子的身分繼續執政。甚至齊明天皇駕崩後，他也沒有立刻即天皇位，而繼續執政 6 年後的 668 年（唐高宗總章元年、天智天皇七年）元月纔即位。此理由如下。

　　石井良助在《天皇の生成および不親政の傳統》中提到：在祭政分離後，天皇的所謂「知道神意」之行爲已經喪失先前的重要性，後來「しろしめす」的含意變成「知道諸重臣的上奏」，也就是「庶政見聞」之含意。〔註90〕津田左右吉在〈大化改新の研究〉中提到：

　　　　有可能因爲似乎天皇從（距離大化革新）很久以前開始不干預行政，

　　　　作爲慣例，因此我國才有太政大臣之必要。〔註91〕

在〈上代日本の道德生活〉中又提到：

　　　　女性即天皇位的現象是在不得已的狀況下所產生的特例，也代表天

　　　　皇在上代也不干預行政，在實際上由其他的人來代替天皇統轄政

嶋泉，《藤氏家伝：鎌足・貞慧・武智麻呂伝：注釈と研究》，東京：吉川弘文館，1999 年 5 月），〈第一影印編〉，頁 18～19。

〔註88〕見《日本書紀後篇》，卷第二十二〈推古紀〉推古十三年四月條，頁 146。

〔註89〕見同上書，卷第二十五〈孝德紀〉大化元年六月條，頁 217。

〔註90〕請參考石井良助，前揭書，頁 84。

〔註91〕見津田左右吉，〈大化改新の研究〉第二篇（收入氏著，《津田左右吉全集》第三卷，東京：岩波書店，1986 年 11 月，第 2 刷），頁 183（原文載於津田左右吉，〈大化改新の研究〉，《上代日本の社會および思想》，1933 年，頁 287）。

務。〔註92〕

在大化革新前，所謂的其他的人就是指大臣；在大化革新後，所謂的其他的人就是皇太子。中大兄王子在擔任兩代天皇的皇太子期間，建立了皇太子執政之慣例。由於天皇是聽取諸重臣上奏、也就是庶政見聞的人，因此中大兄皇子一直以皇太子之角色繼續執政。其實，出現女帝齊明天皇也並非偶然，這與中大兄皇子決定以皇太子之角色繼續掌控執政權有關。

天智天皇依據668年時完成的《近江令》，在671年（唐高宗咸亨二年、天智天皇十年）施行的同時，首次任命了太政大臣（以下內容請參照【表3-3】〈天智至稱德間天皇‧皇太子及太政大臣表〉）。雖然《近江令》的實施與否有問題，各學者們有不同的看法，〔註93〕但筆者認爲至少天智天皇即位後的太政官制應該是確實依據此《近江令》施行的，史載如下：

> 是日，以大友皇子拜太政大臣；以蘇我赤兄臣爲左大臣；以中臣金連爲右大臣；以蘇我果安臣、巨勢人臣、紀大人臣爲御史大夫。
> 〔註94〕

另又有記載如下：

> （大友皇子）年甫弱冠。拜太政大臣，總百揆以試之。皇子博學多通，有文武材幹，始親萬機，群下畏服，莫不肅然。〔註95〕

以天皇的「庶政見聞」性質或者以皇太子代替天皇執政的慣例而言，隨著中央之組織化，在太政官制的組織當中需要設置代替天皇統轄政務之官，這就是在唐代官制中不存在的官職太政大臣。按：因此當初曆命爲太政大臣的人

〔註92〕見津田左右吉，〈上代日本の道德生活〉第三篇（收入氏著，《津田左右吉全集》第三卷），頁340（原文載於津田左右吉，〈上代日本の道德生活〉，《上代日本の社會および思想》，頁529）。

〔註93〕《近江令》是7世紀末由天智天皇來制定的日本首次法令。因爲在基本資料的《日本書紀》中並沒有有關《近江令》的明確記載，而且在《大織冠傳》和《弘仁格式》序中寫的有關《近江令》的記載，因爲是8～9世紀的記錄，所以不可以太信任其內容，加上《近江令》和《飛鳥淨御原令》的卷數剛好都是22卷，因此有些歷史家認爲《近江令》實際上應該不存在或者不完整，而在681年（天武天皇白鳳十年）時重新著手編纂爲在689年（持統天皇三年）完成的《飛鳥淨御原令》，這才是在日本首次制訂的法令。但目前肯定《近江令》的存在之見解成爲大部分歷史學者們的共識。

〔註94〕見《日本書紀後篇》，卷第二十七〈天智紀〉天智十年元月條，頁298。

〔註95〕見著者不詳，杉本行夫註釋，《懷風藻》〔該書成立於751年（唐玄宗十年、孝謙天皇天平勝寶三年），東京：弘文堂書房，1943年10月，再版印刷〕〈大友皇子傳〉，頁3～4。

表 3-3：天智至稱德間天皇・皇太子及太政大臣表〔註96〕

公元(唐朝年代)	天　皇	皇太子	太政大臣	備　　　　　註
661（七月）～668（高宗龍朔元年～總章元年）	38（天智）〔註97〕（舒明之嫡子）	大海人皇子（大皇弟）（天智天皇之同母弟）		661 年七月齊明天皇駕崩。662 年大海人皇子（天武）成爲皇太子，但《日本書紀》號稱皇太子爲「大皇弟」。〔註98〕667 年三月奠都於近江的大津宮。
668（元月）～671（元年～咸亨二年）	天智	大海人皇子		668 年元月天智即位。《近江令》完成。
671（元月）～671（十月）（二年）	天智	大海人皇子	大友皇子（天智天皇之嫡子）	671 年施行《近江令》。671 年元月大友皇子（弘文）成爲第 1 代太政大臣。
671（十月）～671（十二月）	天智	大友皇子？	大友皇子	671 年十月大友皇子成爲皇太子。十二月天智天皇駕崩。
671（十二月）～672（七月）（二年～三年）	39 弘文			671 年十二月大友皇子即位，成爲弘文天皇。672 年六月發生壬申之亂，大海人皇子勝利於弘文天皇。672 年七月弘文天皇駕崩。
672（七月）～673（二月）（三年～四年）	40（天武）			
673（二月）～681（二月）（四年～開耀元年）	天武			673 年二月天武即位。持統成爲天武天皇之皇后。
681（二月）～686（九月）（元年～中宗嗣聖三年）	天武	草壁皇子（天武之嫡子，母親是持統皇后，當時 19 歲）		681 年二月草壁皇子成爲皇太子。686 年九月天武天皇駕崩。

〔註96〕參考於井上光貞，前揭書，頁 202～206。
〔註97〕如果天皇尚未即位的話，用（　）符號將天皇名括起來，如（天智）。
〔註98〕見《日本書紀後篇》，卷第二十八〈天武紀〉天武即位前紀條，頁 307。該條云：「天命開別天皇（天智天皇）元年立爲東宮。」《日本書紀後篇》，卷第二十七〈天智紀〉天智三年二月條又云：「天皇命大皇弟，宣增換冠位階名及氏上民部」，頁 287。按：可能是因爲天智天皇在 661 年七月齊明天皇駕崩後也繼續以皇太子身分來執政，在 668 年（天智天皇七年）元月時才即位，因此《日本書紀》不號稱爲皇太子，而號稱爲「大皇弟」。

686（九月）～690（三年～七年）	41（持統）（女帝）	草壁皇子		686 年十月發生大津皇子事件，大津皇子逝世。689 年四月草壁皇子逝世。689 年六月《飛鳥淨御原令》完成。
690（元月）～690（七月）（七年）	持統			690 年元月持統即位，施行《飛鳥淨御原令》。
690（七月）～697（七年～十四年）	持統	高市皇子		690 年七月高市皇子（天武系統的子孫）成爲太政大臣。694 年十二月奠都於飛鳥的藤原宮。696 年七月高市皇子逝世。
697（元月）～697（八月）（十四年）	持統	輕皇子（草壁皇子之嫡子，當時 15 歲）		697 年元月輕皇子（文武）成爲皇太子。
697（八月）～703（十四年～二十年）	42 文武			697 年八月持統天皇將皇位讓給輕皇子，成爲文武天皇。持統天皇讓位後，首次號稱爲太上〔註 99〕天皇。同時藤原氏宮子成爲文武之夫人。701 年《大寶律令》完成，702 年施行。702 年十二月持統天皇駕崩。
703（元月）～705（九月）（二十年～神龍元年）	文武	刑部親王（忍壁皇子）		703 年元月刑部親王（天武系統的子孫）成爲首次的知太政官事（令外官）。705 年五月刑部親王逝世。
705（九月）～707（六月）（元年～景龍元年）	文武	穗積親王		705 年九月穗積親王（天武系統的子孫）成爲知太政官事。707 年六月文武天皇駕崩。
707（六月）～714（六月）（元年～玄宗開元二年）	43 元明（女帝）（文武之母）		穗積親王	707 年六月文武的母親元明即位。710 年三月奠都於平城京。712 年元月《古事記》完成。
714（六月）～715（九月）（二年～三年）	元明	聖武（文武之嫡子，母親是藤原氏宮子夫人，當時 14 歲）	穗積親王	714 年六月聖武成爲皇太子。715 年七月穗積親王逝世。

〔註99〕太上天皇是對讓位之天皇授與的尊號，也略稱爲上皇。如果上皇出家的話，號稱爲太上法皇，略稱爲法皇。

715（九月）〜720（八月）（三年〜八年）	44 元正（女帝）（草壁皇子之皇女，文武之姐姐）	聖武	藤原不比等（藤原鎌足的次子，右大臣正二位，當時尚未成爲太政大臣）	715 年九月元明天皇將皇位讓給元正。716 年藤原氏光明子成爲聖武之妃。718〜720 年編纂《養老律令》，但 720 年八月藤原不比等逝世，因此停止編纂。720 年五月《日本書紀》完成。
720（八月）〜724（二月）（八年〜十二年）	元正	聖武	舍人親王	720 年八月舍人親王（天武系統的子孫）成爲知太政官事。720 年十月已故藤原不比等被追贈太政大臣正一位之地位。721 年十二月元明太上皇駕崩。
724（二月）〜727（十一月）（十二年〜十五年）	45 聖武		舍人親王	724 年二月元正天皇將皇位讓給聖武。724 年二月文武天皇之夫人藤原宮子成爲皇太夫人。聖武天皇是天武系統直系嫡子繼承的最後天皇。
727（十一月）〜728（九月）（十五年〜十六年）	聖武	基王（聖武之嫡子，母親是藤原氏光明子妃，當時出生 1 個月多而已）	舍人親王	727 年十一月基王成爲皇太子，但 728 年九月基王出生後不到 1 年逝世。
728（九月）〜735（十一月）（十六年〜二十三年）	聖武		舍人親王	729 年八月貴族出身的聖武天皇之妃藤原氏光明子晉級爲皇后。735 年十一月舍人親王逝世。
735（十一月）〜737（八月）（二十三年〜二十五年）	聖武			737 年藤原不比等之四子（武智麻呂、房前、宇合、麻呂）由於疫病，陸續逝世。
737（八月）〜738（二十五年〜二十六年）	聖武		鈴鹿王	737 年八月鈴鹿王（天武系統的子孫）成爲知太政官事。
738（元月）〜745（九月）（二十六年〜天寶四載）	聖武	阿部內親王（聖武之皇女，母親是藤原氏光明子皇后）	鈴鹿王	738 年元月阿部內親王（孝謙）成爲女皇太子。745 年九月鈴鹿王逝世，由天武系統的子孫來擔任的知太政官事結束。
745（九月）〜749（七月）（四載〜八載）	聖武	阿部內親王		748 年四月元正太上天皇駕崩。

年代	天皇	皇太子		備註
749（七月）～756（五月）（八載～至德元載）	46 孝謙（女帝）			749 年七月聖武天皇將皇位讓給阿部內親王，成爲孝謙天皇。756 年五月聖武太上天皇駕崩。
756（五月）～757（四月）（元年～肅宗至德二載）	孝謙	道祖王（天武之庶子系統）		756 年五月道祖王依照聖武天皇之遺言，成爲皇太子，但 757 年三月藤原不比等的孫子藤原仲麻呂廢除皇太子道祖王。
757（四月）～758（八月）（二載～乾元元年）	孝謙（女帝）	大炊王（天武之庶子系統）		757 年四月大炊王（淳仁）成爲皇太子。757 年五月藤原仲麻呂施行《養老律令》。
758（八月）～760（元年～上元元年）	47 淳仁			758 年八月孝謙天皇將皇位讓給大炊王，成爲淳仁天皇。同時光明子皇后被授與皇太后的稱號。
760（元月）～764（十月）（元年～代宗廣德二年）	淳仁		藤原仲麻呂	760 年元月首次由貴族出身的藤原仲麻呂來擔任相當於太政大臣之大師。760 年六月光明子皇太后逝世。764 年九月發生藤原仲麻呂之亂，藤原仲麻呂被處以死刑。764 年十月孝謙太上天皇廢除淳仁天皇。
764（十月）～765（十月）（二年～永泰元年）	48 稱德（女帝）			764 年十月孝謙太上天皇重新踐祚，成爲稱德天皇。稱德天皇是天武系統最後的天皇。765 年十月淳仁天皇駕崩。
765（十月）～770（八月）（元年～大曆五年）	稱德（女帝）		道鏡	765 年十月道鏡成爲太政大臣禪師。〔註 100〕766 年十月道鏡成爲法王。〔註 101〕770 年八月稱德天皇駕崩，從此天武系統的天皇結束。

選應該是皇太子才對，否則設置太政大臣之官職完全牴觸皇太子代替天皇執政的慣例。雖然當時天智天皇的皇太子是他弟弟大海人皇子（第 40 代天武天皇），但後來天智天皇任命嫡子大友皇子（第 39 代弘文天皇）爲第一代太政大臣；這件事情足以暗示天智天皇有要讓他的嫡子繼承皇位之意。大海人皇子也能夠了解天智天皇之心意，因此天智天皇於 671 年十月十七日在自己的病情惡化，親自對大海人皇子表明讓位給他時，大海人皇子爲了避免與大友

〔註 100〕禪師是朝廷對崇高的禪僧授與的稱號。
〔註 101〕法王是稱德天皇對於禪僧道鏡授與的稱號。

皇子產生皇位繼承的鬥爭，而以身體虛弱爲理由，辭謝他的提議，並表明爲了天智天皇而出家遁入空門，甚至建議天智天皇將皇位讓給<u>倭姬</u>皇后，而冊立<u>大友</u>皇子爲皇太子執政。〔註102〕《日本書紀後篇・天智紀》天智十年十月條云：

> 庚辰，（天智）天皇疾病彌留，勅喚東宮（<u>大海人</u>皇子）引入臥內。詔曰：朕疾甚，以後事屬汝，云云。於是再拜稱疾固辭不受曰：請奉洪業付屬大后（<u>倭姬</u>），令<u>大友</u>王奉宣諸政。臣請願奉爲天皇出家修道。天皇許焉。〔註103〕

《日本書紀後篇・天武紀》天武即位前紀條又云：

> 四年〔註104〕冬十月庚辰，天皇臥病以痛之甚矣。於是，遣<u>蘇賀臣安麻侶</u>，召東宮（<u>大海人</u>皇子）引入大殿。時<u>安摩侶</u>素東宮所好，密顧東宮曰：有意而言矣。東宮於茲疑有隱謀而愼之。天皇勅東宮授鴻業。乃辭讓之曰：臣之不幸，元有多病，何能保社稷。願陛下舉天下附皇后，仍立<u>大友</u>皇子，宜爲儲君。臣今日出家，爲陛下欲修功德。天皇聽之。〔註105〕

大智天皇在 671 年駕崩後，大海人皇子以弘文天皇（即<u>大友</u>皇子）企圖謀害自己爲由，於 672 年發動「壬申之亂」，而消滅弘文天皇，並在 673 年即位爲

〔註102〕雖然在《日本書紀》中毫無提到<u>大友</u>皇子成爲皇太子和即天皇位的事情，但筆者認爲天智天皇在<u>大海人</u>皇子出家後，應該會立刻冊命<u>大友</u>皇子爲皇太子，並命之在駕崩後繼位。《懷風藻》，〈<u>大友</u>皇子傳〉載：「年二十三（671年），立爲皇太子」，頁 4。《日本書紀後篇》，卷第二十七〈天智紀〉天智十年十一月條又云：「丙辰，<u>大友</u>皇子在內裏西殿織佛像前，左大臣<u>蘇我赤兄</u>臣、右大臣<u>中臣金</u>連、<u>蘇我果安</u>臣、<u>巨勢人</u>臣、<u>紀大人</u>臣侍焉，<u>大友</u>皇子手執香鑪先起誓盟曰：六人同心奉天皇詔，若有違者，必被天罰，云云。於是左大臣<u>蘇我赤兄</u>臣等手執香鑪隨次而起，泣血誓盟曰：臣等五人，隨於殿下奉天皇詔，若有違者，四天王打，天神地祇亦復誅罰，三十三天證知此事，子孫當絕，家門必亡，云云」，頁 301～302。按：雖然在此所謂的皇詔內容不詳，但可以由此段記載以及當時天智天皇已經病入膏肓的狀態來推測，此皇詔可能是與天智天皇駕崩後，讓<u>大友</u>皇子繼承皇位的意願相關。

〔註103〕見《日本書紀後篇》，卷第二十七〈天智紀〉天智十年十月條，頁 300。

〔註104〕在此所記載的「四年」是相當於在《日本書紀》上所記載的年號天智十年（671 年）。因爲天智天皇在第 37 代齊明天皇駕崩後，並未立刻即天皇位，也以皇太子的身分來繼續執政 6 年，之後在天智天皇七年（668 年）才即位。因此在此所謂的「四年」是從即位年開始計算的年代，即指天智天皇即位 4 年。

〔註105〕見《日本書紀後篇》，卷第二十八〈天武紀〉天武即位前紀條，頁 307～308。

天皇。〔註106〕由於在日本從唐朝導入律令制度的初期，天智天皇、大友皇子和天武天皇三者之間發生的政變之因果關係，即產生了由統轄政務的皇太子來擔任太政大臣，以及以類似中國式的由直系嫡子來繼承皇位的兩種觀念。但天武天皇的皇太子草壁皇子沒有被任命爲太政大臣，天武天皇駕崩後，也沒有立刻即天皇位，而按照由皇太子來統轄政務之慣例，仍舊以皇太子的身分來繼續執政。至於身爲天武天皇的皇后，即草壁皇太子之母親、第41代持統天皇，更強烈具有由直系嫡子來繼承皇位之念頭和企圖心，因此，她也堅持不即天皇位。持統天皇到了皇太子草壁皇子逝世的隔年 690 年（唐中宗嗣聖七年、持統天皇四年）才即位，更企圖以天武系統的直系嫡子來繼續繼承皇位，因此之後的皇位繼承，雖然途中出現女帝，但到第45代聖武天皇爲止均維持由直系嫡子來繼承皇位，確實是採用類似中國式的直系嫡子皇位繼承法之理念，由天武系統的皇族來繼續掌控政權。

另外，參照【表 3-3】〈天智至稱德間天皇・皇太子及太政大臣表〉，可以發現施行新律令的該年或隔年，就有任命太政大臣或知太政官事之舉。筆者認爲大友皇子、高市皇子及刑部親王的任命，表現出從天智天皇以後的朝廷儘量依照新律令，來進行改革官制的積極態度。但是在《近江令》和《飛鳥淨御原令》下，除了只有大友皇子和高市皇子兩個皇子被任命爲太政大臣以外，到施行《大寶律令》爲止，再也沒有人被任命爲太政大臣。這應該是在實施太政大臣制時有所隱情，才導致如此的結果。筆者在此詳細探討其原因。

當時大友皇子就任太政大臣時，皇太子和太政大臣之間的地位相互矛盾，也就是因爲當時習慣由皇太子執政，除非同一個人來擔任皇太子和太政大臣之地位，否則皇太子和太政大臣無法共同生存。第一代太政大臣大友皇

〔註106〕天武天皇的即位，在《日本書紀後篇》，卷第二十九〈天武紀〉二年條上記載爲天武天皇二年，在《日本書紀》上所記載的天武天皇元年（672 年），發生大海人皇子（天武天皇）和大友皇子（弘文天皇）之間的鬥爭，稱之爲「壬申之亂」。其實，《日本書紀》通常前一代天皇讓位或者新天皇即位之那年記載爲新天皇元年，儘管 672 年是大海人表明辭謝即天皇位的隔年，並且大海人皇子的即位是 673 年二月二十七日，但是在《日本書紀》上 672 年的年號變成天武天皇元年，而且在《日本書紀》上有關擁戴大友皇子爲皇太子，或者他的即位皇位之事情，毫無記載。筆者認爲因爲《日本書紀》是由天武系統的皇子孫執政時期所編纂的史書，故採用對於天武系統的皇子孫有利的、不承認大友皇子成爲皇太子和即天皇位之立場。由此也可以了解編纂者的企圖。

子的任命，不過是天智天皇讓嫡子大友皇子繼承皇位之手段。依照當時的慣例而言，皇太子本來就應該被任命爲太政大臣，既然有皇太子，爲何需要特意以《近江令》來規定設置太政大臣之官職？筆者認爲，雖然如同津田左右吉在〈大化改新の研究〉中提到般，以天皇「庶政見聞」之習慣而言，需要有代替天皇執政之人，但在施行《近江令》之前，擔任此任務的就是皇太子，導入唐令制的同時，明定以特別設置、稱爲「太政大臣」的最高官來進行執政。雖然在律令中沒有規定皇太子之權限，但這足以暗示天皇家有意圖確保皇太子在執政上的實權和地位，以便鞏固天皇家的權力。

　　壬申之亂後，得到實權的天武天皇，雖冊立嫡子草壁皇子爲皇太子，但沒有讓他就任太政大臣一職，相對地高市皇子雖然被任命爲太政大臣，但是並沒有能成爲皇太子。草壁皇子的嫡子文武天皇在高市皇子逝世的隔年 697年（唐中宗嗣聖十四年、持統天皇十一年）成爲皇太子，當時並無人任太政大臣，井上光貞就這點指出：這是爲了避開皇太子和太政大臣之間的混淆，並且還存在著皇太子攝政之觀念。〔註107〕

　　透過井上光貞的見解可了解皇太子（草壁皇子）和太政大臣（高市皇子）不能共同生存之理由，而當時確實存在著皇太子攝政之觀念與事實，〔註108〕但筆者認爲不僅如此。皇太子攝政亦可擔任統轄政務之太政大臣，但爲何皇太子草壁皇子卻沒有被任命爲太政大臣？相對地，爲何高市皇子雖然被任命爲太政大臣，但是沒有成爲皇太子？筆者認爲有兩個理由，如下：

　　一是因爲以消滅大友皇子的天武天皇立場而言，當然不願意形成太政大臣等於皇太子之慣例，所以天武天皇系統的皇子孫們根本不承認所謂大友皇子被擁戴爲皇太子以及繼承皇位之事實，並且在《日本書紀》中才完全沒有提到有關於他被擁戴爲皇太子以及繼承皇位的事情，甚至將大友皇子執政的 672 年之年號改爲天武元年。〔註109〕換句話說，大友皇子確實被任命爲太政大臣，不過如果承認此事，一旦形成以皇太子爲太政大臣之慣例，則天武天皇等同是消滅天皇而奪取天皇的地位，將會在歷史上留下最大的污點。至於大友皇子繼承皇位的事情，天武系統之皇子孫們就更不可能承認此事實了。

〔註107〕請參考井上光貞，前揭書，頁 209。
〔註108〕見《日本書紀後篇》，卷第二十九〈天武紀〉天武十年二月條，頁 357。該條
　　　　云：「是日，立草壁皇子尊爲皇太子，因以令攝萬機。」
〔註109〕請參考註 106。

　　二是當時天皇家有由直系嫡子來繼承皇位之念頭，即重視血統之觀念早已萌芽起來。雖然高市皇子母親尼子娘夫人的地位非常卑微，與以身爲天智天皇之皇女菟野皇后（持統天皇）爲母親的草壁皇子和大津皇子大不相同，但高市皇子是天武天皇的第一個皇子，也非常有才能，在天武天皇的皇子們中屬於列爲草壁皇子和大津皇子的下一個值得信賴的人材，加上高市皇子被任命爲太政大臣時，年齡 36 歲，草壁皇子和大津皇子兩人都已經逝世，而草壁皇子之嫡子（第 42 代文武天皇）則僅僅是 8 歲而已，並且在天皇不干預行政的慣例下，必須任命高市皇子爲太政大臣來執政，但無法認命他爲皇太子。

　　如果當時由直系嫡子來繼承皇位之念頭尚未萌芽起來，並且天武系統的皇族們能夠認同擔任太政大臣之人就是皇太子的話，高市皇子應該早就具有資格成爲擔任太政大臣的皇太子才對，甚至可以繼承皇位。但是，持統天皇並未讓他繼承皇位，在高市皇子逝世後，剛好發生皇位繼承的問題，大友皇子的第一個皇子葛野王主張嫡子皇位繼承法，史書載云：

> 皇太后（持統天皇）引王公、卿士於禁中，謀立日嗣。時羣臣各挾私好，眾議紛紜。王子進奏曰：我國家爲法也，神代以來，子孫相承，[註110]以襲天位。若兄弟相及，則亂從此興。仰論天心，誰能敢測。然以人事推之，聖嗣自然定矣。此外誰敢閒然乎。[註111]

因此隔年持統天皇遂毫無顧忌地冊立草壁皇子的嫡子，也就是天武天皇和持統天皇之間的嫡孫文武天皇成爲皇太子。由此可知，因爲 696 年（唐中宗嗣聖十三年、持統天皇十年）發生此皇位繼承的問題，所以在 690 年所施行的《飛鳥淨御原令》當中尚未明定以直系嫡子皇位繼承法爲念頭的，有關官員繼承相關規定（類似於《大寶令》中的《繼嗣令》[註112]之規定）。當時在政

[註110] 在此所說的繼承法就是嫡子繼承法，所謂的「神代以來，子孫相承。」指所謂在從第 1 代神武天皇到第 14 代仲哀天皇的 14 代天皇當中的 12 代都是父子之間的直系繼承的這件事，但大部分學者認爲第 14 代仲哀天皇以前的宗譜有可能是被捏造的，比較符合史實的帝紀是從 4 世紀末的第 15 代應神天皇開始。

[註111] 見《懷風藻》，〈葛野王傳〉，頁 35。

[註112] 見《唐令拾遺補》第三部〈大寶繼嗣令〉第十三，第 2 繼嗣條，頁 1081～1083。該條云：「凡內八位以上繼嗣者，皆嫡相承。若無嫡子，及有罪疾者，立嫡孫。無嫡孫者，以次立嫡子同母弟。無母弟，立庶子。無庶子，立嫡孫同母弟。無母弟，立庶孫。」

壇上也尚未完全建立直系嫡子皇位繼承法之觀念。但持統天皇本來企圖的皇位繼承法並非兄弟皇位繼承法，而是中國式的直系嫡子皇位繼承法，<u>高市</u>皇子無法成爲皇太子的最大原因，就是他不屬於直系的嫡子孫。<u>高市</u>皇子雖然統轄政務，但並非皇太子，也不是下一代皇位之繼承者，這就代表在皇太子和太政大臣之間有分離現象。所謂的分離現象，是指皇太子具有皇嗣權，而統轄政務則是太政大臣之任務。在天武系統的皇位繼承上，經常出現女帝，如第 41 代持統天皇、第 43 代元明天皇、第 44 代元正天皇和第 46 代孝謙天皇，這就是爲了維持直系嫡子皇位繼承法，而不可避免產生的現象。而且爲了維持直系嫡子皇位繼承法，更需要太政大臣存在，因爲以繼承皇位的皇太子與統轄政務的太政大臣之間分離的方式來維持太政大臣之官職，所以即使因實施直系嫡子皇位繼承法而造成因爲皇太子的年紀尙幼或者執政能力不足，需由皇太后暫時即天皇位的狀況，也不會產生執政上的困難。只要太政大臣之人選能夠來自可信賴的皇族親王，就可避免因皇太后垂簾聽政而造成的失政，也不會產生由皇族以外的重臣們來掌控政權之現象，即可以一直維持天皇家之執政權。因此天武天皇系統的執政者們在律令中不廢除，而一直維持太政大臣之官職。雖然文武天皇 15 歲即位後 6 年（697～703 年）的期間並沒有任命太政大臣，但因爲由持統天皇來代爲執政，因此天武系統的政治繼續穩定下去。持統天皇駕崩的 702 年（唐中宗嗣聖十九年、文武天皇二年）施行《大寶律令》，隔年的 703 年開始設置叫做「知太政官事」之令外官，這可能是因爲持統天皇感覺到直系嫡子繼承有缺點，爲了彌補缺點而加以設置，同時也爲了保護年幼的文武天皇而採取的措施。實際上從第 42 代文武天皇即位時已逐漸建立直系嫡子皇位繼承法之觀念，在 702 年施行的《大寶繼嗣令》繼嗣條中明定了有關於八位以上官員的繼承規定，其後在 707 年第 43 代元明天皇即位，和在 724 年第 45 代聖武天皇即位時，在詔敕中以所謂的「不改常典」之理論，來將直系嫡子繼承法合理化。元明天皇的詔敕云：

> 藤原宮御宇倭根子天皇（持統天皇），丁酉（697 年，文武天皇元年）八月尓，此食國天下之業乎，<u>日並知皇太子</u>（草壁皇太子）之嫡子，今御宇<u>豆留</u>天皇（文武天皇）尓授賜而，並坐而此天下乎治賜比諧賜岐。是者開母威岐近江大津宮御宇大倭根子天皇（天智天皇）乃，与天地共長，与日月共遠，不改常典止立賜比敷賜霸留法乎，受被賜坐

而行賜事止眾被賜而……〔註113〕

聖武天皇的詔敕云：

> 大八嶋國所知倭根子天皇（元正天皇）乃大命尔坐詔久：「此食國天下者，掛畏岐藤原宮尔天下所知，美麻斯乃父止坐天皇（文武天皇）乃，美麻斯尔賜志天下之業。」止，詔大命乎，聞食恐美受賜懼理坐事乎，眾聞食宣。〔註114〕

聖武天皇的詔敕引用元正天皇之詔敕又云：

> （文武天皇）可久賜時尔，美麻斯親王（聖武天皇）乃齡乃弱尔，荷重波不堪自加止，所念坐而，皇祖母（元明天皇）坐志志，掛畏岐我皇天皇（元明天皇）尔授奉岐。（元明天皇）依此而是平城大宮尔現御神止坐而，大八嶋國所知而，靈龜元年尔，此乃天日嗣高御座之業食國天下之政乎，朕（元正天皇）尔，授賜讓賜而教賜詔賜都良久：「挂畏淡海大津宮御宇倭根子天皇（天智天皇）乃，万世尔不改常典止，立賜敷賜閒留隨法，後遂者我子（聖武天皇）尔，佐太加尔年俱佐加尔，無過事授賜。」止……〔註115〕

〔註113〕見菅野眞道、藤原繼繩等，《續日本紀前篇》〔完成於797年（唐德宗貞元十三年、桓武天皇延曆十六年），收入黑板勝美編，《新訂增補國史大系》，東京：吉川弘文館，2004年4月，普及版第26刷〕，卷第四〈元明紀〉慶雲四年七月條，頁31。元明天皇的詔敕：「在藤原宮統治天下的持統天皇於文武元年八月賜給身爲草壁皇太子之嫡子，直到現在所統治天下的文武天皇，以統治天下之業，而兩人一起共同統治此天下。這是繼承而實行說起來所感到非常惶恐的，在近江的大津宮統治天下之天智天皇當做跟天地和日月相同，永遠不變的法典（不改常典）所制定而實施的法。」

〔註114〕見同上書，卷第九〈聖武紀〉神龜元年二月條，頁98。聖武天皇的詔敕：「吩咐大家敬悉我（聖武天皇）恭聽統治大八島国（日本）的元正天皇下詔敕所說：『此統治國是說起來感到非常惶恐的，在藤原宮統治天下的，身爲你父親的文武天皇賜給你（聖武天皇）的天下之業。』的話之後，非常感到惶恐。」

〔註115〕見同上書，〈聖武紀〉神龜元年二月條，頁98。在聖武天皇的詔敕中引用的元正天皇之詔敕云：「文武天皇在賜給你（聖武天皇）此天下之業時，因爲你的年齡很小，所以文武天皇認爲對你而言，負擔過重，無法勝任，因此才賜給身爲你的皇祖母的，說起來所感到非常惶恐的我皇母（元明天皇），以此天下之業。因而，元明天皇在此平城京統治大八島（日本）當做現御神（以人形出現在此世界之神），但是在靈龜元年（715年）賜給我（元正天皇）以皇位繼承之業和統治天下之政務，下詔敕說：『依照說起來所感到非常惶恐的，在近江的大津宮統治天下的天智天皇當做萬世不變的法典（不常改典）所制定而實施的法，之後請你（元正天皇）的確順利地毫無做錯地賜給我子

由此可知，所謂的「不改常典」是天智天皇所制定的法，指中國式的直系嫡子繼承法，天智天皇確實有讓嫡子大友皇子（弘文天皇）繼承皇位之意思。雖然大友皇子被天武天皇所滅，但天武天皇系統的直系皇族們是爲了實行直系嫡子皇位繼承法，而利用天智天皇的直系嫡子繼承主義思想「不改常典」。天武系統的直系嫡子繼承皇位的時代剛好是從唐朝積極吸收律令和政治制度的時期，中國的皇位繼承法也當然是直系主義的嫡子繼承法，故對天武天皇系統有所幫助。筆者認爲雖然當初天武天皇即位時，跟大友皇子之間有些鬥爭，但此永遠不變的法則「不改常典」能夠在天皇家中被接受，也就是能夠說服其他皇子們之理由，除了天武系統在政治上的權力，以及積極導入的唐朝律令和政治制度之貢獻以外，也與自古以來日本人早就潛在著以直系嫡子繼承法爲基本概念的「宗法思想」有關。

二、知太政官制及直系嫡子皇位繼承法之沒落

至於持統天皇特別設置的所謂「知太政官事」之令外官，在施行《大寶律令》的隔年開始到 745 年（唐玄宗天寶四載、聖武天皇天平十七年）爲止，即經常設置此官職，而且除了內大臣藤原鎌足〔註116〕的嫡子藤原不比等在 720 年十月被追贈太政大臣的官位之外，被任命爲「知太政官事」一職的人選，都是天武系統的皇族。〔註117〕筆者認爲爲了繼續維持直系嫡子皇位繼承法，需要太政大臣的存在，而且必須透過皇嗣權者和統轄政務者的分離方式，完全劃分清楚在皇太子和太政大臣之間的各角色，進而促使兩者能夠共同生存。皇太子和太政大臣之角色分離現象，如前述在高市皇子被任命爲太政大臣時就已經開始了。然而當時也習慣由皇太子來攝政，雖然天武系統的執政者不想承認由皇太子來擔任太政大臣一職，而實際上有此慣例，如天智系統的大友皇子。由於皇太子和太政大臣同時存在，容易造成角色上的相互混淆。因此由輩分比皇太子低的親王等皇族來當做太政大臣進行攝政時，最

（聖武天皇）』……。」

〔註116〕他是在大化革新時與天智天皇共同消滅蘇我氏，協助大化革新的兩個主事者之一。

〔註117〕「知太政官事」的人選，除了鈴鹿王（諸王）之外其他都是親王。由於在737年（唐玄宗開元二十五年、聖武天皇天平九年）流行的疫病，屬於議政官組織（關於議政官，請參考本論文第四章第三節「太政官中樞組織的性質及唐三省制間之比較」）的高層階級之皇族幾乎都逝世了，因此必須由從三位的鈴鹿王來擔任此職。

好暫時避開「太政大臣」之職稱，〔註118〕而使用其他職稱，因此才以令外官的方式來重新設置此官職，以避免角色上的相互混淆以及修改在《大寶律令》中原有的「太政大臣」之職稱和其相關規定，方便地位較太政大臣低的天武系統的皇族，也可以擔任此一職務，如穗積親王（二品）和鈴鹿王（從三位），〔註119〕此職稱就是「知太政官事」。其實，「太政大臣」相當於唐尚書省長官的尚書令，唐太宗擔任尚書令後不置，而且唐高宗在 662 年（唐高宗龍朔二年、天智天皇元年）時已經廢除此職，因此實際上尚書省的長官是左右僕射。〔註120〕由此可見，日本因爲「太政大臣」之一官在律令上的需要，故置「知太政官事」以取代之，此是沒有完全採用唐制，但「知太政官事」是爲了把官位比「太政大臣」降一級，而設置之官職，就這一點卻是跟唐制相同之處。至此，天武系統的政治體制也就幾乎完整了。

　　然而天武直系的嫡子皇位繼承法，本身在確保直系嫡子方面難免受到限制。如聖武天皇，在 727 年（唐玄宗開元十五年、聖武天皇神龜四年）十一月冊立嫡子基王爲皇太子，但他在 728 年九月不到 1 年就逝世了。〔註121〕其實，聖武天皇還有另一在 728 年出生的庶長子安積親王，〔註122〕依照以中國式嫡子繼承爲主的《大寶繼嗣令》，安積親王理應成爲皇太子才對，但是在 738 年（唐玄宗開元二十六年、聖武天皇天平十年）居然出現了史無前例的女皇太子，她就是藤原光明子〔註123〕爲母、聖武天皇嫡系之皇女阿部內親王。〔註124〕之後她在 749 年（唐玄宗天寶八載、孝謙天皇天平勝寶元年）成爲第

〔註118〕　如果沒有適當的人選，也可以不置太政大臣，「太政大臣一人。右師範一人。儀形四海。經邦論道。燮理陰陽。無其人則闕。」見仁井田陞，《唐令拾遺補》第三部〈養老職員令〉第二，第 2 太政官條，頁 895。

〔註119〕　一品或正從一位擔任太政大臣。

〔註120〕　見《舊唐書》，卷四十二〈職官志一〉正第二品條，頁 1791。「武德令有尚書令，龍朔二年省。自是正第二品無職事官。」

〔註121〕　請參考《續日本紀前篇》，卷第十〈聖武紀〉神龜四年九、十一月條，頁 110；《續日本紀前篇》，卷第十〈聖武紀〉神龜五年九月條，頁 114。

〔註122〕　請參考同上書，卷第十五〈聖武紀〉天平十六年元月條，頁 176。

〔註123〕　藤原光明子是藤原不比等之三女，也是聖武天皇的皇妃，有生獨子基王。她在 729 年竟然晉昇爲皇后。因爲當時能夠當上皇后的僅限定於皇族出身的女兒而已，所以這也是史無前例的事情。請參考同上書，卷第十〈聖武紀〉天平元年八月條，頁 119。

〔註124〕　請參考《續日本紀前篇》，卷第十三〈聖武紀〉天平十年元月條，頁 151。按：之前日本女天皇的出現只不過是爲了政治穩定或著爲了在直系嫡子繼承下傳給皇位的臨時措施，但史無前例的女皇太子阿部內親王出現的理由並非如

46 代女帝孝謙天皇。〔註125〕爲了實行直系嫡子繼承，而讓女天皇（非太后臨朝施政）乃至女皇太子出現，也值得注意。但在當孝謙天皇時，她依據聖武天皇的遺詔，立天武之庶子系統<u>新田部親王</u>之子<u>道祖王</u>爲皇太子。這代表直系嫡子皇位繼承中斷。此直系嫡子皇位繼承法的觀念一旦喪失效力，<u>藤原仲麻呂</u>〔註126〕遂在 757 年三月廢除<u>道祖王</u>，而擁戴在藤原家私邸長大的舍人親王之子、天武天皇的另外庶孫子<u>大炊王</u>（第 47 代淳仁天皇）爲皇太子。〔註127〕這代表下臣<u>藤原氏</u>的抬頭。到了 745 年，象徵天武系統皇族權力體制之「知太政官事」一職被廢除，再次恢復「太政大臣」的官職，但變成不常置。<u>藤原仲麻呂</u>在 760 年（唐肅宗上元元年、淳仁天皇天平寶字四年）首次擔任相當於太政大臣的「大師」一職，從知太政官事的官職被廢除開始，代替天皇統轄政務的權限就又已回到大臣（<u>藤原氏</u>）手中，而不是掌握在皇太子或者其他皇族手中。因此直系嫡子皇位繼承法越來越難以持續下去，這對天皇家而言，必須選出能夠應付大臣、也能夠勝任職務之下一代天皇。

　　之後的直系嫡子皇位繼承權，從 770 年（唐代宗大曆五年、光仁天皇寶龜元年）即位的第 49 代光仁天皇之後，再度回到大兄的天智系統之皇子們那裡，而恢復了以兄弟繼承法爲主，其中也包含中國式的直系嫡子皇位繼承性質之皇位繼承法。由此可知，在具有龐大權力的天皇統治下，日本曾經一時出現中國式直系嫡子繼承法之皇位繼承法，並且爲了維持直系嫡子之皇位繼承，而特置唐令中所無的令外官「知太政官事」一職，用以促使在皇嗣權者的皇太子和統轄政務的知太政官事之間產生角色分離現象。

第六節　小　結

　　實際上天皇自古以來並不干預行政，而具有勢力的氏族們通常透過策略婚姻等方式來連繫皇族，藉此更增加其勢力，因此才會演變至由氏族來掌控

　　　　此，她是個名符其實的女皇太子。她的出現可能與在中國出現史無前例的女皇武則天有所關係。但因爲這與論文主旨沒有直接的關係，並且未曾有相關論文，因此在此不探討此問題。

〔註125〕孝謙太上天皇在 764 年十月廢除與藤原氏有密切關係的天武庶子系統淳仁天皇，並且重新踐祚，成爲第 48 代女帝稱德天皇（天武系統的最後天皇）。

〔註126〕他是藤原不比等之孫子。

〔註127〕請參考《續日本紀前篇》，卷第二十一〈淳仁紀〉天平寶字二年八月條，頁249。

政權。日本自古以來在政治上具有如此的性質，所以才需要能夠勝任應付氏族們之天皇，這種需求遂反映在日本獨特的兄弟皇位繼承法上。大化革新後一度出現具有龐大權力之天皇（天武天皇），因爲天武系統的皇族們企圖推動中國式的直系嫡子繼承法，利用唐朝的直系嫡子皇位繼承法觀念，套用在家族法上而加以解釋，或以此觀念來進行修改家族法，如《大寶戶令》應分條等有關遺產繼承的規定。然而因爲此直系嫡子繼承法與古代家族家長現行的兄弟繼承法有很大的差異，所以《大寶戶令》應分條有關遺產繼承的規定不符合當時的實際狀況。因此在《大寶戶令》應分條中制定根據遺書來分配遺產的規定，但解釋者因受到當時政治上的影響，而無法公正地承認此遺書之效力，因而對遺書效力方面故意解釋得模稜兩可，以解決此遺產分配的問題。當時立法者如此地下了一番工夫，必須對於唐令家族法相關之規定加以部分修改，使新制可以符合當時的實際狀況，並使直系嫡子繼承法在法令上合理化爲日本獨特規定。

其實，透過《大寶戶令》和《養老戶令》有關家族法規定之比較，可以了解當時立法者制訂《戶令》應分條規定的眞正目的，在於保障氏族的族長（氏上）對「氏賤」的所有權。並且也可以了解「氏賤」對氏上的重要性，主要是爲了避免自古以來日本政治體制基礎單位的氏族之分裂和秩序之破壞，造成政治的不穩定；天皇和氏族們之間尚有生命共同體的勢力均衡之關係存在，即氏族制度尚未完全瓦解。

另外，中大兄皇子在擔任兩代天皇的皇太子期間，建立了皇太子執政之慣例，在大化革新前，代替天皇統轄政務之人是大臣；在大化革新後，即由皇太子來擔任之。以天皇的不干預政治和「庶政見聞」性質或者以皇太子代替天皇執政的慣例而言，隨著中央之組織化，在太政官制的組織當中需要設置代替天皇統轄政務之太政大臣。但因爲皇太子和太政大臣之職務都是統轄政務，因此除非同一個人來擔任皇太子和太政大臣之地位，否則兩者本來無法共同生存。但經過天智天皇、大友皇子和天武天皇三者之間發生的政變之後，即產生了由統轄政務的皇太子來擔任太政大臣，以及以類似中國式的由直系嫡子來繼承皇位的兩種觀念。但爲了繼續維持直系嫡子皇位繼承法，需要太政大臣的存在，而且必須透過皇嗣權者和統轄政務者的分離方式，完全劃分清楚在皇太子和太政大臣之間的各角色，進而促使兩者能夠共同生存。因爲以兩者分離的方式來維持太政大臣之官職，所以即使因實施直系嫡子皇

位繼承法而造成因爲皇太子的年紀尚幼或者執政能力不足，需由皇太后暫時即天皇位的狀況，也不會產生執政上的困難。因此，持統天皇特別設置所謂「知太政官事」之令外官，以方便地位較太政大臣低的天武系統的皇族，也可以擔任此一職務。其實，「太政大臣」相當於唐尚書省長官的尚書令，唐太宗擔任尚書令後不置，而且唐高宗在 662 年時已經廢除此職，因此實際上尚書省的長官是左右僕射。由此可見，日本因爲「太政大臣」之一官在律令上的需要，故置「知太政官事」以取代之，此是沒有完全採用唐制，但「知太政官事」是爲了把官位比「太政大臣」降一級，而設置之官職，就這一點卻是跟唐制相同之處。在施行《大寶律令》的隔年開始到 745 年爲止，經常設置此官職，除了內大臣藤原鎌足的嫡子藤原不比等在 720 年十月被追贈太政大臣的官位之外，被任命爲「知太政官事」一職的人選，都是天武系統的皇族。

另外，持統天皇更企圖以天武系統的直系嫡子來繼續繼承皇位，因此之後的皇位繼承，雖然途中出現女帝，但到第 45 代聖武天皇爲止均維持由直系嫡子來繼承皇位，確實是採用類似中國式的直系嫡子皇位繼承法之理念，由天武系統的皇族來繼續掌控政權。而且天武系統的皇族們在詔敕中以「不改常典」之理論，來將直系嫡子繼承法合理化。

然而天武直系的嫡子皇位繼承法，在確保直系嫡子方面難免受到限制。在 738 年居然出現了史無前例的女皇太子。到了 745 年，象徵天武系統皇族權力體制之「知太政官事」一職被廢除，再次恢復「太政大臣」的官職，但變成不常置。藤原仲麻呂在 760 年首次擔任相當於太政大臣的「大師」一職，從知太政官事的官職被廢除之後，代替天皇統轄政務的權限再度回歸到大臣手中。之後的直系嫡子皇位繼承權，從 770 年即位的第 49 代光仁天皇開始，又回歸到「大兄」的天智系統之皇子們那裡，而恢復了以兄弟繼承法爲主，其中也包含中國式的直系嫡子皇位繼承性質之皇位繼承法。

雖然日本在具有龐大權力的天皇統治下，曾經一度出現中國式直系嫡子繼承法之皇位繼承法，並且爲了維持直系嫡子之皇位繼承，而特置唐令中所無的令外官「知太政官事」一職。但日本自古以來在政治上具有的性質仍然無法改變，皇位繼承法不久又回復到原來的兄弟皇位繼承法。可見，最適合當時日本政治體制而牢不可破的皇位繼承法，仍然是以兄弟繼承法爲主，其中也包含直系主義嫡子繼承法的性質。

第四章　日本政體之性質以及未全採用唐政體之原因

第一節　前　言

　　唐朝中央官制在政體方面，儘管採用中書省、門下省、尚書省的三省分立制度，以阻止治權獨有獨大的可能，但日本以統合該三省機能形成的獨特官制，設立二官，即神祇官〔註1〕和太政官。為何獨立設置神祇官？諸多學者們曾經解釋乃日本自古以來是重視祭祠神祇的國家或者尊重天皇等。而政治中樞太政官八省制度，呈現出唐朝三省機能之混合體制，但其架構和內容並非完全與唐朝的官制相同，從其架構看來頗具有限制天皇權限之傾向。為何產生如此的差異？諸多學者們只解釋因為當時的日本導入唐朝的政治體制時，僅按照日本國家的需求而簡化，雖然也有些學者進行唐、日比較研究之成果，但也僅僅解釋日本太政官組織相當於唐制的哪個官職，並且略為加以比較說明而已。另外吉川眞司在《律令官僚制の研究》中對於太政官中樞組織，指出太政官的合議體制是基於日本傳統的大夫合議體制繼承唐制的合議體制（宰相制）而形成，〔註2〕筆者非常認同他的見解，然而更重要的是日本繼承唐制合議體制時的構想與原唐制不相同，才造成唐、日在中央組織架構

〔註 1〕 日本的神祇官與唐太常寺和祭祀有關的官署和官員不同，後者僅是祭祀進行時，負責籌備、執行。
〔註 2〕 請參考吉川眞司，《律令官僚制の研究》（東京：塙書房，1998 年 2 月，第 1版），頁 71。

和其性質，以及國政決策程序間產生很大的差異，但他未進一步詳細地探討唐、日中央中樞組織之間產生的差異和其原因，以及日本爲何只採用唐宰相的合議體制，而未能採用唐三省制。因此筆者在此把重點放在日本的二官制和唐三省制，並進一步探討當初日本未能完全採用唐政體，以及只採用唐宰相的合議體制，而未採用唐三省制等原因。即闡明日本神祇官的性質，探討日本採用二官制的原因，關於中央中樞組織，透過太政大臣、左右大臣、辨官局、大少納言、少納言局、中務省的職掌及其性質與唐制之間的比較，闡明太政官中樞組織和三省制間性質之差異，並試探在唐、日中央中樞組織架構和其性質上產生差異的原因及內容，藉以解釋日本未採用唐三省制，而只採用唐宰相合議體制的原因。

第二節　日本神祇官之成立及其性質

一、神祇官組織架構和其職掌與唐制間之比較

　　對於日本的官制爲何分立爲太政官和神祇官的二官，以及在《大寶官員令》和《養老職員令》中把神祇官列在太政官之前面的問題，〔註3〕許多學說引用北畠親房〔註4〕在官職制度的注釋本《職原抄》中所說「以當官置諸官之上，是神國之風儀，重天神地祇故也」〔註5〕的見解。牧健二也在《日本法制史論》中表示以下見解：

> 神祇官是掌管天神地祇的祭祀之官府。唐令中雖然有禮部尚書祠部，但屬於較低層之官府，並非相當於神祇官的較高層之官府。神祇官是基於日本特殊的國體而設置的官府，在《職原抄》中所説的「又神國之故以當官置太政官之上乎」表示日本重視此官的原因。即基於大化革新的精神和天皇神權之很有意義的官制。〔註6〕

〔註3〕因爲在本節論文中探討的主要內容爲《大寶令》和《養老令》通用的理論，因此以下主要以《養老令》爲例敍述。

〔註4〕北畠親房在 1325 年（元晉宗泰定二年、後醍醐天皇正中二年），被任命爲大納言，進入南北朝時代後，企圖擴大南朝勢力範圍。

〔註5〕見北畠親房，《職原抄》〔該書成立於 1340 年（元順帝至元六年、足利尊氏征夷大將軍曆應三年），收入物集高見編纂，《新註皇學叢書》第四卷，東京：廣文庫刊行會，1938 年 8 月，初版〕，〈標註職原抄校本〉卷上，神祇官條，頁 249。

〔註6〕見牧健二，《日本法制史論》（東京：弘文堂，1929 年），頁 275。

由此可見，兩者認爲神祇官是比太政官高層之官府，甚至牧健二在比較神祇官跟唐禮部尙書祠部說：唐尙書禮部祠部是屬於低層之官府，並非相當於神祇官的高層官府。

　　但是石尾芳久反對牧健二的見解，而在《日本古代天皇制の研究》中指出：《職原抄》中的神國思想必須以當時的政治思想之關係來探討，不能只因爲把神祇官之條文列在《大寶官員令》和《養老職員令》規定的開頭，就馬上判斷爲這是把神祇官置於諸官之上的依據，《職原抄》是北畠親房個人的見解，跟《大寶令》和《養老令》之官制本來的構想沒有甚麼關係。〔註7〕

　　筆者認同石尾芳久之看法，即使在《大寶官員令》或《養老職員令》中把神祇官之條文列在太政官條文的前面，也不能馬上認爲這就是把神祇官置於太政官之上的依據。也不能說神祇官是屬於高層之官府，以及太政官和神祇官是屬於相對立或相並列之官府，因此必須探討當初日本所設置二官之原因，用來解決其問題。

《養老職員令》神祇官條云：

> 伯一人，掌神祇祭祀、祝部神戶名籍、大嘗、鎭魂、御巫、卜兆、
> 惣判官事。餘長官判事准此。太副一人，掌同伯。餘次官不注職掌
> 者，掌同長官。少副一人，掌同大副。大祐一人，掌糺判官內，審
> 署文案，勾稽失，知宿直。餘判官准此。少祐一人，掌同大祐。大
> 史一人，掌受事上抄，勘署文案，檢出稽失，讀申公文。餘主典准
> 此。少史一人，掌同大史。神部卅人。卜部廿人。使部卅人。直丁
> 二人。〔註8〕

神祇官相當於唐制的禮部祠部司，《唐職員令》尙書禮部條云：

> 禮部尙書一人。總判禮部、祠部、膳部、主客事。侍郎一人。掌策
> 試、貢舉、及齋郎、弘崇國子生等事。郎中一人。掌禮樂、學校、
> 儀式、制度、衣冠、符印、表疏、冊命、祥瑞、鋪設、喪葬、贈賻、
> 及宮人等。員外郎一人。主事二人。令史五人。書令史一十人。亭
> 長六人。掌固八人。祠部郎中一人。掌祠祀、享祭、天文、漏刻、

〔註7〕請參考石尾芳久，《日本古代天皇制の研究》（東京：法律文化社，1969年7月），頁189～190。

〔註8〕見仁井田陞，《唐令拾遺補》（東京：東京大學出版會，1997年），第三部〈養老職員令〉第二，第1神祇官條，頁894。《大寶官員令》神祇官條的規定幾乎都與《養老職員令》相同。

國忌、廟諱、卜祝、醫藥等、及僧尼簿籍。員外郎一人。主事二人。令史六人。書令史十三人。掌固四人。膳部郎中一人。掌飲膳、藏冰及食料。員外郎一人。主事二人。令史四人。書令史九人。掌固四人。主客郎中一人。掌二王後、及諸蕃朝聘之事。員外郎一人。主事二人。令史四人。書令史九人。掌固四人。〔註9〕

由此可見，神祇官的長官是「神祇伯」，依照《養老官位令》，是屬於從四位下（相當於《唐官品令》從四品下）的官員，尚書禮部的祠部司之長官是「祠部郎中」，是屬於從五品上的官員，兩者在地位上的差距沒有那麼大，而且太政官的長官是太政大臣，如果沒有太政大臣的適當人選時，由左大臣來擔任太政大臣的長官，太政大臣是以屬於一品的親王或者屬於正一位的諸王或諸臣來擔任此職位，左大臣是以屬於二品的親王或者是屬於從一位的諸王或諸臣來擔任此職位，〔註10〕以長官的官位之高低而言，神祇官可說是屬於遠比太政官低層之官府。那麼，為何跟唐制不相同，不把神祇官之職務列入太政官的組織中，而刻意區分為太政官和神祇官的二官？以神祇官的組織規模而言，可直接列入太政官組織就夠了。

曾我部靜雄對此問題在《日中律令論》中指出以下見解：

> 日本在神政政治時代從中國突然導入律令制度，因此日本受到此影響，造成政治形態的突然變化，雖然如此，這並非日本在政治上的自然變化，對日本舊制度感到不捨，因此在官制中設立對太政官對立的神祇官。〔註11〕

筆者認為導入唐律令之前的日本政治形態並非神政政治形態，如同在第二章中所探討的一般，天皇具有宗教上的神威時，以祭祀進行政治，氏族們，尤其是單純的一般人民敬以為神，但從宗教神威衰退的 5 世紀初開始，天皇只不過是氏族聯合的統率者，已經開始了祭政分離的狀況。而到了第 29 代欽明天皇在位的 552 年（梁豫章王承聖元年、欽明天皇天皇十三年）十月時，關於崇拜從百濟傳來的佛教還是尊重日本傳統的神道，進步派的蘇我氏和保守派的物部氏、中臣氏相互對立，這時《日本書紀》中才第一次提到神道的問題。

〔註9〕 見仁井田陞，《唐令拾遺補》第三部〈唐三師三公臺省職員令〉第二，第5禮部尚書條，頁896。

〔註10〕 請參考同上書，〈養老官位令〉第一，第1一品條～第9從四位條，頁869～872。

〔註11〕 見曾我部靜雄，《日中律令論》（東京：吉川弘文館，1963年），頁147。

《日本書紀後篇・欽明紀》欽明十三年十月條云：

> 是日，天皇聞已歡喜踊躍，詔使者云：朕從昔來未曾得聞如是微妙
> 之法（佛法）。然朕不自決。乃歷問群臣曰：西蕃獻佛相貌端嚴，全
> 未曾看。可禮以不。蘇我大臣稻目宿禰奏曰：西蕃諸國一皆禮之。
> 豐秋日本豈獨背也。物部大連尾輿、中臣連鎌子同奏曰：我國家之
> 王天下者，恒以天地社稷百八十神，春夏秋冬祭拜爲事。方今改拜
> 蕃神，恐致國神之怒。〔註12〕

任那在第 29 代欽明天皇 562 年被新羅所滅之後，蘇我氏和物部氏之間的鬥爭
變得更加激烈，由此可見，這時代的統治階層的人們對神道僅具有籠統的概
念，並無明確鞏固的具體制度存在。更何況神道在宗教上並沒有明確的教義
和教典存在，所以其理念更加地籠統，當然也不存在政治上的統治理念。神
道的崇拜對象是具有許多有人格的神，萬物皆有神，如：自然界的神（山神、
海神等）和觀念上的神（自然現象、災害災難等）以及祖先神等。〔註13〕神
道本來只是對這些在萬物中存在的日本之神，表示敬意的籠統信仰，因而很
容易與其他宗教共存在一起，《日本書紀後篇・用明紀》即位前紀條云：「天
皇信佛法尊神道。」〔註14〕而 6 世紀中葉才發生崇拜佛教還是尊重日本神道
之問題，也出現了進步派的蘇我氏和保守派的物部氏、中臣氏相互對立的現
象。同時也可以說，這代表當時的日本根本沒有建立進行神政政治的基礎，
也沒有以明確的教義來進行官吏等教育。

因爲日本沒有建立神政政治之基礎，且神道跟佛教和基督教並不相同，
沒有神授能力的特別的創教者之存在，如釋迦牟尼或耶穌等，所以天皇容易
取代萬物的創造者或主宰者，而成爲被直接崇拜的對象以及王權的神授者。
如果在政治上刻意過於神化天皇的話，就會產生崇拜天皇和其祖先之行爲本
身，即爲崇拜神道核心行爲之意識及心態，因而天皇會變成絕對萬能的創造
者，甚至開始排斥其他宗教，如：《古事記》和《日本書紀》中的天皇之神化
故事以及明治維新之後的天皇之神化。

筆者所主張導入唐律令之前的日本政治形態已經不屬於神政政治形態的

〔註12〕見舍人親王，《日本書紀後篇》（收入黑板勝美編，《新訂增補國史大系》，東
　　　　京：吉川弘文館，1997 年 4 月，普及版第 14 刷），卷第十九〈欽明紀〉欽明
　　　　十三年十月條，頁 77～78。
〔註13〕所謂的祖先神是將祖靈當成神明來看待者。
〔註14〕見《日本書紀後篇》，卷第二十一〈用明紀〉即位前紀條，頁 119。

理由不只是如此，聖德太子在第 33 代推古天皇下努力展開以佛教理想爲目標
的政治，於 593 年（隋文帝開皇十三年、推古天皇元年）在大阪建立日本最
古老的佛教寺院，於 607 年在奈良建立了現在世界上最古老的木造建築物法
隆寺，在聖德太子過世後，仍然繼續建立寺院，如：聖武天皇爲了以佛教思
想來治國以及鎮撫地方各國，在 741 年（唐玄宗二十九年、聖武天皇天平十
三年）詔敕在地方各國建立國分寺，也在 743 年詔敕在首都奈良建立東大
寺，做爲地方各國國分寺的總寺院。〔註 15〕由此可見，當時連天皇和太子都
去努力以佛教思想和理想來治理國家，甚至爲了傳佛教，耗費龐大的國家經
費來大興土木建立許多寺院，因此怎麼能說當時日本的政治形態是神政政治
形態呢？

　　石尾芳久在《日本古代天皇制の研究》中提出認定爲神政國家的定義，
如下：

> 爲了要論證一個國家屬於神政國家，必須檢視具有統治階層的祭司
> 身分爲同時兼具有牢不可破的，統整性的組織架構所構成。因此如
> 果《大寶令》和《養老令》的官制呈現出神政國家的體制的話，太
> 政官必須隸屬於神祇官，或者兩者至少應該是同等才對。〔註 16〕

筆者在此先探討唐朝的政治形態如何，以及是否符合於石尾芳久所認定爲神
政國家的定義。《唐職員令》尙書禮部條云：「掌策試、貢舉、及齋郎、弘崇
國子生等事。郎中一人。掌禮樂、學校、儀式、制度、衣冠、符印、表疏、
冊命、祥瑞、鋪設、喪葬、贈賻、及宮人等。」由此可見，唐尙書禮部的職
掌中也有策試貢舉，但此職務本來是屬於尙書吏部的職掌，在 736 年（唐玄
宗開元二十四年、聖武天皇天平八年）移交給尙書禮部。

　　《唐會要・尙書省諸司下・禮部侍郎》開元二十四年三月十二日條云：

> 開元二十四年三月十二日，以考功員外郎李昂爲舉人所訟，乃下詔
> 曰，每歲舉人，頃年以來，惟考功郎所職，位輕務重，名實不倫，
> 欲盡委長官，又銓選委積。但六官之列，體國是同，況宗伯掌禮，
> 宜主賓薦。自今以後，每年諸色舉人及齋郎等簡試，並於禮部集，
> 既眾務煩雜，仍委侍郎專知。〔註 17〕

〔註 15〕見同上書，卷第十九〈欽明紀〉欽明十三年十月條，頁 76〜78。
〔註 16〕見石尾芳久，前揭書，頁 191。
〔註 17〕見〔宋〕王溥，《唐會要》中冊（台北：世界書局，1989 年 4 月，第 5 版），卷

《唐會要‧尚書省諸司中‧考功員外郎》開元二十四年三月十二日條又云：

> 考功員外郎，貞觀已後知貢舉，至開元二十四年三月十二日，以員外郎李昂爲舉人李權所訟，乃移貢舉於禮部也。〔註18〕

另外，關於採用官吏的策試貢舉之內容，《唐六典‧尚書吏部》考功郎中、員外郎條云：

> 員外郎掌天下貢舉之職。開元二十四年，敕以爲權輕，專令禮部侍郎一人知貢舉。然以舊職故，復敘於此云。凡諸州每歲貢人，其類有六：一曰秀才，二曰明經，三曰進士……。其明經各試所習業，文、注精熟，辨明義理，然後爲通。正經有九：《禮記》、《左傳》爲大經，《毛詩》、《周禮》、《儀禮》爲中經，《周易》、《尚書》、《公羊》、《谷梁》爲小經。通二經者，一大一小，若兩中經；通三經者，大、中、小各一；通五經者，大經併通。其《孝經》、《論語》併須兼習。〔註19〕

唐朝把禮樂、祭祀、採用官吏的策試貢舉以及培養官吏的學校結合起來，作爲尚書禮部的職掌，這代表唐朝政體是以儒家思想爲基礎，建立統一的統治組織體制存在。石尾芳久也在《日本古代天皇制の研究》中強調說：儒家思想中有類似被政治倫理化的宗教之性質，禮樂和祭祀之間有形影不離的密切關係存在。尚書禮部的職掌是在其被組織化的體制下，培養出受儒家思想施教的官吏，這接近於他所認定爲神政國家的體制，即具有統治階層的祭司身分，同時兼具有牢不可破統整性的組織架構所構成，其祭司身分與培養祭司的特殊基礎教育有著密切的關係存在。〔註20〕

接下來要更進一步探討模仿唐朝政治制度的日本，如何吸收唐朝以儒家思想所編組的禮部組織體制？如果日本完全不屬於神政國家的話，當然也不可能完全模仿像唐朝尚書禮部那樣統整性的組織體制。日本相當於唐朝尚書禮部之官府是治部省，相當於唐朝尚書吏部之官府是式部省，治部省和式部

五十九〈尚書省諸司下‧禮部侍郎〉開元二十四年三月十二日條，頁1025。

〔註18〕見同上書，卷五十八〈尚書省諸司中‧考功員外郎〉開元二十四年三月十二日條，頁1009。

〔註19〕見〔唐〕李林甫等撰、〔唐〕陳仲夫點校，《唐六典》（北京：中華書局，1992年1月，第1版），卷第二〈尚書吏部〉考功郎中、員外郎條，頁44～45。

〔註20〕請參考石尾芳久，前揭書，頁192～193、196。

省兩省之職掌如下。

《養老職員令》治部省條云：

卿一人，掌本姓、繼嗣、婚姻、祥瑞、喪葬、贈賻、國忌、諱及諸蕃朝聘事。大輔一人，小輔一人，大丞一人，少丞二人，大錄一人，小錄三人，史生十人。大解部四人，掌鞫問譜第爭訟。少解部六人，掌同大解部。省掌二人，使部六十人，直丁四人。〔註21〕

《養老職員令》式部省條云：

卿一人，掌內外文官名帳、考課、選敍、禮儀、版位、位記、校定勳績、論功封賞、朝集、學校、策試貢人、祿賜、假使、補任家令、功臣家傳田事。大輔一人，少輔一人，大丞二人，掌勘問考課，餘同中務大丞。少丞二人，掌同大丞。大錄一人，少錄三人，史生二十人，省掌二人，使部八十人，直丁五人。〔註22〕

由此可見，《養老令》是從唐尙書禮部的職掌中把祭祀和禮樂分割開來，只採用有關祭祀的職務部分，當成獨立設置的神祇官之職務，而培養、採用官吏（文官）有關的策試貢舉和學校等職務，都移交給統制官吏人事之式部省，把它當成人事上職務之一環來看待。至於「禮樂」仍然由式部省來繼承之，改名爲「禮儀」，但此《養老令》中所說的「禮儀」之意義與儒教思想中的「禮樂」之觀念並不相同，已經喪失儒教思想中「禮樂」的本質。在《令集解前篇・養老職員令》式部省條中的《義解》對其「禮儀」解釋爲「朝廷之禮儀也」，〔註23〕該條中的《令釋》註云：

禮，禮節也，儀威儀也，此謂朝廷禮儀之法式也。凡失禮儀者：三位以上者，遣少錄以上就其位頭爲教亂；四位者遣史生等，爲教亂；五位者隨狀教正，不必遣教也。六位以下……〔註24〕

《古記》在《令集解前篇・養老職員令》中務省條中解釋中務省職掌中的「贊相禮儀」又註云：

〔註21〕見仁井田陞，《唐令拾遺補》第三部〈養老職員令〉第二，第 16 治部省條，頁 906。

〔註22〕見同上書，〈養老職員令〉第二，第 13 式部省條，頁 904。

〔註23〕見惟宗直本，《令集解前篇》（收入黑板勝美編，《新訂增補國史大系》第二十三卷，東京：吉川弘文館，2004 年 9 月，新裝版第 2 刷），卷第三〈養老職員令〉第二，第 13 式部省條，引《義解》，頁 77。

〔註24〕見同上書，〈養老職員令〉第二，第 13 式部省條，引《令釋》，頁 77。

於君若于步行止立，若于行迴立者，謂之儀也。中事時者，立聞，

禮拜時者，坐受者，謂之禮也。贊相者，助輔也。〔註25〕

由此可知《養老令》所說的「禮儀」，只不過是官吏在朝廷裡所進行的表面上的禮儀，即限制官吏舉止的具體規定，僅是爲了維持朝廷內的秩序，以及尊重天皇的目的。

坂本太郎也在《律令制度》中指出：在唐禮中常見「立春祀青帝於東郊」等形式、理念上禮的表現，但日本的儀禮以任官儀、賜祿儀、賜位記禮和飛驛儀等有關實際政務的比較多，甚至連天皇的即位儀也有，但在唐禮中沒此類的禮。〔註26〕

按照石尾芳久所說的神政國家的定義，當時日本的確沒有統一的編組，做爲統治階層的祭司身分，因此可說是當時日本並不屬於神政國家。但在式部省的職掌中也有策試貢人之職務，此爲了採用官吏的策試貢舉之內容跟唐令相似。

《養老考課令》秀才條云：

凡秀才，試方略第二條，文理俱高者，爲上上。文高理平，理高文平，爲上中。文理俱平，爲上下。文理粗通，爲中上。文劣理滯，皆爲不第。〔註27〕

《養老考課令》明經條又云：

凡明經，試周禮、左傳、禮記、毛詩各四條，餘經各三條。孝經、論語共三條。皆舉經文及注爲問。其答者，皆須辨明義理，然後爲通。通十，爲上上。通八以上，爲上中。通六，爲中上。通五及一經，若論語、孝經全不通者，皆爲不第。通二經以外，別更通經者，每經問大義七條，通五以上爲通。〔註28〕

由此可知在《養老令》中所規定的貢舉之內容無疑是以唐令的貢舉制度爲藍本，其考試是以儒教思想爲核心。筆者認爲當時的日本有可能把唐代的貢舉制度只當成爲了採用官吏的，測試考生的思考、理論和應用能力的測驗工

〔註25〕見同上書，〈養老職員令〉第二，第3中務省條，引《古記》，頁58。
〔註26〕請參考坂本太郎，《律令制度》（收入氏著，《坂本太郎著作集》第7卷，東京：吉川弘文館，1991年8月，第二刷），頁153。
〔註27〕見仁井田陞，《唐令拾遺補》第三部〈養老考課令〉第十四，第70秀才條，頁1122～1123。
〔註28〕見同上書，〈養老考課令〉第十四，第71明經條，頁1123。

具，來執行其制度。至少可以說，儒教思想並沒有完全滲入日本的施政制度當中。即當時日本政治制度已除去儒教思想禮樂的本質，只是在表面上繼承唐令中的尚書禮部之職掌，關於禮樂祭祀設置在日本的施政制度外。因此在相當於尚書禮部的治部省中，已經不存在中國自古以來所設置禮部之精神。

任爽，關於唐代禮制與法律、政治的密切關係，在《唐代禮制研究》中指出：

> 唐人不僅在建立了一套完善的禮樂制度的同時，也建立起一套完善的法律制度，而且實現了禮制與法律的合流。……事實上，沒有法律的支持，唐代禮制在很大程度上的確仍停留在歐陽修所說的"虛名"的層次上。……漢武帝時，董仲舒融儒法二家爲一體，形成經學的新體系。在"獨尊儒術"的大纛之下，一方面是董仲舒著《春秋斷獄》，把《春秋》化爲法典，潤飾刑名學，另一方面則是酷吏引用儒家經典以定人之罪，習學《尚書》、《春秋》，並主張由儒生來充任廷尉史。儒家在法家化，法家也在儒家化。其實，二者之間原本就不存在本質性的沖突。且不談儒家所倡導的"民本"與法家所力主的"尊君"皆屬專制主義的思想範疇，即使在具體統治方法上，儒家的"禮制"與法家的"法治"亦非水火不容，只不過側重不同而已。秦之"任法"，漢之"霸術"，其實都不排除禮制與法律的交替使用。……當大權在握的君主試圖對社會實施控制的時候，不可能不認識到他可以利用的兩件武器即禮制和法律已不足以單獨完成其既定目標。因此尋找更爲有效的統治方法以適應變化了的社會現實便成爲統治者必須解決的問題，而禮制與法律的同時並舉也就極爲自然地代替了原來的交替使用。〔註29〕

他在《唐代禮制研究》中也指出：

> 無論從哪一個角度來看，制禮作樂，其終極目的都在於政治。正如唐太宗所說："揖讓而天下治者，其惟禮樂乎？"禮的政治作用，即"安上治民"，在唐代不僅沒有減弱，而且從新的角度得到了加強。唐代禮制從提供統治根據、提高君主地位、界定君臣關係與官

〔註29〕見任爽，《唐代禮制研究》（長春：東北師範大學出版社，1999年9月，第1版），頁150～152。

僚集團内部的上下級關係諸方面發揮作用，不僅促使中央集權走向君主集權，而且促使官僚政治走向完善。其中，由個體家庭逐步普及所導致的以血緣關係爲特徵、以父子關係爲核心的舊式宗法關係轉化爲以政治關係爲特徵、以君臣關係爲核心的新型宗法關係以及倫理觀念中忠孝次序的改變，顯然爲政治體制的推演提供了基礎，而禮制與法律的合流則爲其運行提供了保障。……同歷朝歷代一樣，對統治者來説，禮制的政治作用首先是向被統治者申明其統治的合法性。〔註30〕

另外，高明士在《東亞古代的政治與教育》中，從中國傳統的天下秩序之運作原理的角度，説明孔子政治思想「德」、「禮」、「政」、「刑」四要素的運用方法，如下：

孔子的「德」（道德）、「禮」（制度品節）、「政」（法制禁令）、「刑」（刑罰）四要素的政治思想，〔註31〕在政治秩序實際運作時可轉換成「結合原理」、「統治原理」、「親疏原理」、「德化原理」這四項。即爲了實施傳統中國的天下秩序，將「德」、「禮」、「政」、「刑」四要素應用於「結合原理」、「統治原理」、「親疏原理」、「德化原理」之四項原理上。此天下秩序，從先秦到隋唐的摸索實施，而走向制度化，並已有一定的軌道可循。高明士把此天下秩序叫做「天下法」。〔註32〕

根據高明士的理論，該四項原理的概略是如下：〔註33〕

（一）「結合原理」

天下秩序是建立在以中國天子爲君、爲父的前提上，天下人民成爲天子的臣、子，如下【圖4-1】〈君父、臣子關係圖〉。即以公與私兩者的關係作爲主軸進行統治，公的關係在於建立君臣關係，私的關係在於建立父子關係。所謂「結合原理」，指君臣、父子名分的建立，以及依據此名分所設定的權利義務關係（如恩澤與忠信，冊封與朝貢等），是「政」也是「禮」的運用。

〔註30〕見同上書，頁212～213。
〔註31〕高明士指出：「孔子之意，言治民而取德禮與政刑對比時，以實行德禮爲最高境界，政刑則爲次，並不是説不用政刑。易言之，四者均爲孔子所重，祇是層次有別而已。」見高明士，《東亞古代的政治與教育》（臺北：財團法人喜瑪拉雅研究發展基金會發行，2003年5月，二版），頁2。
〔註32〕請參考同上書，頁1～3。
〔註33〕請參考同上書，頁4～16。

圖 4-1：君父、臣子關係圖〔註34〕

```
        公                              私
        君          （主）  =          父
      （王化）                       （教化）
        ↓            ↓                ↓
        臣          （奴）  =          子
```

（二）「統治原理」

根據君臣結合原理而付諸實施的行政措施，是「政」、「刑」的運用。中國君主對內、外臣的「統治原理」顯然有別，對內臣實施「個別人身支配」，藉賦役、「禮」、「刑」（國內法）等控制每一個人頭，則對外臣實施「君長人身支配」，藉「政」、「刑」（天下法）等，約束君、長個人，然後透過君長，禮化、德化其民。中國君主對四夷君長的冊封，四夷君長對中國天子的朝貢，即外臣之禮很重要的內涵。平時，諸國君長，各守其境，各率其性。這樣的政治秩序，顯然具有法、禮的原理存在，這亦即天下法。四夷若違背這個「禮」，輕則受到中國天子的斥責，重則中國出兵懲罰，這便是「刑」的運用，也就是謂「失禮入刑」的施行。

（三）「親疏原理」

漢以後，天下的結合原理，除了政治上的君臣關係以外，尚有宗法上的擬血緣制關係。擬血緣制關係是以父子關係爲基本前提，然後延伸至舅甥、叔姪，甚至兄弟關係等，四鄰諸國與中國之關係自然就有親疏之別。分別親疏，正是「禮」的功用。韓、日、越等地，既是冠帶之境，在中朝看來已接近華夏，自然更具有親近感。於是蠻夷之境，對中朝而言，呈現了親疏之別。中國以「親疏原理」結合了蠻夷，實際以「親疏原理」區別了蠻夷，因而創造一個同心圓。這是「政」也是「禮」的運用。

（四）「德化原理」

可說是天下秩序最高、最遠的境界，從商周以來到孔子，均主張以「德」教化天下，德治乃成爲儒家的理想境界。但法家也講德治，但此「德」是與「刑」並用。自漢以後，所謂「德化原理」，實際包含兩個層次，一是教化，

〔註34〕該圖引自同上書，頁4。

一是王化（兵行，即與法家的威刑論相結合）。前者是父教子，後者是君導臣，兩者所達到的境界，統稱爲德化。中國的「德化原理」，本是講求教化，勵行禮義。在教化的前提下，允許各遂其性，各安其土，即允許個性的存在。各遂其性，各安其土，是德化的原理，但也是刑禁（王化）原理。這是「政」、「德」的運用。

　　關於上述四要素及四原理交互運作下的天下秩序之理論，請參照如下【圖 4-2】〈交互運作的四要素與四原理間的關係圖〉。

圖 4-2：交互運作的四要素與四原理間的關係圖〔註35〕

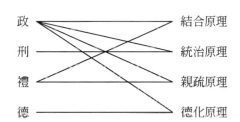

　　由此可見，「禮」的要素主要應用於「結合原理」和「親疏原理」，以「禮」的秩序維持君和內、外臣關係（結合原理、親疏原理），根據此君臣結合原理，施政，即制定法令（「政」的運用），但對違背「禮」的秩序者適用刑罰（「刑」的運用）。例如，如果違背者是內臣的話，就適用刑罰（律），四夷君長等外臣的話，嚴重時就出兵懲罰（統治原理），爲了維持天下的秩序，也以「德」教化，即勵行禮義，或者以兵王化。相對地，對自古以來殘存著牢不可破的氏族制度的日本來說，「結合原理」中的君臣關係，沒有像中國那麼堅固，也幾乎沒有天子爲父之觀念，所以形成「結合原理」的「禮」之秩序根本不存在，也沒有餘地接受，而只能接受道德方面的規範以及實際政務和朝廷秩序相關的律令規定。因此儒教思想並沒有完全滲入日本的施政制度當中。早川庄八，有關日本不完全採用中國儒教思想的理由，敘述獨特見解，如下：

> 制定中國國家制度的基本之規定是「禮」，中國的律令是以「禮」的秩序爲基礎而發展的法令，對破壞皇帝所形成，並且維持下去的「禮」之秩序者進行處罰的法令就是「律」，爲了維持「禮」的秩序

〔註35〕該圖引自同上書，頁 16。

而形成的教令法就是「令」。社會架構不相同，殘存著牢不可破的「氏族制度」的日本，根本沒有「禮」的秩序，也幾乎沒有基礎接受它。因此日本在繼承中國律令時，將律令和「禮」切割開，僅僅是把律令當成爲了統治國家的法令，即屬於統治技術的行政法來看待。這也是律令國家的日本被稱爲「氏族制度」和「律令制度」這兩種制度形成的二元制度國家之理由。〔註36〕

早川庄八雖然說當時的日本根本沒有「禮」的秩序，但筆者認爲不能說爲「根本沒有」。是因爲日本導入唐律令制，以及受到儒家思想的影響，在政壇上產生了某種程度的「禮儀上的秩序」，雖然這僅是以維持朝廷內的秩序，以及尊重天皇爲目的的程度，但也算是「禮」的秩序。然而當時的日本在氏姓制度和強調天皇的神格化的關係上，改良唐禮制，也創造出一套日本式的禮制，〔註37〕因而，當時的日本在政壇上沒有繼承中國「禮制」的本質。所謂的本質，即高明士所謂的「結合原理」或者任爽所謂的「以父子關係爲核心的舊式宗法關係轉化爲以政治關係爲特徵、以君臣關係爲核心的新型宗法關係」等，甚至可說「君臣關係和宇宙秩序間的調和」。

大津透在〈日本天皇制對唐律令與禮的承襲〉論文中關於唐、日間的君臣關係，云：

就《（大寶）喪葬令》規定的服錫紵服而言，在《貞觀臨時法則》上，除明確在外祖父母（在儀制上爲四等）死亡時也著用錫紵外，其他內容沒有變化。規定對臣下死亡時君主的服裝，是唐令的重要目的。

〔註36〕見早川庄八，〈律令法と天皇〉第一節（收入井上光貞、永原慶二等編，《日本歷史大系》1、原始‧古代編，東京：山川出版社，1991年3月，第1版第2刷）〈律令國家の展開‧律令國家と社會〉第二篇第二章，頁467。

〔註37〕大津透在〈日本天皇制對唐律令與禮的承襲〉論文中指出：「大化革新後有一段時間，表面上曾計畫直接輸入並系統地承襲唐禮，但在編寫《大寶律令》時，基本上只是承襲了律令，並作了更改後施行，沒有承襲唐禮。當時在《（大寶）喪葬令》中加入服紀條以定服制，又在服錫紵條寫明天皇的喪服制，從而創造出一套日本式的禮制；而從天皇制出發，祭神用的正式服裝是白色的帛衣，它在本質上有著用於神事的固有性，很難定在律令上，所以和唐禮的世界大不相同。當時定在律令上的天皇制，繼承了7世紀以前的大王的方式，保持了大和朝廷的氏姓制度。」見大津透著，王啓、張玉元譯，〈日本天皇制對唐律令與禮的承襲〉第二章（收入池田溫、劉俊文編，《中日文化交流史大系2‧法制卷》，浙江省：浙江人民出版社，1996年12月，第1版第1次印刷），頁66～67。

在日本，則規定爲「除帛衣外，通用雜色」，而這決不是對喪服的正
面規定，而只是說明禁止著用帛衣，這在本質上是不同的。正如前
面關於舉哀所敍述的，日本天皇和臣下的關係，是官員的單方面的
服務，最終也沒有採用中國傳統禮治的雙邊關係。……日本一方面
繼承了《唐儀制令》的規定，而對原有一系列的《（唐）喪葬令》的
舉哀定制卻沒有引進。〔註38〕

接下來，在下一個單元「神祇官在統治體制中之角色」中要闡明爲何日本跟
唐制不相同，不把神祇官之職務列入太政官的組織中，而刻意區分爲太政官
和神祇官的二官。

二、神祇官在統治體制中之角色

　　筆者在前一個單元中已經說明過，從唐朝導入唐令之前的日本並不屬於
神政國家，因此日本因爲對舊制度（神政政治制度）感到不捨，所以在官制
中設立對太政官相互對立的神祇官之說法已經沒有說服力。假如導入唐令之
前的日本早就格外重視祭祀神祇，而把祭祀神祇從行政體制當中區隔開來的
話，則必然另有特別原因，必須加以說明。

　　瀧川政治郎對於當時的日本爲何刻意把政體分立爲太政官和神祇官的二
官之問題，也指出以下見解：

> 把有關於神祇的官廳，當成跟太政官相同等級之官廳看待，而置
> 於百官之首的原因是，因爲尊重所尊崇神祇的日本國俗之緣故。

〔註39〕

坂本太郎也指出類似於瀧川政治郎的見解，引用在大化革新時，右大臣蘇我
倉山田石川麻呂上奏而所說：「先以祭鎮神祇，然後應議政事。」〔註40〕的話，
而說明：雖然神祇官在行政上遵照太政官之命令，太政官長官太政大臣和神
祇官的長官「伯」之間，在地位上也有像天壤之別般的差距，神祇官的規定
在《養老職員令》中，列於太政官之前面。這是因爲日本自古以來尊重神祇
之緣故，如右大臣蘇我倉山田石川麻呂上奏而所說的話，也代表神事優先的
思想和精神。〔註41〕

〔註38〕見同上書，頁64。
〔註39〕見瀧川政治郎，《日本法制史》（東京：有斐閣，1930年，再版），頁101。
〔註40〕請參考《日本書紀後篇》，卷第二十五〈孝德紀〉大化元年七月條，頁217。
〔註41〕請參考坂本太郎，前揭書，頁9。

　　兩者所主張的主要理由都只是日本自古以來尊重神祇這一點，此解釋法目前在學術上成爲普遍的學說，仍然脫離不了北畠親房在官職制度的注釋本《職原抄》中所說，「以當官置諸官之上，是神國之風儀，重天神地祇故也」的見解。筆者認爲不僅是唐朝，中國歷代以來多尊重神祇，也有很多先祭祀，再談政治之例子，所以只以尊重神祇爲理由的話，無法充分說明日本刻意把政體區分爲太政官和神祇官的二官之理由。因此此說仍然缺乏說服力。筆者在此要把重點放在以下四個疑問，而進一步探討神祇官在統治體制中的角色，同時闡明爲何日本跟唐制不相同，不把神祇官之職務列入太政官（治部省）的組織中：

　　（一）神祇官是否隸屬於太政官？
　　（二）如果神祇官隸屬於太政官的話，爲何刻意區分爲太政官和神祇官的二官？
　　（三）爲何神祇官的長官伯之地位遠比太政官長官太政大臣低？
　　（四）雖然神祇官的長官伯之地位遠比太政官長官太政大臣低，但是，爲何太政官和神祇官看似具有相互對立的關係，以及爲何神祇官的規定列爲太政官規定的前面？

　　爲了解決這些疑問，必須更進一步分析太政官和神祇官之間的關係，以及神祇官的職掌內容。

　　首先要參考石尾芳久的《日本古代天皇制の研究》，以及中村直勝的〈文書の形式より觀たる神祇官の地位〉論文，從文書形式的角度來探討太政官和神祇官之間的關係。

　　《養老公式令》制訂文書形式的規定，解式條云：「右八省以下內外諸司，上太政官及所管，並爲解。」〔註42〕移式條云：「右八省相移式，內外諸司，非相管隸者，皆爲移。」〔註43〕符式條云：「右太政官下國符式，省臺准此。若下在京諸司者，不注使人以下，凡應爲解向上者，其上官向下皆爲符。」〔註44〕由此可知，從八省以下的官廳對於比它高層的官廳之文書形式，使用「解」字，從八省以下的官廳對於同等的官廳之文書形式，使用

〔註42〕見仁井田陞，《唐令拾遺補》第三部〈養老公式令〉第二十一，第 11 解式條，頁 1254。
〔註43〕見同上書，〈養老公式令〉第二十一，第 12 移式條，頁 1255。
〔註44〕見同上書，〈養老公式令〉第二十一，第 13 符式條，頁 1260。

「移」字，從某些官廳對於比它低層的官廳之文書形式，使用「符」字。

　　接著，基於《養老公式令》的規定，以實際上所進行的神祇官和太政官之間的往來文書爲例，來分析兩者官府之間的隸屬關係。中村直勝指出：在《朝野群載》〔註45〕中記載的 919 年（後梁末帝貞明五年、醍醐天皇延喜十九年）十一月一日的《民部省符》中，和1103 年（宋徽宗崇寧二年、掘河天皇康和五年）六月七日《左辯官下文》〔註46〕中，有神祇官對於太政官所發布的「解」形式公文之記錄，如下，而主張神祇官在實際上確實隸屬於太政官。〔註47〕

　　《延喜十九年民部省符》載：

　　　民部省符　山城國司

　　　　　　　應宛正税稻貳佰伍十「一」束

　　　　　　右被太政官去月十七日符偁。<u>得神祇官解偁</u>。……〔註48〕

　　《康和五年左辯官下文》載：

　　　注神社全破事

　　　　　　左辯官下

　　　　　　　應遣使令實撿言上國內神社全破□

　　　　　　　　使大中臣義則

　　　　　　　　史生秦長國

　　　　　　右<u>得神祇官去年七月十七日解狀偁</u>。……〔註49〕

其實，在《類聚三代格》〔註50〕中也很常見，有很多事例能夠實證神祇官向

〔註45〕此爲著者三善爲康在 1116 年（宋徽宗政和六年、鳥羽天皇永久四年）抄錄詩文、宣旨、官符、書札等，而以文筆、朝儀、神祇官、太政官、別奏、廷尉、陰陽道、佛事、諸國雜事等依照類聚別所編纂的記錄文書，原本總共有三十卷，但目前現存的僅有二十一卷。

〔註46〕左右辯官局是管轄諸司和諸國的太政官之綜合辦事處，負責轉達並處理與諸司和諸國之間的公文，以及製作太政官符和宣旨等職務。請參考本章【圖 4-1】《《大寶・養老令》下的太政官八省組織圖》。

〔註47〕請參考中村直勝，〈文書の形式より觀たる神祇官の地位〉（收入栗原武平編集，《期刊、寧樂》第七號，奈良：寧樂發行所，1927 年 1 月），頁 119。

〔註48〕見三善爲康，《朝野群載》〔該書成立於 1116 年（宋徽宗政和六年、鳥羽天皇永久四年），收入黑板勝美編，《新訂增補國史大系》第二十九卷上，東京：吉川弘文館，2003 年 7 月，新裝版第 2 刷〕，卷第八〈別奏〉民部省充定相嘗料符條，頁 20。

〔註49〕見同上書，卷第六〈神祇官〉南海道諸國神社實撿遣官宣旨條，頁 152。

〔註50〕此爲在 11 世紀左右時，曾經將《弘仁格式》（820 年格式完成）、《貞觀格式》

太政官是以「解」的形式來呈報文書，以上皆爲太政官對神祇官解的決策。

　　石尾芳久也指出：在《類聚三代格》中也有由太政官直接向神祇官所發布的符，如807年（唐憲宗元和二年、平城天皇大同二年）八月十一日的《太政官符》：

　　　　太政官符

　　　　　神主遭□解任服闋復任事

　　　　右檢案內太政官去延曆十九年十二月二十二日下神祇官符俩。諸國

　　　　神官司等，並限以……。其有官符任神長者，宜改爲神主。〔註51〕

他也指出在《古事類苑》〔註52〕中所收錄的東大寺正倉院文書745年（唐玄宗天寶四載、聖武天皇天平十七年）諸司印蹈文書裡，表示神祇官和太政官八省之間有對等的關係存在，〔註53〕《天平十七年神祇官移》載：

　　　　神祇官移　民部省

　　　　合得糧漆拾漆人……鹽式斗玖升壹合、庸綿肆屯

　　　　　右卜部等，來十一月三十箇日公糧，所請如件。故移。〔註54〕

另外，石尾芳久指出：雖然神祇官掌管《神祇令》所規定的，有關祭祀之一切職務，但是，在《類聚三代格》中所收錄的801年（唐德宗貞元十七年、桓武天皇延曆二十年）五月十四日之《太政官符》有制定對於神祇官怠忽職

（869年格完成、871年式完成）和《延喜格式》（907年格完成、927年式完成）的《三代格式》（格……律令的修正，式……律令的施行辦法）中的格部分，神祇、佛事等以類聚別所編纂之法令集，其著作者不詳。現在《類聚三代格》有全十二卷和全二十卷的兩種版本，刪除重複部分的話，即使將兩種版本加起來，也不至於到完成版的三十卷。至於式方面，現今僅存《弘仁式》的一部分以及《延喜式》全五十卷，然而，《貞觀式》現在已經不存在。《弘仁式》在820年（唐穆宗元和十五年、弘仁天皇十一年）時，由藤原冬嗣等遵奉嵯峨天皇的敕令，撰之，延喜式則在927年（後唐明宗天成二年、醍醐天皇延長五年）時，由藤原忠平等遵奉醍醐天皇的敕令，撰之。

〔註51〕見著者不詳，《類聚三代格前篇》（該書成立於11世紀左右的平安時代中葉，收入黑板勝美編，《新訂增補國史大系》，東京：吉川弘文館，1996年4月，普及版第9刷），卷第一〈神宮司神主禰宜事〉大同二年八月十一日太政官符條，頁25〜26。

〔註52〕這是從1879年（清德宗五年、明治天皇明治十二年）開始到1907年（清德宗光緒三十三年、明治天皇明治四十年）由日本國學者所編纂的百科事典，總共有三十部1000卷，當中引用明治時代以前的諸多文獻。

〔註53〕請參考石尾芳久，前揭書，頁202〜204。

〔註54〕見細川潤次郎，《古事類苑·官位部二》（東京：吉川弘文館，1982年7月，第5版）〈官位部〉第六卷，令制官織二，神祇官條，頁348。

守之行為，並加以制裁的規定，這代表太政官對於神祇官所執行的祭祀之職務，具有監督的權限，〔註55〕《延曆二十年太政官符》載：

　　太政官符

　　　定准犯科祓例事

　　一大祓□物二十八種承前惡祓□物准此重輸令除一祓下條亦同

　　馬一疋　　大刀二口　　弓二張　　矢二具以十隻為一具。已上三種並不限新舊

　　刀子六枚　　木綿六斤　　麻六斤　　□布六段　　鍫六口　　鹿皮六張　　豬

　　皮六張　　酒六斗　　米六斗　　稻六束……

　　右關怠大嘗祭事，及同齋月內□□問病判署刑□文書決罰，食宴預

　　穢惡之事者，宜科大祓。□輸雜物具如前件。官人有犯，兼解見

　　任。……〔註56〕

由此可見，雖然神祇官在管理或法令上隸屬於太政官，但是，日本的政體呈現出分裂為行政上以及祭祀上的雙重架構，這似乎代表著在行政職務上以及組織架構上的祭政分離被更清楚地劃分著。而在此要分析神祇官的職務內容。

　　神祇官主要是從事有關於神社和祝部神戶之管理，以及進行所屬的神道的祭祀，至於寺院和僧侶，則由相當於唐尚書禮部主客的治部省玄蕃寮〔註57〕來加以管理，〔註58〕神祇官之職掌完全與佛教毫無關連。另外，《養老職員令》以「大嘗祭」和「鎮魂祭」為例，列舉在神祇官所管轄的神祇祭祀之職務中，《令釋》和《義解》在《令集解前篇・養老職員令》神祇官條中，解釋為在神祇官有關於神祇祭祀之職掌中，特別重要的祭祀是「大嘗祭」和「鎮魂祭」，是因為兩者皆是為了天皇而舉行的祭祀，如下。

〔註55〕請參考石尾芳久，前揭書，頁208。

〔註56〕見《類聚三代格前篇》，卷第一〈科祓事〉延曆20年5月14日太政官符條，頁31～35。

〔註57〕治部省的職掌中有諸蕃朝聘事，這跟唐尚書禮部主客的職務是相同的，由玄蕃寮來負責此職務，而進行有關外交上的事務，無庸置疑地是仿照唐制度。但玄蕃寮的「玄」是指僧侶，「蕃」則是指海外諸國，可能是因為去海外留學的僧侶人數眾多，所以也伴隨著跟外交息息相關，因此由此官來同時進行僧侶以及佛寺之管理。

〔註58〕玄蕃寮的職掌，如下：「頭一人，掌佛寺、僧尼名籍、供齊、蕃客辭見、讌饗送迎及在京夷狄、監當館舍事。助一人。」見仁井田陞，《唐令拾遺補》第三部〈養老職員令〉第二，第18玄蕃條，頁908。

《令釋》註云：

  大嘗、鎮魂，既入神祇祭祀之例。然所以別顯者，祭祀之中，此祭
  尤重，故別顯耳。〔註59〕

《義解》亦註云：

  唯此二祭者，是殊爲人主（天皇），不及群庶。既爲有司之愍慎，故
  別起之。〔註60〕

接著，在此說明「大嘗祭」和「鎮魂祭」之主要內容如下：

  當時日令中所說的「大嘗祭」，有「每年的大嘗祭」和「每世的大嘗祭」
兩種。「每年的大嘗祭」是天皇在每年農曆十一月的第2個卯日（就是下卯。
但一個月有三卯時，就是中卯）。〔註61〕所進行的「收穫祭」，即所謂的「新
嘗祭」，向天神地祇奉獻新五穀，並且天皇也親自食用其穀，以便對於天神地
祇表示感謝該年的豐收，主要由神祇官和在京的諸司來參與其行事。在後世
依舊稱之爲「新嘗祭」。另外一種的「每世的大嘗祭」則是天皇進行「踐祚（即
位）之儀禮」後，他首次所進行的一世一次之「新嘗祭」，在後世稱爲「踐祚
大嘗祭」。但是此「每世的大嘗祭」（以下稱之爲「踐祚大嘗祭」）的祭祀形式，
遠比「每年的大嘗祭」（以下稱之爲「新嘗祭」）更加複雜，規定也較多，同
時也比中國更加嚴格，如散齋一個月，〔註62〕主要由神祇官和國、郡司來參
與其行事。

  《義解》解釋「大嘗祭」註云：

  嘗新穀以祭神祇也。朝諸神之相嘗祭，夕者供新穀於至尊也。〔註63〕

  《養老神祇令》大嘗條解釋「新嘗祭」和「踐祚大嘗祭」云：

  凡大嘗者，每世一年，國司行事。以外，每年所司行事。〔註64〕

〔註59〕見《令集解前篇》，卷第二〈養老職員令〉第二，第1神祇官條，引《令釋》，
　　　　頁31。

〔註60〕見同上書，〈養老職員令〉第二，第1神祇官條，引《義解》，頁31。

〔註61〕《義解》在《令集解前篇・養老神祇令》仲冬條中註云：「謂，若有三卯者，
　　　　以中卯爲祭日，更待下卯也。」見同上書，卷第七〈養老神祇令〉第六，第8
　　　　仲冬條，引《義解》，頁197。

〔註62〕雖然唐令當中並沒有類似的祭祀規定，但唐令所規定的大祀之散齋僅有四天
　　　　而已。

〔註63〕見《令集解前篇》，卷第二〈養老職員令〉第二，第1神祇官條，引《義解》，
　　　　頁30。

〔註64〕見仁井田陞，《唐令拾遺補》第三部〈養老神祇令〉第六，第14大嘗條，頁
　　　　977。

《養老神祇令》天皇即位條解釋「踐祚大嘗祭」又云：

> 凡天皇即位，惣祭天神地祇。散齋一月，致齋三日。其大幣者，三
> 月之內，令修理訖。〔註65〕

　　至於「踐祚之儀禮」，本來是在「踐祚大嘗祭」之前的新帝即位當天所舉行「踐祚之儀」〔註66〕的簡單儀禮。但是，根據《貞觀儀式》〔註67〕，在《養老神祇令》踐祚條所規定的「踐祚之儀」，即由中臣氏奏上天神之壽詞，由忌部氏奏上神璽之鏡劍的儀式部分，被後世列入其「踐祚大嘗祭」中。〔註68〕因此在「踐祚大嘗祭」之前的新帝即位當天所舉行的「踐祚之儀」上授與的主要物品只為玉璽（璽印）。進入平安時代後，此「踐祚（即位）之儀禮」，被明確地區分為代表皇位繼承的「踐祚之儀」和向朝廷內外所宣布新帝即位的「即位之禮」兩種，〔註69〕比起之前在形式上變得更複雜。〔註70〕

　　筆者認為本來「大嘗祭」本身是屬於收穫祭，當初應該沒有「新嘗祭」和「踐祚大嘗祭」兩者之間的區別才對，並且由「踐祚大嘗祭」和「鎮魂祭」

〔註65〕見同上書，〈養老神祇令〉第六，第 10 天皇即位條，頁 975。

〔註66〕《養老神祇令》踐祚條所規定的「踐祚之儀」是所謂由中臣氏奏上天神之賀詞，則由忌部氏奏上神璽之鏡劍的儀式（養老神祇令踐祚條載：「凡踐祚之日，中臣奏天神之壽詞（賀詞）；忌部上神璽之鏡人釰。」見同上書，〈養老神祇令〉第六，第 13 踐祚條，頁 977。但新帝在「踐祚之儀禮」上授與的主要物品，除了由忌部氏所奏上的「神璽之鏡劍」以外，還有「玉璽（璽綬）」。有關「神璽之鏡劍」和「玉璽（璽綬）」的詳細內容，請參考本節註68。在養老神祇令踐祚條中所說的中臣氏和忌部氏都是負責神事和祭祀之中央氏族。

〔註67〕《貞觀儀式》是詳細地說明奈良時代和平安時代初期（8 世紀以後）的國家儀禮之儀式書，著者不詳，成立於平安時代初期的 871 年（唐懿宗咸通十二年、清和天皇貞觀十三年）左右。

〔註68〕按：由忌部氏奏上神璽之鏡劍的儀式，被列入「踐祚大嘗祭」中的確定年代不詳，但據筆者所了解，可能是 771 年（唐代宗大曆六年、光仁天皇寶龜二年）的時候。

〔註69〕因為「踐祚（即位）之儀禮」本來是在新帝即位當天所舉行「踐祚之儀」的簡單儀式，「踐祚之儀」就是即位的儀式，所以《養老神祇令》踐祚條中所說的「踐祚」與「即位」具有相同的涵義。但第 51 代平城天皇在桓武天皇去世後，於 806 年（唐憲宗元和元年、平城天皇大同元年）當天先舉行「踐祚之儀」，過幾天後再舉行「即位之禮」之後，「踐祚」和「即位」之觀念被明確地區分。

〔註70〕請參考井上光貞、關晃、青木和夫等編，《律令》（收入井上光貞、關晃、青木和夫等編《日本思想大系3》，東京：岩波書店，1982 年 12 月），頁 537～538。「踐祚之儀」和「即位之禮」兩者，合併而稱為「踐祚（即位）之儀禮」。

之間的祭祀形式與《日本書紀》中的相關記載來加以推測，「新嘗祭」和「踐
祚大嘗祭」兩者之間的區別有可能從 7 世紀的第 40 代天武天皇或第 41 代持
統天皇時才開始（關於此問題，之後才探討）。根據《養老神祇令》和《延喜
式》，格外重視「踐祚大嘗祭」，這是屬於大祀，「新嘗祭」屬於中祀，「鎮魂
祭」則是屬於小祀。

《養老神祇令》一月齋條云：

> 凡一月齋〔註71〕爲大祀。三日齋爲中祀。一日齋爲小祀。〔註72〕

《延喜式・神祇式一、四時祭上》祭祀大中小條又云：

> 凡踐祚大祭爲大祀。祈年、月次、神嘗、新嘗、賀茂等祭爲中祀。
> 大忌、風神、鎮花、三枝、相嘗、鎮魂、鎮火、道饗、園韓神、松
> 尾、平野、春日、大原野等祭爲小祀。〔註73〕

由此可見，雖然《令釋》和《義解》將神祇官有關神祇祭祀之職掌中，特別
重要的祭祀解釋爲是「大嘗祭」和「鎮魂祭」，但實際上最重要的祭祀是「踐
祚大嘗祭」。以下略爲說明「踐祚大嘗祭」和「鎮魂祭」的祭祀形式以及兩者
之間的關係，以進入此節的核心，也解決爲何《養老職員令》也把屬於小祀
的「鎮魂祭」列入特別重要祭祀當中的理由。

神道所說的鎮魂是指將在世者的靈魂封住在身體之儀式，《義解》註云：
「鎮安也。人陽氣曰魂。々魂運也。言招離遊之運魂。鎮身體之中府。故曰
鎮魂。」〔註74〕當時「鎮魂祭」於農曆的十一月第 2 個寅之日，即「新嘗祭」
或「踐祚大嘗祭」的前一日在皇宮內舉行，這一天是受到太陽所照射的輻射
能量最爲薄弱的冬至，身爲太陽神天照大御神子孫的天皇，爲了提升並且加
強他的靈氣，來迎接重大祭典「新嘗祭」或「踐祚大嘗祭」，因而，舉行此「鎮
魂祭」。並且此鎮魂祭的儀式形式，與《古事記》和《日本書紀》中所載之「天

〔註71〕所謂的齋指散齋。《義解》註云：「上條云：散齋一月，即此條齋者，皆散齋
　　　　也。」見《令集解前篇》，卷第七〈養老神祇令〉第六，第 12 一月齋條，引
　　　　《義解》，頁 201。

〔註72〕見仁井田陞，《唐令拾遺補》第三部〈養老神祇令〉第六，第 12 一月齋條，
　　　　頁 976。

〔註73〕見藤原忠平，《延喜式》〔該書成立於 927 年（後唐明宗天成二年、醍醐天皇
　　　　延長五年），收入黑板勝美編，《新訂增補國史大系》第二十六卷，東京：吉
　　　　川弘文館，2004 年 12 月，新裝版第 2 刷〕，卷第一〈神祇式一、四時祭上〉
　　　　祭祀大中小條，頁 9。

〔註74〕見《令集解前篇》，卷第二〈養老職員令〉第二，第 1 神祇官條，引《義解》，
　　　　頁 31。

石屋戶」的日本神話故事有密切關係存在，〔註75〕比擬其「天石屋戶」的神話故事。〔註76〕

　　至於「踐祚大嘗祭」，神祇官的官員在舉行「大嘗祭」的那年的農曆八月時，為了選出提供奉獻用的稻子所需的水田（齋田），事先卜定叫做「悠紀」、「主基」〔註77〕的畿外兩國（齋國）之郡（齋郡）。新帝在進行「踐祚大嘗祭」的過程中，首先，淨身之後，再進入悠紀殿和主基殿裡，直接拜見列祖列宗，進行共同食用其新米，共同躺在同一寢具當中（稱之為「眞床追衾」）等儀式。新帝透過如此的儀式，便能與祖靈身心合一，由先帝繼承皇位。後世，因為《養老神祇令》第13踐祚條所規定的「踐祚之儀」被列入

〔註75〕譯文：「天照大御神見畏，遁入天石屋戶而閉坐其中，是時，高天原皆闇，葦原中國悉黑，舉世落乎闇暗，人神失其白晝。於是惡神群集，嘈雜之聲，若五月蠅，並災禍者，自相繼發。是以，八百万神齊聚天安之河原，令高御產巢日神子——思金神思之。思金神者，集常世國之長啼鳥於一處，使齊鳴；選天安河原之天堅石，採天金山之鐵，求鍛人天津麻羅，亦命伊斯許理度賣命造八咫之鏡；科御祖命者，令作五百津八尺瓊勾玉，又召天兒屋命，布刀玉命，拔天香山雄鹿肩骨，以天香山所生朱櫻燒之，為卜。又根拔所生天香山枝繁楊桐樹，於上枝，懸所申五百津八尺壇勾玉玉串；於中枝，以八咫之鏡掛之；於下枝，楮木所製白帛，麻之所製藍帛者並垂。令布刀玉命捧此帛等，天兒屋命頌禱祝詞。而天手力男神者，隱避天石屋戶之旁以待。天宇姬命者，於肩帶掛天香山影蔓草，髮上纏天之眞折蔓草，手持草結天香山之小竹葉，又於天石岩戶前逆置桶，手舞足蹈，踏桶成聲，若神靈附體之狀，露其雙乳，衣裳垂至下體。是以高天原動而八百万神哄然齊笑。於是天照大御神以為怪，微開天石屋戶之門而詔：『吾以為因吾隱坐而高天原自黑，葦原中國亦皆闇矣，何以天宇姬命為舞，八百万神亦於此齊笑？』天宇姬命答言：『有貴諸汝命之貴神現之，故歡喜為樂。』此言之間，天兒屋命，布刀玉命取八咫之鏡，奉天照大御神，天照奇之，稍自戶出而欲探鏡中。臨出之時，所隱躲天石屋戶旁天手力男神取天照大御神之手，引出自天石屋戶，布刀玉命以尻久米繩，牽繞天照大御神之後，諫之：『從此以後，不得還入！』方天照大御神出，高天原與葦原中國，自得照明。於是八百万神共議，命須佐之男償物多件，以贖其罪，亦斷切其鬚，拔其手足之指甲為懲，又將之自高天原逐出。」原文來自太安萬侶，《古事記》（收入丸山二郎，《標注訓讀古事記》，〈本文編〉，東京：吉川弘文館，1965年12月），上卷〈天照大神〉天石屋條，頁13～15。

〔註76〕「鎮魂祭」時比擬日本神話故事，演出在「天石屋戶」故事中的「天宇姬命者，於肩帶掛天香山影蔓草，髮上纏天之眞折蔓草，手持草結天香山之小竹葉，又於天石岩戶前逆置桶，手舞足蹈，踏桶成聲」這一段表演。請參考井上光貞、關晃、青木和夫等編，前揭書，頁534。

〔註77〕「悠紀」從東日本選出之，「主基」則從西日本選出之。

「踐祚大嘗祭」中，因此翌辰由<u>中臣</u>氏奏上天神之壽詞，由<u>忌部</u>氏奏上「神璽之鏡劍」。〔註78〕

上述的兩種「大嘗祭」，尤其是「踐祚大嘗祭」的儀式形式和由<u>忌部</u>氏奏上的神璽之鏡劍等，與《古事記》和《日本書紀》當中所記載的，尤其是與「天孫降臨」神話故事〔註79〕有密切關係存在，比擬其日本神話故事。〔註80〕

〔註78〕「神璽之鏡劍」中的「神璽」並非指「印章」之涵義，而是代表「神聖」涵義之形容詞，也是指鏡劍本身，也同時兼具有唐令當中所說的「玉璽（璽綬）」之涵義。《義解》註云：「璽信也。猶云神明之徵信。此即以鏡劍稱璽。」見《令集解前篇》，卷第七〈養老神祇令〉第六，第13踐祚條，引《義解》，頁202；《令釋》又註云：「神璽鏡劍也。唐令所云：璽者，以白玉爲之印也。」見《令集解前篇》，卷第七〈養老神祇令〉第六，第13踐祚條，引《令釋》，頁202；《養老公式令》天子神璽條：「天子神璽。謂。踐祚之日壽璽。寶而不用。內印。方三寸。」見仁井田陞，《唐令拾遺補》第三部〈養老公式令〉第二十一，第40天子神璽條，頁1278。由此可見，在「踐祚之儀」上授與的，作爲皇位繼承的象徵物品爲玉璽（璽綬）、劍、鏡子。其中劍和鏡子則是相當於在「天孫降臨」神話故事當中，帝祖瓊瓊杵尊（<u>天照</u>大御神的二孫，第1代神武天皇的曾祖父）從天界降臨時，由<u>天照</u>大御神所賜與他的，代表王者的，「三種神器（天叢雲劍（草薙劍）、八咫鏡、八尺瓊勾玉）」其中之兩種寶物。按：「神璽」詞可能來自《隋公式令》或武則天把「璽」字改爲「寶」字之前的《唐公式令》，但日本也讓「神璽」詞有「神聖」涵義，而利用於鏡劍之名稱。《隋書・禮儀志》云：「神璽，寶而不用。受命璽，封禪則用之。」見〔唐〕魏徵等，《隋書》（台北：鼎文書局，1997年10月，第9版），卷十二〈禮儀志〉，頁255。《新唐書・車服志》云：「天子有傳國璽及八璽，皆玉爲之。神璽以鎮中國，藏而不用。受命璽以封禪禮神……」該志又云：「至武后改諸璽皆爲寶。」見〔宋〕歐陽修、宋祁等，《新唐書》（台北：鼎文書局，1998年10月，第9版），卷二十四〈車服志〉，頁524。請參考仁井田陞，《唐令拾遺》（東京：東京大學出版會，1964年）〈唐公式令〉第二十一，第18璽條註解，頁575～57。

〔註79〕譯文：「<u>葦原中國</u>平定後，<u>天照</u>大御神與高木神命詔太子<u>正勝吾勝勝速日天忍穗耳命</u>曰：『今平託葦原中國矣，故汝當依命下降而統之。』然太子<u>正勝吾勝勝速日天忍穗耳命</u>答曰：『僕者將降裝束之間，生一子。其名<u>天邇岐志國邇岐志天津日高日子番能邇邇藝命</u>。此子應降也。』……因此天照又命天兒屋命，<u>布刀玉命</u>，<u>天宇姬命</u>，伊斯許理度賣命，<u>玉祖命</u>併五伴緒矣，護送<u>邇邇藝命</u>天降。其後，<u>天照</u>大御神復以八尺瓊勾玉，八咫之鏡，天叢雲劍賜於<u>邇邇藝命</u>。又遣思金神，<u>手力男神</u>，天石門別神轉諭<u>邇邇藝命</u>曰：『<u>邇邇藝命</u>者，此鏡者同我御魂。欲祭此者，當如拜吾前，尊崇而祭之次，<u>思金神</u>者，取持前事，輔其爲政。』……<u>邇邇藝命</u>天降爾詔<u>天津日子番能邇邇藝命</u>離天之石位，撥天之八重雲，帶其神威而擇路前往，於天浮橋下至浮島，又於浮島而下，降立筑紫日向之高千穗之久士布流多氣。」原文來自太安萬侶，《古事記》上卷〈葦原中國〉天孫降臨條，頁28～30。

另外，跟「新嘗祭」不相同，被選上的「悠紀」和「主基」兩國的國司和郡司，也務必參與此祭典，並且所有的人從農曆十一月一日開始進入為期一個月的散齋，從舉行祭典的卯日之前一個丑日開始進入三天的致齋。

接下來，進入結論之前在此必須先分析以下三個問題：

（一）「新嘗祭」和「鎮魂祭」何時開始？

（二）「大嘗祭」從何時開始在儀式形式上完全區分為「新嘗祭」和「踐祚大嘗祭」？

（三）何時開始在「踐祚之儀」上使用神璽之鏡劍？

關於「新嘗祭」每年的大嘗，在《日本書紀後篇・皇極紀》皇極元年十一月條中，首次出現。該條云：「丁卯，天皇御新嘗。是日，皇太子、大臣各新嘗。」〔註81〕（「新嘗祭」）

在《日本書紀後篇・天武紀》天武五年九・十一月條、六年十一月條，也有以下記載。

天武五年九月條云：

　　丙戌，神官奏曰：為新嘗卜國郡也。齋忌則尾張國山田郡；次丹波國訶沙郡。（「新嘗祭」的準備）〔註82〕

天武五年十一月條云：

　　十一月乙丑朔，以新嘗事不告朔。〔註83〕（「新嘗祭」）

天武六年十一月條云：

　　己卯，新嘗。辛巳，百寮諸有位人等賜食。乙酉，侍奉新嘗神官及

〔註80〕「大嘗祭」和「踐祚大嘗祭」時比擬日本神話故事「天孫降臨」，堆積稻穗，這代表天孫所降臨的稻穗欣欣向榮之「筑紫日向之高千穗」。「踐祚大嘗祭」時使用「神璽之鏡劍」和「玉璽（璽綬）」，「神璽之鏡劍」代表天孫降臨時所帶來的三種神器（天叢雲劍（草薙劍）、八咫鏡、八尺瓊勾玉）其中之兩種寶物。請參考井上光貞、關晃、青木和夫等編，前揭書，頁534～538。

〔註81〕見《日本書紀後篇》，卷第二十四〈皇極紀〉皇極元年十一月條，頁194。

〔註82〕見同上書，卷第二十九〈天武紀〉天武五年九月條，頁342。「新嘗祭」通常由神祇官和在京諸司進行，而不會設置齋國（「悠紀」和「主基」），但天武五年九月有卜定而選出屬於「悠紀」的尾張國和屬於「主基」的丹波國，這代表尚未完全建立「踐祚大嘗祭」和「新嘗祭」之間在儀式形式上的區別。另外，雖然神祇官所卜定而選出的尾張國和丹波國，剛好分別而選出各屬於東日本和西日本之兩國，但這應該是碰巧，因為在下一代的持統天皇時，所選出之國並非如此。

〔註83〕見同上書，卷第二十九〈天武紀〉天武五年十一月條，頁343。

國司等，賜祿。〔註84〕（「新嘗祭」）

關於「踐祚大嘗祭」，在《日本書紀後篇・天武紀》天武二年十二月條中也有以下記載。

天武二年十二月條云：

十二月壬午朔丙戌，侍奉大嘗<u>中臣</u>、<u>忌部</u>及神官人等并播磨、丹波二國郡司，亦以下人夫等悉賜祿。〔註85〕（「踐祚大嘗祭」）

但是，至於〈持統紀〉持統五年十一月條中的記載，到底是「踐祚大嘗祭」或「新嘗祭」不詳。

持統五年十一月條云：

十一月戊辰，大嘗，神祇伯<u>中臣朝臣大嶋</u>讀天神壽詞。……丁酉，饗神祇官長上以下至神部等，及供播磨國、因幡國郡司以下至百姓男女并賜絹等，各有差。〔註86〕

〔註84〕 見同上書，卷第二十九〈天武紀〉天武六年十一月條，頁346。
〔註85〕 見同上書，卷第二十九〈天武紀〉天武二年十二月條，頁334。「踐祚大嘗祭」卜定而從東日本選出屬於「悠紀」之國和從西日本選出屬於「主基」之國，但可能因爲天武二年時尚未清楚地區分卜定「主基」和「悠紀」的區域劃分（東日本和西日本）之區別，所以卜定的兩國播磨國和丹波國都是同樣屬於西日本之國。
〔註86〕 見同上書，卷第三十〈持統紀〉持統五年十一月條，頁412。「踐祚大嘗祭」從八月開始準備，所以天皇在八月之前即位時，天皇通常在該年的十一月舉行「踐祚大嘗祭」，但如果天皇在八月之後即位的話，「踐祚大嘗祭」，則爲隔年的十一月時舉行。因此如果持統五年舉行的「大嘗」是代表「踐祚大嘗祭」的話，持統天皇既然在持統四年元月即位，爲何在持統四年的十一月沒有舉行之？另外，因爲在《日本書紀》的記載中，除了第41代持統天皇和第50代桓武天皇以外，從第40代天武天皇開始到50代桓武天皇（在《續日本紀》中所記載的最後天皇）一律皆有「踐祚大嘗祭」的記載，至於「新嘗祭」，只有在第40代天武天皇天武五、六年（677、678年）和第46代孝謙天皇天平勝寶八年（756年）以及第50代桓武天皇延曆七年（790年）時，稍微提到而已。但其中第46代孝謙天皇平勝寶八年（756年）和第50代桓武天皇延曆七年（790年）有關於「新嘗祭」的記載內容是因爲天皇的服喪尚未結束，所以天皇取消或不參加「新嘗祭」。因此持統五年的「大嘗」或許是代表「踐祚大嘗祭」，但筆者認爲是「新嘗祭」，如下：如果此「大嘗」是代表每年所舉行的「新嘗祭」的話，自然產生下列諸多疑點：由<u>中臣</u>氏奏上天神之賀詞是「踐祚大嘗祭」時才朗讀，而且播磨國和因幡國的國司也參加此「大嘗」，並且播磨國和因幡國都是屬於「西日本」之國。筆者認爲因爲持統天皇時也跟天武天皇時代一樣，尚未有清楚地區分由卜定而選出「主基」和「悠紀」的區域劃分，也尚未完全建立「踐祚大嘗祭」和「新嘗祭」之間在儀式形式上的區別。但10年後的《大寶令》（701年完成）則是清楚地規定所謂國

由此可見，「新嘗祭」成爲天皇的行事之年代有可能是皇極天皇的時候。至於天武天皇時代，因爲天皇即位儀式後舉行「新嘗祭」，所以在《日本書紀》的記載中特別區分爲「大嘗」和「新嘗祭」。筆者認爲天武天皇當初僅僅爲了強調天皇之神格化，即爲了提升天皇之尊嚴和在宗教上的神威，才在「新嘗祭」中導入「踐祚大嘗祭」的儀式形式，因此當時才尚未完全建立「踐祚大嘗祭」和「新嘗祭」之間在儀式形式上的區別，而因爲兩者重要，所以在《日本書紀》天武天皇和持統天皇的記載中，才提到有關於「新嘗祭」的事情。然而，眞正開始完全區分「新嘗祭」和「踐祚大嘗祭」之間的儀式形式之年代是持統天皇末期的時候。因爲《大寶律令》後特別重視「踐祚大嘗祭」之緣故，持統天皇以後有關於「新嘗祭」的記載幾乎都不出現在《日本書紀》的記錄中。但此兩種儀式對於天皇而言都非常重要，因此日令中都統稱爲「大嘗祭」。

　　至於「鎮魂祭」，在《日本書紀後篇・天武紀》天武十四年十一月條中，首次出現以下相關記載。該條云：「丙寅，法藏師、金鍾獻白朮煎。是日，爲天皇招魂之。」〔註87〕對於此《日本書紀》的記載，《釋日本紀》〔註88〕卷第十五〈述義 11〉註云：「十一月寅日也。今鎮魂祭也。」〔註89〕進行此招魂之儀式的日期是天武十四年十一月二十四日（丙寅），翌日的二十五日是丁卯，即舉行「新嘗祭」之日，而且在《日本書紀》中首次提到，因此所謂的招魂之儀式，應該是首次配合「新嘗祭」而舉行的「鎮魂祭」才對。但因爲此時

司務必參與「每世的大嘗祭」的儀式形式，而説：「凡大嘗者、每世一年、國司行事。以外、每年所司行事」。由此可見，「踐祚大嘗祭」和「新嘗祭」之間在儀式形式上的區別，則是在此 10 年內逐漸地完成。而且如果持統五年舉行的「大嘗」是代表每年所舉行的「新嘗祭」的話，雖然在〈天武紀〉中稱爲「新嘗」，但在〈持統紀〉中卻稱之爲「大嘗」。然而符合在日令中不區分爲「新嘗祭」和「踐祚大嘗祭」，而一律統稱爲「大嘗祭」，它應該是從持統天皇時代開始。

〔註87〕　見《日本書紀後篇》，卷第二十九〈天武紀〉天武十四年十一月條，頁 380。法藏師是百濟的僧法藏，金鍾是守五戒的佛教徒，白朮是胃藥。

〔註88〕　《釋日本紀》是《日本書紀》的註釋書，全二十八卷。著者爲在鐮倉時代擔任神祇權大副的卜部兼方，約成立於鐮倉時代 1274 年～1300 年（南宋度宗咸淳十年、後宇多天皇文永十一年～元成宗大德五年、後伏見天皇正安三年）左右。

〔註89〕　請參考卜部兼方（懷賢），《釋日本紀》（收入黑板勝美編，《新訂增補國史大系》第八卷，東京：吉川弘文館，2003 年 8 月，新裝版第 2 刷），卷十五〈述義十一〉天武天皇下條，頁 205。

天武天皇在九月二十四日生病，他身體狀況已經每況愈下，同年十月八日特意派百濟僧法藏等去美濃〔註90〕拿胃藥，為他煎藥。〔註91〕而天武天皇在翌年的九月九日便駕崩了，在《日本書紀後篇·天武紀》天武十四年十一月條中特別說明「為天皇招魂之」，所以此「鎮魂祭」的儀式形式不一定是比擬「天石屋戶」的日本神話故事，說不定只是單純地為了祈禱天武天皇的身體康復為目的，首次配合「新嘗祭」而採用的「鎮魂祭」。因此筆者認為每年舉行「新嘗祭」或「踐祚大嘗祭」之前一天（寅日）時，固定舉行「鎮魂祭」，而且與兩種「大嘗祭」相同，在「鎮魂祭」中導入，並且比擬日本神話故事（「天石屋戶」）的人物應該是持統天皇。

接下來，對於何時開始在「踐祚之儀」上使用「神璽之鏡劍」之疑問加以探討。根據《日本書紀》的記載，在「踐祚之儀」上授與歷代天皇的，作為皇位繼承的象徵物品，如下【表 4-1】〈在踐祚之儀上授與歷代天皇的物品表〉。

表 4-1：在踐祚之儀上授與歷代天皇的物品表〔註92〕

	即位年代（公元）	璽〔註93〕（物品不詳）	玉璽（璽綬）	神璽之劍	神璽之鏡
第 19 代允恭天皇	440 年左右	○			
第 22 代清寧天皇	480 年	○			
第 23 代顯宗天皇	507 年	○			

〔註90〕 位置於現在日本岐阜縣的南部和長野縣的木曾郡。

〔註91〕 「丁卯，天皇體不豫之，三日誦經於大官大寺、川原寺、飛鳥寺，因以稻納三寺。」「冬十月……庚辰，遣百濟僧法藏、優婆塞、益田直金鍾於美濃，令煎白朮。」見《日本書紀後篇》，卷第二十九〈天武紀〉天武十四年十一月條，頁 379。

〔註92〕 參考於井上光貞、關晃、青木和夫等編，前揭書，頁 538；《日本書紀前篇》、《日本書紀後篇》。因為第 21 代雄略天皇以前的在《日本書紀》中所記載之年代採信度極低，因此從第 19 代允恭天皇的即位年代，筆者是按照《南朝·宋書》和《南朝·梁書》中的有關於倭五王之記載以及參考《日本書紀》，所估計的粗略年代，而不是根據《日本書紀》當中的記載。但第 22 代清寧天皇以後則是根據《日本書紀》當中的記載。

〔註93〕 因為在《日本書紀》中只有簡單地記載說：「璽」、「天皇之璽」、「天皇之璽符」或「璽印」等，因此到底所謂的「璽」是指「一般的神器」、「玉璽」和「玉」其中之哪一個，或者是指其他物品都不詳。

第 26 代繼體天皇	507 年			○	○
第 28 代宣化天皇	536 年			○	○
第 33 代推估天皇	593 年	○			
第 34 代舒明天皇	629 年	○			
第 36 代孝德天皇	645 年		○		
〔在第 39 代天智天皇所即位的天智 7 年發生所謂沙門僧道行（新羅王族的末裔）從熱田神宮盜「草薙劍」，而逃向新羅的事件〕	668 年			○ （在天智紀中沒有在踐祚之儀上所授與的物品相關的記載）	
第 41 代持統天皇（在《日本書紀》中首次使用「神璽之劍鏡」之詞句）	690 年			○	○

　　其實劍和鏡子、玉璽等，不只是日本，在其他不少國家也被視為皇位繼承的象徵，並使用於皇位繼承的儀式上，因此第 26 代繼體天皇和第 28 代宣化天皇的繼　皇位時使用劍和鏡子並不罕見。但從第 39 代天智天皇以後，在《日本書紀》中已經出現在日本神話故事中所說的，表示神器的「草薙劍」和「神璽之劍鏡」詞句，這代表至少在天智天皇時，已經完全形成了在《古事記》和《日本書紀》中所出現的日本神話故事之具體情節內容及其來龍去脈，也代表此時已經很清楚地對於代表皇位繼承的劍和鏡子的象徵意義和其淵源來自日本神話故事有所認識。到了第 41 代持統天皇時，才刻意使用「神璽之劍鏡」詞句，可以很容易地推測持統天皇是為了更加強調代表皇位繼承的劍和鏡子，是與日本神話故事之間具有密切關係。

　　對於為何《養老職員令》也把屬於小祀的「鎮魂祭」列入特別重要的祭祀中之疑問，如上所述，雖是為了提升天皇之尊嚴和在宗教上的神威，在祭祀中最重要的是「踐祚大嘗祭」，其次為「新嘗祭」，「鎮魂祭」因為是兩種「大嘗祭」所附帶的祭祀，屬於小祀，但「鎮魂祭」是跟兩種「大嘗祭」和日本神話故事有密切關係，即為了強調天皇的神格化不可或缺的存在，因此把屬於小祀的「鎮魂祭」列入特別重要的祭祀中是理所當然的。

　　而在日本中央政府的政體中導入唐律令制度的同時，好像變成強調祭政分離的體制（二官制），石尾芳久對於這件事，在《日本古代天皇制の研究》

中說明如下：

> 兩者分立的體制，比把神祇官列入太政官其中之一個官府之體制，
> 來得更加呈現出政治權力被從宗教上的權力所解放的體制。〔註94〕

但，筆者認爲假如日本的主權者天皇以神道思想爲基礎，對整個政體具有龐大權力的話，即使日本採用強調祭政分離的體制（二官制），也無法讓政治權力從宗教上的權力解放，而且此時的日本根本不是神政國家，太政官和神祇官的分立並非政治權力被從宗教上的權力所解放之結果。如上所述，天武天皇以後是以天武系統的天皇爲中心，加強天皇家的政權之時代，尤其是天武天皇和持統天皇，可以說他們爲天皇的神格化，以及提升並且確保在政治上的地位和權力，及天皇在宗教上的神威鞏固了基礎。加上此時的日本正好遇上改良從唐朝導入的律令制度，而將建立日本獨特的律令制度之時期，對天皇家而言，如果建立日本的律令制度，能夠提升並且確保在政治上的地位和權力，並建立天皇在宗教上的神威的話是再好也不過了。因此對於天皇來說，建立日本的律令制度是當務之急。日本的政體採用二官制的理由及其目的就是在此。利光三津夫對於此問題在《古代法制史》中主張以下見解：

> 對於以律令規定來設置此神祇官，在江戶時代民間盛傳之理由，係
> 因爲日本具重視神祇祭祀的國風之緣故，但設置此神祇官之原因並
> 非特別重視神祇官，而是由於如下形式論理。所謂的形式論理就是
> 律令時代的天皇具雙重性格。此時代的天皇具有在大化革新之前
> 的，做爲天皇在宗教上的最高祭祀權者之一面，以及在大化革新之
> 後的，做爲中國式的統治世俗的皇帝之一面。可以推測律令的制定
> 者注目這一點，相對於相當於中國式的代替皇帝行使行政權的太政
> 官，做爲被稱爲「すめろぎ」〔註95〕的，代替在宗教上的最高祭祀
> 權者天皇行使神祇祭祀的機關，設置此官司。因此所敷衍而引用如
> 上所述的世俗之說法的，類似把神祇官設置爲太政官的高層機關等
> 說法完全錯誤，神祇官當做官府的地位位置於比八省還要下層。
> 〔註96〕

筆者雖然認同利光三津夫所謂並非因爲日本具有重視神祇祭祀的國風之緣

〔註94〕見石尾芳久，前揭書，頁191。
〔註95〕「すめろぎ」指「天皇」涵義。
〔註96〕見利光三津夫，《日本古代法制史》（東京：慶應通信，1995年，再版），頁
　　　　51。

故，而設置神祇官，以及把神祇官設置爲太政官的高層機關等說法完全錯誤
的說法，但是不認同他所謂的以律令來制訂此規定的原因，並非因爲特別重
視神祇官之說法，以及天皇在大化革新之前，做爲在宗教上的最高祭祀權者
之一面；在大化革新之後，具有做爲中國式的統治世俗的皇帝之一面，相對
於中國式代替皇帝行使行政權的太政官，做爲代替在宗教上的最高祭祀權者
天皇行使神祇祭祠的機關，設置此官司之看法，還有將此天皇的雙面因素稱
爲「雙重性格」。其理由是如下：

　　如果只解釋爲因爲日本具有神國之國風，所以特別重視神祇官的話，就
完全說不過去，這不算是刻意設置神祇之理由，因爲唐朝也有對皇帝的天命
思想等，比日本更加重視祭祠。然而以重視神祇祭祀爲由，而獨立設置神祇
官之說法是完全對的。重要的是爲何那麼重視神祇祭祀，並且刻意獨立設置
神祇官。雖然利光三津夫說明是因爲在律令時代的天皇具有雙面因素，但這
也不算爲刻意設置神祇官之理由，因爲中國的皇帝也是在宗教上的最高祭祀
權者，也有雙面因素。因此必須以唐、日之間產生差異的原因來說明刻意獨
立設置神祇官。於是筆者要先探討天皇和中國皇帝之間「性格」的問題。

　　雷家驥關於天意史觀，在《中古史學觀念史》中云：

> 第一，殷、周兩族的先民共同認爲人間之上有一個「人格天」——
> 上帝。祂主宰人間政權的選擇，具有無上的權威。第二，祂透過語
> 言或其他符號將建立政權的天命傳達於祂所屬意的人，而承受者亦
> 能瞭解此天意。第三，承受者必須努力發憤，累積德業，始克能獲
> 得上帝的垂青選擇，也必須如此才能完成天意及保持上帝的眷顧；
> 否則，未得天命者將不會得此天命，既得者亦終將喪失之。據此，
> 上天對人間政權具有充分自主的決定權，但祂往往以努力積德與否
> 作爲選擇的標準，因而人間的主觀努力也是導致天意改變的力量。
> 換句話說，政權的轉移、歷史的推動，大體上不是天意或人事任何
> 一方面所單獨專決的，而是在兩者一致的情況下發生。不過，雖在
> 此前提之下，最後決定仍以天意爲主，這種理念，姑名之爲「天人
> 推移説」。〔註97〕

由此可見，天和中國皇帝之間有天人合一的關係存在，天子只具有人格，而

〔註97〕見雷家驥，《中古史學觀念史》（臺北：臺灣學生書局，1990年10月，初版），
　　　　頁52。

無神格，在天授君權下，依照天意，統治天下。

天皇與以天命思想以及儒教思想爲基礎，在政治上具有絕對權力和尊嚴的中國皇帝不相同，天皇宗教上的神威從 5 世紀開迅速衰退，以日本歷史的背景來看，並不一定能說天皇在實際上具有絕對的政治權力和天皇的尊嚴，就算有也是非常不穩定。因此天皇經過大化革新以後的天皇家內鬥，爲了建立以天皇爲中心的政治體制，必須不斷地繼續摸索。到了天武天皇和持統天皇時，其政治體制終於在法令上被整理，而創造出爲《養老律令》的基礎的，在 689 年（唐中宗嗣聖七年、持統天皇四年）完成的《飛鳥淨御原令》，以及在 701 年（唐中宗嗣聖十八年、文武天皇大寶元年）所完成的《大寶律令》。天武天皇和持統天皇的時代，雖然天皇在實際上的權力非常大，但天皇的地位隨時會面臨危機，因此爲了提升並且確保在政治上的地位和權力，以及天皇在宗教上的神威，日本必須讓天皇神格化，即賦與「神格」給天皇。因此以令的規定來刻意把政體區分爲太政官和神祇官的二官，用來特別強調跟天皇神格化息息相關的神祇官的存在，並且利用神祇官行事的核心，比擬日本神話故事的「踐祚大嘗祭」和「新嘗祭」，動員在朝廷內外的官吏及國司和郡司，以便能夠讓他們服從具有在宗教上的神威，即神格化的天皇之統治下，灌輸讓所有的國民具有天皇爲萬世一系，唯一統治日本的「現人神」〔註 98〕之觀念。總之，利光三津夫所謂的「雙重性格」與筆者所謂的「雙重性格」完全不相同，重要的是必須讓大化革新後的天皇具有「神格」，即以創造出具有「神格」和「人格」（「雙重性格」）的天皇爲目的，刻意設置神祇官。因此唐、日之間才產生差異。

接著，筆者在此要探討是否把神祇官設置爲太政官的高層機關等問題，而指出以下見解：神祇官長「伯」的地位比太政官長官較低之原因，是因爲以行政上的角度來看，僅僅擔任跟宗教（神道）相關職務的神祇官職掌遠不如所左右國家決策和命運的太政官職掌，即治理國家的政治行政之核心就是太政官，而不是神祇官，因此身爲行政官的神祇伯的地位較低是理所當然的。神祇官絕對不是太政官的高層機關。所謂「高層機關」的說法，以行政命令系統的角度來看的說法，但是這並不代表神祇官置於太政官之下。到目前爲止，諸多學者們只關注行政命令系統，而探討神祇官是否隸屬於太政官，或者是否屬於太政官的高層機關，筆者認爲這是錯誤的觀念。《義解》在《令集

〔註 98〕「現人神」指「轉世爲人的神」之涵義。

解前篇・職員令》神祇官條中註云：

> 神祇者，是人主（天皇）之所重，臣下之所尊。祈福祥，求永貞，
>
> 无所不歸神祇之德。故以神祇官爲百官之首。〔註99〕

雖然《義解》以神祇之德爲理由，說明把神祇官置於太政官之上的理由，但神祇就是天神地祇，即天神（天津神）和地神（國津神），天皇是與以天命思想爲基礎的中國皇帝不相同，在祭祠上爲最高祭祀權者的同時，再加上因爲他是天照大御神的子孫邇邇藝命下生後的子孫，所以算是地神（即國津神）之一，〔註100〕也形成所謂太一（天）等於天照大神，天照大神等於天皇的三位一體之關係，天皇也成爲被崇拜的對象。因而天皇之德就是所謂的神祇之德之一，「無所不歸於神祇之德」暗示臣下必須尊重神祇之德，以其德來治理國家，也同時意味著臣下必須尊重天皇之德，以天皇之德來治理國家。因此才必須把神祇官之條文列在職員令規定的開頭，用來強調神祇官被置於太政官之上，變成有利於天皇達成如上一段所述之目的。不然在組織規模上遠比太政官微小的神祇官，在令的條文外觀上會受到輕視，而且何況是像唐朝一樣，把神祇官的職掌列入八省的職掌中的話，就無法強調出神祇官代表天皇具有神格的政治意義。

可見對天皇來說，神祇官是爲了賦與「神格」給天皇，以及提升確保天皇在政治上的地位、權力及在宗教上的神威，非常重要的官府，所以被置於太政官之上，在國政上獨立並且受到重視。如此，日本本來爲了治理國家而設置的太政官，和實施神祇祭祀之神祇官，採取互相獨立的體制，遂使二官

〔註99〕 見《令集解前篇》，卷第二〈養老職員令〉第二，第1神祇官條，引《義解》，頁28。在此所說的「神祇者」指進行神祇祭祠之人，抱括天皇，因爲以下有「祈福祥，求永貞。」之詞句説明人爲。「神祇官爲百官之首。」中的「百官」則指「所有的官府」之涵義，因爲「神祇官」爲官府，而且《論語》，〈子張〉中載：「不見宗廟之美，百官之富。」見《論語》（收入楊伯峻譯注，《論語譯注》，北京：北京中華書局，1999年11月，初版第2刷），第十九篇〈子張〉第二十三章，頁433～434。

〔註100〕《義解》註云：「天神日神，地神曰祇。」見《令集解前篇》，卷第七〈養老神祇令〉第六，引《義解》，頁194。天津神是在天界之神，以「日本神話」中的男神イザナギ所生的三貴神（太陽神的天照大御神、月神的ツクヨミノミコト、海神的スサノオノミコト）爲代表，從天界降臨的天照大御神之子孫，即天皇的祖先邇邇藝命也是天津神。國津神是在地上出現的神，以「日本神話」中的八岐大蛇、スサノオノミコト的子孫大國主（象徵大地的，具有神格的神）爲代表。因此天津神邇邇藝命降臨後的子孫，即天皇算是國津神之一。

的職掌性質和目的以及其設置之精神都完全不同。雖然神祇官在行政上也有隸屬太政官之部分，但其主要有關於神祇祭祀之職務內容，基本上完全從太政官獨立，其職務之重要性與神祇官員的地位完全無關聯，最重要的是所進行神祇祭祀的行爲本身，而且神祇伯關於神祇祭祀，無需透過太政官，可以直接上奏，《日本書紀後篇·天武紀》天武五年九月條云：「內戌，神官奏曰：爲新嘗卜國郡也。齋忌則尾張國山田郡；次丹波國訶沙郡。」〔註101〕

中國的皇帝做爲在宗教上的最高祭祀權者的同時，在儒教思想以及天命思想基礎上具有絕對的權力；而日本天皇必須透過日本的神話故事加以神格化，即賦與「神格」給天皇，以確保在宗教上的神威，繼續主張萬世一系，並提升政治上的地位和權力，兩者大不相同。因此中國根本無需刻意設置相當於日本的神祇官之官府。換句話說，可見日本在天皇的歷史背景和其性質上爲何必須採用二官制，而無法完全採用唐朝的政體之原因。

第三節　太政官中樞組織的性質及唐三省制間之比較

一、太政官八省組織架構與唐制間之比較

日本主要仿照唐朝的政治制度建立日本獨特的官制，隋朝時代律令的修正，主要是在開皇律令和大業律令兩次，唐朝時代則是武德、貞觀、永徽和開元七年及二十五年的五次（武周除外）。〔註102〕根據對日本律令研究著名的瀧川政治郎表示成爲日本律令的藍本是高宗永徽二年施行的永徽律令。筆者用表格來整理修改唐令所產生的中央官制之變化狀況，與日本遣隋唐使和日本律令實施狀況間的關連，如下【表 4-2】〈唐令中央官制之修改及日本遣隋唐使與律令實施狀況間之對照表〉。

由此可見唐朝的中央組織，雖然從施行《永徽令》到施行開元令期間，不斷地變更主要省、臺、寺和監的官職名稱，但中央組織架構本身並未改變。而且施行永徽令時期是日本派遣中國留學生遣唐使的高峰期，以日本完成《近江令》、《飛鳥淨御原令》、《大寶律令》、《養老律令》的時期來看，日本律令的主要藍本可能是《永徽律令》。但唐「民部」在 649 年（唐太宗貞觀二十三年、孝德天皇大化五年）改名爲「戶部」，而八省前身的天武朝（673

〔註101〕見《日本書紀後篇》，卷第二十九〈天武紀〉天武五年九月條，頁 342。
〔註102〕請參考早川庄八，〈律令法と天皇〉第一節，頁 467。

表4-2：唐令中央官制之修改及日本遣隋唐使與律令實施狀況間之對照表〔註103〕

修改唐令而實施時期	唐中央官制之變化狀況	日本遣隋唐使的實施狀況	日本律令實施狀況	備　　　　註
唐武德令：624 年（武德七年）	3 師	630 年派遣犬上御田耜和藥師惠日到唐朝，632 年與遣隋使僧靈雲、勝鳥養、僧旻一起帶唐使高表仁回國（第 1 次遣唐使）。回國，但其遣隋使赴唐朝的年代不詳。		〔太師、太傅、太保〕
	3 公			〔太尉、司徒、司空〕
	6 省			〔尚書、門下、中書（原內史）、秘書、殿中（原殿內）、內侍〕
	1 臺			〔御史〕
	9 寺			〔太常、光祿、衛尉、宗正、太僕、大理、鴻臚、司農、太府〕
	4 監			〔將作、國子、軍器監（627 年貞觀元年廢撤軍器監而設置少府監）、都水監（625 年武德八年置都水臺，之後改爲都水署，隸屬將作監）〕
唐貞觀令：637 年（貞觀十一年）	3 師	638 年遣隋使惠隱回國。		〔太師、太傅、太保〕
	3 公			〔太尉、司徒、司空〕
	6 省	639 年遣隋使玄理和請安回國。		〔尚書、門下、中書、秘書、殿中、內侍〕
	1 臺			〔御史〕
	9 寺	同年遣隋使僧惠雲回國，但赴隋朝的年代不詳。		〔太常、光祿、衛尉、宗正、太僕、大理、鴻臚、司農、太府〕
	4 監			〔將作、國子、少府、都水監〕

〔註103〕該對照表的資料來源是來自於〔後晉〕劉昫等，《舊唐書》（臺北：鼎文書局，2000 年 12 月，第 9 版），卷四十二、四十四〈職官志一、職官志三〉，頁 1783～1814、1861～1898；司馬光，《資治通鑑》（北京：中華書局，1956 年 6 月，第 1 版），卷第一百九十〈唐紀六〉高祖武德七年三月條，頁 5978；〔唐〕李林甫等撰、〔唐〕陳仲夫點校，《唐六典》，卷第一～二十三〈三師三公尚書都省～將作都水監〉，頁 1～609；〔唐〕杜佑，《通典》（台北：中華書局，1988 年 12 月，第 1 版），卷十九～二十二、二十四～二十五、二十七〈職官一～四、六～七、九〉，頁 462～627、658～722、754～778；森克己，《日本歷史新書遣唐使》（東京：至文堂，1955 年 10 月），頁 9～10、25～27；雷家驥，《隋唐中央權力結構及其演進》，頁 158。

唐永徽令：651 年（永徽二年）	3 師 3 公 6 省	653 年派遣吉士長丹和吉士駒，654 年回國（第 2 次遣唐使）。653 也派遣高田根麿和掃守小麿，但赴唐朝途中遇難而下落不明。		〔太師、太傅、太保〕 〔太尉、司徒、司空〕 〔尚書（662 年龍朔二年改爲中臺，至 670 年咸亨元年復舊。684 年光宅元年改爲文昌臺，685 年垂拱元年又改爲都臺，至 703 年長安三年又爲中臺。705 年神龍元年復舊）、門下（662 年龍朔二年改爲東臺，至 670 年咸亨元年復舊。684 年光宅元年改爲鸞臺，705 年神龍元年復舊。713 年開元元年改爲黃門省，至 717 年開元五年復舊）、中書（662 年龍朔二年改爲西臺，至 670 年咸亨元年復舊。684 年光宅元年改爲鳳閣，至 705 年神龍元年復舊。713 年開元元年改爲紫微省，至 717 年開元五年復舊）、秘書（662 年龍朔二年改爲蘭臺，至 670 年咸亨元年復舊。684 年光宅元年改爲麟臺，705 年神龍元年復舊）、殿中（662 年龍朔二年改爲中御府，至 670 年咸亨元年復舊）、內侍（原殿內，662 年龍朔二年改爲內侍監，至 670 年咸亨元年復舊。684 年光宅元年改爲司宮臺，705 年神龍元年復舊）〕
		654 年派遣高向玄理、河邊麻呂和藥師惠日，655 年回國（第 3 次遣唐使）。		
		659 年派遣坂合部石布和津守吉祥，661 年回國（第 4 次遣唐使）。		
		665 年爲了送唐使劉德高回唐朝，派遣守大石和坂合部石積，667 年回國（第 5 次遣唐使）。		
	1 臺	669 年派遣河內鯨，但回國年代等不詳（第 6 次遣唐使）。		〔御史（662 年龍朔二年改爲憲臺，至 670 年咸亨元年復舊。684 年光宅元年改爲左右肅政臺，705 年神龍元年改爲左右御史臺，712 年廢撤右御史臺）〕
	9 寺		668 年《近江令》完成。	〔太常（662 年龍朔二年改爲奉常寺，670 年咸亨元年復舊。光宅元年改爲司禮寺，705 年神龍元年復舊）、光祿（662 年龍朔二年改爲司宰寺，670 年咸亨元年復舊。光宅元年改爲司膳寺，705 年神龍元年復舊）、衛尉（662 年龍朔二年改爲司衛寺，670 年咸亨元年復舊。光宅元年又改爲司衛寺，705 年神龍元年又復舊）、宗正（662 年龍朔二年改爲司宗寺，670 年咸亨元年復舊。光宅元年改爲司屬
			671 年施行《近江令》。	
			689 年《飛鳥淨御原令》完成。	
			690 年施行《飛鳥淨御原令》。	

唐令（年）	機構	遣唐使	律令編纂	唐官名
	4監	702 年派遣栗田眞人、高橋笠間、坂合部大分和巨勢邑治，704 年回國，但大使高橋笠間和坂合部大分 718 年與第 8 次遣唐使一起回國（第 7 次遣唐使）。 717 年派遣多治比縣守、阿部安麿、大伴山守和藤原馬養，718 年回國（第 8 次遣唐使）。	701 年《大寶律令》完成。 702 年施行《大寶律令》。 718 年開始編纂《養老律令》。	寺，705 年神龍元年復舊）、太僕（662 年龍朔二年改爲司馭寺，670 年咸亨元年復舊。光宅元年改爲司僕寺，705 年神龍元年復舊）、大理（662 年龍朔二年改爲詳刑寺，670 年咸亨元年復舊。光宅元年改爲司刑寺，705 年神龍元年復舊）、鴻臚（662 年龍朔 2 年改爲同文寺，670 年咸亨元年復舊。光宅元年改爲司賓寺，705 年神龍元年復舊）、司農（662 年龍朔二年改爲司稼寺，670 年咸亨元年復舊）、太府（662 年龍朔二年改爲外府寺，670 年咸亨元年復舊。光宅元年改爲司府寺，705 年神龍元年復舊）〕 〔國子（662 年龍朔二年改爲大司成，670 年咸亨元年復舊。684 年光宅元年改爲成均監，705 年神龍元年復舊）、將作（662 年龍朔二年改爲繕工監，670 年咸亨元年復舊。684 年光宅元年改爲繕工監，705 年神龍元年復舊）、少府（662 年龍朔二年改爲內府監，670 年咸亨元年復舊。684 年光宅元年改爲尚方監，705 年神龍元年復舊。713 年開元元年從少府監劃出甲鎧和弓弩，另設置軍器使，開元三年改爲軍器監，十一年廢撤之）、都水監（662 年龍朔二年改爲司津監，670 年咸亨元年復爲都水監。684 年光宅元年又改爲水衡，705 年神龍元年再次恢復都水監舊名）〕
唐開元令：719 年（開元七年）	3 師 3 公 6 省 1 臺 9 寺 4 監	733 年派遣多治比廣成和中臣名代，734 年回國（第 9 次遣唐使）。	720 年因爲不比等死，因此停止編纂《養老律令》。	〔太師、太傅、太保〕 〔太尉、司徒、司空〕 〔尚書、門下、中書、秘書、殿中、內侍〕 〔御史〕 〔太常、光祿、衛尉、宗正、太僕、大理、鴻臚、司農、太府〕 〔將作、國子、少府、都水監〕

| 唐開元令：737 年（開元二十五年） | 3 師
3 公
6 省
1 臺
9 寺
4 監 | 752 年派遣藤原清河、大伴古麿和吉備眞備，753 年回國，但大使藤原清河侍奉唐朝而不回國（第10 次遣唐使）。

759 年爲了迎接唐大使，派遣高元度，761 年與唐大使一起回國。 | 757 年施行《養老律令》。 | 〔太師、太傅、太保〕
〔太尉、司徒、司空〕
〔尚書、門下、中書、秘書、殿中、內侍〕
〔御史〕
〔太常、光祿、衛尉、宗正、太僕、大理、鴻臚、司農、太府〕
〔將作、國子、少府、都水監〕 |

※斜體（修正後增加的職官）。

～686 年）六官〔註 104〕之一「民官」採用「民」字，《大寶令》與《養老令》的官制也採用改名前的「民部」名稱，如下【圖 4-3】《《大寶·養老令》下的太政官八省組織圖》和【圖 4-4】《《武德·貞觀令》下的尚書省組織及三省關係圖》，而且中央政府仿效唐朝施行組織改革的年代是 645 年，此時從中國回來的留學生只是遣隋使和首次派遣的遣唐使。可見《大寶令》和《養老令》所規定的八省一臺（相當於唐制御史臺的彈正臺）等太政官八省組織，是以遣隋使和第一次遣唐使學回來的《武德令》和《貞觀令》之唐中央組織架構爲主要藍本。此藍本基本上從大化革新後一直到《養老律令》並未改變。

太政官是令制中央官制二官（神祇官、太政官）之一官，由議政官組織、少納言局和左右辨官局來組成，以太政大臣和左右大臣爲長官。雖然八省是太政官管轄的官署，但並不屬於太政官組職，而是採用與太政官分離之方式，至於尚書六部則置於尚書都省之組織內，與唐制不相同。諸多學者認爲太政官八省相當於唐制的尚書省，但實際上具有唐三省機能之混合體制，太政官八省和唐制之間有很大的差異存在。在此先闡明唐、日中央組織架構間有哪

〔註 104〕天武朝「六官」爲「法官（之後的式部省）」（相當於唐制「吏部」）、「理官（治部省）」（「禮部」）、「民官（民部省）」（「民部」）、「兵政官（兵部省）」（「兵部」）、「刑官（刑部省）」（「刑部」）、「大藏（大藏省）」（「太府寺」）。關於建立「六官」的年代主要有兩種學說。一是施行《江近令》時已經有建立的說法，二則是到了天武朝時才建立的說法。筆者認同前者的說法，但因爲這跟本論文沒有直接的關係，所以在此不多談關於建立「六官」年代的各種學說以及其詳細內容等。而無疑是天武朝時期已經有「六官」，因此在此姑且使用「天武朝六官」之說法。

圖 4-3：《大寶・養老令》下的太政官八省組織圖〔註 105〕

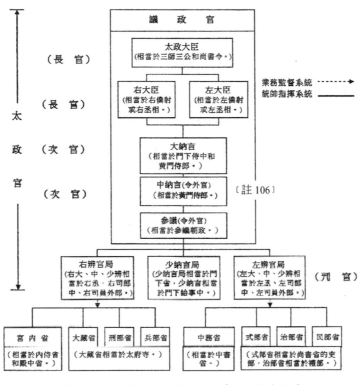

※八省是太政官管轄的官署，並不屬於太政官組織。

〔註 105〕該圖參考《唐六典》，卷第十一～十二、二十〈殿中省～內侍省、太府寺〉，頁 320～361、538～546；中田薰，〈養老令官制の研究〉（收入氏著，《法制史論集》第三卷，東京：岩波書店，1943 年），頁 613～616；瀧川政治郎，《日本法制史》（東京：有斐閣，1930 年，再版），頁 102～103；早川庄八，〈律令國家の權力機構〉第二節（收入井上光貞、永原慶二等編，《日本歷史大系》1、原始・古代編，東京：山川出版社，1991 年 3 月，第 1 版第 2 刷）〈律令國家の展開・律令國家と社會〉第二篇第二章，頁 495；仁井田陞，《唐令拾遺補》第三部〈唐三師三公臺省職員令〉第二，第 2 尚書省條、第 9 門下省條，頁 894、898。太政官的各省長官是卿，中務卿相當於唐制的中書令，其他七省之卿相當於六部尚書。雖然唐制的中書令和六部尚書的品階都是同樣正三品，但中務卿的位階是正四位上，較其他七省之卿（正四位下）高一層。參議是令外官，在 731 年（唐玄宗開元十九年、聖武天皇天平三年）才成為正式的官名。關於四等官，《養老獄令》公坐相連條云：「凡公坐相連，右大臣以上及八省卿、諸司長，並為長官。大納言及少輔以上、諸司貳，皆為次官。少納言、左右辨及諸司糺判，皆為判官。諸司勘署，皆為主典。」見仁井田陞，《唐令拾遺補》（東京：東京大學出版會，1997 年），第三部〈養老獄令〉第二十九，第 25 公坐相連條，頁 1432。

〔註 106〕中納言在 705 年（唐中宗神龍元年、文武天皇慶雲二年）減少大納言的定額

圖 4-4：《武德・貞觀令》下的尚書省組織及三省關係圖〔註107〕

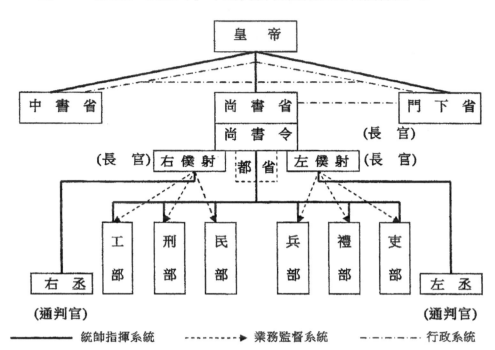

※左右丞也監督六部的二十四司。

時，做爲令外官設置之，相當於黃門侍郎。詳細內容請參考註 170。

〔註107〕 該圖參考雷家驥，《隋唐中央權力結構及其演進》，頁 194、199。該圖省略尚
書省六部下的二十四司及左右丞對二十四司的監督系統圖。尚書省長官是尚
書令，但唐太宗擔任此職後不置，而且唐高宗在 662 年（唐高宗龍朔二年、
天智天皇元年）時已經廢除尚書令之職，因此實際上尚書省的長官是左右僕
射，根據《通典》，在 713 年（唐玄宗開元元年、元明天皇和銅六年）時改爲
左右丞相（見〔唐〕杜佑，《通典》，卷二十二〈職官四〉僕射條，頁 597）。
左右丞爲通判官；左右司郎中爲判官；左右員外郎是在 689 年（唐中宗六年、
持統天皇三年）首次設置的，職務是與司郎中分掌曹務（見《通典》，卷二十
二〈職官四〉員外郎條，頁 601），按：在《大寶・養老令》下的左右辨官局
判官之三等級制左右（大・中・少）辨，可能在 689 年施行《飛鳥淨御原令》
時尚未設立，702 年施行《大寶令》時才仿效並合併唐制左右丞、左右司郎
中、左右員外郎之三等級制爲左右辨官局判官之三等級制（請參考註 163）。
門下省長官是侍中；黃門（門下）侍郎爲次官；給事中爲判官。中書省長官
是中書令；中書侍郎爲次官；中書舍人爲判官。關於四等官，《唐名例律》，
第 40 同職犯公坐條云：「諸同職犯公坐者，長官爲一等，通判官爲一等，判
官爲一等，主典爲一等，各以所由爲首；……」見〔唐〕長孫無忌等、劉俊
文點校，《唐律疏議》（北京：中華書局，1993 年 9 月，第二次印刷），卷第
五〈唐名例律〉第 40 同職犯公坐條，頁 110。

一些差異，再從下一個單元開始詳細分析並探討在太政官中樞架構和唐三省間產生差異之主因。由【圖 4-3】〈《大寶・養老令》下的太政官八省組織圖〉和【圖 4-4】〈《武德・貞觀令》下的尚書省組織及三省關係圖〉，可見兩者間中央行政組織架構最大的差異，主要歸納於以下兩點：

（一）唐朝的行政組織在皇帝統治下採用尚書省、門下省、中書省三省的三權分立原則，但日本的行政組織在天皇的統治下只有相當於唐制尚書省的太政官一官，主要的行政權力集中於太政官。即相當於唐制門下省的少納言局被列入太政官組織內，而且大納言是太政官的次官（唐制的通判官），同時擔任把侍中（門下省的長官）、黃門侍郎（門下省的通判官）兩職合併在一起的職位。相對的，相當於唐制中書省的中務省被列入太政官管轄的官署八省中，但八省並不屬於太政官組職，採用與太政官分離（監督）之方式。

（二）在日本的八省中除了相當於唐制六部制的五省以外，也多設置相當於唐制內侍省和殿中省的宮內省，以及相當於唐制大府寺的大藏省兩省，但沒有採用唐制工部。本論文主要探討唐、日中央中樞架構的比較以及產生其差異之主因，因此在此不進行除相當於唐制中書省的中務省以外其他七省與唐制間的比較。

二、太政大臣、左右大臣職掌與辨官局及尚書省間之比較

太政大臣是太政官的最高官，相當於唐制尚書令，也是天皇的輔導官，也相當於唐制三師三公，由一品或正、從一位擔任此職。[註108] 關於此職，《養老職員令》太政官條云：「太政大臣一人。右師範一人，儀形四海，經邦論道，變理陰陽。無其人則闕。」[註109] 也有權限彈劾左右大臣和彈正。[註110]

關於三師三公，《唐三師三公臺省職員令》三師三公條云：

〔註108〕皇兄弟、皇子稱爲親王，屬於在官位令中規定的「品位」一～四品中。「位階」主要是以諸王或諸臣爲對象，使用「正、從～位」的方式。

〔註109〕見仁井田陞，《唐令拾遺補》第三部〈養老職員令〉第二，第 2 太政官條，頁895。《大寶官員令》也與《養老職員令》相同。

〔註110〕《古記》在《令集解前篇・養老職員令》太政官條中註云：「太政大臣者，得彈彈正及左右大臣。彈正者互相彈之，唯不得彈太政大臣也。」見《令集解前篇》，卷第二〈養老職員令〉第二，第 2 太政官條，引《古記》，頁44。

太師一人。太傅一人。太保一人。右三師，師範一人，儀形四海。

太尉一人。司徒一人。司空一人。右三公，經邦論道，燮理陰陽。

祭祀則太尉亞獻，司徒奉俎，司空行掃除。並無其人則闕。〔註111〕

《唐六典・三師三公尚書都省》三師條註云：

三師，訓導之官也，其名即周之三公。漢哀、平間，始尊師傅之位

在三公上，謂之「上公」，明雖天子必有所師。其後或廢或置，大抵

無所統職。至後魏，特稱三師，以正其名。然非道德崇重則不居其

位，無其人則闕之，故近代多以爲贈官。皇朝因之，其或親王拜者，

但存其名耳。〔註112〕

《唐六典・三師三公尚書都省》三公條註云：

三公，論道之官也。蓋以佐天子，理陰陽，平邦國，無所不統，故

不以一職名其官。然周、漢已來，代存其任。自隋文帝罷三公府僚，

皇朝因之，其或親王拜者，亦但存其名位耳。〔註113〕

由此可見太政大臣的規定來自唐令三師三公之規定。但因爲《唐六典》三師
條註云：「大抵無所統職」，在《養老職員令》中沒有太政大臣的職掌規定，
並且《義解》也在《令集解前篇・養老職員令》太政官條中註云：

燮者和也，理者治也。言太政大臣佐王論道，以經緯國事，和理陰
陽，則有德之選，非分掌之職，爲无其分職故，不稱掌。設官待德，
故无其人則闕也。〔註114〕

因此有些學者認爲太政大臣僅具地位，沒有實權。但從當初設置太政大臣
（大友皇子）和知太政官事的目的和其精神來看，那就產生很大的矛盾。《懷
風藻・大友皇子傳》亦云：「拜太政大臣，總百揆以試之。皇子博學多通，有
文武材幹，始親萬機，群下畏服。」〔註115〕

筆者認爲當初日令的立法者，只是把唐三師三公中規定「以德施政」的
有關條文部分，套在太政大臣的規定上，用以說明他的性質，並且如同《唐

〔註111〕 見仁井田陞，《唐令拾遺補》第三部〈唐三師三公臺省職員令〉第二，第 1
三師三公條，頁 893～894。

〔註112〕 見《唐六典》，卷第一〈三師三公尚書都省〉三師條，頁 3。

〔註113〕 見同上書，卷第一〈三師三公尚書都省〉三公條，頁 5。

〔註114〕 見《令集解前篇》，卷第二〈養老職員令〉第二，第 2 太政官條，引《義解》，
頁 42。

〔註115〕 見著者不詳，杉本行夫註釋，《懷風藻》（東京：弘文堂書房，1943 年 10 月，
再版印刷），〈大友皇子傳〉，頁 4。

六典》三公條的規定，以「無所不統，故不以一職名其官」來解釋太政大臣職務之性質。太政大臣是代替天皇統轄政務，所以三師三公的條文規定是爲了解釋太政大臣之性質，即與三師三公相同的一品或一位才能擔任此職，而《義解》也解釋爲「无其人則闕也」。另外，《義解》解釋的「非分掌之職」並非「無職掌」之意，而是與《唐六典》三公條的註釋相同，因爲太政大臣無所不統，所以才沒有他職掌的明確規定。設置太政大臣之際，立法者所仿效的唐制之核心職官，與其說是三師三公，寧可說是尚書令，因爲隋、唐令中尚書令也是「事無不總」的。《穴記》〔註116〕、《跡記》〔註117〕、《朱說》和《讚記》〔註118〕在《令集解前篇・養老職員令》太政官條中解釋「經邦論道，燮理陰陽」部分條文，同時說明有關太政大臣之職掌如下：

《穴記》註云：

> 經邦，謂執爲邦經事耳。論，考也，考德行道藝，謂之論。問：太政大臣職掌何。依公式令，有署奏書之文，义依儀制令，有坐廳上見太政大臣之文，然則預雜政，同左大臣耳，但可消息也。〔註119〕

《跡記》又註云：

> 經邦，謂能行爲國家令綱固云事，所謂經緯國事是也。論道，謂治國，亦可用可堪此任之人也。〔註120〕

《朱說》亦註云：

> 經邦者，化內與蕃國二界辨結耳。大者云邦也，小者云國，未知依何所說也？論道者，五常之道也。後說孝悌仁義惣名。……問：太政大臣者，左大臣以下政，共預行不？答：依公式令，詔書、論奏、奏事式，太政大臣位臣姓名者，依此爲可共預行，而何職掌不云情何？答：貞云：何長官不預行哉，可行者。〔註121〕

〔註116〕《穴記》是《養老令》的註釋，成立於 810～833 年（唐憲宗元和五年～唐文宗太和七年、嵯峨天皇弘仁元年～淳和天皇天長十年）。

〔註117〕《跡記》是《養老令》的註釋，成立於 782～793 年（唐德宗建中三年～貞元九年、桓武天皇延曆元年～十二年）。

〔註118〕《讚記》是《養老令》的註釋，成立於 850 年（唐宣宗大中四年、文德天皇嘉祥三年）左右。

〔註119〕見《令集解前篇》，卷第二〈養老職員令〉第二，第 2 太政官條，引《穴記》，頁 42。

〔註120〕見同上書，卷第二〈養老職員令〉第二，第 2 太政官條，引《跡記》，頁 42。

〔註121〕見同上書，卷第二〈養老職員令〉第二，第 2 太政官條，引《朱說》，頁 42。

《讚記》關於太政大臣之職掌，再註云：

> 問：太政大臣有職掌哉？答：公式令云云，又儀制令云云，又獄令
> 云，公坐相連。右大臣以上爲長官者，依此等文，雖不注職掌，而
> 預視雜務，不異左大臣也。但有消息耳也。〔註122〕

可見《令集解前篇・養老職員令》太政官條中的註釋，都承認太政大臣和左
右大臣都是太政官的長官，其職掌也與左大臣相同，即太政大臣是重任三
師三公和尙書令兩種職務之官職。雖然唐初的三公多爲死後贈官，但後來任
此官者亦甚多，當時任三公者多當重任，兼任宰相，即他們幾乎都有另外
職掌。〔註123〕這也可以說把三師三公的性質套在相當於尙書令的太政大臣
身上。

其實在知太政官事結束後，正規地擔任太政大臣的是藤原良房，〔註124〕
他在 857 年（唐宣宗大中十一年、文德天皇天安元年）擔任太政大臣之前，
大約一百年期間沒有太政大臣的任命，也因爲《養老職員令》太政官條沒有
太政大臣職掌的明確規定，所以藤原良房的養子藤原基經，經常對太政大臣
的權限感到疑問，雖然他於 880 年（唐僖宗廣明元年、陽成天皇元慶四年）
被任命爲太政大臣，卻固辭了此職。於是光孝天皇在 884 年五月時招集文章
博士菅原道眞、善淵永貞和少外記〔註125〕大藏善行等學者，讓他們提出攝政
和太政大臣職掌上的差異在哪裡？由誰來統轄太政官？太政大臣到底是屬於
唐代的哪一個官職等有關太政大臣權限之意見。結果大部分學者認爲太政大
臣相當於三師三公，有德的功勞者才適宜擔任此職，其無所統職，也無管掌
職權，僅做爲天皇的師範，不參與公事。即太政大臣除非兼任攝政或關白之
職掌，〔註126〕不然沒有政治上的權力。後來藤原基經於 887 年（唐僖宗光啓

〔註122〕見同上書，卷第二〈養老職員令〉第二，第 2 太政官條，引《讚記》，頁 42
　　　　～43。

〔註123〕請參考沈任遠，《隋唐政治制度》（台北：臺灣商務印書館，1977 年 10 月，
　　　　初版），頁 77～78。

〔註124〕日本歷史學者認爲藤原仲麻呂的大師和道鏡的太政大臣禪師之官職是他們在
　　　　特殊的狀況或權力下取得的地位，因此不算是正規任命的太政大臣。

〔註125〕「外記」屬於少納言局，除了「主典」之職務以外，還有擔任草擬詔書後半
　　　　部和太政官奏之職務。

〔註126〕關白是輔助天皇之職，與代行天皇大權的攝政不相同，最後決裁者仍是天皇。
　　　　第一任關白（令外官）是藤原基經〔887 年（唐僖宗光啓三年、光孝天皇仁
　　　　和三年）〕。雖然第一任攝政是聖德太子，但在皇族以外的人（貴族）當中第
　　　　一個正式擔任攝政的是藤原良房〔866 年（唐懿宗咸通七年、清和天皇貞觀

三年、光孝天皇仁和三年）被任命爲關白。

博士<u>菅原道眞</u>在《日本三代實錄〔註127〕‧光孝紀》元慶八年五月二十九日條中奏云：

> 一太政大臣職掌有無事？謹案紀傳之書，無太政大臣之文。唯本朝職員令義解云：太政大臣，即是有德之選，非分掌之職，爲無其分職，故不稱掌。如此文者，先師之釋，更無可疑。一太政大臣史傳之中相當何職事？謹案漢書表云：相國掌承天子，助理万機。丞相同之。大尉、大師、大保，皆在其下。後漢書志云：大傅上公一人，掌以善導，無掌職。大尉、司徒、司空，共在其下。晉書志云：丞相，非常人臣之職，相國同之。大宰、大傅、大尉、司徒、司空，並在其下。宋書志云：大宰所以訓護人主導以德義也。大傅、大保，同之。就此等文案之，相國、大傅、丞相、大宰等，位冠百僚，掌殊常職。本朝太政，可當漢家相國等。又唐六典云：三師訓導之官，大抵無所統職，無其人則闕之。三公論道之官，無所不統。故不以一職名其官。巳曰無所統職，又稱無其人則闕之，可以唐三師當太政大臣。唯我朝制令之意，大乖大唐令條。何者，唐令三師、三公，獨專其官，不僑尚書省之官員。我朝太政大臣，雖無分掌，猶爲太政官之職事。斯其所爲大乖也。〔註128〕

少外記<u>大藏善行</u>與《令集解前篇‧養老職員令》太政官條中的學者們，也提出承認太政大臣權限之意見，同時解釋太政大臣兼任唐三帥三公之職，以及三公的「非分掌之職」不代表無職掌。

少外記<u>大藏善行</u>在《日本三代實錄‧光孝紀》元慶八年五月二十九條中奏云：

> 八年）〕。因爲攝政和關白是天皇的代理人，所以除非天皇臨席，不然他們在慣例上不參加太政官的會議。
>
> 〔註127〕《日本三代實錄》是記錄清和、陽成、光孝三代天皇，即自858年（唐宣宗大中十二年、清和天皇天安二年）八月至887年（唐僖宗光啓三年、光孝天皇仁和三年）八月的30年間史實的歷史書，成立於901年（唐昭宗天復元年、醍醐天皇延喜元年），<u>藤原時平</u>、<u>菅原道眞</u>、<u>大藏善行</u>和<u>三統理平</u>奉敕（宇多天皇）撰，撰成50卷。
>
> 〔註128〕見藤原時平、菅原道眞、大藏善行、三統理平，《日本三代實錄後篇》（收入黑板勝美編，《新訂增補國史大系》，東京：吉川弘文館，2002年3月，普及版第12刷），卷第四十五〈光孝紀〉元慶八年五月二十九日條，頁559～560。

職員令云：太政大臣師範一人，儀形四海，經邦論道，燮（燮）理陰陽，無其人則闕。義解云：太政大臣，佐王論道，以經緯國事，和理陰陽，則是有德之選，非分掌之職，爲無其分職，故不稱掌。設官待德，故無其人則闕。又公式令、詔書奏事等，太政大臣与諸公卿列署。據此等文，如職員令者，可謂無職掌。如公式令者，可謂知政令。但佐王論道，助理万機，与彼左右大臣舉持綱目，惣判「大」庶事差異矣。唐開元令云：太師、大傅、大保，右三師師範一人，儀形四海。大尉、司徒、司空，右三公經邦論道，燮（燮）理陰陽。自三師以下，無其人則闕。大唐六典云：三師訓道之官，大抵無所統職。三公論道之官，無所不統。如此等文者，本朝太政大臣一員，兼大唐三師、三公之職，然則無所統職，亦無所不統。職員令之無分職，公式令之署詔奏，蓋取於此歟，是其職掌之大較也。又周禮考工記云：國有六職，或坐而論道。疏云；論道謀慮治國之聖令，此即尚書。周官云：立太師、大傅、大保。茲惟三公，論道經邦，燮（燮）理陰陽。是謀慮治國之政令，使陰陽順敘也。鄭玄注周礼司徒序云：三公者，內与王論道，中參六卿之事，外与六卿之教。疏云：一公兼二卿，是其中參共官之事也。五經異義云：周礼說，天子立三公，曰太師、大傅、大保，無官屬，与王同職。漢書百官公卿表云：周禮天官冢宰，地官司徒，春官宗伯，夏官司馬，秋官司寇，冬官司空，是爲六卿。各有徒屬職，分用於百事。太師、大傅、大保，是爲三公。蓋參天子坐而議，故無不緫統，故不以一職爲官。又云：相國掌承天子助理万機。宋書云：太師、大傅、大保，爲三公。訓護人主，導以德義，天下加拜，待以不臣之禮。宋百官階次云：相國自蕭何以後，殆非復人臣之位。據此等文，相當周漢三公、相國及唐三師、三公等之官。是其儀准之著明也。又儀制令云：在廳座上，見親王及太政大臣下座。義解云：左右大臣見親王及太政大臣即動座。其太政大臣見親王，及親王見太政大臣，並不動也。和銅六年十一月十六日官宣偁：親王、太政大臣出入朝堂者，式部告知下座之事。其左右大臣動座，五位以上降立床下，餘跪座下。就座及出門訖，俱復座，是其禮數之尊顯也。但唐太宗實錄，三師、三公在親王上。又唐禮，天子臨軒，冊授三師、

　　三公，其位次在親王上。本朝之制與大唐殊矣。〔註129〕

太政官的長官左右大臣是二品或正、從二位才可以當任此職，相當於中國的左右僕射或左右丞相。左大臣在太政大臣空位時，作為太政官的最高官，統轄太政官之政務並進行國政審議。左右大臣和彈正互相彈劾。右大臣在太政大臣和左大臣都空位時，統轄太政官之政務。《養老職員令》太政官條云：「左大臣一人，掌統理眾務，舉持綱目，惣判庶事，彈正糺不當者，兼得彈之。右大臣一人，掌同左大臣。」〔註130〕

　　左右辨官局是管轄諸省和諸國的太政官之總合辦事處，從事轉達並處理太政官與諸司、諸國之間的公文，以及製作太政官符和宣旨等職務。《養老職員令》太政官條云：

> 左大辨一人，掌管中務、式部、治部、民部（《大寶官員令》寫為「左諸司」），受付庶事（《大寶官員令》寫為「中付庶事」），糺判官內，署文案，勾稽失（《大寶官員令》寫為「勘校稽失。監印」），知諸司宿直，諸國朝集。若右辨官不在，則併行之。右大辨一人，掌管兵部、刑部、大藏、宮內（《大寶官員令》只寫為「右諸司」），餘同左大辨。左中辨一人，掌同左大辨。右中辨一人，掌同右大辨。左少辨一人，掌同左中辨。右少辨一人，掌同右中辨。〔註131〕

左右辨官局的右大（從四位上）、中（正五位上）、少辨（正五位下）都是判官，相當於唐制左右丞、左右司郎中和左右員外郎。左右各辨官局管轄的四省如下：

> 左大辨：中務、式部、治部和民部的四省
> 右大辨：兵部、刑部、大藏和宮內的四省

因為八省與唐六部不同，雖然太政官管轄八省，但八省不屬於太政官組織，因此需要諸司之總合辦事處，對各省下達叫做太政官符的行政命令。但為何日本採用八省與太政官組織分離的方式？關於此問題，早川庄八在〈制について〉中引用《養老僧尼令》第14任僧綱條和第20身死條及《養老儀制令》第8祥瑞條的《令釋》之解釋，而指出：711年（唐睿宗景雲二年、元明天皇和銅四年）十月十日的令師大外記正七位下伊吉連子人口宣云：「僧綱

〔註129〕見同上書，卷第四十五〈光孝紀〉元慶八年五月二十九日條，頁561～562。
〔註130〕見仁井田陞，《唐令拾遺補》第三部〈養老職員令〉第二，第2太政官條，頁895。《大寶官員令》與《養老職員令》相同。
〔註131〕見同上書，〈養老職員令〉第二，第2太政官條，頁895～896。

死闕并入師位僧歷名者，先申辨官，即官與省相副，申太政官」；723 年（唐玄宗開元十一年、元正天皇養老七年）七月二十日的太政官處分〔註 132〕亦云：「僧尼死去，並犯罪還俗者，收其公驗進於辨官，隨即毀之」；720 年（唐玄宗開元八年、元正天皇養老四年）正月一日辨官口宣又云：「依改常例，太政官申符瑞者，大瑞已下，皆悉省加勘當，申送辨官。但上瑞已下，更造奏文，十二月終進太政官」。這是爲了弄清「太政官」〔註 133〕、辨官、治部省三個機關的分掌，而頒布的命令，也代表把此三個機關置於如下地位，「太政官」爲審議決定以及奏宣機關；辨官爲庶務受付機關；治部省爲擔任行政機關。〔註 134〕

而施行《太寶律令》時也有下達一些此類的處分。《續日本紀前篇・文武紀》701 年（唐中宗嗣聖十八年、文武天皇大寶元年）五月條云：「五月癸酉朔，太政官處分：王臣五位已上上日，本司月終移式部，然後式部抄錄，申送太政官。」〔註 135〕大寶元年七月條又云：「戊戌，太政官處分：造宮官准職；造大安、藥師二寺官准寮：造塔丈六二官准司焉。凡選任之人，奏任以上者，以名籍送太政官。判任者，式部銓擬而送之。」〔註 136〕由此可知，《太寶律令》的立法者當時已有此分掌構想，但應是有其他理由無法仿效唐制，即以此構想爲理想的理由。

早川庄八又指出：《續日本紀前篇・聖武紀》729 年（唐玄宗開元十七年、聖武天皇天平元年）五月條說明的太政官處分之內容如下：身爲式部省的判補官的諸國史生及傔仗等赴任於任國時，式部省在慣例上對其任國下達寫爲「關司勘過」之式部省符，但此行爲是對辨官的越權行爲，從此以後式

〔註 132〕「太政官處分」是由諸司或官人等來提議後，不經過奉敕，由太政官來獨自決定施行，而對外發行的太政官符。根據《類聚三代格》的記載，此文章形式大致如下：「右得……傔。……者，右大臣宣，依請。（……准此）」經過奉敕而發行的太政官符之文章形式大致如下：「右得……傔。……者，大納言從三位神王宣。奉勅，依請。（……准此）」

〔註 133〕在此所謂的太政官只指「議政官」組織，而把大辨官（或左右辨官）不包含在內，以下寫爲「太政官」。

〔註 134〕請參考早川庄八，〈制について〉（收入井上光貞博士還曆記念會編，《古代史論叢》中卷，東京：吉川弘文館，1978 年），頁 175～177。

〔註 135〕見菅野眞道、藤原繼繩等，《續日本紀前篇》（收入黑板勝美編，《新訂增補國史大系》，東京：吉川弘文館，2004 年 4 月，普及版第 26 刷），卷第二〈文武紀〉大寶元年五月條，頁 10～11。

〔註 136〕見同上書，卷第二〈文武紀〉大寶元年七月條，頁 12。

部省必須先把補任之名單申送辨官，之後由辨官來對諸國下達太政官符。

〔註137〕《續日本紀前篇·元正紀》720 年（唐玄宗開元八年、元正天皇養老四年）五月條說明的太政官奏之內容如下：對諸國下達的省符之「白紙行下」行為，也是對管理內印（玉璽）和外印（太政官印）的「太政官」之越權行為。〔註138〕這代表八省一直到施行《太寶令》之後一段時間，不透過辨官和「太政官」，對諸國獨自施行行政命令。而且他以天平五年四月有關「交替官人付解由狀」的式部省符為例，指出雖然取得內印，但式部省不經過議政官的審議，而對諸國獨自下達有關大事案件的式部省符。〔註139〕因此當作行政分掌機關，所設置的天武朝法官、理官、大藏、兵政官、刑官、民官，即《太寶令》八省的前身六官，有可能不隸屬於辨官局的前身大辨官，具有相當自立之性質，而且當時的太政官並非國政審議的機關，而只是奏宣機關，至於《飛鳥淨御原令》官制的太政官，可能僅僅是直接繼承天武朝官制的性質，把舊「太政官」和舊大辨官合併在一起的組織架構，所以《太寶令》施行後，八省也仍然具有自立之性質。〔註140〕早川庄八在〈律令太政官制の成立〉主張：「太政官」和大辨官兩官相貝並列構造，並直接隸屬於天皇。他也說明對外官的敕命經過大辨官下達在外諸司（外官），對內官的敕命經過只有納言為成員的「太政官」（無政務的審議權）下達六官，六官具有政

〔註137〕《續日本紀前篇·聖武紀》天平元年五月條云：「太政官處分：准令，諸國史生及儷仗等，式部判補，赴任之日，例下省符。符內仍稱關司勘過，自非辨官不合此語。自今以後，補任已訖，具注交名，申送辨官，更造符乃下諸國。」見同上書，卷第十〈聖武紀〉天平元年五月條，頁 117。

〔註138〕《續日本紀前篇·元正紀》養老四年五月條亦云：「癸酉，太政官奏，諸司下國小事之類，以白紙行下，於理不穩。更請內印，恐煩聖聽。望請，自今以後，文武百官下諸國符，自非大事，差逃走衛士丁替，及……等類事，便以太政官印印之。奏可之。」見同上書，卷第八〈元正紀〉養老四年五月條，頁 80～81。

〔註139〕此式部省符內容是如下：「凡國司等相代向京，或替人未到以前上道，或雖交替訖，不付解由。因茲去天平三年告知朝集使等已訖。然國司寬縱，曾不遵行，仍遷任之人，不得居官。無職之徒，不許直察，空延日月，豈合道理，國宜知狀遷替之人必付解由申送於官。自今已後，永為恆例。」見栟園朝田由豆流，《交替式》〔該書成立於 1838 年（清宣宗道光十八年、德川家慶征夷大將軍天保九年），收入黑板勝美編，《新訂增補國史大系》第二十六卷，東京：吉川弘文館，2004 年 12 月，新裝版第 2 刷〕，卷第一〈延曆交替式〉交替官人付解由狀事條，頁 1。

〔註140〕請參考早川庄八，〈制について〉，頁 176～177。

務的審議權，大辨官則僅是受理、轉達或匯總六官所處理的行政事務之機關，如下【圖 4-5】〈早川庄八有關天武朝下太政官及大辨官六官組織之構想圖〉。〔註 141〕

圖 4-5：早川庄八有關天武朝下太政官及大辨官六官組織之構想圖〔註 142〕

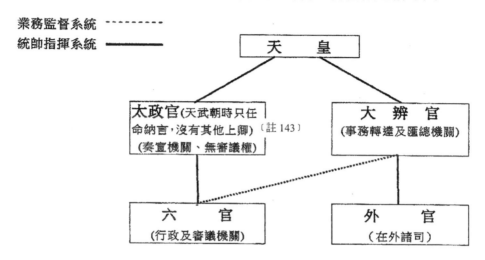

筆者認爲天武天皇時才建立了鞏固的皇親政治體制，此體制一直繼續到 8 世紀前半，天武六官（《大寶令》的太政官制之前），雖然由公卿（大夫）來分掌，但由皇親來統率之，〔註 144〕至於八省（在《大寶令》的太政官制下），由皇親來擔任長官的比率是平均百分之五十一，〔註 145〕尤其是《大寶令》以前的六官，以分掌職務爲原則，在行政上具有相當的權限，即如同早川庄八所說，六官本來具有從「太政官」和大辨官自立之性質。〔註 146〕因此，立法

〔註 141〕參考早川庄八，〈律令太政官制の成立〉（收入坂本太郎博士古稀記念會，《續日本古代史論集》上卷，東京：吉川弘文館，1972 年 7 月 1 日），頁 560～565。在此僅是以略圖來表示早川庄八的構想做爲參考。

〔註 142〕該圖參考吉川眞司，前揭書，頁 62。

〔註 143〕「上卿」是大納言以上的公卿，即太政大臣、左右大臣、大納言。

〔註 144〕請參考倉本一宏，〈律令制成立期の「皇親政治」〉（收入笹山晴生先生還曆記念會編，《日本律令制論集》下卷，東京：吉川弘文館，1993 年 9 月），頁 134、142～155。這代表六官的長官都是皇族。

〔註 145〕請參考直木孝次郎，《奈良時代史の諸問題》（東京：塙書房，1978 年），頁 278。

〔註 146〕筆者認同早川庄八所說的六官具有相當自立之性質，但這並不代表筆者完全認同他對天武朝下太政官及大辨官、六官組織構之見解。

者考慮到此性質，所以不把八省列入太政官組織內。《或說》〔註 147〕在《令集解前篇‧養老官位令》親王條中註云：「凡諸王、諸臣任太政大臣，親王不任左右大臣，但任八省卿。」〔註 148〕可見諸臣擔任太政大臣時，親王不得擔任地位比太政大臣較低的左右大臣，但卻可以擔任八省卿，這表示八省仍然具有自立性質。

雖然如此，從施行《大寶令》不久後下達有關職權之太政官符、太政官處分和太政官奏內容來可以了解，立法者的構想或理想並非使八省完全從太政官獨立，而是在太政官管轄下，以分掌職務為原則，八省作為行政分掌機關，給予某程度的權限，使得八省各盡其責。因此日令與唐令的不同，在於法令上沒有採用由太政官直接監督或管轄屬於八省的京內職、寮、司等官司（相當於唐制寺、監等），同時在立法技術上避開複雜化，並且明確管轄範圍。《唐三師三公臺省職員令》尚書省條，關於左丞的職掌云：「左丞一人。掌管轄諸司，糾止省內，勾吏部、戶部、禮部等十二司，通判都省事。」〔註 149〕《唐三師三公臺省職員令》禮部尚書條又云：「禮部尚書一人。總判禮部、祠部、膳部、主客事。」〔註 150〕但《大寶官員令》太政官條有關左大臣的職掌，只云：「左大臣一人，掌統理眾務，舉持綱目，惣判庶事，彈正紀不當者，兼得彈之。」關於左辨局左大辨之職掌，亦只云：「左大辨一人，掌管左諸司（中務、式部、治部、民部），申付庶事，紀判官內，署文案，勘校稽失，監印（施行《養老令》時已經變成少納言的職務），知諸司宿直，諸國朝集。若右辨官不在，則併行之。」〔註 151〕並且對諸官司（職、寮、司）之職權都是在八省規定中才制定的。《養老職員令》中務省條云：「中務省管職一、寮六、司三。」〔註 152〕可見唐令對禮部尚書的官司職權，在法令上呈現出左丞與禮部尚書雙重監督架構。但日令由太政官來管轄八省，各省管轄該省之諸官司。《義解》

〔註 147〕《或說》是《養老令》的註釋，成立年代不祥。
〔註 148〕見《令集解前篇》，卷第一〈養老官位令〉第一，第 1 親王條，引《或說》，頁 10。
〔註 149〕見仁井田陞，《唐令拾遺補》第三部〈唐三師三公臺省職員令〉第二，第 2 尚書省條，頁 894。
〔註 150〕見同上書，〈唐三師三公臺省職員令〉第二，第 5 禮部尚書條，頁 896。
〔註 151〕見同上書，〈養老職員令〉第二，第 2 太政官條，頁 895～896。《大寶官員令》也與《養老職員令》相同。《大寶官員令》中大辨職掌的「鑑印」條文之意與《養老職員令》中少納言職掌的「兼監官印」相同。
〔註 152〕見同上書，〈養老職員令〉第二，第 3 中務省條，頁 899。《大寶官員令》也與《養老職員令》相同。

也在《令集解前篇・養老職員令》太政官條中註云：

> 問：辨官管八省，並八省管寮司，未知有別以否？答：辨官管省者，
> 因事管隸，不常監臨，故律云：太政官雖管國郡，文案若无關涉，
> 不得常爲監臨。內外百司准此。其省者，於寮司常爲監臨，故律云：
> 所統屬官，謂省管寮、國管郡之類也。〔註153〕

另外早川庄八主張：當作行政分掌機關，設置的天武朝六官有可能不隸屬於辨官局的前身大辨官，甚至說六官具有政務的審議權，當時的「太政官」並非國政審議的機關，僅是奏宣機官，「太政官」和大辨官兩官相具並列構造。因此《飛鳥淨御原令》官制的太政官，可能僅僅是直接繼承天武朝官制的性質，把舊「太政官」和舊大辨官合併在一起的組織架構。其實不少學者對他的見解反駁。〔註154〕筆者也無法完全認同他的見解。因爲天武朝太政官（納言）的權限部分具有很重要的因素，可說明 6 世紀中葉開始發展大夫制度爲基礎，而形成的《大寶令》以後太政官之性質，所以在此稍微敘述筆者對早川庄八主張的見解如下：雖然天武朝的六官具有相當自立之性質，施行《大寶令》時也有殘留著之前的性質和習慣，但不能以省符和有關職權之太政官符、太政官處分和太政官奏爲例，認爲這是由於受到天武朝的六官不隸屬於大辨官，具有政務的審議權，當時的太政官並非國政審議的機關，而僅是奏宣機關等歷史背景上的影響才造成的結果或其佐證。而且筆者認爲建立包含大辨官在內的太政官組織的時期是施行《近江令》官制的時候，而並非施行《飛鳥淨御原令》的時候。此理由有二：

一是，日本仿效唐制，導入律令制度之歷史淺薄，並且進行皇親政治，當時太政官和八省之間的關係尚未穩定，因此太政官有時必須以太政官符來下達有關職權問題之行政命令，以太政官奏來上奏，以便盡快讓國家行政手續步上軌道。柳雄太郎認爲對諸國下達省符之「白紙行下」行爲，代表養老四年當時以內印（透過太政官）對諸國下達省符已經變成形式化，也失去實質上的意義，內印的不使用已經變成一般化。〔註155〕筆者認爲此見解方向錯

〔註153〕見《令集解前篇》，卷第二〈養老職員令〉第二，第 2 太政官條，引《義解》，頁 50～51。

〔註154〕請參考吉川眞司，前揭書，頁 34～36。至於天武朝的中央組織架構，因爲相關資料非常有限，所以有各種學說，而且這並非本論文的核心，因此在此迴避進一步詳細地說明有關天武朝中央組織架構的各種學說及理論。

〔註155〕請參考柳雄太郎，〈太政官における四等官構成について〉（收入日本歷史學

誤，因爲「白紙行下」之省符都是有關小事案件之省符，而非關大事，並且如上所述，《大寶令》以前的六官具有相當自立性質，因此有關小事的案件，使用省符方式對諸國獨自施行行政命令，其性質和習慣在執行《大寶令》之後也存在著一段時間，並非內印的不使用已經變成一般化。而太政官的議政官則爲了儘量照《大寶令》之規定施政，〔註156〕才於養老四年五月時以太政官奏來上奏關於諸司對諸國下達行政命令之方法。因此至施行《養老令》時，如同早川庄八敘述，不經過議政官的審議，以內外印發行諸國的省符已經不存在，而採用以太政官符下達諸國，或者以太政官符先下達省，再由省以省符下達諸國，如同省把經過太政官裁定的行政命令下達該省管轄的諸司時。〔註157〕因而在《養老令》外印用途的規定下，《大寶令》中原本規定的「諸司案文」之條文才被刪除。

另外，早川庄八以天平五年四月，有關「交替官人付解由狀」的式部省符爲例，指出：雖然取得內印，但式部省卻不經過議政官的審議，而對諸國獨自下達有關大事案件的式部省符。因爲他認爲這是有關大事的案件，而且在《延曆交替式》中沒有太政官符的記載，而只有此省符的記載，因此他以取得內印的案件爲前提，主張上述見解，即他要藉以證明八省較大的權限，以證明如上所述的天武六官、太政官和大辨官之間的組織架構。但由上述養老四年五月的太政官奏可見，有越權行爲問題的是諸司下國小事之類，而不是務必使用內印的有關大事之案件，而且內印本來不是隨便蓋章的，而經過議政官的審議卜奏，發行太政官符之後，才蓋內印的。因此此人政官奏意味著有關大事的案件在程序上沒有問題，經過正常的程序取得內印。而且筆者認爲此案件並非關大事的，而是關小事的案件。《交替式》交替官人付解由狀

會編，《日本歷史》第三二四號，1975年5月），頁6～7。

〔註156〕「右太政官下國符式，省臺准此。（署名准辨官）其出符，皆須案成，並案送太政官檢勾。」見仁井田陞，《唐令拾遺補》第三部〈大寶公式令〉第二十一，第13符式條，頁1260；見井上光貞、關晃、青木和夫等編，前揭書，頁648。「天子神璽，……內印。方三寸。五位以上位記及下諸國公文，則印。……外印。方二寸半。六位以下位記及太政官及諸司案文，則印之。太政官判用（依據《養老令》，由少納言來監印）。」（《養老令》改爲「～及太政官文案，則印。」刪除《大寶令》的「及諸司案文」和「太政官判用」部分）。見仁井田陞，《唐令拾遺補》第三部〈大寶公式令〉第二十一，第40天子神璽條，頁1278。

〔註157〕請參考早川庄八，〈制について〉，頁167～170。施行《養老令》之後主要以太政官符下達國，以省符下達諸國方式越來越受到限制。

事條云：「去天平三年告知朝集使等已訖。然國司寬縱，曾不遵行。」由此可見，式部省天平三年時曾經把有關交替官人付解由狀的事情通知過朝集使等，如果這是有關大事的案件的話，通知朝集使等之前應該經過太政官上奏取得天皇的同意才對，但無相關的太政官符。該條又云：「遷任之人，不得居官，無職之徒，不許直寮，空延日月，豈合道理？國宜知狀遷替之人必付解由申送於官。」以公文（解由）對辦官報到是理所當然，即提醒處理公文上的問題，式部省與辦官之間協議的共識。因此可以說這非關大事的案件，以外印來處理的案件。〔註 158〕

綜上所述，雖然天武朝時的六官具相當自立之性質，但不能以《大寶令》後的省符和有關職權之太政官符、太政官處分和太政官奏等來說明這是由於受到不隸屬於大辨官，六官具有政務的審議權，當時的太政官並非國政審議的機關，僅是奏宣機關等歷史背景上的影響才造成的結果，應該是將部分較重要的案件送上太政官（納言）審議才對，如《大寶令》的官制。且《飛鳥淨御原令》爲《大寶律令》的藍本，這是大多數學者的共識，《飛鳥淨御原令》是從 681 年（唐高宗開耀元年、天武天皇白鳳九年）開始奉詔編纂的法令。因此如果像他所說那樣，天武朝的官制與《大寶律令》完全不相同的話，這則代表《飛鳥淨御原令》規定的官制與《大寶律令》完全不同，難道於 690年施行《飛鳥淨御原令》不久後又另外編纂完全不同的法令《大寶律令》（701年完成）？！

二是，日本的大夫制度從 6 世紀中葉開始，之後也持續發展下去了，大夫們都是出自相當於位階四位以上的貴族，〔註 159〕跟大臣和大連共同參加朝政，參與國政審議，即議政官，也擔任奏宣職務。《日本書紀後篇·舒明紀》舒明即位前紀條云：「亦大臣所遣群卿者，從來如嚴矛取中事而奏請人等也。」〔註 160〕大夫對於國政決策有相當大的影響，甚至也參加討論皇位繼承的人選，如在本論文第二章「古代天皇之性質與氏族間之權力架構」中敘述過。天智天皇即位後的太政官制依據 668 年（唐高宗總章元年、天智天皇七年）

〔註 158〕從省符的「白紙行下」行爲來看，可以了解施行《大寶令》之前八省前身的六官具有相當自立性質，其性質在執行《大寶令》之後也一段時間存在著，而且施行《大寶令》時外印由辨官來監印（至於《養老令》，由小納言局來監印），因此非關大事的案件有可能不經過議政官的審議。

〔註 159〕在太政官，三位以上稱爲大夫。

〔註 160〕見《日本書紀後篇》，卷第二十三〈舒明紀〉舒明即位前紀條，頁 176。

施行的《近江令》，〔註161〕建立太政官組織，而在 645 年（唐太宗貞觀十九年、
孝德天皇大化元年）大化元年的官制中已經有設置左右大臣，這是仿效唐制
尚書省的組織，把大化前的大臣分爲左右大臣，爲了管轄六官，在天智朝的
太政官組織內亦有仿效唐制設置的大辨官組織（相當於左右丞及左右司郎
中），〔註 162〕大辨官扮演「太政官」和六官間的橋樑之角色。〔註 163〕而且在
671 年（唐高宗咸亨二年、天智天皇十年）元月的太政官組織中首次見「御史
大夫」之官職，這應該是繼承施行《近江令》前的官職「大夫」的性質，《日
本書紀後篇・天智紀》天智十年元月條云：

> 是日，以大友皇子拜太政大臣，以蘇我赤兄臣爲左大臣，以中臣金
> 連爲右大臣，以蘇我果安臣、巨勢人臣、紀大人臣爲御史大夫。
> 〔註 164〕

並且關於此「御史大夫」，該條文中的註云：「御史，盖今之大納言乎。」

〔註161〕《近江令》的官制一直繼續到 689 年（唐中宗嗣聖六年、持統天皇三年）施
行《飛鳥淨御原令》。

〔註162〕「（天武天皇七年十月）己酉，詔曰：凡內外文武官每年史（官名）以上其屬
官人等，公平而恪勤者，議其優劣則定應進階。正月上旬以前，具記送法官，
則法官校定，申送大辨官。」見《日本書紀後篇》，卷第二十九〈天武紀〉天
武七年十月條，頁 347。天武朝的「大辨官」官名依據《近江令》。

〔註163〕按：雖然《日本書紀後篇・持統紀》持統四年七月條云：「庚辰，以皇子高市
爲太政大臣；以正廣參授丹比嶋眞人爲右大臣，并八省百寮皆遷任焉」，但在
《日本書紀》的其他記載中找不出八省制在持統天皇時期已經成立的跡象。
可能 689 年（持統天皇三年）完成《飛鳥淨御原令》的官制中已經有如同《大
寶令》所規定的中央組織體制（八省制），但尤其是天皇家相關的中官和宮內
官（中務省和宮內省的前身），本來即具有濃厚的與太政官自立之性質，亦即
直接隸屬於天皇家的內廷之性質，因此實際上可能尚未能實施由太政官來管
轄八省的新體制。請參考《日本書紀後篇》，卷第三十〈持統紀〉持統四年七
月條，頁 406；佐藤宗諄，〈律令太政官制と天皇〉（收入原秀三郎等編，《大
系・日本國家史》第一卷古代，東京：東京大學出版會，1975 年 9 月，第 1
版第 1 刷），頁 177～197；八木充，《律令國家成立過程の研究》（東京：塙
書房，1968 年，第 1 版），頁 229～241。由此可推，《大寶令》之前的太政官
可能實際上只採用六官制，而且尤其在天武朝後，此六官以分掌職務爲原則，
在行政上具有相當的權限，並具有與太政官自立之性質，因此大辨官可能暫
時尚未分爲左右辨官，一直到施行《大寶令》爲止仍繼續維持如同《近江令》
下的體制。其後將唐制左右丞、左右司郎中、左右員外郎〔在 689 年（唐中
宗六年、持統天皇三年）首次設置〕之三等級採用於 702 年施行的《大寶令》
中，因而設置左右辨官局的判官左右（大・中・少）辨。

〔註164〕見《日本書紀後篇》，卷第二十七〈天智紀〉天智十年元月條，頁 298。

〔註165〕其實，施行《飛鳥淨御原令》的年代是 690 年（唐中宗嗣聖七年、持統天皇四年），天武朝官制原則上依據《近江令》，而在《日本書紀後篇・天武紀》中已經見「大納言」之官職。《日本書紀後篇・天武紀》天武即位前紀條云：「壬午，入吉野宮。時左大臣蘇賀（同我）赤兄臣、右大臣中臣金連及大納言蘇賀（同我）果安臣等送之。」〔註166〕在 671 年被任命爲御史大夫的蘇我果安臣，在四年後的 675 年已經成名爲「大納言」。〔註167〕

由此可言，「御史大夫」的官職本來是具有「大夫」的性質，此官名在四年後已經改名爲「大納言」，「御史大夫」無疑是「大納言」的前身。〔註168〕這代表在《近江令》官制的太政官組織中已經由太政大臣、左右大臣和大納言形成的議政官組織存在，天武朝官制的太政官並不只是奏宣機關，也是國政審議的機關，而六官則受太政官管轄，由大辨官來扮演「太政官」和六官間的橋樑之角色。即六官隸屬於大辨官，只不過於具有關小事的案件之審議權。因此筆者難以同意早川庄八對天武朝官制之看法。

另外，不少學者將皇親政治時代視爲皇親勢力抑制貴族勢力專制君主時

〔註165〕關於大納言的職掌，請參考本節第三目「大少納言職掌與少納言局及門下省間之比較」。

〔註166〕見《日本書紀後篇》，卷第二十八〈天武紀〉天武即位前紀條，頁 308。按：雖然在唐制中只有「納言」官職，並無「大納言」官職，但日本在天智朝末年時已經改唐官名爲「大納言」而使用，而且「大」、「中」和「少」字表示同樣或相關職務內的上下階級關係，所以當時可能已設有「少納言」的官職。《續日本紀前篇・聖武紀》天平元年八月條云：「左大辨從三位石川朝臣右足麄，淡海（天智）朝大臣大紫連子之孫，少納言小花下（相當於位階從五位）安麻呂（天智朝末年時活躍的政治人物）之子也。」見《續日本紀前篇》，卷第十〈聖武紀〉天平元年八月條，頁 119。

〔註167〕請參考井上光貞，《日本古代國家の研究》（東京：岩波書店，1965 年），頁497；請參考八木充，前揭書，頁 224～233；武光誠，《律令太政官制の研究》（東京：吉川弘文館，1999 年 5 月，第 1 刷），頁 185～189。

〔註168〕根據武光誠，既然天智朝官制採用秦、漢代的官名「御史大夫」，「御史大夫」應該也具有監察之職務才對，而且其位階是相當於比「大夫」高一層的三位（等同太政官的次官），因此後來才改名爲位階三位的「大納言」。只有天智朝之所以設置此特別官職，可能是因爲針對天智末年的政治不安，把有勢力的豪族拉到大友皇子一邊。另外，天武朝有設置「彈正臺」前身的叫做「糺職大夫」之令外官，這代表「彈正臺」是到了施行《大寶律令》時才設置的官職。請參考武光誠，前揭書，頁 185～189。由此可見，天智朝的「御史大夫」到了天武朝後分爲「大納言」和「糺職大夫」，「糺職大夫」在施行《大寶律令》時又改名爲「彈正臺」。

代來看待。筆者認爲雖然兩者間的政治鬥爭一直到大化革新後才平息，皇親勢力獲勝，打破大化革新前以蘇我氏爲核心的貴族勢力，而且在皇族的權力達到最高峰的天武朝時，因爲擔心大氏族又掌控政權，也有出現不任命左右大臣之現象；但是大化革新並非只靠皇親勢力的貢獻才成功，其中也不能忽略抗衡蘇我氏的貴族勢力。即皇親勢力在其他貴族勢力的協助下，才能獲勝，而且往往政治鬥爭不只發生在皇親和貴族間，也有皇族內鬥或貴族間鬥爭的情形，具有勢力的氏族們通常透過策略婚姻等方式來連繫皇族，皇親政治也在以天皇爲中心的中央集權國家之法令下進行，與大化革新前的施政狀況迥然不同。正因爲政治制度的法制化達到相當程度，所以不能把皇親政治時代輕易判斷爲皇親勢力抑制貴族勢力的專制君主時代。而且天武朝時開始，到 8 世紀前半的皇親政治及律令體制是在貴族勢力的協助下才成立的，因爲皇親勢力內的人才有限，根本無法達成此律令改革。因此儘管是皇親政治時代，但太政官具有貴族集團的合議體性質，且在施行《大寶律令》後才加強八省對太政官之隸屬，並在施行《大寶律令》的同時採用「參議朝政」，〔註 169〕如唐太宗將「同中書門下三品」的職銜，授予非三省首腦而進入決策核心的官員（關於此件事，容後詳細探討）。在 3 年後的 705 年（唐中宗神龍元年、文武天皇慶雲二年）也增設例外官的中納言（正四位以上），〔註 170〕讓更多的

〔註 169〕《續日本紀前篇》，卷第二〈文武紀〉大寶二年五月條云：「丁亥，勅從三位大伴宿祢安麻呂、正四位下粟田朝臣眞人、從四位上高向朝臣麻呂、從四位下下毛野朝臣古麻呂、小野臣毛野，令參議朝政。」（頁 14）文武天皇這時以「參議朝政」的名目，讓貴族們參與國政審議，但在 731 年（唐玄宗開元十九年、聖武天皇天平三年）聖武天皇時，正式在太政官中設置稱爲「參議」之例外官。「參議」沒有位階的規定，但大致相當於從正、從四位以上，他們都有兼職。同上書，卷第十一〈文武紀〉天平三年八月條云：「丁亥，詔：依諸司舉，擢式部卿從三位藤原朝臣宇合、民部卿從三位多治比眞人縣守、兵部卿從三位藤原朝臣麻呂、大藏卿正四位上鈴鹿王、左大辨正四位下葛城王、右大辨正四位下大伴宿祢道足等六人，並爲參議。」（頁 126）

〔註 170〕同上書，卷第三〈文武紀〉慶雲二年四月條云：「丙寅，勅：依官員令，大納言四人，職掌既比大臣，官位亦超諸卿。朕顧念之，任重事密，充員難滿，宜廢省二員爲定兩人，更置中納言三人，以補大納言不足。其職掌奏宣旨、待問、參議，其官位料祿准令，商量施行。太政官議奏，其職近大納言，事關機密，官位料祿，不可便輕。請其位擬正四位上。別封二百戶，資人三十人。奏可之。……辛未，天皇御大極殿，以正四位下粟田朝臣眞人、高向朝臣麻呂、從四位上阿倍朝臣宿奈麻呂三人，爲中納言。」（頁 22）由此可知，任命爲中納言的三人其中，正四位下粟田朝臣眞人和高向朝臣麻呂是從「參議」當中選出的。

貴族們參與國政審議。這來自 6 世紀末開始發展的「大夫制度」以及自古透過「合議體」進行國政決策的日本習慣，才適合日本的國情。雖然有些學者認爲「議政官」組織具有貴族集團的合議體性質，而補充「議政官」組織內的名額和充實太政官組織，是由有力的豪族爲了抗衡皇親勢力，加強太政官組織的結果，但筆者無法認同此見解。此見解是完全把皇親政治時代當做由皇親勢力抑制貴族勢力的專制君主時代看待，也把貴族集團當做抗衡皇親勢力看待，以此類的觀念爲前提來探討結果。雖然「議政官」組織具有濃厚的貴族集團合議體之性質，但也有若干的皇族們，後來更又增加了「議政官」的名額，和充實太政官組織，使與「大夫制度」相同，遂使得政治權力不易於集中在部分人的手中。吉川眞司在《律令官僚制の研究》中指出：「合議制是君主制的一部分，雖然說因爲有合議體存在，但不能說君主制受到限制。」〔註171〕筆者非常認同他的看法。

其實在 724 年（唐玄宗開元十二年、聖武天皇神龜元年）二月聖武天皇即位數日後以敕命方式頒布賜給生母藤原宮子（聖武天皇的母親皇太夫人）〔註172〕以「大夫人」之稱號。〔註173〕但過一個月後，因爲《大寶公式令》和敕命之間相互矛盾，所以當時以左大臣長屋王爲首的議政官提出異議，結果聖武天皇取消此敕命，而再重新頒布所謂依照公式令的規定，依舊賜給生母以「皇太夫人」稱號之詔書。〔註174〕

早川庄八關於此事件，在〈律令法と天皇〉中指出，儘管皇權本來具有至高無上的權力，即天皇可以用敕命來任意修改律令，但終究無法違背公式令的規定。其實因爲天皇沒有參考議政官的意見或沒有經過議政官組織的審議，就以獨立的意志，頒布賜給生母藤原宮子以「大夫人」稱號之敕命，所以才遭受到議政官之異議。問題是議政官不管天皇的意志，獨自對天皇已經

〔註171〕見吉川眞司，前揭書，頁 71。

〔註172〕在《養老公式令》中規定爲「皇太后、皇太妃、皇太夫人同。」見仁井田陞，《唐令拾遺補》第三部〈養老公式令〉第二十一，第 36 皇太后條，頁 1277。

〔註173〕《續日本紀前篇》，卷第九〈聖武紀〉神龜元年二月條云：「丙申，勅尊正一位藤原夫人稱大夫人。」（頁 99）

〔註174〕《續日本紀前篇》，卷第九〈聖武紀〉神龜元年三月條云：「辛巳，左大臣正二位長屋王等言，伏見二月四日勅，藤原夫人天下皆稱大夫人者。臣等謹撿公式令，云皇太夫人，欲依勅号，應失皇字。欲湏令文，恐作違勅，不知所定。伏聽進止。詔曰：冝文則皇太夫人，語則大御祖。追收先勅，頒下後号。」（頁 100）

頒布的敕命加以審議後，以奏議方式提出異議。由此可知，連天皇的意志也是議政官所審議的對象，而且其審議的結果超越天皇的權限。〔註175〕

筆者不認同他的見解，因爲此非重大事件，不應該解釋爲此事件代表議政官推翻天皇的決定或者議政官的權限超越天皇，也不能以貴族和天皇間的對立爲前提，解讀《續日本紀》中的記載。因爲當時的知太政官事是皇族舍人親王，他也是議政官之一，並且皇親政治還在繼續中。其實天皇是有權限修改令之規定，如下：

《日本書紀後篇・文武紀》慶雲二年四月條云：

> 丙寅，勅：依官員令，大納言四人，職掌既比大臣，官位亦超諸卿。朕顧念之，任重事密，充員難滿，宜廢省二員爲定兩人，更置中納言三人，以補大納言不足。〔註176〕

該條敕令跟臣下交代清楚說：「依官員令，大納言四人，職掌既比大臣，官位亦超諸卿。朕顧念之，任重事密，充員難滿，宜廢省二員爲定兩人。」但724年2月聖武天皇的敕命只云：「勅停正一位藤原夫人稱大夫人。」即天皇關於此矛盾，並沒有交代清楚。因此對《大寶律令》和敕命間的矛盾，感到疑問是理所當然。而且《續日本紀前篇》神龜元年三月條云：「藤原大人天下皆稱大夫人者。臣等謹撿公式令，云皇太夫人，欲依勅号，應失皇字。」即除了《大寶律令》和敕命間產生矛盾以外，還也有嚴重問題存在。這就是如果照敕命，就會失去「皇」字。該條又云：「欲湏令文，恐作違勅，不知所定。伏聽進止。」議政官謹謹是確認天皇的意志罷了。因此應該把此事件解釋爲天皇並非不能違背《大寶公式令》，而是天皇選擇按照《大寶公式令》。然而，因爲當時相關的資料幾乎都沒有殘留，所以無法知道到底聖武天皇經過麼怎樣的手續頒布此敕命。但可以肯定說此敕命是沒有經過議政官的審議而頒布的。由此可推這可能是以「勅旨」方式頒布的。

在唐尚書省的職權方面，《舊唐書・職官志二》尚書都省條云：

> 尚書省領二十四司。尚書令一員。令總領百官，儀刑端揆，其屬有六尚書：一曰吏部……六曰工部。凡庶務，皆會而決之。左右僕射各一員，掌統理六官，綱紀庶務，以貳令之職。自不置令，僕射總判省事。御史糾劾不當，兼得彈之。左右丞各一員。左丞掌管轄諸

〔註175〕請參考早川庄八，〈律令法と天皇〉第一節，頁495、477～478。

〔註176〕《續日本紀前篇》，卷三〈文武紀〉慶雲二年四月條，頁22。

司，糾正省内，勾吏部、户部、禮部十二司，通判都省事。若右丞
闕，則併行之。右丞管兵部、刑部、工部十二司。若左丞闕，右丞
兼知其事。御史有糾劾不當，兼得彈之。左右司郎中各一員。左司
郎中，副左丞所管諸司事，省署鈔目，勘稽失，知省内宿直之事。
若右司郎中闕，則併行之。左右司員外郎各一員（天后永昌元年設
置）。左右司郎中、員外郎各掌副十有二司之事，以舉正稽違，省署
符目焉。〔註177〕

嚴耕望在〈論唐代尚書省之職權與地位〉中指出：尚書六部上承君相之制命，
而總其政令，於天下大政無所不綜，但直接由六部執行者則甚少。屬於地方
性質者，下達地方政府執行之，則屬於中央性質者，雖然小部份較重要者，
由六部自己執行，但大部分符下寺監等事務機關執行之，尚書六部亦只處於
頒令節制之地位。即尚書省是上承君相，下行中外百司，爲全國行政之總樞
紐，爲政令之製頒而節制之之機關，並非實地執行之機關。〔註178〕

接下來，在左右僕射的職權方面，《新唐書・百官志一》云：

初，唐因隋制，以三省之長中書令、侍中、尚書令共議國政，此宰
相職也。其後，以太宗嘗爲尚書令（武德元年六月擔任），〔註179〕
臣下避不敢居其職，由是僕射爲尚書省長官，與侍中、中書令號爲
宰相，……〔註180〕

可見因爲唐太宗嘗擔任過尚書令之職，所以之後無人敢擔任此職。因此僕射
成爲宰相，早在武德年間已於設置在門下省的政事堂與中書令和侍中共議國
政，但實際上是從貞觀初年之後才開始正常運作政事堂的宰相決策會議。
〔註181〕嚴耕望在〈論唐代尚書省之職權與地位〉中也指出：唐初兩僕射爲正

〔註177〕《舊唐書》，卷四十三〈職官志二〉，尚書都省條，頁1816。
〔註178〕請參考嚴耕望，〈論唐代尚書省之職權與地位〉（收入國立中央研究院歷史
　　　　語言研究所集刊編輯委員會，《國立中央研究院歷史語言研究所集刊》第二十
　　　　四本一冊，台北：國立中央研究院歷史語言研究所，1953年6月，初版），
　　　　頁3。
〔註179〕見《新唐書》，卷六十一〈宰相表上〉，頁1627。
〔註180〕見《新唐書》，卷四十六〈百官志一〉，頁1182。
〔註181〕貞觀初年以前政事堂的宰相決策會議之作用不太明顯，往往是由皇帝自己或
　　　　御前決策會議（參常決策會議）中決定，因爲唐代初年中央政權剛建立，國
　　　　家機器的結構還較簡單，加以統一全國的戰爭尚在進行。但唐太宗從貞觀元
　　　　年已經開始以「參預朝政」或「參議朝政」之授權，使三省長官之外的高級
　　　　官員參加宰相決策會議。請參考雷家驥，《隋唐中央權力結構及其演進》，頁

宰相，〔註182〕尚書省爲宰相機關兼行政機關，因此左右僕射對於寺監及中外百司之長官有任免進退之權，具對於寺監及中外百司等之控制權力。〔註183〕

　　但唐太宗爲了加強皇權，分散相權，需要時選拔能幹人才到最高統治機構，使他們有發揮自己才能的機會，必須建立更爲靈活而多元化，能爲君主控制的決策核心。因此唐太宗自 643 年（唐太宗貞觀十七年、皇極天皇二年）以「同中書門下三品」的職銜，授予非三省首腦而進入決策核心的官員，〔註184〕這種職銜逐漸固定下來，到 682 年（唐高宗永淳元年、天武天皇十年），又以「同中書門下平章事」作爲宰相的職銜，〔註185〕授予品級較低的官員參與宰相決策會議。〔註186〕至 711 年（唐睿宗景雲二年、元明天皇和銅四年）十月，韋安石出任左僕射東都留守，但不帶「同中書門下三品」的職銜，因此他空除僕射，而不是宰相，從此以後，這成爲慣例。〔註187〕其實，唐高宗在 649 年（唐太宗貞觀二十三年、孝德天皇大化五年）九月以具「同中書門下三品」職銜的李勣爲左僕射時，〔註188〕宰相制度已經回歸律令

220～221；謝元魯，《中央政權決策研究》（台北：文津出版社，1992 年，初版），頁 17、77～78。雷家驥，在《隋唐中央權力結構及其演進》中關於唐初的參政制度指出，貞觀行使參政制度則以集思廣益爲主，參政官各有本官，運用的精神意義各有不同，參政官出席政事堂的決策會議後，仍需回本機關工作，他們與同類官員間的差異是具有出席會議參決政務之權，但無指揮三省作業之權。因此他們不影響三省分權制衡的政制體系。請參考雷家驥，《隋唐中央權力結構及其演進》，頁 220。

〔註182〕雖然嚴耕望在此文中云：「止宰相」，但唐初兩僕射並非正宰相，而是非常制宰相。請參考註189。

〔註183〕請參考嚴耕望，前揭書，頁 3。

〔註184〕《通典》宰相條註云：「貞觀十七年，以兵部尚書李勣同中書門下三品。同中書門下三品，自此始也。」見《通典》，卷二十一〈職官三〉宰相條，頁 540。

〔註185〕《資治通鑑》高宗永淳元年條云：「以黃門侍郎潁川郭待舉、兵部侍郎岑長倩……並與中書門下同承受進止平章事。上欲用待舉等，謂韋知溫曰：『待舉等資任尚淺，且令預聞政事，未可與卿等同名。』自是外司四品已下知政事者，始以平章事爲名。」見《資治通鑑》，卷第二百三〈唐紀十九〉高宗永淳元年條，頁 6409。

〔註186〕請參考謝元魯，前揭書，頁 17～19；蒲堅，《中國古代行政立法》（北京：北京大學出版社，1992 年 6 月，第 2 次印刷），頁 262～263。

〔註187〕《唐會要・尚書省諸司上・左右僕射》景雲二年十月條云：「至景雲二年十月，韋安石除左僕射東都留守，不帶同一（三）品，自後空除僕射，不是宰相，遂爲故事。」見《唐會要》，卷五十七〈尚書省諸司上・左右僕射〉景雲二年十月條，頁 990。

〔註188〕《資治通鑑》唐太宗貞觀二十三年六月條云：「癸巳，以李世勣爲開府儀同三

制度。〔註189〕唐太宗在 629 年（唐太宗貞觀三年、舒明天皇元年）時曾經對
侍從的大臣云：

> 中書、門下，機要之司。擇才而居，委任實重。詔敕如有不穩便，
> 皆須執論。……若惟署詔敕、行文書而已，人誰不堪？何煩簡擇，
> 以相委付？〔註190〕

由此可見，皇帝決策的輔助機構只是中書和門下兩省而已，因此左右僕射被
摒於衡軸之外以及尙書省的職權大幅減少，也許是必然的結果。

嚴耕望關於左右僕射被摒於衡軸之外，在〈論唐代尙書省之職權與地位〉
中提出很重要的問題，因此在此引用全文，如下：

> 唐代初年尙書省爲宰相機關兼行政機關，其時行政只尙書省與寺監
> 百司之兩級，兩僕爲宰相正官，〔註191〕對於寺監百司之長官有任免

司、同中書門下三品。」該條又云：「九月，乙卯，以李勣爲左僕射。」見《資
治通鑑》，卷第一百九十九〈唐紀十五〉唐太宗貞觀二十三年條，頁 6268、
6269。

〔註189〕《通典》宰相條云：「大唐侍中、中書令是眞宰相。」該條又註云：「尙書左
右僕射亦嘗爲宰相。……其僕射貞觀末始加平章事，方爲宰相。」見《通典》，
卷二十一〈職官三〉宰相條，頁 540。雷家驥在《隋唐中央權力結構及其演
進》中關於貞觀年兩僕射的宰相職指出：「同中書省、門下省正三品的長官，
即是決策權力完全與宰相相同」；「三省長官爲宰相之官，非三省長官，即使
三師、三公亦不爲眞宰相。……至於臣下不敢任尙書令，遂以僕射爲長官，
號爲宰相之說，與貞觀制度不符，蓋貞觀從未有詔令以僕射爲長官，這是諸
書不明體制而誤述的第一個地方。……（貞觀）十七年以前共有僕射八人，
八人皆無加號的紀錄，而且當時亦無『同中書門下平章事』之名，『參知機務』
亦非參政授權。武德元年（六一八）除裴寂右僕射而指定他『知政事』，……
僕射在法令上雖爲尙書省副長官，但自唐初即曾指定爲『知政事』之官，後
來任者可援例行之，似乎不需另外授權。若此推論成立，則可以知道僕射在
尙書令未空闕廢止之前，已爲『知政事』之官，得與宰相評議朝政。……觀
察貞觀時僕射解職，例稱『解僕射』、『罷知政事官』或『罷政事』，他宰相、
參政官稱呼法相同，則兩僕射雖未加號，慣例上應爲非常制宰相之官，或代
理宰相無異。」見雷家驥，《隋唐中央權力結構及其演進》，頁 237、239～240。
由此可見，除非空闕廢止尙書令，否則兩僕射在《貞觀令》下不管空不空闕
尙書令，本來不是宰相。因此雖然兩僕射在貞觀十七年前依慣例爲宰相，但
本來兩僕射只有參政授權，才可以成爲宰相，並非正宰相，而是非常制宰相
之官或代理宰相，僕射帶「同中書門下三品」的職銜爲宰相是回歸律令制度
的，即依照法令的參政授權方法。

〔註190〕見〔唐〕吳兢編，許道勳注譯《新譯貞觀政要》（台北：三民書局，2000 年 3
月，第 2 刷），卷一〈政體第二〉，貞觀三年條，頁 24～25。

〔註191〕請參考註189。

進退之權，即尚書省對於寺監及其他中外百司能絕對控制，亦即無異為直接統轄之機關，故其所頒政令之推行，既能便捷迅速，復能切實貫徹，絕無留滯之弊。及兩僕被摒於衡軸之外，尚書省之權勢大削，只為行政機關，非復宰相機關，一切政令之製定，須上承中書門下之制命，而實際執行則仍下之寺監及其他中外百司，而自處於節制之地位，故行政體系由二級制變為三級制，即政事之推行多一層轉折。且寺監雖在行政上承受於尚書省，亦可謂文屬於尚書省，然究非尚書省之直屬機關，其首長之品秩與各部尚書略均，其任免進退，尚書省不能干涉，是即尚書省對於寺監及其他中外百司之控制力極為薄弱，非復唐初之舊觀，故上下之間難免不相接，政令推行之際時或有留滯，承平之世尚可因應，軍興之後，政事既已增繁，又必期其敏速，以云開元舊制，實有周轉不靈之感。〔註192〕

綜上所述，尚書省大致上相當於合併辨官局與八省在一起的機關。但日本則考慮到《大寶令》之前六官的自立性質，重視以分掌職務為原則，分為兩種機關，即主要進行國政審議的機關太政官與身為行政分掌機關的八省，而且為了由太政官來統率並掌控國家所有的行政事務，可能像嚴耕望敘述那樣，也為了避開多一層轉折，迅速地貫徹頒布推行政令，以免留滯之弊，把辨官局納入太政官組織內。因此太政官即由議政官組織與辨官局合併組成，辨官局仍然扮演「太政官」〔註193〕和八省間橋樑之角色。日本如此著重於行政效率，因此才將「寮」和「司」等事務機關，也置於八省直接的管轄下。雖然日本仿效唐制的左右僕射，大臣分為左右，但左右大臣與左右僕射不相同，並無特別的分掌。日本之所以仿效唐制左右僕射設置左右大臣，是因為唐制以分權為目的，而唐初的左右僕射也是宰相，對於內外諸司以及其行政事務，具有絕對的控制權力，這很適合於大化前的大臣之性質。因此在 645 年（唐太宗貞觀十九年、孝德天皇大化元年）大化元年的官制中設置的左右大臣，即把大化前的大臣分為左右大臣，其職務的核心跟大化前相同，仍然是統轄政務並進行國政審議，繼續繼承大化前的大臣性質。筆者認為這即日本未採用以分權制衡為目的的唐三省制之理由之一。

另外，關於「八省」名稱的由來，鄙意唐制尚書省上承君相、下行中外

〔註192〕見嚴耕望，前揭書，頁 4〜5。
〔註193〕請參考註 133。

百司的功能，大致上由八省來繼承。八省跟唐制六部不相同；日制辨官局納入太政官組織內，做爲「太政官」和八省間的橋樑，採用八省與太政官組織分離的方式；而其下的職、寮、司等事務機關則直接隸屬於八省，由八省來直接監督指揮，即八省及其所職、寮、司等事務機關形成一個從太政官分離的系統。因此，「八省」的「省」可能來自唐制「尚書省」的「省」，但卻未採用「六部」的「部」字。

三、大少納言職掌與少納言局及門下省間之比較

大納言主要的職掌是參議庶事、奏宣（重大案件）、〔註194〕侍從進言是

〔註194〕屬於由大納言來上奏的有關重大案件之太政官奏主要有兩種形式，根據早川庄八，一是由議政官組織親自所提議的「論奏式」（《大寶公式令》寫爲「論事奏式」），二是議政官組織審議由諸司向太政官上申案件的結果，所判定爲需要天皇批准的「奏事式」，這成爲大部分學者的公識。請參考早川庄八，〈制について〉，頁143。但飯田瑞穗在〈太政官奏について〉論文中指出：在「論奏式」中也有官人提議的案件，在「奏事式」中也有議政官組織親自提議的案件，早川庄八的理論也有許多疑問，其實找不到確實以像他理論方式來區別「論奏式」和「奏事式」兩者之依據，因此「論奏式」和「奏事式」的區別與「詔書式」和「勅旨式」的區別相同，必須按照上奏案件的輕重或大小來區別才對。請參考飯田瑞穗，〈太政官奏について〉（收入日本歷史學會編，《日本歷史》第三八一號，1980年2月），頁14～15。筆者也認同飯田瑞穗的見解，因爲《養老公式令》論奏式條云：「右大祭祀，支度國用，增減官員，斷流罪以上及除名，廢置國郡，差發兵馬一百匹以上……若勅授外應授五位以上，及律令外議應奏者，並爲論奏。」《養老公式令》明定以「論奏式」來上奏之範圍。見仁井田陞，《唐令拾遺補》第三部〈養老公式令〉第二十一，第3論奏式條，頁1242。而且《令釋》在《養老公式令》論奏式條中亦註云：「律令內應奏諸事，大者爲論奏；中者爲奏事；小者爲便奏。是合唐律令。」（見《令集解後篇》，卷第二〈養老公式令〉第二，第2論奏式條，引《令釋》，頁786），大納言和少納言間的職掌也以案件的輕重或大小來區別。「論奏式」和「奏事式」兩者的區別本來看議政官簽署的位置，就可以容易區別（請參考第五章【附錄5-10】《大寶公式令》論事奏式條和【附錄5-11】《大寶公式令》奏事式條）。然而因爲類聚三代格等記載的太政官奏省略議政官簽署部分，而只記載其內容（上奏文）而已，所以在現存史料中幾乎沒有完全的太政官奏公文。但也可以太政官奏的上奏文來分別「論奏式」或「奏事式」。即「論奏式」的敕裁使用「聞」字，則「奏事式」的敕裁使用「奉勅依奏」之詞句。請參考飯田瑞穗，前揭論文，頁12～13。今江廣道在《公式樣文書（2）太政官文書・上申文書》中指出：「論奏式」上奏文中都有「臣等商量」、「朝議商量」、「官議商量」等言文，這也許可以當成分別「論奏式」或「奏事式」的依據。見今江廣道，《公式樣文書（2）太政官文書・上申文書》（收入飯倉晴武、中尾堯編，《日本古文書學講座》第二卷〈古代編I〉，東京：雄山閣，

非及大臣空位時可以獨自替代大臣統轄大臣政務（但無權限彈劾），屬於太政
官的次官，相當於門下侍中和黃門侍郎。大納言的官位是正三位。關於此
職，《養老職員令》太政官條云：「大納言四人，掌參議庶事、敷奏、宣旨、
侍從、獻替。」〔註195〕《義解》在《令集解前篇・養老職員令》太政官條
中註云：「謂，納言，王者喉舌之官也。言納下言於上，宣上言於下也。」
〔註196〕

　　《義解》關於大納言之職權「參議庶事」，在該條中註云：

　　　謂與右大臣以上，共參議天下之庶事。若右大臣以上並無者，即大
　　　納言得專行。其彈者，雖是左右大臣，尚不得爲職掌，故職掌之末，
　　　別起而注，即大納言雖大臣以上無，不得復兼彈之。〔註197〕

少納言局的少納言之名額是三人，官位是從五位下，職掌是奏宣（關於日常
政務所上奏的較小案件，使用便奏式）；〔註198〕管理內印（蓋玉璽）和外印（蓋
太政官印）；出納驛鈴（使者使用驛馬的許可證）等職務，相當於給事中。《養
老職員令》太政官條云：「少納言三人，掌奏（敷奏）宣小事，請進鈴印傳符，
進付飛驛函鈴，兼監官印。〔註199〕其少納言，在侍從員內。」〔註200〕由此可

　　　1984年8月），頁98。筆者不認同他的説法，因爲天平勝寶六年十月十四日
　　　的大政官奏的奏上文中有敕裁文「奉勅依奏」之詞句，也有「臣等商量」之
　　　詞句，所以雖然可以説「論奏式」一定有「臣等商量」、「朝議商量」、「官議
　　　商量」等言文，但不能説有這些言文的一定都是「論奏式」。筆者認同飯田瑞
　　　穗所説的分別方法，因爲「聞」字由天皇親自畫，但「奉勅依奏」之詞句，
　　　由大納言寫入，因此不可能出現兩者混用的現象。

〔註195〕見仁井田陞，《唐令拾遺補》第三部〈養老職員令〉第二，第2太政官條，頁
　　　895。《大寶官員令》也與《養老職員令》相同。

〔註196〕見《令集解前篇》，卷第二〈養老職員令〉第二，第2太政官條，引《義解》，
　　　頁45。

〔註197〕同上書，〈養老職員令〉第二，第2太政官條，頁45～46。

〔註198〕請參考仁井田陞，《唐令拾遺補》第三部〈養老公式令〉第二十一，第5便奏
　　　式條，頁1243～1244。

〔註199〕「官印」就是「外印（太政官印）」。由長官來保管此外印，由少納言來監視
　　　蓋章。《義解》關於兼監官印，註云：「謂唯得監視蹋印，其印者，依律長官
　　　執掌也。」見同上書，〈養老職員令〉第二，第2太政官條，引《義解》，頁
　　　48；《令釋》又註云：「兼監官印，謂監掌捺印，不掌印實。但印者，長官掌
　　　之。若長官无者，次官掌也。見職制律也。唐令，監印者監掌之意。與此不
　　　同也。」見同上書，〈養老職員令〉第二，第2太政官條，引《令釋》，頁
　　　48。按：官印與其説以個人的權限來蓋章，倒不如説依照太政官內的合意決
　　　策來蓋章，因此長官按照少納言局的請求，出納太政官印，也爲了避免部分

見，大納言的主要職掌是參議庶事和重大事情的奏（敷奏）宣，小事情的奏宣以及給驛券、監督內外印等的職務由少納言來負責。

少納言局也有大、少外記（各二人），官位是正七位上和從七位上，從事審查中務省（大致相當於唐朝的中書省）大內記製作的詔書以及製作奏上文（論奏式、奏事式和便奏式）、研究先例、舉行儀式等職務。少納言局相當於唐朝的門下省，但沒有封駁中務省製作詔敕的職權。《養老職員令》太政官條

人利用職權濫用，刻意分爲保管者、監視蓋章者（少納言）和發公文的處理窗口（左右辨官局）。可見重視合意決策之精神。其實，太師藤原仲麻呂在764 年（唐代宗廣德二年、淳仁天皇天平寶字八年）九月以太政官的長官命令少納言局的大外記竄改已奏上而被批准的太政官奏，並且以太政官印來施行本來應該以內印來所施行的太政官奏。但由於大外記的密奏，此越權的違法行爲被發覺了。《續日本紀後篇・淳仁紀》天平寶字八年九月二日條云：「九月丙申，以太師正一位藤原惠美朝臣押勝（藤原仲麻呂），爲都督四畿內三關、近江、丹波、播磨等國兵事使。」同年同月的十八日條又云：「壬子，軍士石村村主石楯斬押勝傳首京師。押勝者，……時道鏡（765 年十月道鏡成爲太政大臣禪師）常侍禁掖，甚被寵愛。押勝患之懷不自安。乃諷高野天皇爲都督使，掌兵自衛，准據諸國試兵之法。管內兵士每國二十人，五日爲番，集都督衙，簡閱武藝人。奏聞畢後，私益其數，用太政官印而行下之。大外記高丘比良麻呂懼禍及己，密奏其事。」見菅野眞道、藤原繼繩等，《續日本紀後篇》〔完成於797 年（唐德宗貞元十三年、桓武天皇延曆十六年），收入黑板勝美編，《新訂增補國史大系》，東京：吉川弘文館，2004年8 月，普及版第 25 刷〕，卷第二十五〈淳仁紀〉天平寶字八年九月條，頁103、305。

〔註200〕見仁井田陞，《唐令拾遺補》第三部〈養老職員令〉第二，第 2 太政官條，頁895。鈴印（鈴即驛馬用的驛鈴，由政府諸官廳的急來使用之）。傳符（即傳馬用的傳符，地方官的赴任及押解囚犯等不急時使用）和飛驛（緊急時在中央和在外諸司或軍所之間使用）。函鈴用的內印在皇宮內，由相當於中書省的中務省來管理，即大主鈴之職掌。「在侍從員內」即少納言兼任中務省的侍從之職（侍從五人和少納言三人總共八人，兩者都是五位下），少納言的請印手續在中務卿和次官輔等的管理下進行。仁井田陞，《唐令拾遺補》第三部〈養老職員令〉第二，第 3 中務省條云：「大主鈴二人。掌出納鈴印傳符、飛驛函鈴事。」（頁 899）《古記》關於鈴印傳符，在《令集解前篇・養老職員令》中務省條中註云：「少納言率主鈴等請進也。即卿輔等請進時并事緒相知耳。」《令集解前篇》，卷第三〈養老職員令〉第二，第 3 中務省條，引《古記》，頁 64。請參考柳雄太郎，前揭論文，頁 6。至於內印，天皇本來不干預行政，也不會親自蓋章，而且與官印相同，爲了避免濫用，由相當於秘書機關的中務省來保管，由少納言來監視蓋章。唐制無鈴印和傳符，即驛馬和傳馬之區別。仁井田陞，《唐令拾遺補》第三部〈唐公式令〉第二十一，第 21給驛馬條云：「諸給驛馬，給銅龍傳符。無傳符處，爲紙券。量事緩急，注驛數於符契上。」（頁 1280）

又云：「大外記二人，掌勘詔奏，及讀申公文（《大寶令》無此條文），勘署文案，檢出稽失。」〔註201〕因為少納言是判官，負責少納言局，因此說相當於門下給事中，從實際上的職掌來說，大外記才相當於門下給事中。

關於門下省的職權，《唐三師三公臺省職員令》門下省條云：

> 侍中二人。掌侍從、負寶、獻替、贊相禮儀、審署奏抄、駁正違失、監封題、給驛券、監起居注、總判省事。黃門侍郎二人。掌侍從、署奏抄、駁正違失、通判省事。若侍中闕，則監封題，給驛券。給事中四人。掌侍從、讀署奏抄、駁正違失、分判省事。若侍中侍郎並闕，則監封題，給驛券。……左散騎常侍二人。掌侍從、規諫、備顧問應對。諫議大夫四人。〔註202〕掌侍從、贊相規諫、諷諭。左補闕二人。掌供奉、諷諫、扈從乘輿。左拾遺二人。掌供奉、諷諫、扈從乘輿。起居郎二人。掌錄天子之動作法度、以修記事之史。……〔註203〕

關於侍中的職權，《唐六典・門下省》侍中條亦云：

> 掌出納帝命，緝熙皇極，總典吏職，贊相禮儀，以和萬邦，以弼庶務，所謂佐天子而統大政者也。凡軍國之務，與中書令參而總焉，坐而論之，舉而行之，此其大較也。凡下之通于上，其制有六：一曰奏抄……皆審署申覆而施行焉。〔註204〕

《通典・職官三》侍中條又云：

> 保定四年，改御伯為納言，……隋又改侍中為納言，置二人。煬帝大業十二年，又改納言為侍內。大唐初，為納言。武德四年，改為侍中，亦置二人。〔註205〕

不採用三省制的日本認為門下省職掌中的贊相禮儀和監起居注、有關規諫之職務，都是宮內相關，而並非天下政事相關的職務，因此除了為實際職務的運作上謀求方便，〔註206〕而使少納言兼任中務省侍從的職務之外，其他都由

〔註201〕見同上書，〈養老職員令〉第二，第2太政官條，頁895。
〔註202〕此職務由天皇相關的機關中務省次官大少輔和侍從（三個少納言包含在八個侍從內）來擔任。
〔註203〕見《唐令拾遺補》第三部〈唐三師三公臺省職員令〉第二，第9門下省條，頁898。
〔註204〕見《唐六典》，卷第八〈門下省〉侍中條，頁241。
〔註205〕見《通典》，卷二十一〈職官三〉侍中條，頁548～549。
〔註206〕少納言的職權中有監內外印之職務，即有請印之手續。請參考註200。《朱

中務省來擔任。〔註207〕由此可見，大納言也與門下侍中相同，相當於審議國政的宰相。在大納言和少納言局的職掌中除了贊相禮儀和有關規諫之職務以外，與門下省不同的主要職掌是大納言和少納言的敷奏權以及門下省的封駁權。關於此問題，先略爲說明太政官的性質，再在探討日本不採用唐制三省制，而只採用唐制宰相合議體制的原因時，同時詳細說明。

雖然大納言和少納言間有直屬上司和部下之關係，但兩者各有負責之職掌範圍，〔註208〕這一點與唐制不同。在太政官的四等官體制中可見類似的現象，例如所訂定的太政大臣、左右大臣和大納言、（大・中・少）辨的職掌規定有所不同。因此中田薰關於大臣官的四等官制，在《養老令官制の研究》中指出：左大臣是長官，因爲《養老職員令》神祇官條制定有關長官和次官權限之規定云：「伯一人，掌神祇祭祀（《大寶官員令》云：「神祀諸祭」）……惣判官事。餘長官判事准此。大副一人，掌同伯。餘次官不注職掌者，掌同長官」，〔註209〕並且右大臣的職掌云：「右大臣一人。掌同左大臣」，所以次官應該是右大臣。而且大納言的職掌規定與大臣完全不同，屬於特種職掌。至於少納言的職掌，儘管《養老職員令》神祇官條云：「大祐一人，掌糺判官內，審署文案，勾（《大寶官員令》云：「勘校」）稽失，知宿直。餘判官准此」，〔註210〕但在他職掌規定中沒有明訂跟糺判相關的職務規定，因此他不屬於判官。總之，大納言和少納言是不屬於四等官系統的特別職員，太政官的四等官應如下：長官「左大臣」；次官「右大臣」；判官「辨官」；主典「外記」和「史」。〔註211〕

筆者認同大納言和少納言屬於特種職掌，但不認同大納言和少納言並不

說》在《令集解後篇・養老公式令》飛驛式條中註云：「凡飛驛封固，可給中務省。中務省受職，直則可遣也，不必經太政官也，依此式直下耳，不可依勅旨式。但中務下飛驛狀注置耳者，此少納言職掌也，此則中務攝在侍從員內故者。」見《令集解後篇》，卷第二〈養老公式令〉第二十一，第9飛驛式條，引《朱說》，頁806。

〔註207〕關於「規諫」，請參考本節第四目「中務省職掌與中書省間之比較」。

〔註208〕按：所以區分大納言和少納言的職掌是因爲讓大納言專門負屬於重大案件的國政審議，及太政官與天皇間的交涉等任務之責，在此也可見按照實際狀況的需要，區分職掌，明確此範圍之精神。

〔註209〕見仁井田陞，《唐令拾遺補》第三部〈養老職員令〉第二，第1神祇官條，頁894。

〔註210〕見同上書，〈養老職員令〉第二，第1神祇官條，頁894。

〔註211〕參考中田薰，前揭書，頁613。

屬於次官和判官，以及右大臣爲次官等說法。因爲《養老獄令》公坐相連條才特別云：「凡公坐相連，右大臣以上及八省卿、諸司長，並爲長官。大納言及少輔以上、諸司貳，皆爲次官。」〔註212〕《穴記》在《令集解前篇·養老職員令》神祇官條中引用《讚記》註云：「讚說：有職掌次官，也可同長官。唯顯漏長官職掌事，並不可行政耳。私問：有別掌次官誰。答：大納言、中務大輔、內侍、典侍等是。」〔註213〕因此次官也可以有另外擔任之特種職務，這就是大納言。還有與長官相同職掌者不一定爲次官。雖然左右大臣沒有分掌規定，但基本上仿效唐制的左右僕射，如上所述，因此大臣分爲左右。《舊唐書·職官志二》尚書都省條云：「左右僕射各一員，掌統理六官，綱紀庶務，以貳令之職。自不置令，僕射總判省事」，雖然左僕射和右僕射間的地位有上下區別，但基本上具有分權制衡之構造，兩者皆爲長官。因此左右大臣也無疑具有分權制衡之構造，左右大臣必須具有同等的職權（長官）才行。大納言以上的上卿共同審議庶事，大納言在大臣空位或不在時可以獨自執行大臣的行政權，則左右大臣在大納言空位時可以兼任此職。關於大納言的職掌「參議庶事」，《義解》在《令集解前篇·養老職員令》太政官條中註云：「與右大臣以上，共參議天下之庶事。若右大臣以上並無者，即大納言得專行。」〔註214〕《穴記》在該條中又註云：「參議庶事，謂上文（左右大臣的職掌規定）統理以下、惣判以上皆是也。」〔註215〕《跡記》也補充註云：「大納言若无大臣者，上諸事皆自得行也。」〔註216〕《朱說》在該條中再註云：

> 无右大臣以上之日，大納言獨得行政行哉？答：有可行事，又有不可行事也，即見此文者。未知何。但此書云：惣判庶事以上，大納言得獨行也。但彈正以下事，不得行也。〔註217〕

可見雖然由於當時的資料缺乏，無法詳細地了解有大臣時大納言通常如何參與大臣的職務內容，〔註218〕但至少可以說與大臣共同參議庶事，大臣空位或

〔註212〕見仁井田陞，《唐令拾遺補》第三部〈養老獄令〉第二十九，第25公坐相連條，頁1432。《大寶獄令》與《養老獄令》相同。
〔註213〕見《令集解前篇》，卷第二〈養老職員令〉第二，第1神祇官條，引《穴記》，頁33。
〔註214〕見同上書，〈養老職員令〉第二，第2太政官條，引《義解》，頁46。
〔註215〕見同上書，〈養老職員令〉第二，第2太政官條，引《穴記》，頁46。
〔註216〕見同上書，〈養老職員令〉第二，第2太政官條，引《跡記》，頁46。
〔註217〕見同上書，〈養老職員令〉第二，第2太政官條，引《朱說》，頁46。
〔註218〕按：筆者認爲因爲在大納言職掌之規定中只敘述「參議庶事」，沒有明訂「掌

不在時由大納言來統轄太政官之政務,應該有相當的權限。根據《續日本紀・文武紀》大寶元年三月條,701 年三月二十一日被任命爲大納言的人只是<u>石上麻呂</u>、<u>藤原不比等</u>和<u>紀麻呂</u>三個人而已,〔註219〕因爲《大寶令》規定的名額是四人,因此由右大臣<u>阿倍御主人</u>來兼任大納言。〔註220〕而且《讚記》在《令集解前篇・養老職員令》太政官條中亦註云:「問:大納言若不在者,誰行敷奏宣旨獻替等事?答:不見也。案:上得攝下事,然則大臣代,須密奏並獻替耳。」〔註221〕這些代表左右大臣看情況成爲少納言局之直屬上司,則大納言也看情況成爲的左右辨官局之直屬上司。總之,雖然上卿各有不同的角色,但如此地相互關連,並維持四等官制,共同統率太政官組織。〔註222〕

至於少納言,他負責的少納局與左右辨官局相同,被編入太政官組織的三局之一。因爲少納局本來屬於相當於門下省之特殊職務機關,並且在職務性質上直接隸屬於大納言,故與大納言相同,在他職掌規定中只列舉特殊職務部分而已。而且《養老獄令》公坐相連條也特別云:「少納言、左右辨及諸司糾判,皆爲判官」,〔註223〕少納言除了特殊職務外,也有糾正官內、審署文案、勾稽失等職掌才對,並不會牴觸律令。《跡記》在《令集解前篇・養老職

同長官」等規定,如:有關神祇官次官大副之規定,而且《令集解》中的註釋也特意解釋爲「大臣空位時大納言得專行。」《令釋》關於左大臣的職掌「統理眾務」,註云:「凡諸司,事由辨官申者,爲官內事。若不由辨官,而直申大臣者,爲天下諸事耳。假令,考選任官之類也。」見《令集解前篇》,卷第二〈養老職員令〉第二,第 2 太政官條,引《令釋》,頁 43。並且在大納言的職掌中另外也有「侍從」之大任務,根據《類聚三代格》,太政官處分的宣者幾乎都是左右大臣,因此雖然大納言也有相當於大臣之職權,與左右大臣共同審議庶事,也當做宣者,對外發行太政官處分,但「統理眾務」之職務,應該通常是由左右大臣來擔任的。

〔註219〕請參考《續日本紀前篇》,卷第二〈文武紀〉大寶・元年三月條,頁 10。對諸國正式頒布《大寶律令》是 702 年十月,但在 701 年三月已經依照《大寶令》,任命大納言。

〔註220〕該條關於右大臣<u>阿倍朝臣御主人</u>,註云:「任大臣之後兼大納言之由見扶桑記。」見黑板勝美編,《公卿補任第一篇》(收入黑板勝美編,《新訂增補國史大系》第五十三卷,東京:吉川弘文館,2005 年 1 月,新裝版第 2 刷)文武天皇大寶元年條,頁 8。請參考柳雄太郎,前揭論文,頁 11～12。

〔註221〕見《令集解前篇》,卷第二〈養老職員令〉第二,第 2 太政官條,引《讚記》,頁 46。

〔註222〕請參考柳雄太郎,前揭論文,頁 1～4、11～12。

〔註223〕見仁井田陞,《唐令拾遺補》第三部〈養老獄令〉第二十九,第 25 公坐相連條,頁 1432。《大寶獄令》與《養老獄令》相同。

員令》太政官條中亦註云：「少納言亦糺判。審署。勾稽失等事。」〔註 224〕
《朱說》又註云：「少納言，得糺判勾哉？答：可糺勾者。未知依何文所說？
若獄令，少納言、左右辨及諸司糺判，皆爲判官者。」〔註 225〕《讚記》再註
云：「問：依公坐相連條，少納言是判官也。准神祇祐，糺判官內，審署文案，
勾稽失，知宿直哉？答：可然也，上條餘判官准此（神祇官條大祐職掌規定）
之故。」〔註 226〕由此可見，只有大納言和少納言的職掌因爲特別並且與一般
的行政職務不同，所以產生職權上的問題，少納言具有特殊職掌，同時也有
以判官之身分，糾正官內、審署文案、勾稽失等權限，不能因爲少納言職掌
規定中沒有明訂跟糺判相關的職務規定，而馬上判斷他沒有糺判職務，不屬
於判官。

綜上所述，大納言以及少納言局的職掌因爲仿效唐制門下省，所以也有
特殊職掌，但這並不代表它的職掌從太政官分離。大納言與左右大臣相互關
連，並共同形成國政審議的中樞「太政官」，少納言局與左右辨官局也當做判
官相互關聯，並共同分掌在「太政官」的國政審議和其運作上需要的一切相
關職務，這即不採用唐制三省制，而只採用唐制宰相合議體制的太政官之性
質。筆者認爲日本不給大納言和少納言局類似門下省的封駁權，成爲不採用
唐制以分權制衡爲基礎的三省制，而僅採用唐制宰相合議體制之太政官與唐
制間的很明顯差異，而且門下省的封駁權是三省制的重要因素之一。換言之，
日本不給大納言和少納言局封駁權之原因，即形成不採用三省制，而只採用
唐制宰相合議體制的太政官之重要理由之一。因此接下來試探日本不採用唐
制三省制，而只採用唐制宰相合議體制之原因，同時也試探日本不給大納言
和少納言局以封駁權之原因。

關於日本不採用唐三省制，而只採用唐制宰相合議體制之原因，當時的
日本史料非常有限，也幾乎沒有解釋此原因的相關史料，但因爲當時的日本
非常精通唐朝的統治體制和執政狀況，也考量日本的傳統和國情，從唐朝的
統治體制和其相關法令中只篩選有利的部分，若必要的話，則加以修改，而
建立了日本獨特的統治體制和其相關法令。因此筆者在此主要透過三省制的
長短分析，並參考唐、日間的行政法令上之差異以及前輩學者的見解，藉以

〔註 224〕見《令集解前篇》，卷第二〈養老職員令〉第二，第 2 太政官條，引《跡記》，
　　　　頁 47。
〔註 225〕見同上書，〈養老職員令〉第二，第 2 太政官條，引《朱說》，頁 47。
〔註 226〕見同上書，〈養老職員令〉第二，第 2 太政官條，引《讚記》，頁 47。

試探此原因。

唐代採用三省分立制度，分相權於三個機關，如：中書省主要制定法令（出命）、門下省主要審查法令（駁正）、尙書主要執行法令（奉行）。其目的在於分權制衡，藉以加強君權，對相權的控制。在唐初的制度上，三省長官均爲宰相之職，因爲三省制是權力的徹底分化，所以中書與門下有時難免因成見的關係，發生公務上的爭執，而且如果運行不當時，則彼此互相牽制，不易推動工作。〔註227〕其實三省分權僅是一種理想的模式，在國家機器的實際運行中存在著許多弊病，必須按照實際情況加以調整。唐太宗在貞觀元年關於此流弊對黃門侍郎王珪云：

> 國家本置中書、門下以相檢察，中書詔敕或有差失，則門下當行駁
> 正。人心所見，互有不同，苟論難往來，務求至當，捨己從人，亦
> 復何傷！比來或護己之短，遂成怨隙，或苟避私怨，知非不正，順
> 一人之顏情，爲兆民之深患，此乃亡國之政也。〔註228〕

唐太宗爲補救這種流弊，貞觀初以後正式運作政事堂的宰相決策會議，以「參預朝政」或「參知機務」類之名目，使三省長官之外的高級官員參加宰相決策會議，後來唐朝仍繼　此唐太宗精神，繼續選拔能幹人才到最高統治機構，使他們有發揮自己才能的機會。此宰相決策會議的另外一個主要目的即因爲門下省主封駁進行審核，若覺得不妥時有權封還中書省，所以唐代皇帝的一切重要政令必須有門下省副署，才能正式生效。這代表門下省有權推翻皇帝詔書，若遭到封還時，皇帝所下的命令等於白費，故實際的運作上爲避免上述情況發生，讓中書省在下命令之前先行與門下省開會討論。〔註229〕總之，政事堂的宰相決策會議主要對中書和門下兩省提供互相溝通之場所，同時使各機關實際運作上謀求方便，也爲皇帝正確判斷國策並且進行決策。但這不代表透過政事堂的宰相決策會議制幾乎都能夠解決唐太宗所謂的流弊以及其他問題。雖然說日本仿效此唐朝宰相合議體制，但唐制的宰相合議體制

〔註227〕請參考陳炳天，《唐代政治制度研究》（台北：臺灣商務印書館，1983 年，初版），頁 40～41。

〔註228〕《資治通鑑》唐太宗貞觀二十三年條云：「癸巳，以李世勣爲開府儀同三司、同中書門下三品。」該條又云：「九月，乙卯，以李勣爲左僕射。」見《資治通鑑》，卷第一百九十二〈唐紀八〉唐太宗貞觀元年條，頁 6041。

〔註229〕請參考錢穆，《中國歷代政治得失》（台北：東大圖書，1981 年 9 月，再版），頁 41～42。

即以三省制爲基礎的合議體制，就這一點，與日本太政官合議體制之性質完全不相同。日本的合議體制，即不採用三權制的，以國政決策爲宰相專門並共同職務的合議體制，在此相對唐制的合議體制，姑名之爲「日本式宰相合議體制」。

陳炳天在《唐代政治制度研究》中指出四個三省制的缺點，如下：〔註 230〕

（一）三省的權責仍然分配不清，難免發生爭功諉過，行動遲緩，影響行政效率。尤以中書、門下兩省合議於政事堂後，彼此的職掌，更日趨紊亂。

（二）三省的官員可互相兼職，或中書省官員在門下省兼職，或尚書省官長兼中書令，破壞體制。〔註 231〕

（三）尚書省不置令後，左右僕射二人爲首長，中書、門下兩省的首長亦均有二人，事權難於統一，亦不合理。

（四）皇帝任用近臣，如翰林學士、樞密使等，侵奪三省職權。

從三省制缺點的角度來分析日本不採納三省制之原因，如下：

如果日本採用三省制，如同唐制，難免發生（一）、（二）、（三）的問題，但如果不採用三省制，則不會發生（二）的兼職問題。而且（二）現象意味著三省宰相的分權制衡的意義減少。因此唐太宗爲了加強皇權，分散相權，才使三省長官之外的高級官員參加宰相決策會議。關於（三）的問題，即使不採用三省制，而採用無分權制衡的「日本式宰相合議體制」，但不採用宰相間的階級制的話，〔註 232〕也會發生衝突，難以達成合意，事權難於統一的問題，最好也採用多數「參議朝政」制。關於（一）的問題，不採用三省制，而採用無分權制衡的「日本式宰相合議體制」的話，因爲宰相的主要職務是共同擔任國政決策，所以不必要權責的分配，這也代表不會發生職掌紊亂之問題，也不會發生由於爭功諉過及行動遲緩，而影響行政效率之問題，功過基本上都屬於宰相合議體。

〔註 230〕見陳炳天，前揭書，頁 42。

〔註 231〕他引新舊唐書的記載爲佐證。「（高宗即位）進無忌太尉，檢校中書令，猶知門下、尚書二省，固辭尚書省，許之。」見《新唐書》，卷一百五〈長孫无忌列傳〉，頁 4020；「（玄宗）授說（張說）爲右丞相（右僕射）兼中書令，源乾曜爲左丞相（左僕射）兼侍中。」見《舊唐書》，卷九十七〈張說列傳〉，頁 3054。

〔註 232〕所謂的階級制爲由位階、四等官制、左右階級制等來區別的宰相階級制，類似日本的太政大臣、左大臣、右大臣、大納言、中納言、參議等區別。

他也指出三省制的優點，如下：〔註233〕

（一）組織與分工縝密而合理。〔註234〕

（二）尙書省設置八座會議（左右僕射以及六部尙書八人的會議），以研商國家重要政事或繁難之問題，以減少施政的錯誤。

（三）除門下省有封駁外，尙書丞亦有權封還制詔，〔註235〕以補救制詔之疏虞。

（四）諫官的設置，不但可匡正皇帝的失誤，且可避免皇帝與宰相間的直接衝突。

關於（四）的諫官，因爲日本也有類似的官，故不算是限定於三省制之優點。關於（一），因爲以分權制衡爲三省制的基本理念，各省組織角色分得很清楚，但其分權如果三省配合得不好的話，則引起嚴重的缺點。（一）（二）（三）共通的優點是各省以三省不同的角色來採取爲了預防或減少施政錯誤的措施，尤其門下的封駁和尙書省的八座會議是如此。由此可見，三省制是以分權爲目的，同時著重於預防或減少國政決策錯誤之制度。那麼，日本如何看待此唐制的優點？接下來，筆者要把重點放在八座合議的「都堂會議」和封駁，以此問題的角度來試探未採用三省制的理由。

門下省對中書省代擬的制書和敕書（兩者總稱爲制敕）以及敕旨具有封駁權，但這絕不代表門下省是貴族對皇帝的「同意機關」。袁剛在《隋唐中樞體制的發展演變》中云：

> 皇帝既然三令五申地要求臣下擔當封駁的責任，所謂牽制皇帝的「同意權」之說就沒有任何說服力。三省分權既是按照皇帝的意志，在皇權的控制下的分權分職，「合意」體制的說法更顯然是站不住腳的了。……我們雖然反對三省體制是「合意體制」，但並不否認三省制對皇權存在著一定的制約。但這種制約的前提是皇帝的心甘

〔註233〕見陳炳天，前揭書，頁41～42。

〔註234〕他引用王船山所著《讀通鑑論》卷二十云：「宰相之賢者，且慮有未至，而見有或偏，不肖者之專私無論也。先以中舍之雜判，盡群謀以迪其未達，而公論以伸，則益以集而權弗能擅，其失者庶乎鮮矣。猶且於既審之餘，有給事之駁正以隨其後，於是而宰相之違以塞，而人主之愆以繩，其治道之至密，而恃以得理者也。」

〔註235〕雖然陳炳天云：「尙書丞亦有權封還制詔」，但封還權是只有門下省的權限，應該說爲「尙書丞亦有對制詔提出異議的覆奏權」。

情願，因而又極有限度。皇帝不情願時，往往隨心所欲，不遵循制
度。〔註236〕

門下諫議大夫的諫諍權，僅有在門下省有此編制，這也與門下省對尚書省敷
奏之審核權一樣，都是以分權制衡以及使皇帝對國策做正確判斷爲目的的措
施。雷家驥師亦在《隋唐中央權力結構及其演進》中云：

諫諍權的存在，是皇帝希望透過它而阻止自己的爲所欲爲，避免過
失。諫諍權由宰相所控制領導，在制度上更具有讓宰相在某種程度
上制衡君權的意義。〔註237〕

在唐制的政治制度中，能常看到非常重視以皇帝對國策做正確判斷爲目的的
措施，是也因爲中國人天意史觀中有雷家驥師所謂「天人推移說」的思想，
〔註238〕與大化革新後加強神格化，並對所有的日本民族灌輸萬世一系觀念的
天皇完全不相同。因此在世界上沒有一個君主不希望政治穩定，並且自己的
王朝子子孫孫永久繼續下去，但日本對政治的惡化造成自己朝代的滅亡之危
機感，遠比不上在史上經歷過反覆改朝換代之中國，也難免此差異會影響到
整個統治體制。三省制不外是鞏固皇權的措施，也表示皇帝爲了避免過失，
而以有秩序的法制來施政並採用羣臣賢才的主意，共同進行國政決策之精
神。唐太宗在貞觀四年對大臣云：

上曰：「公得其一，未知其二。文帝不明而喜察；不明則照有不通，
喜察則多疑於物，事皆自決，不任羣臣。天下至廣，一日萬機，雖
復勞神苦形，豈能一一中理！羣臣既知主意，唯取決受成，雖有愆
違，莫敢諫爭，此所以二世而亡也。朕則不然。朕擇天下賢才，置
之百官，使思天下之事，關由宰相，審熟便安，然後奏文。有功則
賞，有罪責行，誰敢不竭心立以脩職業，何憂天下之不治乎！」因
敕百司：「自今詔敕行下有未便者，皆應執奏，毋得阿從，不盡己
意。」〔註239〕

〔註236〕見袁剛，《隋唐中樞體制的發展演變》（台北：文津出版社，1994年6月，初
版），頁36。
〔註237〕雷家驥，《隋唐中央權力結構及其演進》，頁167。
〔註238〕「政權的轉移、歷史的推動，大體上不是天意或人事任何一方面所單獨專決
的，而是在兩者一致的情況下發生……」見雷家驥，《中古史學觀念史》，頁
52。
〔註239〕見《資治通鑑》，卷第一百九十三〈唐紀九〉唐太宗貞觀四年條，頁6080。

關於封駁，在此以制敕書爲例進一步探討如下。中書省所擬制的制敕案都通過門下省的審查後才成爲正式的法令。如果門下省不同意而把此制敕擬案退回，便形成「封駁」。因爲有唐一代採群相制，以中書省、門下省起碼皆有一人拜相爲原則，所以在唐代制敕書裡需要副署的門下省之官職是身爲門下省正、副長官的侍中和黃門侍郎以及給事中，而黃門侍郎通常是帶有宰相銜，給事中則甚少帶宰相銜，但付予審讀制敕之權力，如：《新唐書‧百官志二》門下省條云：「詔敕不便者塗竄而奏還謂之『塗歸』。」〔註240〕而且他即使對制敕常因異議而上書、塗歸，也無罪，反而這成爲給事中的考績標準之一，故給事中可以毫無顧忌地單獨行使封駁之權。〔註241〕毛漢光在〈論唐代之封駁〉中指出如下見解：

> 制書一般是由宰臣擬進，他們（中書和門下省的長官和帶相銜的副
> 長官）在政事堂都已研擬過了，除了一些特殊情況下，在簽署制書
> 時不會有異議。祇有給事中並非制書原擬定人，或參加擬定人，對
> 於制書內容有可能提出異議，甚至於退回制書，形成「封駁」。唐初
> 原以中書、門下兩省相防過誤，自政事堂聚集中書、門下兩省宰相
> 及其他宰相會議後，給事中在制敕文書裡扮演相防政事堂過誤的角
> 色。〔註242〕

根據〈論唐代之封駁〉，實際上有給事中封駁成功的不少例子，有時候，有皇帝與給事中雙方都堅持立場，可見在制書裡給事中的封駁很有效力。但毛漢光在〈論唐代之封駁〉中亦指出：關於某案件，皇帝遭到三次給事中的封駁，之後雙方再堅持此案，其結果給事中被斥調，皇帝堅持自己的意見，制書仍然繼續執行。可見給事中的封駁以三次爲限。〔註243〕

　　由此可見，給事中的封駁權並非絕對的權限，而只不過是皇帝爲了預防或減少施政錯誤的措施。這亦代表門下省並非貴族對皇帝的「同意機關」。

　　雖然封駁權是只有門下省（主要是給事中）才有的職權，但尚書省則有提出異議暫時擱置詔令的覆奏權。毛漢光在〈論唐代之封駁〉中說明副署在制書「制可」之後或者敕書「奉敕如右，牒到奉行」之後，負責實施之官員

〔註240〕見《新唐書》，卷四十七〈百官志二〉門下省條，頁1207。
〔註241〕請參考毛漢光，〈論唐代之封駁〉（收入國立中正大學，《國立大學學報》人文分冊，第一期，第三卷，嘉義：國立中正大學出版，1992年），頁44。
〔註242〕見同上論文，頁3。
〔註243〕請參考同上論文，頁44。

即尚書省左、右僕射、某部尚書、某部侍郎、尚書左右丞等，尚書都省之中，制敕書需經尚書左或右丞簽署後，才發送有關部會實施，也有尚書右丞「堅不奉詔」並覆奏，即暫時擱置制書，結果覆奏成功等例子。〔註244〕毛漢光也指出：

> 如果不合國家法制或不合官僚常規，即令制敕已經頒布，即令不是簽署在制敕上的官員，其有關官員亦可表示異議；惟是否因此改變制敕，則須由皇帝決定。〔註245〕

爲了討論並研究這些執行法令上的問題，在尚書都省內設置八座合議的「都堂會議」。〔註246〕尚書省在接奉門下省副署的制敕後原則上即予執行，但如果官員對此制敕感到疑問和異議或在執行的過程中發生問題時，經過會議以「狀」的方式覆奏（奏狀）並提出會議的結果。如果是皇帝交議的問題，個人有異議時以「議」的方式上奏（奏議），如果對某官自己負責的職務相關案件有疑問或異議的話，也可以用「表」或「狀」的方式上奏（上表或奏狀）。〔註247〕

《舊唐書・職官志二》尚書都省條云：

> 凡都省掌舉諸司之綱紀與百僚之程式，以正邦理，以宣邦教。凡上之所以逮下，其制有六，曰制、敕、冊、令、教、符。凡下之所以達上，其制亦有六，曰表、狀、牋、啓、辭、牒。（表上於天子；其近臣亦爲狀；⋯⋯）〔註248〕

《唐六典・門下省》侍中條云：

〔註244〕《舊唐書・呂元膺列傳》云：「入爲尚書左丞。度支使潘孟陽與太府卿王遂迭相奏論，孟陽除散騎常侍，遂爲鄧州刺史，皆假以美詞。元膺封還詔書，請明示枉直。」（見《舊唐書》，卷一百五十四〈呂元膺列傳〉，頁 4104。請參考毛漢光，前揭論文，頁 37～39）。但《新唐書・呂元膺列傳》云：「入拜尚書左丞。度支使潘孟陽、太府卿王遂交相惡，乃除孟陽散騎常侍，遂鄧州刺史，詔辭無所輕重。元膺上其詔，請明枉直，以顯褒懲。」（見《新唐書》，卷一百六十二〈呂元膺列傳〉，頁 4998）。可見《舊唐書》云：「元膺封還詔書」，則《新唐書》云：「元膺上其詔」，兩者用詞不同。按：尚書省的任何官員不具封駁權，故《新唐書》之用詞較正確。

〔註245〕見毛漢光，前揭論文，頁 40。

〔註246〕請參考陳炳天，前揭書，頁 23。

〔註247〕請參考中村裕一，《唐代制勅研究》（東京：汲古書院，1991 年 2 月），頁 419～449。

〔註248〕見《舊唐書》，卷四十三〈職官志二〉，尚書都省條，頁 1817。

凡下之通于上，其制有六：一曰奏抄，二曰奏彈，三曰露布，四曰
議（謂朝之疑事，下公卿議，理有異同，奏而裁之），五曰表，六曰
狀。（蔡邕獨斷：「凡羣臣上書通於天子者四品：一曰章，二曰奏，
三曰表，四曰駁議。……其有疑事，公卿百官會議而執異意者曰駁
議」）〔註249〕

由此可見，唐三省制有多重爲了避免皇帝國政決策過失之配套措施，宰相的
政事堂決策會議和尙書省的都堂會議即是爲了皇帝決定國策的合議體，也是
爲了圖謀君權穩定的君主制之一部分。官員被授予封駁或提出異議的覆奏權
以及其保障，反而大有貢獻於皇權之穩定。雖然爲了使各機關實際運作上謀
求方便，設置宰相的合議體制，但以分權制衡爲基礎，避免皇帝國政決策過
失的，此非常愼重的配套措施，難免爲了作成適當的決策而需要花費不少時
間，即在行政處理的速度上帶來鈍化。並且，以分權制衡爲基礎之三省制下
的合議體制，仍然難免讓皇帝所要制定的法令也有可能遭受到封駁或覆奏的
命運，因此日本不給任何官員類似唐朝的封駁權和提出異議的覆奏權，而以
議政官透過大納言敷奏，請天皇裁定的方式來取而代之。〔註250〕而且在 711
年（唐睿宗景雲二年、元明天皇和銅四年）開始左右僕射不帶「同中書門下
三品」的職銜，因而變成空除的僕射而不是宰相。以後這成爲慣例。如果統
理六官，綱紀庶務的僕射不能參與宰相決策會議的話，就免不了會造成掌握
行政上實際狀況的尙書省和決策集團間的反應鈍化，即導致政事之推行多一
層轉折，造成周轉不靈之現象。因此日本採用的宰相合議體制，應是把左右
僕射包含在內的唐初宰相制，而不是僕射被摒於衡軸外之後的宰相合議體
制，並把掌握行政上實際狀況的辦官局納入太政官組織內，把左右大臣比擬
身爲宰相的尙書省左右僕射，建立日本的宰相合議體制。但日本採用的合議
體制不僅是唐初的宰相合議體制，也兼採尙書省合議體制，如下所述：

　　在此透過以唐、日律令的角度來看的「都堂會議」和太政官間的關係，
探討太政官合議體的性質。在唐律令中有關連「都堂會議」的規定，與《養
老律令》相關規定的比較如下。

　　《唐職制律》律令式不便輒奏改行條云：

───────────

〔註249〕見《唐六典》，卷第八〈門下省〉侍中條，頁 242。
〔註250〕有關大納言敷奏的詳細內容，在第五章「唐、日國政決策程序之比較」中進
　　　　一步探討。

諸稱律、令、式，不便於事者，皆須申尚書省議定奏聞。若不申議，
輒奏改行者，徒二年。即詣闕上表者，不坐。〔註251〕

《養老職制律》律令式不便於事條則云：

凡稱律令式不便於事者，皆須申太政官議定奏聞。若不申議，輒奏
改行者，徒二年；即詣闕上表者不坐。〔註252〕

《唐名例律》八議者條云：

諸八議者，犯死罪，皆條所坐及應議之狀，先奏請議（都堂集議），
議定奏裁；議者，原情議罪，稱定刑之律而不正決之。流罪以下，
減一等。其犯十惡者，不用此律。〔註253〕

《養老名例律》議條則云：

凡六議者，犯死罪，皆條所坐及應議之狀，先奏請議（太政官），議
定奏裁；議者，原情議罪，稱定刑之律，而不正決之。流罪以下，
減一等。八虐者，不用此律。〔註254〕

《唐獄官令》獄囚應入條云：

諸獄囚應入議・請者，皆申刑部。集諸司七品已上，於都座議之（若
有別議，所司科簡，具狀以聞。若眾議異常，堪為典則者，錄送史
館）。〔註255〕

《養老獄令》犯罪應入條則云：

凡犯罪應入議請者，皆申太政官；應議者，大納言以上及刑部卿、
大輔、少輔、判事，於官議定。雖非六議，但本罪應奏，處斷有疑，
及經斷不伏者，亦眾議量定。雖非此官司，令別勅參議者，亦在集
限。意見有異者，人別因申其議，官斷簡以狀奏聞。〔註256〕

由此可見，日制將尙書省七品以上的官員議定的有關「律令式不便於事輒奏

〔註251〕見《唐律疏議》，卷第十一〈唐職制律〉第149律令式不便輒奏改行條，頁
229。

〔註252〕見藤原不比等等，《律》（收入黑板勝美編，《新訂增補國史大系〈普及版〉》
東京：吉川弘文館，1998年2月，普及版第8刷），卷第三〈養老職制律〉
第59律令式不便於事條，頁53。

〔註253〕見《唐律疏議》，卷第二〈唐名例律〉第八八議者條，頁32。

〔註254〕見《律》，卷第一〈養老名例律〉第8議條，頁6。

〔註255〕見仁井田陞，《唐令拾遺補》第三部〈唐獄官令〉第二十九，第29獄囚應入
條，頁1437。

〔註256〕見同上書，〈養老獄令〉第二十九，第29犯罪應入條，頁1437。

改行」以及「八議（日本爲六議）者的斷罪」的案件都由太政官的合議體來議定。即太政官的合議體制也是繼承唐制宰相合議體與尚書省合議體（八座合議的都堂會議）之性質。〔註257〕另外，唐制以奏抄和露布式以外，原則上允許其他官員直接上奏，但斷流以上罪必須經過門下省的審查，以奏抄式上奏。〔註258〕則日制除了非常特別的狀況之外，不能直接上奏（包括上表），必須經過太政官，必要時由太政官以論奏式、奏事式（大納言上奏）或便奏式（少納言上奏）來上奏後，以太政官符來答覆。這是絕對的原則，其實上奏（包括上表）的對象即太政官。〔註259〕因爲唐制採用三省制，故尚書省議定後，由不同官署門下省再審議才可以上奏，即唐制的程序比日本增加一個過程。

綜上所述，沒有天命思想基礎，而天皇在大化革新後加強神格化，並對所有的日本民族灌輸萬世一系觀念的日本，《大寶律令》後的政體中，太政官是繼承由大臣和大夫制形成的傳統合議體之性質，並考量行政效率，模仿並改良唐政治體制的組織。即日本未完全採用以鞏固皇權，並避免皇帝決策過失爲目的的唐三省制。

〔註257〕請參考吉川眞司，前揭書，頁 56。

〔註258〕《唐六典・門下省》侍中條云：「凡下之通于上，其制有六：一曰奏抄，（謂祭祀，支度國用，授六品已下官，斷流已上罪及除、免、官當者，並爲奏抄）……」見《唐六典》，卷第八〈門下省〉侍中條，頁 242。

〔註259〕關於「上表」，《養老職制律》律令式不便於事條云：「即詣闕上表者不坐。」《養老公式令》訴訟條亦云：「至太政官不理者，得上表。」（見仁井田陞，《唐令拾遺補》第三部〈養老公式令〉第二十一，第 63 訴訟條，頁 1301）；《養老選敘令》官人致仕條又云：「凡官人年七十以上，聽致仕。五位以上上表，六位以下，申牒官（大寶令寫爲申牒省）奏聞。」（見同上書，〈養老選敘令〉第十二，第 21 官人致仕條，頁 1071），對於「上表」經過太政官處理與否的問題，有兩種說法，《跡記》在《令集解前篇・養老職員令》中務省條中註云：「受納上表，謂五位以上致仕，又至太政官不理者得上表，又律令之不便，至闕而上表等，如此之類，皆先由太政官，官召中務，奏而收置也。」（見《令集解前篇》，卷第三〈養老職員令〉第二，第 3 中務省條，引《跡記》，頁 59）；《穴記》在該條中又註云：「受納上表。謂。凡諸上表皆悉入中務。不合由太政官。故異官判。云先經官者。舊令情耳。」（見《令集解前篇》，卷第三〈養老職員令〉第二，第 3 中務省條，引《穴記》，頁 59）。由此可見，施行《大寶律令》時，太政官關於「上表」的問題，已經裁定爲「上表」都必須經過太政官，即採用接近《跡記》的說法。請參考井上光貞、關晃、青木和夫等編，前揭書，頁 665～666。但有由官員直接上奏的唯一例外，即密奏。請參考註 199「少納言局大外記的密奏事件」。

四、中務省職掌與中書省間之比較

　　雖然說中務省相當於唐制中書省，但中務省只是太政官管轄下的行政分掌機關八省之一，並非參與國政審議之機關，中務省長官「卿」也不是議政官。筆者在此闡明中務省和中書省間職權上的差異，以及身爲行政分掌機關八省之一的中務省地位，如何影響到它職權。

　　「中務省」的「中」字代表禁中之意，關於中務省的職權《養老職員令》中務省條云：

　　　　卿一人，掌侍從、獻替、替相禮儀、審署詔勅文案、受事覆奏、宣旨、勞問、受納上表、監修國史及女王內外命婦宮人等名帳、[註260]考敘、位記、諸國戶籍、租調帳（《大寶官員令》把「帳」寫爲「文」）、僧尼名籍事。大輔一人，掌同卿，唯規諫，不獻替。少輔一人，掌同大輔。大丞一人，掌宮人考課，餘准神祇大祐。少丞二人，掌同大丞。大錄一人，少錄三人，史生二十人，侍從八人，掌常侍、規諫、拾遺補闕[註261]（照顧天皇身邊）。[註262]

　　關於中書省職權，《唐二帥三公臺省職員令》中書省條云：

　　　　中書令二人。掌侍從、獻替、制敕、冊命、敷奏文表、授冊、監起居注、總判省事。中書侍郎二人。掌侍從、獻替、制敕、冊命、敷奏文表、通判省事。中書舍人六人。掌詔誥、侍從、署敕、宣旨、勞問，授納訴訟、敷奏文表、分判省事。……右散騎常侍二人。掌如左散騎常侍之職。右補闕二人。掌如左補闕之職。右拾遺二人掌如左拾遺之職。起居舍人二人。掌修記言之史、錄天子之制誥、德音、如記事之制、以紀時政之損益。通事舍人十六人。掌通奏、引

[註260]　「女王」爲天皇的姐妹，「內命婦」爲五位以上的婦人，「外命婦」爲五位以上官人的嫡妻，「宮人」爲後宮職員令中的職員，即「女官」。請參考井上光貞、關晃、青木和夫等編，前揭書，頁517。

[註261]　《古記》在《令集解前篇‧養老職員令》中務省條中註云：「拾遺者，可行事在遺忘中悟耳。補闕者，假令臣等將朝見，不著御襪，令服耳。」見《令集解前篇》，卷第二〈養老職員令〉第二，第3中務省條，引《古記》，頁62。

[註262]　見仁井田陞，《唐令拾遺補》第三部〈養老職員令〉第二，第3中務省條，頁899。諸國戶籍和租調帳是由民部省來管理，僧尼名籍是由治部省來管理。中務省僅是御覽而已。《義解》註云：「戶籍以下諸簿者，非此省之所執檢，唯止擬御覽而已。問：租調帳之下，稱戶籍以下者，僧尼不入以句哉？答：如義解可然，然而僧尼籍亦止擬御覽而已。」見《令集解前篇》，卷第三〈養老職員令〉第二，第3中務省條，引《義解》，頁61。

納、辭見、承旨宣勞。〔註263〕

關於中書令的職權，《唐六典・中書省集賢院史館甌使》中書令條亦云：

> 掌軍國之政令，緝熙帝載，統和天人。入則告之，出則奉之，以釐
> 萬邦，以度百揆，蓋以佐天子而執大政者也。〔註264〕

中書省和門下省因爲唐制採用以分權制衡爲基礎的三省制，因此大致上呈現出對稱關係，如：長官和次官以及職掌爲規諫的散騎常侍、補闕、拾遺的人數，尤其散騎常侍、補闕、拾遺分爲「左」和「右」，「左」屬於門下省，「右」則屬於中書省。但因爲日本不採用三省制，所以並非如此。中務省的長官是中務卿，其定額是一人，官位是正四位上。中務卿的職掌主要是審查詔敕之擬案並受理上表，編纂國史，製作女官的名帳，評定考核（考課），授予位階（敍位）和發其公文（位記）。次官是正五位上的大輔和從五位上的小輔各一人，職掌是與卿相同之外，也唯有規諫，但不獻替。因爲中務省主要是從事跟天皇和禁中相關職務之官署，所以中務省長官和次官的位階比其他七省的長官和次官高一層，判官是正六位下的大丞一人和從六位上的少丞二人，職掌宮人的考核以及與神祇官大祐相同，糺判官內、審署文案（主典的公文草案）、判斷稽失（主典檢出的公務遲滯和公文的過失）以及分配宿直。關於詔敕文案，由大、中、少內記（正六位上、正七位上、正八位上，各二人）來起草，中務省即從事天皇相關職務的行政機關。

筆者首先在此製作中書省和中務省間職掌的對照表，如下【表 4-3】〈中書省和中務省間職掌的對照表〉，並進一步比較兩者在行政上的實際職權，以闡明其差異，以及身爲行政分掌機關八省之一的中務省之地位如何影響到它的職權。

依照此表看來，中書省和中務省的職掌很相似，但仍有其重大差異。大納言和中務卿職權中有相同名稱的職務「獻替」，《伴記》關於兩者間的「獻替」職權之差異，在《令集解前篇・養老職員令》中務省條中註云：「大納言注獻替。與此獻替不見其別。但疑。納言注爲天下政事。此注爲御所尋常事歟。」〔註265〕《義解》關於「獻替」和「規諫」之間的區別，在該條中註

〔註263〕見《唐令拾遺補》第三部〈唐三師三公臺省職員令〉第二，第 10 中書省條，頁 900。
〔註264〕見《唐六典》，卷第九〈中書省集賢院史館甌使〉中書令條，頁 273。
〔註265〕見《令集解前篇》，卷第二〈養老職員令〉第二，第 3 中務省條，引《伴記》，頁 58。

云：「謂以恩正君曰規，以義匡曰諫，其所獻替者大，而所規諫者少。事既有大小，故立制不同。」〔註266〕《義解》關於大輔和侍從的職掌「規諫」，在該條中亦註云：「謂拾掇遺忘，補益闕失，即是少事，與大輔規諫同也。」〔註267〕《古記》在該條中又註云：「規諫者少少行事，假令御酒過度正諫耳。」〔註268〕

表 4-3：中書省和中務省間職掌的對照表〔註269〕

中書省 中務省卿之職掌	中書令	中書侍郎	中書舍人	其他官員	備　　註
侍從	侍從	侍從	侍從		
獻替	獻替	獻替	獻替		
贊相禮儀					
審署詔敕文案（由大、中、少內記來起草）	制敕	制敕	署敕 （起草）		日制詔敕只有詔書式和勅旨式兩種。
受事覆奏（勅旨式）〔註270〕					
宣旨（宣敕慰勞等）〔註271〕			宣旨		侍從的宣旨。

〔註266〕見同上書，〈養老職員令〉第二，第 3 中務省條，引《義解》，頁 61。
〔註267〕見同上書，〈養老職員令〉第二，第 3 中務省條，引《義解》，頁 62。
〔註268〕見同上書，〈養老職員令〉第二，第 3 中務省條，引《古記》，頁 62。
〔註269〕參考於《唐六典》，卷第九〈中書省集賢院史館匭使〉中書令條，頁 273～278；《舊唐書》，卷四十三〈職官志二〉，中書省條，頁 1848～1851；《通典》，卷二十一〈職官三〉中書令～中書舍人條，頁 560～564；井上光貞、關晃、青木和夫等編，前揭書，頁 160～161；《令集解前篇》，卷第二〈養老職員令〉第二，第 3 中務省條，頁 58～62；黛弘道，〈中務省に關する一考察〉（收入學習院大學文學部編，《學習院大學文學部研究年報》第十八號，1971 年），頁 86～92。
〔註270〕覆奏是依據《養老公式令》勅旨式條，《養老公式令》勅旨式條云：「右受勅人，宣送中務省。中務覆奏，訖依式取署，留爲案。更寫一通，送太政官。（《大寶令》在前條文後本來還有此『若送諸司者，連署留爲案，更取諸司返抄。』之文）少辨以上，依式連署，留爲案，更寫一通施行。……」見仁井田陞，《唐令拾遺補》第三部〈養老公式令〉第二十一，第 2 勅旨式條，頁 1240。
〔註271〕《義解》在《令集解前篇・養老職員令》中務省條中註云：「謂侍從之宣命也。案軍防令，有所征討，發日侍從充使宣勅慰勞是也。」見《令集解前篇》，卷

勞問			勞問		
受納上表〔註272〕	敷奏文表	敷奏文表	敷奏文表、授納訴訟		日制是必須經過太政官處理。
監修國史	監起居注				
名帳、考敍、位記（女王、内外命婦、宮人）					五品以上的冊授官和制授官，由宰相銓擬。〔註273〕
諸國戶籍					僅御覽而已。
租調帳					僅御覽而已。
僧尼名籍					僅御覽而已。
（其他官員）					
大輔（規諫）侍中八人（常侍、規諫、拾遺補闕）				右散騎常侍右補闕右拾遺	

※ 關於諸國戶籍、租調帳與僧尼名籍，因爲中務省僅是擬御覽而已，〔註274〕因此雖然不認爲與中書省比較的職掌内，但依照《養老令》的職常規定，筆者姑且列入表内。

由此可見，雖然同樣「獻替」，但大納言和中務省卿間職務的重大有所差異，大納言的「獻替」是有關天下政事的「獻替」，而中務省卿的「獻替」是有關在御所尋常發生的事，這代表大納言專門管天下政事，而中務省與天下政事無關，只管與宮内相關的事。因此與天下政事無關的規諫職務都由中務省來負責。唐制中書省和門下省的「獻替」是相當於大納言之「獻替」，雖然中書省長、次官和中務省卿間的職務名稱「獻替」相同，但其重大差異卻在

第三〈養老職員令〉第二，第 3 中務省條，引《義解》，頁 59。《通典》中書舍人條，關於宣旨註云：「自是詔誥之任，舍人專之。陳、置五人。後魏有舍人省，而不言其員。北齊舍人省掌敕行下，宣旨勞問，領舍人十人。」見《通典》，卷二十一〈職官三〉中書舍人條，頁 564。

〔註272〕請參考註 259。

〔註273〕請參考礪波護，《唐代政治社會史研究》（京都：同朋舍出版，1986 年 2 月，初版），頁 230。

〔註274〕《義解》在《令集解前篇·養老職員令》中務省條中註云：「其戶籍以下諸簿者，非此省之所執檢，唯止擬御覽而已。問：租調帳之下，稱戶籍以下者，僧尼不入以句哉？答：如義解可然，然而僧尼籍亦止擬御覽而已。」見《令集解前篇》，卷第二〈養老職員令〉第二，第 3 中務省條，引《義解》，頁 61。請參考井上光貞、關晃、青木和夫等編，前揭書，頁 160。

兩者間有所不同。

　　另外，中務省雖然其職務中有「受納上表」，但所有上奏（包括上表）的對象爲太政官，即先由太政官來處理，必要時由太政官來上奏。但至於唐朝的進奏的文狀（包括「上表」），《唐六典·中書省集賢院史館匭使》中書令條關於中書舍人職掌，云：「中書舍人掌侍奉進奏，參議表章。……凡大朝會，諸方起居，則受其表狀而奏之；……」；〔註275〕《唐會要·省號上·中書省》760 年（唐肅宗乾元三年、淳仁天皇天平寶字四年）四月二十六日條又云：「勅，諸司使、諸州府，進奏文狀，應合宣行三紙已上，皆自寫宣付四本，中書省宣過，中書省將兩本與門下省。」〔註276〕可見唐奏文狀從乾元三年開始透過中書省和門下省的審查後，決定上呈者才行，中務省與中書省不同，因爲前者沒有對「上表」的審查權。這代表天皇不干預行政，而主要以太政官上奏的方式來進行「庶政見聞」，並對此上奏加以裁定之性質。可見日本以唐律令爲藍本編纂《大寶律令》，施行《大寶律令》後仍然出現不合日本國情之未修改條文，如：「上表」相關的上述規定。因爲唐制所謂「上表」的對象是皇帝，表章經由相關官府上呈皇帝之後，由皇帝以「敕旨」或「敕牒」答覆上表本人，〔註277〕此與日本不同。

　　在人事方面，中務省僅僅管理宮內女官（女土、內外命婦、宮人）的名帳、考敘、位記而已。《續日本紀前篇·文武紀》701 年（唐中宗嗣聖十八年、文武天皇大寶元年）七月條云：「凡選任之人，奏任以上者，以名籍送太政官。判任者，式部銓擬而送之。」〔註278〕勅任官（內外五位以上）和奏任官（內八位以上、外七位以上），〔註279〕由太政官來銓擬，此人事與中務省完全無關。至於唐制，則職事官五品以上的冊授官（正三品以上）和制授官（五

〔註275〕見《唐六典》，卷第九〈中書省集賢院史館匭使〉中書令條，頁 276。
〔註276〕見《唐會要》中冊卷五十四〈省號上·中書省〉乾元三年四月條，頁 990。
〔註277〕請參考中村裕一，前揭書，頁 411、417～418、459～508、513～542。
〔註278〕見《續日本紀前篇》，卷第二〈文武紀〉大寶元年七月條，頁 12。
〔註279〕《大寶選任令》內外五位條云：「凡內外五位以上勅授，內八位外七位以上奏授。外八位及內外初位者，皆官判授。」見仁井田陞，《唐令拾遺補》第三部〈大寶選任令〉第十二，第 2 內外五位條，頁 1057，《養老選敘令》與《大寶選任令》同；《大寶選任令》任官條又云：「凡任官，大納言以上，左右大辨、八省卿、五衛府督、彈正尹、大宰帥勅任。餘官奏任。主政、主帳及家令等判任。舍人、史生、……等，式部判補。」見仁井田陞，《唐令拾遺補》第三部〈大寶選任令〉第十二，第 2 內外五位條，頁 1058，《養老選敘令》與《大寶選任令》相同。

品以上），〔註280〕需由宰相來銓擬。可見中務省對此人事方面的權限也與中書省完全不同。

至於受事覆奏與審署詔敕文案，「勅旨式」與「詔書式」不同，使用於小事。《朱說》《令集解後篇・養老公式令》詔書式條中亦註云：「詔書者，臨時尋常大小事皆約。但爲宣命色爲詔書；不爲宣命而可行，爲勅書者。」〔註281〕《跡記》在該條中又註云：「問：詔與勅旨別何。答：詔大事；勅旨小事。」〔註282〕因此「勅旨式」不經過太政官少納言局外記之審查，也不須要由大納言來覆奏，由中務省來直接覆奏後，送到辨官局，再來由辨官直接申官長施行即可。《穴記》關於「勅旨式」的流程，《令集解後篇・養老公式令》勅旨式條中註云：「送太政官，謂送於辨官也。師同之。辨官申官長施行。」〔註283〕所謂的覆奏，僅是因爲敕旨在受敕人宣中務省之後，由中務省起草，主要是爲了確認擬案的敕旨內容是否有誤。〔註284〕即中務省主要照天皇的話起草，而沒有餘地操縱敕旨。唐制也是因爲制書式以外的敕書用於較小的事務，所以不必由門下省覆奏。《唐公式令》制書式條云：「凡制敕宣行，大事則稱揚德澤，褒美功業，覆奏而請施行，小事則署而頒之。」〔註285〕但唐制

〔註280〕《唐選舉令》諸諸王及職事條云：「諸諸王及職事正三品以上，若文武散官二品以上，及都督・都護・上州刺史之在京師者冊授。（諸王及職事二品以上……）五品以上皆制授，六品以下守五品以上，及視五品以上皆敕授。自六品以下旨授。其視品及流外官，皆判補之。」見仁井田陞，《唐令拾遺補》第三部〈唐選舉令〉第十一，第 2 諸諸王及職事條，頁 1057。

〔註281〕見惟宗直本，《令集解後篇》（收入黑板勝美編，《新訂增補國史大系》第二十三卷，東京：吉川弘文館，2004 年 9 月，新裝版第 2 刷），卷第三十一〈養老公式令〉第二十一，第 1 詔書式條，引《朱說》，頁 773。

〔註282〕見同上書，〈養老公式令〉第二十一，第 1 詔書式條，引《跡記》，頁 773〜774。

〔註283〕見同上書，〈養老公式令〉第二十一，第 2 詔書式條，引《穴記》，頁 784。雖然說勅旨不經過少納言外記的審查，但公卿具有對任何案件加以審議的權限，因此如果對勅旨內容有所疑問時，得以論奏式來提議，如：議政官對於賜給生母藤原宮子以「大夫人」稱號之敕令，提出意見。

〔註284〕《義解》在《令集解前篇・養老職員令》中務省條中註云：「又依勅旨式，受勅人宣送中務省。中務覆奏，訖依式取署，是也。」見《令集解前篇》，卷第二〈養老職員令〉第二，第 3 中務省條，引《義解》，頁 58。請參考井上光貞、關晃、青木和夫等編，前揭書，頁 160。因爲所有的敕旨必須經過中務省處理，所以受敕人必須宣中務省。

〔註285〕見仁井田陞，《唐令拾遺補》第三部〈唐公式令〉第二十一，第 1 制書式條，頁 1236。

採用分權制衡的三省制，因為中書省是國政決策機關之一，有餘地操縱敕旨，如：錢穆在《中國歷代政治得失》中關於中書省的「定旨出命」指出在唐朝政府的一切最高命令均由中書省發出，此種最高命令名義上是皇帝的制書，實際上卻是操縱於中書省，皇帝只是同意畫敕而已。因為皇帝並不親自擬敕，均由中書省代擬，即所謂「定旨出命」，〔註286〕而且雖然敕旨式雖用於小事，但不能保障說其「敕旨式」內容是百分之百正確的，所以「發日敕式」（「敕書式」）和「敕旨式」也免不了門下省的審查。但這不代表皇帝的意志受到限制，如上所述，實際上依據毛漢光的〈論唐代之封駁〉，門下省（給事中）對敕書的封駁成功率已經非常低，何況是「敕旨式」，就不必談其成功率。

　　綜上所述，中務省的職權非常有限，也沒有敷奏權，雖然當做天皇秘書機關，製作詔書和勅旨擬案，但較重大的詔書都由議政官來加以審議，中務省只不過是行政分掌機關八省之一，並非參與國政審議之機關，比不上大納言以及唐制中書省長、次官的職權。雷家驥師在《隋唐中央權力結構及其演進》中所云：「中書省若完全遵奉皇帝的意旨撰寫命令，則僅可視為皇帝的秘書處，而不可視為有權平決國政的宰相機關」〔註287〕，其狀況幾乎呈現在中務省的職掌上。袁剛也在《隋唐中樞體制的發展演變》中關於中書省職掌的具體內容和職權，指出如下見解：兩漢以來，中樞機構有了內外朝之區別，即決策歸於內朝，行政歸於外朝。隋和唐朝初時中書、門下兩省具有內朝地位，仕禁中設有內省，這代表隋唐中樞三省仍然有內外朝的劃分，且仍然是內朝掌決策，外朝掌行政。唐太宗曾云：「中書、門下，機要之司」，〔註288〕明確指出兩省是朝廷的機要決策機構，都是皇帝的決策輔助機構，如《唐六典·門下省》侍中條云：「佐天子而統大政」；《唐六典·中書省集賢院史館匭使》中書令條云：「佐天子而執大政」。〔註289〕中書省的具體工作為起草詔書和批箚章奏，代皇帝立言，是決策出令過程中的一道重要程序。單純的草詔，只是秘書事務性工作，但中書令既身為宰相，掌軍國之政令，絕非單純的秘書事務。而且中書三級政務官以皇帝的名義批箚百司、奏鈔章表，書草

〔註286〕見錢穆，前揭書，頁41～42。
〔註287〕見雷家驥，《隋唐中央權力結構及其演進》，頁169。
〔註288〕見《資治通鑑》，卷第一九三〈唐紀九〉唐太宗貞觀三年條，頁6064。
〔註289〕見《唐六典》，卷第八〈門下省〉侍中條，頁241；《唐六典》，卷第九〈中書省集賢院史館匭使〉中書令條，頁273。

詔令制敕，要經過反覆討論，宣署申覆，實際上是協助皇帝決策立法，制定政策。〔註290〕可見雖然中務省仿效唐制中書省設立是前輩學者們的共識，在字面上兩者職掌看起來很相似，但中務省職掌的性質和實際職權內容與唐制中書省迥然不同，有天壤之別。兩者設立目的是完全不相同的，不採用唐三省制的日本，以太政官爲國政決策的中樞以及統率所有國政的最高政務機關，把中務省當做天皇的秘書行政機機，使它負責天皇相關的政務，成爲在太政官管轄下分掌行政的機關八省之一。此與唐制中書省自然產生很大的差異。

第四節　小　結

　　日本跟唐制不相同，不把神祇官之職務列入太政官八省的組織中，而刻意區分爲太政官和神祇官的二官。雖然神祇官在管理或法令上隸屬於太政官，但是，日本的政體呈現分裂爲行政上以及祭祀上的雙重架構。當時的日本並不屬於神政國家。但唐朝把禮樂、祭祀、採用官吏的策試貢舉以及培養官吏的學校結合起來，作爲尚書禮部的職掌，唐朝政體是以儒家思想爲基礎，建立統一的統治組織體制。而且儒家思想中有類似被政治倫理化的宗教性質，禮樂和祭祀之間有形影不離的密切關係存在。尚書禮部的職掌是在其被組織化的體制下，培養出受儒家思想施教的官吏。

　　《養老令》是從唐尚書禮部的職掌中把祭祀和禮樂分割開來，只採用有關祭祀的職務部分，當成獨立設置的神祇官之職務，而培養、採用官吏（文官）有關的策試貢舉和學校等職務，都移交給統制官吏人事之式部省，把它當成人事上職務之一環來看待。至於「禮樂」仍然由式部省來繼承之，改名爲「禮儀」，但此《養老令》中所說的「禮儀」之意義與儒教思想中的「禮樂」之觀念並不完全相同。《養老令》所說的「禮儀」，只不過是官吏在朝廷裡所進行的表面上的禮儀，即限制官吏舉止的具體規定，僅是爲了維持朝廷內的秩序，以及尊重天皇的目的。即當時日本政治制度，在氏姓制度和強調天皇的神格化的關係上，已除去儒教思想禮樂的本質，只是在表面上繼承唐令中的尚書禮部之職掌，所以將關於禮樂祭祀設置在日本的施政制度外。因此在相當於尚書禮部的治部省中，已經不存在中國自古以來所設置禮部之精神。

〔註290〕請參考袁剛，前揭書，頁 22～23。

即儒教思想並沒有完全滲入日本的施政制度當中。

中國的皇帝做爲在宗教上的最高祭祀權者的同時，在儒教思想以及天命思想基礎上具有絕對的權力。即天和中國皇帝之間有天人合一的關係存在，天子只具有人格，而無神格，在天授君權下，依照天意，統治天下。但日本天皇與在政治上具有絕對權力和尊嚴的中國皇帝不相同，天皇宗教上的神威從5世紀開迅速衰退，以日本歷史的背景來看，不一定能說天皇在實際上具有絕對的政治權力和天皇的尊嚴，就算有也是非常不穩定，所以天皇經過大化革新以後的天皇家內鬥，爲了建立以天皇爲中心的政治體制，必須不斷地繼續摸索，爲了提升並且確保在政治上的地位和權力，及天皇在宗教上的神威，必須讓天皇神格化，即賦與「神格」給天皇。

因此，以令的規定來刻意把政體區分爲太政官和神祇官的二官，用來特別強調跟天皇神格化息息相關的神祇官的存在，並且利用神祇官行事的核心，比擬日本神話故事的「踐祚大嘗祭」和「新嘗祭」，動員在朝廷內外的官吏及國司和郡司，以便能夠讓他們服從具有在宗教上的神威，即神格化的天皇統治，灌輸所有的國民具有天皇爲萬世一系，唯一統治日本的「現人神」之觀念。即以創造出具有「神格」和「人格」（「雙重性格」）的天皇爲目的，刻意設置神祇官。天武天皇以後是以天武系統的天皇爲中心，加強天皇家的政權之時代，尤其是天武天皇和持統天皇，可以說他們爲天皇神格化，並提升確保在政治上的地位和權力，爲天皇在宗教上的神威鞏固了基礎。因此唐、日之間才產生差異，唐朝根本無需刻意設置相當於日本的神祇官之官府，這是日本無法完全採用唐朝的政體之原因。

太政官相當於唐制尙書省，是令制中央官制二官（神祇官、太政官）之一官，由議政官以及相當於唐制門下省的少納言局及左右辨官局來組成，而以相當於三師三公和尙書令的太政大臣與相當於左右僕射的左右大臣爲長官。雖然八省是仿效唐尙書六部的太政官管轄之官署，但並不屬於太政官組職，而是採用與太政官分離之方式；至於其中相當於唐制中書省的中務省，則更與唐制不相同。太政官八省實際上具有唐三省機能之混合體制。

在八省方面，因爲天武天皇時才建立鞏固的皇親政治體制，此體制持續到8世紀前半。《大寶令》以前的六官，以分掌職務爲原則，在行政上具有相當的權限，故六官本來具有從「太政官」和大辨官自立之性質。因此，立法者考慮到此性質，所以不把八省列入太政官組織內，而將之分爲兩種機關，

即國政審議的太政官組織與身爲行政分掌機關的八省。

在太政官組織方面，唐尚書省大致上相當於合併辨官局與八省在一起的機關。唐兩僕射被摒於衡軸之外後，尚書省之權勢大削，只爲行政機關，非復宰相機關，一切政令之製定，須上承中書門下之制命，而實際執行仍下之寺監及其他中外百司，而自處於節制之地位，故行政體系由二級制變爲三級制，即政事之推行多一層轉折。日本可能建立中央組織架構當時早就考慮到此問題，爲了由太政官來統率並掌控國家所有的行政事務，也爲了避開多一層轉折，迅捷切實地貫徹頒布並推行政令，把辨官局納入太政官組織內，以免留滯之弊。太政官即由議政官組織與辨官局合併組成，辨官局仍然扮演「太政官」和八省間橋樑之角色。日本如此著重於行政效率，因此才將「寮」和「司」等事務機關，也置於八省直接的管轄下。日本之所以仿效唐制左右僕射設置左右大臣，是因爲唐制以分權爲目的，而唐初的左右僕射也是宰相，對於內外諸司以及其行政事務，具有絕對的控制權力，這很適合於大化前的大臣之性質。因此在 645 年大化元年的官制中設置的左右大臣，即把大化前的大臣分爲左右大臣，其職務的核心跟大化前相同，仍然是統轄政務並進行國政審議，繼續繼承大化前的大臣性質。這即日本未採用以分權制衡爲目的的唐三省制之理由之一。

至於太政大臣，當初日令的立法者，因爲太政大臣是代替天皇統轄政務，所以只是把唐三師三公中規定「以德施政」的有關條文部分，套在太政大臣的規定上，用以說明他的性質。但設置太政大臣之際，立法者所仿效的唐制之核心職官，與其說是三師三公，寧可說是尚書令，因爲隋、唐令中尚書令也是「事無不總」的，日令只是把三師三公的性質套在相當於尚書令的太政大臣身上罷了。

接著，大納言屬於太政官的次官，相當於門下侍中或帶相銜的黃門侍郎。少納言局相當於唐朝的門下省，少納言局的少納言相當於給事中。大納言是與門下侍中相同，相當於宰相，其主要職掌爲與大臣共同參議庶事和重大事情的奏（敷奏）宣。因爲日本的大夫制度從 6 世紀中葉開始，之後也持續發展下去了，大夫們都是出自相當於位階四位以上的貴族，跟大臣和大連共同參加朝政，參與國政審議，即是議政官。因此大納言與左右大臣相互關連，並共同形成國政審議的中樞「太政官」（議政官組織）。少納言局與左右辨官局也當做判官相互關連，並共同分掌在「太政官」的國政審議和其運作上需

要的一切相關職務，這即不採用唐制三省制，而只採用唐制宰相合議體制，也兼採尚書省合議體制的太政官之性質。

在大納言和少納言局的職掌中，與門下省不同的主要職掌是大納言和少納言的敷奏權以及門下省的封駁權。而門下省的封駁權是三省制的重要因素之一，但日本不給大納言和少納言局類似門下省的封駁權，遂使僅採用唐制宰相合議體制的太政官與唐制間產生明顯差異。換言之，日本不給大納言和少納言局封駁權之原因，即形成不採用三省制，而只採用唐制宰相合議體制的太政官之重要理由之一。

唐代採用三省分立制度，分相權於三個機關，其目的在於分權制衡，藉以加強君權，對相權的控制。其實三省分權僅是一種理想的模式，在國家機器的實際運行中存在著許多弊病，必須按照實際情況加以調整。於是設置政事堂的宰相決策會議，主要對中書和門下兩省提供互相溝通之場所，同時使各機關實際運作上謀求方便，也使皇帝能正確判斷國策並且進行決策。雖然說日本仿效此唐朝宰相合議體制，但唐制的宰相合議體制即以三省制為基礎的合議體制，就這一點，與日本人政官合議體制之性質完全不相同。日本的合議體制，即不採用三權制的，而以國政決策為宰相專門並共同職務的合議體制。

其實，在唐制的政治制度中，常能看到非常重視以皇帝對國策做正確判斷為目的的措施，也是因為中國人天意史觀中有「天人推移說」的思想，與大化革新後加強神格化，並對所有的日本民族灌輸萬世一系觀念的天皇完全不相同。日本對政治的惡化造成自己朝代的滅亡之危機感，遠比不上在史上經歷過反覆改朝換代之中國，也難免此差異會影響到整個統治體制。三省制不外是鞏固皇權的措施，也表示皇帝為了避免過失，而以有秩序的法制來施政並採用羣臣賢才的主意，以及共同進行國政決策之精神。

在行政效率方面，中書省所擬制的制敕案都通過門下省的審查後才成為正式的法令。如果門下省不同意而把此制敕擬案退回，便形成「封駁」。封駁權是只有門下省（主要是給事中）才有的職權，但尚書省則有提出異議暫時擱置詔令的覆奏權，如果對某官己負責的職務相關案件有疑問或異議的話，也可以用「表」或「狀」的方式上奏（上表或奏狀）。唐三省制有多重為了避免皇帝國政決策過失之配套措施。但以分權制衡為基礎，避免皇帝國政決策過失的，此非常慎重的配套措施，難免為了作成適當的決策而需要花費不少

時間，即在行政處理的速度上帶來鈍化。因此日本不給任何官員類似唐朝的封駁權和提出異議的覆奏權，而以議政官透過大納言敷奏，請天皇裁定的方式來取而代之。

中書省和門下省因爲唐制採用以分權制衡爲基礎的三省制，因此大致上呈現出對稱關係，但因爲日本不採用三省制，所以並非如此。雖然說中務省相當於唐制中書省，但中務省只是太政官管轄下的行政分掌機關八省之一，並非參與國政審議之機關，中務省長官「卿」也不是議政官。雖然中務省仿效唐制中書省設立是前輩學者們的共識，在字面上兩者職掌看起來很相似，但中務省職掌的性質和實際職權內容與唐制中書省迥然不同，有天壤之別。兩者設立目的是完全不相同的，不採用唐三省制的日本，以太政官爲國政決策的中樞及統率所有國政的最高政務機關，把中務省當做天皇的秘書行政機關，使它負責天皇相關的政務，成爲在太政官管轄下分掌行政的機關八省之一，此與唐制中書省形成很大的差異。

綜上所述，沒有天命思想基礎，而天皇在大化革新後加強神格化，並對所有的日本民族灌輸萬世一系觀念的日本，《大寶律令》後的政體中，太政官是繼承由大臣和大夫制形成的傳統合議體之性質，並考量行政效率，模仿並改良唐政治體制的組織。即當時日本未完全採用以鞏固皇權，並避免皇帝決策過失爲目的的唐三省制，以及唐制中央的中樞組織架構，這對唐、日之間國政決策程序帶來很大的差異。關於此問題，在第五章「唐、日國政決策程序之比較」中進一步詳細地探討。

第五章　唐、日國政決策程序之比較

第一節　前　言

　　在第四章第三節「太政官中樞組織的性質及唐三省制間之比較」中已經敘述過太政官中樞組織的性質，以及在唐、日中樞組織架構上產生差異的原因和其內容。即日本自古以來非常重視合議之性質習慣，及 6 世紀中葉以來的大夫合議體制之傳統，加上天皇與具天命思想的皇帝不同，具萬世一系觀念，因此日本不採用以分權制衡爲基礎，加強皇權爲目的的唐三省制，也不採取皇帝對國政做正確判斷的措施；而著重於行政上的效率並且考慮日本的傳統和國情，將唐制宰相的合議體制（政事堂的宰相決策會議）和尚書都省的合議體制採用於太政官的議政官制，凡重要案件一律透過此議政官之國政審議。因此在日本中央政府的中樞組織架構中沒有像唐三省制那樣，以分權制衡爲基礎的三權分立體制存在；相對的，唐制政事堂的合議體制是以分權制衡爲基礎的三省，使各機關實際運作上謀求方便，也爲皇帝正確判斷國政並進行決策。既然太政官中樞組織的性質與唐制不同，唐、日之間的國政決策程序也會產生不同的結果。

　　日本在施行《大寶令》時已經有對國政決策程序的基本構想存在，其構想以唐初的政治制度爲仿效的對象，如上所述，並且《養老令》是以《大寶令》爲藍本編纂的法令，其國政決策程序上《大寶令》與《養老令》間幾乎沒有差別。因此唐、日比較的對象以唐初（唐太宗貞觀年）和施行《大寶令》時期爲主，在此以「中樞決策及執行」（以《大寶令》「詔書式」與唐制「制書式」爲例）和「上奏制度」（以《大寶令》「論事奏式」和「奏事式」唐制

「奏抄式」爲例）的兩種角度來進行唐、日間國政決策程序之比較，藉以闡明太政官中樞組織的性質及唐三省制之間的差異，對唐、日之間國政決策程序帶來怎麼樣的差異。

　　另外，君主表達意志的方式主要有二種，一是詔敕（制敕）方式，二是對上奏加以裁定的方式。《唐公式令》規定的詔敕總共有六種方式，如「制書式」、「慰勞制書式」、「發日敕式」、「敕旨式」、「論事敕書式」、「敕牒式」，其中經過門下省審查的是「制書式」、「發日敕式」、「敕旨式」。〔註1〕相對地《養老公式令》規定的詔敕方式僅是兩種方式，如「詔書式」（相當於唐「制書式」）、「勅旨式」，經過少納言局（大外記）的審查的僅是「詔書式」。關於必須經過審查的較重要詔敕之形式，唐制的形式區分比日制多。〔註2〕但唐朝的上奏方式有六種，如「奏抄式」、「奏彈式」（御史臺上奏）、「露布式」（諸軍透過兵部上奏）、「議式」、「表式」、「狀式」，《唐公式令》規定上奏方式有三種，如「奏抄式」、「奏彈式」、「露布式」，其中在 760 年（唐肅宗乾元三年、淳仁天皇天平寶字四年）之前經過門下省審查的是「奏抄式」和「露布式」。〔註3〕相對地《養老公式令》規定的上奏方式總共有四種，如「論奏式」（《大寶公式令》寫爲「論事奏式」）、「奏事式」、「便奏式」、「奏彈式」（彈正臺上奏），〔註4〕其中經過少納言局大外記審查的是「論奏式」、「奏事式」、「便奏式」。關於必須經過審查的較重要上奏之形式，日制的形式區分比唐制多，並且日制規定的上奏內容及於廣泛的範圍。《養老公式令》論奏式條中云：「律令外議應奏者。並爲論奏」，〔註5〕而且《唐公式令》發日敕條規定「發日敕式」

〔註1〕 請參考仁井田陞，《唐令拾遺補》（東京：東京大學出版會，1997 年），第三部〈唐公式令〉第二十一，第 1 制書式條～敕牒式條，頁 1235～1241；〔唐〕李林甫等撰、〔唐〕陳仲夫點校，《唐六典》（北京：中華書局，1992 年 1 月，第 1 版），卷第九〈中書省集賢院史館匭使〉中書令條，頁 278～274。

〔註2〕 請參考仁井田陞，《唐令拾遺補》第三部〈養老公式令〉第二十一，第 1 詔書式條～第 2 勅旨式條，頁 1235～1241。

〔註3〕 《唐六典・門下省》侍中條註云：「其奏抄、露布侍中審，自餘不審。」見《唐六典》，卷第八〈門下省〉侍中條，頁 241。請參考仁井田陞，《唐令拾遺補》第三部〈唐公式令〉第二十一，第 2 奏抄式條～第 5 露布式條，頁 1242～1249。諸司使、諸州府進奏文狀自 760 年（唐肅宗乾元三年、淳仁天平寶字四年）開始透過中書省和門下省的審查後，決定上呈者才行。

〔註4〕 請參考仁井田陞，《唐令拾遺補》第三部〈養老公式令〉第二十一，第 3 論奏式條～第 8 奏彈式條，頁 1242～1247。

〔註5〕 見【附錄 5-11】《大寶公式令》論事奏式條）。

之適用範圍云：

> 增減官員，廢置州縣，徵發兵馬，除免官爵，授六品已下官，處流
> 已上罪，用庫物五百段、錢二百千、倉糧五百石、奴婢二十人、馬
> 五十疋、牛五十頭、羊五百口已上則用之。〔註6〕

《養老公式令》將此條文列入論奏式條中云：

> 右大祭祀，支度國用，增減官員，斷流罪以上及除名，廢置國郡，
> 差發兵馬一百匹以上，用藏物五百端以上、錢二百貫以上、倉粮五
> 百石以上、奴婢二十人以上、馬五十匹以上、牛五十頭以上。……
> 〔註7〕

由此可見，唐、日有關制敕和上奏規定之間具有很大的差異，這是意味著天皇與皇帝兩者間參與行政上的性質不相同。天皇不干預行政，而主要以太政官上奏的方式進行「庶政見聞」，並對此上奏加以裁定。岸俊男在《まつりごとの展開》中指出，在奈良時代的朝政的場所是由「朝堂」和「朝廷」形成的「朝堂院」，親王、太政官、八省及其官司、彈正台等長官以下史生以上的官人在此進行政務，「朝堂院」北方有以「太極殿」（其由來是中國都城的太極殿）為中心的「大極殿院」，「大極殿」後方有天皇進行政務的「內裏正殿」。天皇可能不會親自駕臨大極殿（相當於唐「太極殿」）參與朝政，而在內裏進行辦公，只有舉行與天皇有關連的儀式時，才駕臨大極殿。〔註8〕相對的，唐朝皇帝則會親自直接干預行政，並指揮，可以說皇帝較天皇積極干預行政，此兩者間性質的差異，反映在唐、日間有關制敕和上奏規定之差異。

第二節　中樞決策及執行之比較

一、唐、日間中樞決策及執行流程之比較

「制書式」用於重大案件，是唯一須要覆奏的公文格式，經過以下流程進行決策並執行制書，如：【圖5-1】〈以制書式為例的唐初中樞決策及執行流程圖〉。

〔註6〕見仁井田陞，《唐令拾遺補》第三部〈唐公式令〉第二十一，第1發日敕式條，頁1239。
〔註7〕見【附錄5-11】〈《大寶公式令》論事奏式條〉。
〔註8〕請參考岸俊男，《まつりごとの展開》，收入《日本の古代》第七卷（東京：中央公論社，1986年12月，初版），頁16、121、137～138、157～159。

圖 5-1：以制書式爲例的唐初中樞決策及執行流程圖

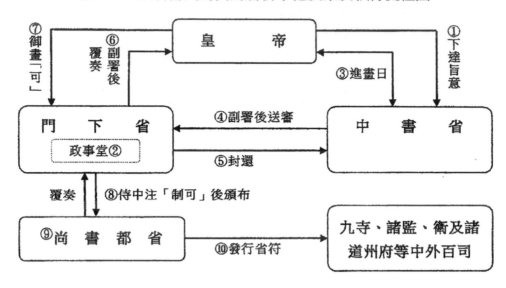

茲依上圖編碼的程序，略予說明如下：

（一）中書省流程

①中書省（中書令）奉命後，②在門下省設置的政事堂進行宰相決策會議，互相研商制書的起草案，此列出成員是門下省和中書省之長官侍中與中書令及帶相銜的其他官員。〔註9〕接著，③中書舍人按照皇帝的旨意和宰相們的建議，草擬制書後，進畫「日」，〔註10〕然後進畫「日」的制書留在中書省

〔註 9〕 請參考毛漢光，《論唐代之封駁》（收入國立中正大學，《國立大學學報》人文
分冊，第一期，第三卷，嘉義：國立中正大學出版，1992 年），頁 6～7、
44。

〔註10〕 《唐六典・中書省集賢院史館匭使》中書舍人條云：「中書舍人掌侍奉進奏，
參議表章。凡詔旨、制敕及璽書、冊命，皆按典故起草進畫；既下，則署而
行之。」見《唐六典》，卷第九〈中書省集賢院史館匭使〉中書舍人條，頁 276。
毛漢光在〈論唐代之封駁〉中指出：「史書上載『詔出』二字，對於將要簽署
在制書上的官員而論，是指草擬人依據皇帝之旨意，寫好制書以後，中書舍
人推行草詔之簽署之時。」（見同上論文，頁 6）但筆者認爲儘管制書是用於
重大案件，但在「詔出」前皇帝都不確認制書案內容是否按照自己的旨意，
而進入執行的階段，這是不大可能，而且《唐六典・中書省集賢院史館匭使》
中書舍人條云：「四曰發日敕」，在該條中亦註云：「謂御畫發日敕也。」（見
《唐六典》，卷第九〈中書省集賢院史館匭使〉中書舍人條，頁 274），並且日
本仿效《唐公式令》制書式條編纂《大寶公式令》詔書式條，《古記》關於《大
寶公式令》詔書式條中詔詞下一行（第二行）的「年月日」，在《令集解後篇・

為案，④另外寫一封制書，寫到門下省所副署的三位臣名為止，「臣聞，云云……」部分以後，由門下給事中寫。〔註11〕之後在其制書上推行中書令、中書侍郎和中書舍人之副署，並注「宣」、「奉」、「行」字，如下【附錄5-1】〈《唐公式令》制書式條〉，〔註12〕之後送門下省審查。

養老公式令》詔書式條中註云：「問：年月日，未知誰筆？答：御所記錄年月日耳。何知者？以本令云御畫日故。」《令釋》在該條中又註云：「大少輔上中務二字贅文耳。何者？唐令此式云：中書令、中書侍郎、中書舍人者，各是官儻。闕一字，全非其名。」〔見惟宗直本，《令集解後篇》（收入黑板勝美編，《新訂增補國史大系》第二十四卷，東京：吉川弘文館，2004年9月，新裝版第2刷），卷第三十一〈養老公式令〉第二十一，第1詔書式條，引《古記》和《令釋》，頁775～776〕，在此條所謂的「本令」不外是指《唐公式令》，可見《唐公式令》寫為「年月御畫日」在《大寶公式令》詔書條中可能僅寫「年月日」，但此是指「年月御畫日」，更加《延喜式・中務省》詔書式條中的詔詞下一行既云：「年月御畫日」〔見藤原忠平，《延喜式》（收入黑板勝美編，《新訂增補國史大系》第二十六卷，東京：吉川弘文館，2004年12月，新裝版第2刷），卷第十二〈中務省〉詔書式條，頁349〕，《養老公式令》詔書式條中的詔詞下一行亦云：「年日御畫日」（見【附錄5-1】〈《唐公式令》制書式條〉），所以在《唐公式令》制書式條的詔詞下一行也與發月敕式相同，應該是「年月御畫日」。因此對副署在制書上的官員而言，「詔出」應該是指中書舍人進御畫「日」完畢時，即所謂「詔出」，與其說「寫好制書以後，中書舍人推行草詔之簽署之時」，不如說「皇帝以御畫日的方式確認制書內容後」。請參考中村裕一，《唐代制敕研究》（東京：汲古書院，1991年2月），頁57～64。

〔註11〕見【附錄5-1】〈《唐公式令》制書式條〉。關於「另外寫一封制書」部分，請參考井上光貞、關晃、青木和夫等編，《律令》（收入井上光貞、關晃、青木和夫等編《日本思想大系3》，東京：岩波書店，1982年12月），頁651～652。

〔註12〕關於對「宣」、「奉」、「行」之解釋，雖然沒有相關的唐代文獻，但可以參考在《令集解後篇・養老公式令》詔書式條中的《義解》註解。《義解》在該條中註云：「宣奉行，謂凡詔書者內記於御所作，記即給中務卿；卿受詔書，更宣大輔；大輔奉以付少輔，令送太政官。故曰宣奉行也。」見《令集解後篇》，卷第三十一〈養老公式令〉第二十一，第1詔書式條，引《義解》，頁775；內閣文庫所藏的紅葉山文庫本〔該文庫本是成立於約18世紀中葉左右（江戶時代），抄寫金澤文庫內（北條實時於1275年左右（鎌倉時代）為了武家所建立的私人圖書館）所藏的《令義解》之抄本，也有點校和注釋。〕也在《令義解・養老公式令》詔書式條中，引用715年（開元三年）《唐公式令》制書式條中的散失文，註云：「大輔下有姓名兩字，而本條無，以之可為正本。何者？案：唐令云：紫薇令若不在，即於侍郎下注宣，舍人姓名下注奉行之故也。」見《令義解》（收入黑板勝美編，《新訂增補國史大系》東京：吉川弘文館，2005年5月，普及版第19刷），卷第七〈養老公式令〉第二十一，第

（二）門下省流程

⑤在門下省內副署的過程中，因爲門下省長官和副長官（帶相銜者）透過政事堂的決策會議，參與政策的決定，所以對制書內容提出異議的通常是門下省的給事中。〔註13〕如果制書有問題的話，甚至於退回制書，即形成封駁。〔註14〕毛漢光在《論唐代之封駁》中關於給事中的封駁指出：一般給事中如果對制敕有異議時，將異議書寫在另一白紙上，即「文狀」，然後將制敕隨同「文狀」封進，或直接將異議寫在制書上，即《唐六典》中所謂的「塗歸」。但他也指出：給事中封駁制書的權力以三次爲限，皇帝如果堅持，制書可繼續推行，其實在制書上副署的中書省和門下省官員中，只要各省一人宰相（通常各省長官或副長官）副署，就可以推行制書。〔註15〕⑥如果制書內容沒有問題的話，經侍中、黃門侍郎和給事中副署後，由給事中在制書上寫稱揚德澤，褒美功業類等話，並寫入日期後，覆奏而請施行之。〔註16〕⑦門下省覆奏時，皇帝爲了表示同意施行，在制書上畫「可」字。畫「可」字的制書留在門下省爲案，⑧另外寫一封制書後，由侍中在其制書上注「制可」字，印縫並簽署，送向書都省，下達施行命令。〔註17〕

---

1 詔書式條，引紅葉山文庫本，頁229。由此可見，「行」即指將制敕送下一個官署（門下省），此時在制書上注「宣」、「奉」、「行」字。《唐公式令》制書式條云：「別寫一通，印署，送門下省。」請參考中村裕一，《唐代制勅研究》，頁63～64。

〔註13〕請參考毛漢光，前揭論文，頁3。

〔註14〕《新唐書・百官志二》門下省條關於給事中的職掌亦云：「詔敕不便者塗竄而奏還謂之『塗歸』。」見〔宋〕歐陽修、宋祁等，《新唐書》（台北：鼎文書局，1998年10月，第9版），卷四十七〈百官志二〉門下省條，頁1207。

〔註15〕請參考毛漢光，前揭論文，頁8、44。

〔註16〕《唐六典・門下省》給事中條云：「凡制敕宣行，大事則稱揚德澤，褒美功業，覆奏而請施行，小事則署而頒之。」見《唐六典》，卷第八〈門下省〉給事中條，頁244；見【附錄5-1】〈《唐公式令》制書式條〉。

〔註17〕《唐職制律》事直代判署條云：「諸公文有本案，事直而代官司署者，杖八十：代判者，徒一年。亡失案而代者，各加一等。」疏議在該條中註云：「『公文』，謂在官文書。……若有增減、出入罪重者，即從重科。依令：『受五品以上畫【可】，六品以下畫【聞】。』代畫者，即同增減制書。其有【制可】字，侍中所注，止當代判之罪。」見（唐）長孫無忌等、劉俊文點校，《唐律疏議》（北京：中華書局，1993年9月，第2次印刷），卷第十〈唐職制律〉第118事直代判署條，頁203；《唐六典・門下省》侍中條云：「皆審署申覆。而施行焉。」在該條中亦註云：「覆奏畫可訖，留門下省爲案。更寫一通，侍中注『制可』，印縫，署送尚書省施行。」見《唐六典》，卷第八〈門

（三）尚書都省流程

⑨至於尚書都省的公文流程，可以參考「制授告身式」，如下【附錄 5-2】〈《唐公式令》制授告身式條〉。都事收到「制可」的制書，推行並監督制書的施行。〔註 18〕尚書都省留「制可」的制書為案，依照「制可」的制書，另外抄行下達「符到奉行」之公文（此時寫入受理制書日期）。左右僕射、某部尚書確認簽署後，授其公文與跟制書相關的某部機關（二十四司）。若「制可」的制書有問題，簽署在「符到奉行」公文上的官員，則不簽署在公文上並由長官來覆奏；〔註 19〕若沒問題，該司則留「符到奉行」的公文為案，〔註 20〕⑩主要由該司的書令史來另外抄行「省符」（出符），此時參與抄行「省符」的該司書令史、令史、他們的直屬上司主事〔註 21〕以及該司的郎中或員外郎都要簽署，如下【附錄 5-4】〈《唐公式令》符式條〉（但急書告身時與敦煌出土的天寶十四載五月騎都尉秦元之制授告身式一樣，也有可能只由主事來簽

下省〉侍中條，頁 242。請參考中村裕一，《唐代制勅研究》，頁 56。雖然毛漢光在〈論唐代之封駁〉中云：「在唐代制書裡，皇帝『制可』以前簽署的官職……」；「楊漢公案顯然已獲得給事中之前各官員之簽署，待給事中簽署以後，皇帝即行下詔『制可』。」（見毛漢光，前揭論文，頁 2、25），但皇帝只畫「可」字，而不畫「制可」，「制可」字應該是在為了把制書送尚書省，而另外寫一通的制書上，由侍中來注，才對。因此必須云：「在唐代制書裡，侍中畫『制可』以前簽署的官職……」；「待給事中簽署以後，皇帝即行下詔『可』」。

〔註 18〕請參考【附錄 5-2】〈《唐公式令》制授告身式條〉。都事從都省的地位出發指導並監督左、右司郎中和員外郎之職務。《唐六典·三公尚書都省》尚書都省條關於都事云：「左、右司郎中·員外郎各掌付十有二司之事，以舉正稽違，省署符目；都事監而受焉。」又註云：「都事，本尚書都令史之職。……晉百官公卿表云『尚書都令史八人，秩二百石，與左、右丞總知都臺事。』……梁武天監初，制曰：『尚書五都，職參政要，非但總領眾局，亦乃方軌二丞。頃雖求才，未臻妙簡。可革用士流，每盡時彥，庶同持領，秉此羣目。』於是，以都令史視奉朝請。」見《唐六典》，卷第一〈三師三公尚書都省〉尚書都省條，頁 10。

〔註 19〕請參考本論文第四章第三節第三目「大少納言職掌與少納言局及門下省間之比較」，頁 143。

〔註 20〕請參考【附錄 5-4】〈《唐公式令》符式條〉：本章註 23；內藤乾吉，《中國法制史考證》（東京：有斐閣，1963 年 3 月），頁 40。

〔註 21〕《唐六典·三師三公尚書都省》尚書都省條關於書令史、令史和主事的職掌註云：「每十令史置一主事，不滿十者亦置一人，雜用才術之士。」「其尚書都省令史、書令史並分抄行署文書。」見《唐六典》，卷第一〈三師三公尚書都省〉尚書都省條，頁 13。

署的狀況）。〔註22〕然後把案和出符一起送都省，由左或右司郎中來檢勾。若無問題，該司在「省符」上就寫入出符日期和「下」字，最後蓋印後送中外百司（九寺、諸監、衛及諸道州府等）施行之。〔註23〕

　　至於《大寶律令》的「詔書式」，跟唐「制書式」相同，用於重大案件，是須要經過少納言局（外記）的審查以及大納言的覆奏之公文格式。因爲有關中樞決策和執行的相關規定在《大寶令》和《養老令》間幾乎沒有差別，故在此《大寶令》和《養老令》間有關「詔書式」中樞決策與執行的通用流程部分，除了《大寶律令》的註釋《古記》之外，也參考《養老令》的註釋。其流程是如下【圖 5-2】〈以《大寶令》詔書式爲例的中樞決策及執行流程圖〉。

〔註22〕請參考【附錄 5-2】〈《唐公式令》制授告身式條〉；內藤乾吉，前揭書，頁 40～42。另外內藤乾吉在《中國法制史考證》中指出大英博物館所藏的 stein collection 中有第 3392 號在敦煌出土的天寶十四載五月騎都尉秦元之制授告身式，抄寫其制授告身式的今西龍博士在抄寫的制授告身式中註云：「題辭文字頗佳。小字和主事的簽署以外其他部分從頭到尾都是經由只有一個人手寫成的。」藉以說明此告身全都是由書令史來寫，然後只由該司主事來審查並簽署的（請參考內藤乾吉，前揭書，頁 42），而且此告身條文把「尚書司勳告身之印」蓋在御畫日、門下覆奏日期、告具官封姓名以及「符到奉行」字下面，如【附錄 5-3】〈敦煌出土的天寶十四載五月騎都尉秦元之制授告身〉，《通典·選舉三》歷代制下條亦云：「各給以符，而印其上，謂之『告身』。其文曰。『尚書吏部告身之印』。自出身之人，至於公卿，皆給之。武官，則受於兵部。」（見《通典》，卷十五〈選舉三〉歷代制下條，頁 360）。可見，此告身是書令史爲了送騎都尉秦元，依照原案另外抄寫的「省符」。

〔註23〕請參考【附錄 5-4】〈《唐公式令》符式條〉。該條云：「凡應爲解向上者，上官向下皆爲符。首判之官署位，准郎中。其出符者，皆須案成，並案送都省撿勾。」該條又云：「都省左右司郎中一人准。」

圖 5-2：以《大寶令》詔書式為例的中樞決策及執行流程圖

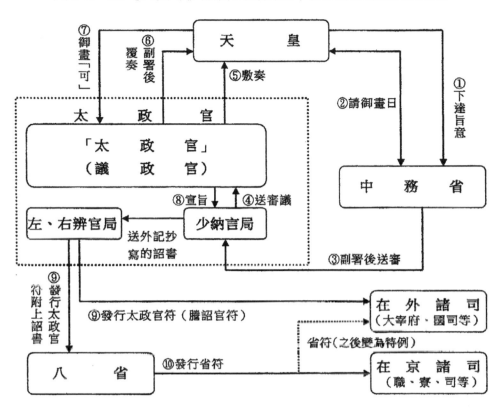

此圖所示就是：

（一）中務省流程

①首先中務省的內記奉命，在御所草擬詔書，進畫「日」後，交給中務卿。②在中務省留下進畫「日」的詔書為案，③由中務少輔來另外寫一封詔書，在其詔書上推行中務卿、中務大輔之副署，並注「宣」、「奉」、「行」字，以及蓋內印，如下【附錄 5-5】〈《大寶公式令》詔書式條〉，之後送太政官（直接送少納言局的外記）。〔註24〕審查。〔註25〕

〔註24〕《義解》在《令集解前篇・養老職員令》太政官條中註云：「謂自是以下，皆是外記之於自中務來詔書之後所注記。故外記職掌云：勘詔奏也者，令稱送太政官者，不送辨官，而直送外記。」見惟宗直本，《令集解前篇》（收入黑板勝美編，《新訂增補國史大系》第二十三卷，東京：吉川弘文館，2004 年 9月，新裝版第 2 刷），卷第二〈養老職員令〉第二，第 2 太政官條，引《養老公式令》義解補，頁 48。《令集解前篇・養老職員令》太政官條中也有先經過辨官之說法，如《讚記》註云：「私案，檢詔書式，已注大納言以上姓名，不

（二）太政官流程

外記收到詔書後先審查詔書，若詔書錯，則送還中務省，中務省可以再奏修改，但詔書沒錯而中務省錯，則送外記，由外記來直接奏修改。〔註 26〕④之後從「太政大臣」（官位）到「年月日」的覆奏文部分繼續寫在中務省送來的詔書中，如下【附錄 5-5】〈《大寶公式令》詔書式條〉，送「太政官」。〔註 27〕「太政官」經過議政官的審議，⑤如果對詔書有異議的話，就用「論事奏式」敷奏。〔註 28〕⑥如果沒有問題的話，則所有的公卿（太政大臣、左

〔註 25〕

見辨官預知之文。然則詔書始出者，先送辨官，辨官不加勘事，直送外記，外記勘失不。」（見《令集解前篇》，卷第二〈養老職員令〉第二，第 2 太政官條，引《讚記》，頁 49）。但即使如此，辨官僅預知，而對詔書不加以審查，直接送外記，故不管經不經過辨官，在公文流程上也沒有甚麼差別，因此在此姑且採用《令義解》之説法。

〔註 25〕《義解》關於中務省內對詔書的公文流程，在《令集解後篇・養老公式令》詔書式條中註云：「凡詔書者，内記於御所作。訖即給中務卿，卿受詔書更宣大輔，大輔奉付少輔，令送太政官，故曰宣奉行也。」《跡記》在該條中亦註云：「宣奉行，謂御畫日訖，召中務卿給，則卿宣大輔，大輔奉授少輔，少輔自寫繕宣奉行三字，所以注附者。」《穴記》又註云：「私云：宣奉行及姓已上字等，並少輔所書也。卿大輔只注名耳，師同。」見惟宗直本，《令集解後篇》（收入黑板勝美編，《新訂增補國史大系》第二十三卷，東京：吉川弘文館，2004 年 9 月，新裝版第 2 刷），卷第三十一〈養老公式令〉第二十一，第 1 詔書式條，引《義解》、《跡記》和《穴記》，頁 776〜777。關於「年月御畫日」，請參考註 10 以及仁井田陞，《唐令拾遺》（東京：東京大學出版會，1964 年）〈唐公式令〉第二十一，第 1 制書式條註解，頁 542〜543。

〔註 26〕《跡記》註云：「若詔誤至中務，中務知誤者，更奏可改。但詔不誤，而中務誤而送外記，外記知誤者直奏耳。」（見《令集解前篇》，卷第二〈養老職員令〉第二，第 2 太政官條，引《跡記》，頁 49）。可見外記審查的主要內容是書式上或表達上的錯誤以及與先例間的矛盾等，而並非判斷執行該詔書是否恰當。該詔書是否恰當，由議政官來審議之。

〔註 27〕《讚記》在《令集解前篇・養老職員令》太政官條中關於審查詔書後的流程註云：「外記勘失不，訖便書大納言以上位臣姓，而令自筆署姓名，覆奏。」見同上書，卷第二〈養老職員令〉第二，第 2 太政官條，引《讚記》，頁 49。另外《跡記》在《令集解後篇・養老公式令》詔書式條中關於詔書的書式又註云：「從太政大臣以下至月日，此外記所書。但姓字，右大臣以上自署，納言亦自署名。」見《令集解後篇》，卷第三十一〈養老公式令〉第二十一，第 1 詔書式條，引《跡記》，頁 777。

〔註 28〕《讚記》在《令集解前篇・養老職員令》太政官條中，關於大納言職掌「敷奏」註云：「案之，敷奏者猶奏也。問：敷一端指示。答：論奏並奏事式等，是曰敷奏也。又詔書式云：大納言覆奏，亦此敷奏也。」見《令集解前篇》，卷第二〈養老職員令〉第二，第 2 太政官條，引《讚記》，頁 46。由此可見，

右大臣、大納言四名、參議等議政官）副署並寫入日期後，由大納言來覆奏而請施行之。〔註 29〕⑦大納言覆奏時，天皇爲了表示同意施行，在詔書上畫「可」字。⑧之後大納言對外記宣旨。外記把畫「可」字的詔書留在太政官爲案。對在京諸司，另外寫一封詔書（只抄寫「詔書云云」的誥命和年月御畫日部分）後，送辨官局施行。〔註 30〕⑨辨官局發行（簡略）太政官符，大辨官和參與發行太政官符的史（官名）都簽署，如下【附錄 5-6】《《大寶公式令》符式條），必須附上外記抄寫的詔書，並寫入出符日期，如下【附錄 5-7】〈在京諸司用太政官符例〉，透過辨官（施行《養老令》以後透過少納言）蓋外印後送相關的某省施行。則對在外諸司的太政官符，按照畫「可」字的詔

詔書的「覆奏」是「敷奏」方式之一。《大寶公式令》論事奏式條云：「若律令外議應論者。並爲論奏。」見本章第三節「上奏制度之比較」中的【附錄 5-11】《《大寶公式令》論事奏式條）。雖然理論上是如此，但實際上未曾有由議政官對詔書提出異議之例子。按：此理由是因爲大納言的職掌中有獻替，即有關天下政事的獻替，不干預行政的天皇，主要基於此大納言的獻替下詔，中務省也沒有餘地操縱詔書。

〔註 29〕《大寶公式令》詔書式條云：「大納言覆奏，畫可訖，留爲案，更寫一通宣，訖付省施行。」見【附錄 5-5】《《大寶公式令》詔書式條）。另外《義解》關於所有公卿共同副署，在《令集解後篇・養老公式令》詔書式條中註云：「大納言四人，皆共連名。於最後名下，乃注等言也。」《穴記》在該條中亦註云：「大納言四人共署也。」（見《令集解後篇》，卷第三十一〈養老公式令〉第二十一，第 1 詔書式條，引《義解》和《穴記》，頁 777）。可見公卿必須對詔書共同負責。

〔註 30〕《讚記》關於大納言職掌中的宣旨，在《令集解前篇・養老職員令》太政官條中註云：「問：宣旨一端指示。答：公式令詔書式云：畫可訖，留爲案，更寫一通誥，是曰宣旨也。」見《令集解前篇》，卷第二〈養老職員令〉第二，第 2 太政官條，引《讚記》，頁 46。《穴記》關於另外寫一封詔書，在《令集解後篇・養老公式令》詔書式條中註云：「更爲誥寫，故只寫詔書云云狀年月日，不合寫中務以下也。」《穴記》又註云：「問：更寫一通，誥訖施行者。未知行下之日，可字已上皆寫哉，又捺印如何？答：師云：爲誥所寫，然則御畫日已上施行也，然則中務已下不可寫之，然則更不可煩署名。」《朱說》在該條中亦註云：「更寫一通誥，謂不捺印，此只寫取詔書辭誥諸司。」（見《令集解後篇》，卷第三十一〈養老公式令〉第二十一，第 1 詔書式條，引《穴記》和《朱說》，頁 779～780）。可見就這一點，與《唐公式令》不同，日本不需要詔書全部都抄寫，即省掉中務省部分以及副署部分等，僅抄寫傳達給諸司的詔書內容和年月御畫日而已。《穴記》關於把畫「可」字的詔書留於太政官爲案，在該條中又註云：「凡詔書案留於外記，更寫付辨官。」見《令集解後篇》，卷第三十一〈養老公式令〉第二十一，第 1 詔書式條，引《穴記》，頁 781。

書原案（此原案還給外記留爲案），抄行太政官符（謄詔官符）並寫入出符日期，如下【附錄 5-8】〈在外諸司用謄詔官符例〉，透過少納言蓋內印後送在外諸司施行。〔註31〕

（三）八省流程

⑩該省收到太政官符和抄寫的詔書後，按照太政官符和該詔書，發行「省

〔註31〕《養老公式令》詔書式條中云：「更寫一通詣，訖施行」《義解》和《跡記》在《令集解後篇・養老公式令》詔書式條中，關於太政官符的施行方法，《義解》註云：「謂凡施行詔書者，於在京諸司（指八省）直寫詔書（外記抄寫的詔書），副官符（簡略式）行下。若其外國者，更謄官符施行。故下條云：太政官施行詔勅，案成以後頒下者，各給寫程也。」《跡記》亦註云：「詔施行，謂有可下於外國者，謄詔可出官符。而者下條云：太政官施行詔勅，案成以後頒下。給寫程者，則知詣訖後謄詔成案。」《穴記》在該條中亦註云：「於又行下之時，下諸國者，捺內印。下在京諸司者，捺外印也。」又註云：「凡詔書案留於外記，更寫付辨官，令付行。若合謄者，辨官謄而出符詣，其詔書正文還外記也，爲不合有詔案故也。」「太政官施行詔勅，案成之後頒下。給寫程，即知謄出之言有所據也。」見《令集解後篇》，卷第三十一〈養老公式令〉第二十一，第 1 詔書式條，引《義解》、《跡記》和《穴記》，頁 779～781。可見太政官頒下詔書時，必須給寫程，爲了對在外諸司施行詔書而發行太政官符時，發行謄詔官符，並以謄詔官符爲案。但《私記》關於針對八省的太政官符，在《令集解後篇・養老公式令》詔書式條中註云：「問：下在京諸司於不謄之色。未知辨官有預知哉？答：皆寫送辨官，辨官受付耳，爲管八省故也。」（見《令集解後篇》，卷第三十一〈養老公式令〉第二十一，第 1 詔書式條，引《私記》，頁 780～781）。按：因爲詔書是天皇的命令，而且八省並非事務機關，而是傳達施行詔書命令的，並且不屬於太政官組職的行政機關，因此太政官也爲了重視詔書，必須對八省先送外記抄寫的詔書和簡略的太政官符，再使八省特意抄寫其詔書爲省符，且爲取得內印，將省符送到辨官局，以便管理八省。另外，《大寶公式令》詔書式條云：「更寫一通，宣訖付省施行。」《古記》關於詔書的施行方式，在《令集解後篇・養老公式令》詔書式條中註云：「問：宣訖付省施行。未知宣方，又施行方？答：有聚眾宣，或直付省施行，或太政官造符施行，或直寫詔書施行也。」（見《令集解後篇》，卷第三十一〈養老公式令〉第二十一，第 1 詔書式條，引《古記》，頁 781）。所謂的「太政官造符施行」即附上外記抄寫詔書的太政官符來對在京諸司施行的方式；「直寫詔書施行」即以謄詔官符來對在外諸司施行的方式，如上所述。可見施行《大寶令》時除此以外，也有對聚集的官人宣言之方式和公卿對八省直接命令施行詔書之方式，但施行《養老令》時已經一律變成由辨官局來下太政官符施行的方式（請參考井上光貞、關晃、青木和夫等編，前揭書，頁 640）。還有，因爲太政官符本來以太政官的名目發行，即在所有公卿的共同責任下發行，所以只有辨官和史簽署，並且在公文中也不載明任何公卿之官職與姓名等。請參考武光誠，《律令太政官制の研究》（東京：吉川弘文館，1999 年 5 月，第 1 刷），頁 60。

符」，由判官以上的卿、輔、丞其中一人和參與抄行「省符」的主典錄一人來簽署，把本案（該詔書）和出符一起送太政官檢勾。若無問題，辨官局在本案上蓋外印，同時透過少納言在出符上蓋內印後，將本案和出符送還該省，該省留太政官符和該詔書爲案，在「省符」上寫入出符日期，送在京或在外諸司施行之。〔註 32〕但施行《養老令》以後主要以太政官符下達諸國，以省符下達諸國方式越來越受到限制。

二、唐、日間中樞決策及執行流程差異之分析

第二節第一目中闡明了唐、日中樞決策及執行流程，由此可見中書省和中務省從起草案到進畫日前的流程，看起來幾乎都一樣，但中書省的中書令和門下省的侍中都是宰相，兩漢侍中是隨從皇帝之近身侍臣，職責爲建議、納言、規勸等，魏晉南北朝侍中職務與兩漢相同，其後漸漸發展出門下省。

〔註 32〕《大寶公式令》符式條云：「著名准辨官，其出符，皆須案成，並案送太政官檢勾。」（見【附錄 5-6】〈《大寶公式令》符式條〉），《跡記》關於符上的簽署，在《令集解後篇·養老公式令》符式條中註云：「謂判官以上一人一人與主典署名是。」《義解》關於審直出符的過程，在該條中註云：「謂凡省、臺出符者，向太政官請內印。官即發本案，檢勾出符。其案者，以官印印，送還本司。」見《令集解後篇》，卷第三十二〈養老公式令〉第二十一，第 13 符式條，引《跡記》和《義解》，頁 814～815。在此所謂的「本案」或「案」應該指外記抄寫到辨官局送八省的詔書，因爲太政官符送省時已經有蓋太政官印，而且《跡記》註云：「詔記後謄詔成案。」（請參考本章註 31）另外《朱說》關於蓋內印，在該條中註云：「額云：凡省符下諸國者，爲捺內印進官耳。」（見《令集解後篇》，卷第三十二〈養老公式令〉第二十一，第 13 符式條，引《朱說》，頁 815）。而且《續日本紀前篇·元正紀》養老四年五月條亦云：「癸酉，太政官奏：諸司下國小事之類，以白紙行下，於理不穩，更請內印，恐煩聖聽。望請自今以後，文武百官下諸國符，自非大事，差逃走衛士丁替，及……等類事，便以太政官印印之。奏可之。」（見《續日本紀前篇》（收入黑板勝美編，《新訂增補國史大系》，東京：吉川弘文館，2004 年 4 月，普及版第 26 刷），卷第八〈元正紀〉養老四年五月條，頁 80～81）。720 年（唐玄宗八年、元正養老四年）五月後把省符下諸國時，對重大事情才使用內印，因爲該太政官奏云：「恐煩聖聽」所以對在京諸司的省符也應該是相同。可見省符並非全都要蓋內印。從此以後，內外印的具體用例逐漸固定下來，對符蓋內印或外印的區別，主要看符內容的種類或重大事情與否來分別使用。其具體用法在《延喜式·太政官式》內外印條中有詳細規定，頒詔書的省符必須使用內印。請參考藤原忠平，《延喜式》〔收入黑板勝美編，《新訂增補國史大系》第二十六卷，東京：吉川弘文館，2004 年 12 月，新裝版第 2 刷〕，卷第十一〈太政官式〉內外印條，頁 326～327。

〔註 33〕皇帝的制敕多半來自皇帝所信任之臣的建議，有的是私下建議，不為外人所知，並且理論上中書令也經皇帝同意後纔可以制敕方式下達皇帝的旨意，但因為中書令的基本職務，是草擬、建議王命，也是王命之發動者，〔註 34〕詔書是由諸舍人各自擬撰，即所謂的「五花判事」，然後再由中書令或中書侍郎就此許多初稿中選定一稿，或加補充修改，送皇帝畫日，成為正式皇帝的命令，皇帝大多會同意，所以唐代政府「定旨出命」之權，實操於中書省。〔註 35〕因此為了分權制衡，並避免皇帝決策的錯誤，才有門下省的存在，並具有封駁權。為了避免遭到封還，令皇帝所下的命令等於白費，唐制才設置政事堂的合議體制，以使中書、門下機關在實際運作上謀求方便。因此兩省在此事先研商後起草。

就這一點而言，日本不採用以分權制衡為基礎的三省制，關於天下政事，主要建議王命的是大納言，此建議也代表「太政官」所有成員的合意，因此未曾由議政官來對詔書提出過任何異議。而且日本由辨官局來掌控所有國家行政，並且其長官太政大臣和左右大臣都是宰相，且是「太政官」議政官的成員，行政上的問題可以容易地反應到中樞決策。中務省雖然進行基本上的審查，但根本沒有操縱詔書之餘地，主要是按照天皇的旨意起草，送太政官少納言局的外記，使進一步審查詔書文筆上的錯誤，或審查是否與先例間有矛盾等，之後再由「太政官」進行審議。

格外重視行政上效率以及合議體制的日本，詔書的推行在所有公卿的共同責任下進行，即以所有公卿的合意為絕對的原則。因此天皇詔書之副署人跟唐制不同，不只是相當於門下侍中和黃門侍郎的大納言，還需要太政大臣和左右大臣等所有公卿的副署才行，而並非只要一個宰相副署，就可以推行的。少納言局也跟門下省不同，並非獨立審查的官署，只不過是太政官的一部分，而非判斷執行該詔書是否恰當。因此，詔書需要表同意的對像，並非相當於唐制門下省的少納言局，而是太政官組織中的議政官，尤其是具有國政審議決議權之上卿，即需要太政官合議體的同意，這代表對詔書（重大案件）由議政官來審議。因為太政官具有如此的組職體制和性質，所以少納言局與唐制門下省不同，不需要從仿效唐制尚書省的太政官獨立，也不需要兩

〔註 33〕請參考毛漢光，前揭論文，頁 5。
〔註 34〕請參考同上書，頁 8、32、34。
〔註 35〕請參考錢穆，《中國歷代政治得失》（台北：東大圖書，1981 年 9 月，再版），
　　　　頁 41～42。

者間建立分權制衡的關係。

而且日本對任何官員不允許任何封駁權，在理論上「太政官」認爲詔書有問題時，以「論事奏式」的方式由大納言來敷奏（但實際上對詔書未曾由議政官來提出過任何異議，如上所述）。〔註36〕形成「太政官」合議體是爲了與天皇進行交涉前的國政審議之最高審議機關，即大納言做爲其合議體的代表，爲了對不干預行政的天皇轉達太政官的決議（合意）而敷奏。〔註37〕從此太政官組織體制和性質來看，根本不需要使上卿和其他官員（少納言局等）具有像唐制爲了分權制衡，賦予門下省封駁權；也不會有像唐制那樣，因採用三省制，故遭到尚書省暫時擱置詔令並覆奏，以提出異議之情形，亦即不必要將此類覆奏權交給任何官員。這都是來自從 6 世紀中葉以來重視大夫合議制的傳統，即是透過此合議體審議國政，與天皇所進行交涉的日本習慣。因爲日本自古以來格外重視合議體的歷史背景，故議政官組織才可以親自提議，透過大納言敷奏，因此大納言的敷奏權就是在如此的背景下被賦予的。雖然說太政官八省仿效尚書省，但其實建立太政官的主要目的是審議國政，透過大納言進行太政官與天皇間的交涉，統率並掌控國家所有的行政，以及對八省和地方政府下達決策。主要施行此太政官命令的中央機關，即身爲行政的分掌機關八省，並非太政官。

雖然日本對官員不允許任何封駁，但假如「太政官」對詔書內容有異議，爲了同一案件堅持「太政官」的決議，而能夠敷奏幾次的話，這與門下省的

〔註36〕其理由也請參考本章註28。

〔註37〕太政官奏有由大納言來上奏的「論奏式」、「奏事式」和由少納言來上奏的「便奏式」三種，《養老公式令》奏事式條假定天皇完全同意以及以修改上奏案爲前提同意時的狀況云：「奉勅，依奏，若更有勅語須附者，各隨狀附，云云。」《養老公式令》便奏式條假天皇完全同意以及不同意上奏案時的狀況云：「奏勅，依奏。若不依奏者，即云：勅處分云云。」至於《養老公式令》論奏式條只假定天皇完全同意時的狀況云：「聞，御畫。」見【附錄 5-11】《《大寶公式令》論事奏式條》；【附錄 5-12】《《大寶公式令》奏事式條》；【附錄 5-13】《《大寶公式令》便奏式條》。因此《古記》在《養老公式令》奏事式條中註云：「問：奉勅依奏，未知不依奏，若爲處分？答：不依奏者，即云：勅處分云云耳，論事奏亦放此。」《令集解後篇》，卷第三十一〈養老公式令〉第二十一，第 4 奏事式條，引《古記》，頁 792。飯田瑞穗在〈太政官奏について〉中指出：《養老公式令》在「奏事式」、「便奏式」中所假定的天皇以修改爲前提同意以及不同意時的處理規定，必須認爲對於「論奏式」、「奏事式」、「便奏式」三種上奏方式通用的規定才對。請參考〈太政官奏について〉（收入日本歷史學會編，《日本歷史》第三八一號，1980 年 2 月），頁 15～16。

封駁沒有甚麼兩樣。於是在三種上奏形式「論奏式」、「奏事式」、「便奏式」中，有制定天皇對臣下上奏的三種處理規定，如「完全同意」、「以修改為前提同意」和「不同意」，這顯然表示天皇不干預行政，也不參與議政官組織之國政審議，同時意味著重新確認天皇是最終的裁決者，也可以說是防止對同樣案件重複敷奏的規定，在日本史上有以詔敕來修正和否決太政官論奏的決議之例子，〔註38〕如下：

《日本三代實錄前篇・清和紀》貞觀二年（860 年）閏十月二十五日條記載天皇對於有關斷罪的太政官論奏，以詔令加以修正云：

> 太政官論奏：美濃國惠奈郡人縣万歲麻呂，殺百姓三人。法官斷罪，當斬刑。詔減死一等處之遠流。〔註39〕

《日本三代實錄後篇・光孝紀》仁和元年（885 年）五月八日條記載太政官公卿奏請省約五位以上封祿云：

> 八日壬辰，公卿奏言：伏承去月二十七日，　勅旨，道存崇儉，理深經邦。將以知禮節於倉廩，周富庶於黎氓。推減服御，以挹恆規。臣等捧讀已周，無任荷懼。謹撿前朝故事，當於陰陽逆節水旱淹旬，或損天廚之饌，暫省御廚之資。未有□璣齊政、玉燭調時，徒引責躬之誠，以先損上之美者也。臣等槐棘備員，茅土琉色，忽對黃紙之文，愈覷素飡之責。伏以臣之奉君，上之化下，泥璽寫其方圓，風草任其偃仰。豈有主上軫憂國之慮，臣下懷重祿之情者乎？伏望五位已上封祿，暫從省約，集輕塵而裨帝嶽，彈微露以添天潢。謹錄事狀，伏聽　天裁。〔註40〕

《日本三代實錄後篇・光孝紀》仁和元年（885 年）六月三日條記載天皇以敕令否決該太政官論奏的奏請云：

> 六月甲寅朔，三日丙辰，　勅公卿去月八日論奏以為：節有陰陽，時無水旱，減撤服御，事非舊章。雖非舊章，下以從上，群臣封祿，

〔註38〕請參考飯田瑞穗，前揭期刊論文，頁 16。

〔註39〕見藤原時平、菅原道眞、大藏善行、三統理平，《日本三代實錄前篇》（收入黑板勝美編，《新訂增補國史大系》，東京：吉川弘文館，2002 年 3 月，普及版第 12 刷），卷第四〈清和紀〉貞觀二年閏十月二十五日條，頁 59。

〔註40〕見藤原時平、菅原道眞、大藏善行、三統理平，《日本三代實錄後篇》（收入黑板勝美編，《新訂增補國史大系》，東京：吉川弘文館，2002 年 3 月，普及版第 12 刷），卷第四十七〈光孝紀〉仁和元年五月八日條，頁 588～589。

宜暫折留。嗟乎正朔循環，朕新按馳騖之轡；庫倉懸罄，朕已執靈
春之權。彼焦思之爲傷也，熱於爛石千里；沉憂之爲苦也，深於懷
山九年。此而不愁，亦復何事。至于天吏修良，地融齊整，皆是諸
大夫之爕理，都非子一人之施爲。何故割帝賜於有功，弥重朕過；
補不足於無德，更失人心者乎。卿等能保微祿之叉手，朕獨將安菲
衣之裹身。今之所請，拒而不聽。〔註41〕

除此以外也有養老五年（721年）六月十日太政官奏的例子〔註42〕，而且在日
本史上沒有任何記錄由「太政官」對於同樣案件堅持他們決議，並敷奏幾次。
雖然這些記載是距離施行《大寶律令》時期150～170年後，但由此可見天皇
對臣下上奏的三種處理規定顯示保障天皇爲最終的裁決者，同時也有防止對
同樣案件重複敷奏之作用，無疑是在《大寶公式令》「論奏式」、「奏事式」、「便
奏式」三種上奏形式之規定中早就具有如此構想。當然，在允許官員有封駁
權的唐制中不可能有此三種規定。

在執行流程方面，因爲唐制採用三省制，尚書省並非門下省所管轄的下
階層機關，而是與門下省同等的分權機關之一，所以覆奏後的「制可制書」
當作公義流程的一環，直接送到尚書都省，通常由尚書省以省符，對九寺、
諸監、衛及諸道州府等中外百司的事務機關下達施行命令。〔註43〕至於日本
的執行流程，因爲掌控全國行政的行政機關左、右辨官局爲組成太政官之一
部分，因此覆奏後的詔書由大納言直接透過外記對太政官內的辨官局頒布。
又因爲八省是太政官所管轄的，不屬於太政官組職的下階層官署，因此辨官
局對八省以及地方政府等，以太政官符下達執行命令。並且因爲八省與在外
諸司不相同，並非施行詔書的事務機關，而是傳達施行詔書命令之在京行政
機關，加上詔書是天皇的命令，因此針對八省不使用謄詔官符，而直接送外
記抄寫的詔書原案和簡略的太政官符，然後使八省特意抄寫其詔書，對在京
諸司發行省符。此省符必須送到太政官檢查並蓋內印，太政官藉以管理八省。
因爲在京諸司是八省下階層的事務機關，所以八省對在京或在外諸司以省符

〔註41〕見同上書，卷第四十七〈光孝紀〉仁和元年六月三日條，頁589～590。
〔註42〕請參考【附錄5-19】〈奏事式太政官奏例2〉。
〔註43〕因此《穴記》在《令集解後篇・養老公式令》詔書式條中引用唐令註云：「又
　　　唐令云：尚書省施行制勅，案成以後頒下，各給鈔寫程。惣計符移關牒，二
　　　百以下一日程者，即明謄出也。」見《令集解後篇》，卷第三十一〈養老公式
　　　令〉第二十一，第1詔書式條，引《穴記》，頁780。

下達施行命令。

因爲日本不採用分權制衡爲基礎的三省制，而採用共同進行國政決策的宰相合議體制，建立最高國政審議機關太政官，並將掌控全國行政機關的左右辨官也納入太政官內，因此在下達施行命令的過程中，日本必須發行兩種符（太政官符和省符），但唐制只發行一次省符。至於膽詔官符的書式，與唐省符不同，採用遠比唐膽詔省符更簡潔的書式，膽詔官符僅抄寫傳達給諸司的詔書內容和年月御畫日而已，完全省掉參與決策的官員簽署部分；而唐膽詔省符則從頭到尾全都抄寫，呈現出中樞決策及執行過程的來龍去脈，以及參與的官員。此唐、日間書式上的差異是代表日本國政決策的責任顯著在於所有議政官，即議政官組織全體，在太政官對外施行詔書的階段，即使抄寫太政官內官員簽署部分，也沒有甚麼意義，從著重於行政效率的日本來說，簡潔的書式也算是理想的書式。唐制則重視參與決策以及執行詔書的三省官員每個人的責任，並清楚記載他們官員的官職與姓名。

附錄 5-1：《唐公式令》制書式條〔註44〕

門下，云云，主者施行。

年月御畫日

中書令具官封臣姓名　宣

中書侍郎具官封臣姓名奉

中書舍人具官封臣姓名行

侍中具官封臣名

黃門侍郎具官封臣名

給事中具官封臣名　等言。

臣聞，云云。臣等云云。無任云云知至。謹奉

制付外施行。謹言。

年月日

可御畫

　右御畫日者，留中書省爲案。別寫一通，印署，

　送門下省。覆奏畫可訖，留門下省爲案，更寫一

〔註44〕見仁井田陞，《唐令拾遺補》第三部〈唐公式令〉第二十一，第1制書式條，頁 1235～1236。

通，侍中注制可，印縫署，送尚書省施行。凡制
敕宣行，大事則稱揚德澤，褒美功業，覆奏而請
施行，小事則署而頒之。

附錄 5-2：《唐公式令》制授告身式條 〔註45〕

門下，具官封姓名（應不稱姓者，依別制。冊書亦准此。）
德行庸勳云云。可某官。（若有勳官封，及別兼帶者，
云某官及勳官封如故。其非貶責，漏不言勳封者，同銜授法。）
主者施行。（若制授人數多者，並於制書之前，名歷名件授。）
　　　　　　年月日
　　　　　　　　中書令具官封臣姓名　宣
　　　　　　　　中書侍郎具官封臣姓名奉
　　　　　　　　中書舍人具官封臣姓名行
侍中具官封臣名
黃門侍郎具官封臣名
給事中具官封臣名　等言。
制書如右。謹奉
制付外施行。謹言。
　　　　　　年月日
制可
　　　　月日　都事姓名受
　　　　　　　　左司郎中付某司
左丞相具官封名
右丞相具官封名
吏部尚書具官封名
吏部侍郎具官封名
吏部侍郎具官封名
左丞具官封名（其武官，則右丞署。若左右丞內一人無，
仍見在者通署。）

〔註45〕見仁井田陞，《唐令拾遺》，〈唐公式令〉第二十一，第 11 制授告身式條，頁
　　　　559～560。（　）爲原文註，下同。

告具官封姓名。奉被

制書如右。符到奉行。

主事姓名

吏部郎中具官封名 令史姓名

書令史姓名

年月日下

右制授告身式。其餘司應授官爵者准此。

附錄 5-3：敦煌出土的天寶十四載五月騎都尉秦元之制授告身 [註46]

| □ | | 秦 | 冗 |
| 右 | | 可 | 騎 | 都 | 尉 |

門　下

彊 禦 寇 底 定 爲 勞 宣 策 　 勳

庸 以 勤 征 戍 可 依 前 件 　 主

者 施 行

　天 寶 十 四 載 三 月 十 七 日（蓋「尚書司勳告身之印」五顆。）

　　　　　司空兼右相文部尚書臣國忠　　宣

　　　　　中　書　侍　郎　　闕

　　　　　中書舍人上柱國臣宋昱奉　　行

武部尚書同中書門下平章事臣見素

門　　下　　侍　　郎　　闕

給 事 中 上 柱 國 臣 納 等 言

制 書 如 右 謹 奉

制 付 外 施 行 謹 言

　天 寶 十 四 載 五 月 九（蓋 日 「尚書司勳告身之印」五顆。）

　制　　　可

　　　　五 月　日申時都事

　　　　左　司　郎　中

司空兼文部尚書

尚書左僕射在范陽

〔註46〕該資料引自內藤乾吉，前揭書，頁 27～29。此文書的開端或上下部分有破損，
　　　　□是修復此破損的文字以及空白部分。

—212—

尚書右僕射　闕

文部侍郎上柱國

文部侍郎　闕

尚書左丞　闕

告 騎 都 尉 秦 元（從「告」字到「元」字蓋「尚書司勳告身之印」五顆。）

奉 被

制 書 如 右 符 到 奉　　行（避開「制」字，蓋「尚書司勳告身之印」四顆。）

　　　　　　　　　　主 事　　湘

員外郎希寂　　　令 史　郭彥

　　　　　　書令史　劉觀

　天 寶 十 四 載 五 月 十 一　　日 下

附錄 5-4：《唐公式令》符式條〔註47〕

尚書省　　為某式

某寺主者云云。案主姓名。符到奉行。

　　　　　　　　　　　　主事姓名

吏部郎中具官封名（都省左右司郎中一人准。）令史姓名

　　　　　　　　　　　書令史姓名

　　　　　　　　　　年月日下

右尚書省下符式。凡應為解向上者，上官向下皆為符。

首判之官署位，准郎中。其出符者，皆須案成，並案送都省撿勾。

（若事當計會者，仍別錄會目，與符俱送都省。）其餘公文，

及內外諸司應出文書者，皆准此。

附錄 5-5：《大寶公式令》詔書式條〔註48〕

明神御宇日本天皇詔旨。

明神御宇天皇詔旨。

明神御大八周天皇詔旨。

〔註47〕見仁井田陞，《唐令拾遺補》第三部〈唐公式令〉第二十一，第 10 符式條，
　　　　頁 1259～1260。

〔註48〕見同上書，〈大寶公式令〉第二十一，第 1 詔書式條，頁 1235～1238。官位和
　　　　姓名之間加「臣」字，如：紫微內相從二位兼行中衛大將臣藤原押勝。

天皇詔旨。

詔書云云。聞宣。

　年月日〔註49〕

　中務卿位臣姓名宣

　中務大輔位臣姓名奉

　中務少輔位臣姓名行

太政大臣位臣姓

左大臣位臣姓

右大臣位臣姓

大納言位臣姓名等言。

詔書如右請奉　詔。付外施行。謹言。

　年月日

可。御畫。

　右詔書者寫，二通。一通留中務爲案，更寫一通署送太政官。

　大納言覆奏，畫可訖，留爲案。更寫一通宣，訖付省施行。

　中務卿若不在，即於大輔姓名下注宣，少輔姓名下注奉行。

　大輔又不在，於少輔姓名下，併注宣奉行。若少輔不在者，

　丞見在者，並准此。〔註50〕

附錄 5-6：《大寶公式令》符式條〔註51〕

太政官符其國司。（若勅直云勅符。其國司位姓等。）

其事云云。符到奉行。

大辦位姓名。　　　史位姓名

　　　　　　年月日　使人位姓名

〔註49〕《大寶公式令》可能誤抄爲「年月日」，但《養老公式令》已修改爲「年月御
　　　畫日」。請參考本章註10。

〔註50〕《養老公式令》詔書式條云：「右御畫日者，留中務省爲案，別寫一通印署，
　　　送太政官。大納言覆奏，畫可訖，留爲案，更寫一通詰，訖施行。中務卿若
　　　不在，即於大輔姓名下注宣，少輔姓名下注奉行。大輔又不在，於少輔姓名
　　　下，併注宣奉行。若少輔不在，餘官見在者，並准此。」見仁井田陞，《唐令
　　　拾遺補》第三部〈養老公式令〉第二十一，第1詔書式條，頁1236～1238。

〔註51〕參考同上書，〈大寶公式令〉第二十一，第13符式條，頁1259～1263；見井
　　　上光貞、關晃、青木和夫等編，前揭書，頁648。

　　　　　　鈴剋　傳符亦准此。

右太政官下國符式，省、臺准此。（署名准辨官。）

其出符，皆須案成，並案送太政官檢勾。

（若事當計會者，仍錄會目與符俱送太政官。）

自餘諸司應出公文者，皆准此。

附錄 5-7：在京諸司用太政官符例 〔註52〕

　　詔書事

太政官符神祇中務式部治部民部兵部刑部大藏宮內彈正左右京修理勘解由齋
宮齋院等官省臺職寮司

太政官符左右近衛左右衛門左右兵衛左右馬兵庫等府寮

　　詔書壹通上尊號為人上天皇皇太后曰太皇大后事

右詔書頒下如件。諸司諸衛承知。符到奉行。

左少弁　　　　　　　　　　　　　　　　　　右大史

　　　　天慶九年（946 年）五月一日

附錄 5-8：在外諸司用膳詔官符例 〔註53〕

太政官符五畿內七道諸國司

　　頒下詔書事

右去月二十六日　詔偁。朕恭膺聖鑒，濫握神符。……（詔書本文）……普
告遐迩。令知朕意，主者施行者，諸國承知。符到奉行。

左少弁　　　　　　　　　　　　　　　　　　右大史

　　　　天慶九年（946 年）五月一日

〔註52〕見著者不詳，《類聚符宣抄》〔該書成立於 1093～1121 年（宋哲宗元祐八年～
　　　　宋徽宗宣和三年、白河寬治七年～保安二年間），收入黑板勝美編，《新訂增
　　　　補國史大系》第二十七卷，東京：吉川弘文館，2003 年 5 月，新裝版第 2 刷〕，
　　　　第四〈帝皇〉詔書事條，頁 109。《類聚符宣抄》是將 737～1121 年（唐玄宗
　　　　開元二十五年～宋徽宗宣和三年、聖武天平九年～白河寬治七年）間的宣旨、
　　　　太政官符以及解狀等，以類聚別編纂的法令集，保安二年的抄寫本為原本。
　　　　雖然此例是《養老律令》下的在京諸司用太政官符例，但可以了解當時在京
　　　　諸司用太政官符的書式形態。
〔註53〕見同上書，第四〈帝皇〉詔書式條，頁 109～110。雖然此例是《養老律令》
　　　　下的在外諸司用膳詔官符例，但可以了解當時外諸司用膳詔官符的書式形
　　　　態。

第三節 上奏制度之比較

一、唐、日間上奏及執行流程之比較

唐朝的上奏方式有六種，如「奏抄式」、「奏彈式」（御史臺上奏）、「露布式」（諸軍透過兵部上奏）、「議式」、「表式」、「狀式」，如果官人個人對會議的結果有異議時以「議」的方式上奏（奏議），如果對於自己負責的職務相關案件有疑問或異議的話，也可以用「表」或「狀」的方式上奏（上表或奏狀），皇帝批答後，還給上奏（上表或奏狀）本人。但日制除了非常特別的狀況外，任何官員不能直接上奏（包括上表），必須經過太政官，即上奏（包括上表）的對象就是太政官。必要時由太政官以論事奏式、奏事式（兩者都大納言上奏）或便奏式（少納言上奏）來上奏後，以太政官符來答覆。這是絕對的原則，如在第四章第三節「大少納言職掌與少納言局及門下省間之比較」和「中務省職掌與中書省間之比較」中敘述過。在此探討唐、日對於重大案件上奏流程的比較。

關於唐制「奏抄式」的上奏流程，因爲「奏抄式」對於祭祀，支度國用，授六品以下官，斷流以上之罪及除免、官當的案件使用，〔註 54〕因此在尙書都省部分的公文流程也可以參考【附錄 5-8】〈《唐公式令》奏授告身式〉。奏抄式是由尙書省二十四司的郎中來發行其職掌相關的上奏抄，至於擬六品以下官，文官是由吏部郎中，武官則是由兵部郎中來擬官。〔註 55〕在此以擬六品以下文官爲例說明流程。其流程是如下【圖 5-3】〈以奏抄式爲例的唐初上奏及執行流程圖〉。

〔註 54〕 《唐六典·門下省》侍中條云：「凡下之通于上，其制有六：一曰奏抄……」，在該條中又註云：「謂祭祀，支度國用，授六品已下官，斷流已上罪及除免、官當者，並爲奏抄。」見《唐六典》，卷第八〈門下省〉侍中條，頁 241～242。

〔註 55〕 《通典·選舉三》歷代制下條云：「自六品以下旨授。其視品及流外官，皆判補之。凡旨授官，悉由於尙書，文官屬吏部，武官屬兵部，謂之銓選。」見《通典》，卷十五〈選舉三〉歷代制下條，頁 359。

圖 5-3：以奏抄式為例的唐初上奏及執行流程圖

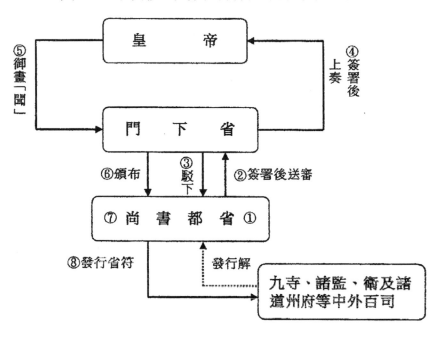

　　茲依上圖編碼的程序，略予說明如下：

（一）尚書都省及上行流程

　　①尚書吏部侍郎擬六品以下文官，〔註 56〕由職掌文官告身的尚書吏部郎中發行奏抄文，通過吏部尚書、左右僕射的審查後，負責擬官的左右僕射、吏部尚書、吏部侍郎都簽署。②最後由尚書吏部郎中寫入發出日期並簽署後，送門下省審查。〔註 57〕

（二）門下省流程

　　③門下省審查後，如果認為此人選不妥當，則駁回尚書都省；④如果無異議，侍中、黃門侍郎、給事中簽書，並注「審」、「省」、「讀」字後上奏。

〔註 56〕　《通典・職官五》吏部尚書條關於侍郎的職掌註云：「分掌選部流內六品以下官，是爲銓衡之任。」見同上書，卷二十三〈職官五〉吏部尚書條，頁 632。唐初吏部侍郎只置一人，唐總章元年才加一人。請參考同上書，卷二十三〈職官五〉吏部尚書條，頁 632。

〔註 57〕　《唐六典・尚書吏部》吏部尚書條云：「凡三銓注擬訖，皆當銓團甲以過左右丞相。若中銓、東銓，則亦先過尚書訖，乃上門下省。」見《唐六典》，卷第二〈尚書吏部〉吏部尚書條，頁 28。請參考【附錄 5-10】《唐公式令》奏抄式條〉。

〔註58〕⑤門下省上奏時，皇帝爲了表示同意施行，在奏抄文上畫「聞」字，如下【附錄5-10】〈《唐公式令》奏抄式條）。⑥之後門下省將畫「聞」後的奏抄送回尚書都省施行。

（三）尚書都省及下行流程

⑦尚書都省受理此奏抄後，留畫「聞」後的奏抄爲案，另外抄行下達「符到奉行」之公文，都事簽署在受理人那裡並寫入「受」字後，透過負監督尚書吏部之責的左司郎中，授其公文與尚書吏部。在尚書吏部由吏部侍郎、吏部尚書、左丞簽署，如下【附錄5-9】〈《唐公式令》奏授告身式條），⑧之後留「符到奉行」的公文爲案，發行「省符」。至於「省符」，與制授告身時的流程相同。〔註59〕

由此可見，施行畫「聞」後的奏抄時，只有直接負擬官之責的尚書吏部長官吏部尚書和次官吏部侍郎，以及發行奏抄時未簽署的尚書都省通判官左丞簽署就可以施行，再也不必要負責擬官的尚書都省長官左右僕射之簽署，因爲發行奏抄時他們已經簽署過。而且奏抄式並非由皇帝來下達命令，因此中書省從頭到爲都不參與奏抄式的上奏。上述是六品以下的奏抄式流程，因爲六品以下的奏抄是尚書吏部的職掌，因此從尚書吏部開始敘述其流程，至於其他有關祭祀、支度國用、斷流以上的罪以及除免、官當者之奏抄式流程，幾乎都與六品以下的奏抄式流程相同，但尤其以斷流以上之罪及除免官當等的案件，九寺、諸監、衛及諸道州府等中外百司都有可能成爲其當事者，此時中外百司做爲提議者製作「（解式）案狀」，並共同簽署後，對尚書省某部某司上申。《唐律疏議》應言上待報而輒自決斷條疏議云：

> 疏議曰：依獄官令：「杖罪以下，縣決之。徒以上，縣斷定，送州覆審訖，徒罪及流應決杖、笞若應贖者，即決配徵贖。其大理寺及京

〔註58〕《唐六典・門下省》給事中條云：「凡百司奏抄，侍中審定，則先讀而署之，以駁正違失。」該條亦云：「凡文武六品已下授職，所司奏擬，則校其仕歷深淺，功狀殿最，訪其德行，量其才藝，若官非其人，理失其事，則白侍中而退量焉。」見《唐六典》，卷第八〈門下省〉給事中條，頁244～245；《通典・選舉三》歷代制下條關於吏部和兵部文武選事又云：「凡選，始集而試，觀其書判……服者以類相從，攢之爲甲，先簡僕射，乃上門下省，給事中讀之，黃門侍郎省之，侍中審之。不審者，皆得駁下。」見《通典》，卷十五〈選舉三〉歷代制下條，頁360。

〔註59〕請參考內藤乾吉，前揭書，頁18～19。

兆、河南府斷徒及官人罪，并後有雪減，並申省，省司覆審無失，速即下知；如有不當者，隨事駁正。若大理寺及諸州斷流以上，若除、免、官當者，皆連寫案狀申省，大理寺及京兆、河南府即封案送。若駕行幸，即準諸州例，案覆理盡申奏。」若不依此令，是「應言上而不言上」；其有事申上，合待報下而不待報，……〔註60〕

《大寶令》下的上奏形式一共有三種，如上所述，其中論事奏式和奏事式使用於較重要的案件，都經過議政官的審議，依照上奏案件的重大程度，分別使用。雖然不少前輩學者說論事奏式是仿效唐奏抄式制定的上奏形式，看起來也有相似的部分，但其具體的運作方式與奏抄式不相同。因此很難說唐奏抄式相當於日本的哪一個上奏方式，也不能單純地判斷說相當於論事奏式。筆者認為從論事奏式和奏事式的公文形態和使用於較重要案件、需要「太政官」的審議等觀點來看，日本以唐奏抄式為藍本，修改並創造出日本獨特的上奏方式，如下【附錄5-11】〈《大寶公式令》論事奏式條〉、【附錄5-12】〈《大寶公式令》奏事式條〉、【附錄5-10】〈《唐公式令》奏抄式條〉。因此硬要說的話，寧可說奏抄式較接近論事奏式和奏事式。論事奏式和奏事式的流程是如卜【圖5-4】〈以《大寶令》論事奏式和奏事式為例的上奏及執行流程圖〉。但此流程是以在京、在外諸司的上中案之上奏及執行流程為土，不包括議政官親自提議的屬於論事奏式之上奏案件。

〔註60〕見《唐律疏議》，卷第三十〈唐斷獄律〉第485應言上待報而輒自決斷條，頁561～562。請參考內藤乾吉，前揭書，頁19。

圖5-4：以《大寶令》論事奏式和奏事式為例的上奏及執行流程圖

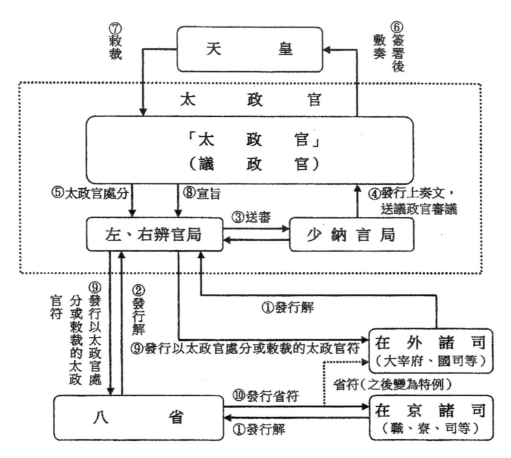

此圖所示就是：

（一）八省與諸司上行流程

①②在京諸司針對八省、八省和在外諸司針對太政官，以解式發行上申文（解狀），在京諸司必須經由八省，諸郡經由諸國才可以對太政官送上上申文，不得直接對太政官送上上申文，此行為是越權行為。〔註61〕解式文，由四等官（長官、次官、判官、主典）皆簽署在上申文上，長官和次官簽署於上層，則判官和主典簽署於其下層，如下【附錄 5-14】《大寶公式令》

───────────────

〔註61〕 請參考井上光貞、關晃、青木和夫等編，前揭書，頁646。如：職、寮、司對八省或郡對國發行解式公文（兩者間有所管和被管之關係）時，解式結文寫為「以解」，則八省和國對太政官發行解式公文（兩者間無所管和被管之關係）時，其結文寫為「謹解」。請參考【附錄5-14】《大寶公式令》解式條）。

解式條〉。

（二）太政官流程

③辨官局受理八省和在外諸司的上申文後，把它送少納言局的外記審查，〔註 62〕外記審查後，④⑤若需要上奏時，依照其上申文事情的重大程度或內容之別，另外寫論事奏式或奏事式的上奏文，送議政官。〔註 63〕若不必要上奏時，把上申文（解狀）送上「太政官」，「太政官」以太政官處分處理其上申文，〔註 64〕對辨官局下達依照太政官處分發行太政官符之命令，辨官局留其上申文爲案，發行以太政官處分施行的太政官符後，蓋內或外印，對在京、在外諸司送此太政官符，如下【附錄 5-15】〈針對在京諸司上申案件以太政官處分施行的太政官符例〉和【附錄 5-16】〈針對八省上申案件以太政官處分施行的太政官符例〉。〔註 65〕因此「太政官」需要的話，經過議政官的審議，決定太政官處分或與天皇交涉之方向。⑥由外記來發行論事奏式或奏事式的上奏文，所有議政官（公卿）皆簽署後，〔註 66〕代表公卿，由大納言來

〔註62〕 《朱說》在《令集解前篇・養老職員令》太政官條中關於上奏流程註云：「奏者，先辨官奏了。後可至外記乎，若不何。貞說：奏亦辨官送外記，外記勘誤不，知奏者。」《跡記》在該條中又註云：「但奏者，必經辨官至外記，外記勘誤不。只奏耳，更毀，而外記奏不作。但外記常奏書者，約勘詔奏耳。」見《令集解前篇》，卷第二〈養老職員令〉第二，第 2 太政官條，引《朱說》和《跡記》，頁 49。

〔註63〕 《或說》在《令集解前篇・養老職員令》太政官條中關於上奏流程註云：「諸司奏者，作解文進官，外記作奏耳。」見《令集解前篇》，卷第二〈養老職員令〉第二，第 2 太政官條，引《或說》，頁 49。按：因爲諸司的重大上申文，由大納言來上奏，因此在此所謂的「作奏」表示「作上奏文」之意，而不是「上奏」之意。另外在諸司上申（提議）的需要上奏之案件當中，屬於論事奏式所規定的案件，如：【附錄 5-11】〈《大寶公式令》論事奏式條〉，或除此以外的重大案件，必須以論事奏式上奏。按：關於由誰判斷是否需要上奏以及使用論事奏式、奏事式、便奏式其中的哪一種方式上奏等問題，無法以現存的資料來了解其詳細情況。但筆者認爲從外記的職掌來看，應該是首先由外記來判斷，之後有問題的話，外記與上卿、少納言間進行適當調整。

〔註64〕 按：太政官處分的結果，類似大納言在敕裁後把處理方式寫在論事奏式與奏事式的上奏文上，應該由左、右大臣、大納言等上卿寫在上申文上，或宣下史記錄在上申文上或其他紙上，然後辨官局留它爲案。

〔註65〕 請參考武光誠，前揭書，頁 56。

〔註66〕 請參考今江廣道，《公式樣文書（2）太政官文書・上申文書》（收入飯倉晴武、中尾堯編，《日本古文書學講座》第二卷〈古代編Ⅰ〉，東京：雄山閣，1984年 8 月），頁 95～98；【附錄 5-17】〈論奏式太政官奏例〉和【附錄 5-18】〈奏事式太政官奏例 1〉。論奏式的上奏文，公卿都簽姓名，至於奏事式的上奏

敷奏。〔註67〕⑦天皇對論事奏式的上奏文，如果完全同意的話，親自畫「聞」字，〔註68〕以修改上奏案爲前提同意時，由大納言來付加敕語，不同意時，大納言寫入「勅處分云云」之文。至於奏事式的上奏文，天皇完全同意時，大納言寫入「奉勅依奏」之文，以修改上奏案爲前提同意〔註69〕以及不同意時的處理方式，與論事奏式上奏文的處理方式相同。〔註70〕最後奏官大納言簽名並寫入「奏」字。〔註71〕⑧之後大納言對辨官宣旨，辨官局的史在上申文（解狀）上寫入敕裁結果，辨官局留其上奏文和上申文爲案，〔註72〕⑨⑩按照它發行太政官符。

文，只有大納言簽姓名，其他公卿僅簽姓而已。請參考【附錄 5-11】〈《大寶公式令》論事奏式條〉和【附錄 5-12】〈《大寶公式令》奏事式條〉。

〔註67〕 請參考【附錄 5-11】〈《大寶公式令》論事奏式條〉和【附錄 5-12】〈《大寶公式令》奏事式條〉。

〔註68〕 按：《大寶公式令》論事奏式條云：「可，御畫。」《養老公式令》論奏式條改「可」字爲「聞」字（請參考【附錄 5-11】〈《大寶公式令》論事奏式條〉），而且日本史上也沒有天皇對論事奏式的上奏文畫「可」之記載，因此筆者認爲當時的立法者在《大寶公式令》論事奏式條中可能不小心將詔書條文混用在一起，或誤寫爲「可」字。

〔註69〕 請參考【附錄 5-19】〈奏事式太政官奏例 2〉。

〔註70〕 《大寶公式令》奏事式條云：「奉勅依奏，若更有勅語須附者，各隨狀附，云云。」（見【附錄 5-12】〈《大寶公式令》奏事式條〉），《義解》在《令集解後篇‧養老公式令》奏事式條該條文中註云：「謂大納言自注之辭。」見《令集解後篇》，卷第三十一〈養老公式令〉第二十一，第 4 奏事式條，引《義解》，頁 792。請參考本章註 37：岸俊男，前揭書，頁 271～272；武光誠，前揭書，頁 56～59：今江廣道，前揭書，頁 95～97。

〔註71〕 此時大納言只簽姓，但至於奏事式，也可以由少納言來上奏，若由他來上奏時，必須簽姓名。請參考【附錄 5-11】〈《大寶公式令》論事奏式條〉和【附錄 5-12】〈《大寶公式令》奏事式條〉。

〔註72〕 《政事要略‧年中行事二十五》進年終斷罪奏文條云：「刑部省預修解文進太政官。外記勘定修奏，託大臣持奏文，□參議以上，升殿奏。刑部省乃年終政書進止申大臣，奉勅語引退，即奏文并解文二通尾書勅語云云。一通給刑部，一通留辨官。其奏文收太政官並捺外印。」見惟宗允亮，《政事要略》〔該書成立於約 1002 年（宋眞宗咸平五年、一條長保四年），收入黑板勝美編，《新訂增補國史大系》第二十八卷，東京：吉川弘文館，2004 年 3 月，新裝版第 2 刷〕卷第二十五〈年中行事二十五〉進年終斷罪奏文條，頁 89。這是說明 859 年以後的貞觀儀式之記載，跟 8 世紀施行《大寶公律令》和《養老律令》時比起來，當然難免在論奏式上奏公文流程上多少產生小變化，而且因爲簡單敍述論奏式的公文流程，所以看起來其敍述內容與論奏式條制定的流程規定間稍微有所不同，也沒有進一步敍述發行太政官符等流程，但可見上奏文和上申文（解）在上卿宣旨之後，由辨官局留它們爲案。

（三）太政官下行流程

　　太政官符和省符的公文流程，基本上詔書式為例的執行流程相同，但至於太政官符的書式，與詔書式不相同，不管在京諸司或在外諸司，一律直接把該上奏內容與敕裁之結果抄寫在太政官符中施行，〔註73〕如下【附錄 5-20】〈以論奏施行的太政官符例〉和【附錄 5-21】〈以奏事施行的太政官符例〉，以太政官處分施行的太政官符亦如此。

二、對唐、日間上奏及執行流程差異之分析

　　在奏抄式的上奏流程方面，因為唐制採用三省制，所以尚書省是百司申奏的主體，而門下省則是受理並審查上奏案的機關，並非上奏的主體。九寺、諸監、衛及諸道州府等中外百司的事務機關發行解狀，當做提議者。即皇帝為敕裁者，門下省為受理並審查的主體、尚書省為上奏的主體。這是看奏抄式的上奏規定以及公文內容，就可一目瞭然。至於日本論事奏式和奏事式的上奏流程，因為日本不採用三省制，也不採取皇帝對國政做正確判斷的措施，且自古以來非常重視合議之性質習慣，著重於行政上的效率與日本的傳統和國情，將唐制宰相的合議體制和尚書都省的合議體制採用於太政官的議政官制，凡重要案件一律透過此議政官之國政審議。所有決策和施政的責任都在議政官全體，所以議政官是對天皇負責並與天皇溝通和接洽的主體。因此，議政官（尤其是上卿）既是上奏的主體，也是受理並審查上奏案的主體，如下所述。另外，八省和在外諸國等是太政官所管轄的，不屬於太政官組織的下階層官署，因此八省和在外諸國等必須對太政官以解方式提出上申文，並非上奏的主體，而只不過是提議者。雖然職、寮、司等在京諸司直接隸屬於八省，但因為八省是在京諸司上階層的行政機關，所以在京諸司也對八省以解狀方式提出上申文，他們也是提議者。

　　日本論事奏式和奏事式的規定無疑是仿效唐奏抄式的規定。就論事奏式的書式而言，上奏文言「等言云云。謹以申聞。謹奏。」、議政官的簽書位置、御畫「聞」顯著仿效奏抄式。就奏事式而言，把奏抄式的「等言」部分改為「等解狀」，奏抄式門下省簽署的位置，以議政官的簽署取而代之，即可說仍

〔註73〕 請參考岸俊男，前揭書，頁 272～273。因為此太政官符是針對在內外諸司說明上奏及天皇對上奏回答的內容，上奏內容幾乎都是諸司或議政官所提的案件，而並不是天皇的命令，根本沒有天皇所發行的原案存在，所以一律直接把上奏內容與敕裁之結果抄寫在太政官符中。

然仿效奏抄式。〔註 74〕但日制（論事奏式、奏事式）與唐制（奏抄式）間有很大的差異，茲分析如下：

因爲唐制採用三省制，也重視參與上奏的兩省（尚書省和門下省）中每個官員的責任，因此必須清楚記載上奏的主體與受理並審議的主體，以及其相關官員的官職與姓名，且需要他們的簽署。而日制，決策和施政上的責任都在於議政官全體，提議的主體（諸司）和其過程並不重要，用於最重大案件的論事奏式，只記載上奏的主體（年月日之前的簽署者），而且即使是由諸司來提議的案件，〔註 75〕雖然也會在上奏文中提到提議者，但一律都是以議政官（簽署者）爲上奏的主體，即一律採用彷彿由議政官來提議的案件之書式，如：【附錄 5-11】〈《大寶公式令》論事奏式條〉，並在上奏文中寫入「臣等商量」、「朝議商量」、「官議商量」等言文，如：【附錄 5-17】〈論奏式太政官奏例〉。至於用於中等重大案件的奏事式，雖然其中也有議政官親自提議的案件，如：【附錄 5-18】〈奏事式太政官奏例 1〉、【附錄 5-19】〈奏事式太政官奏例 2〉，但大部分是由諸司提議的案件，上奏文中會提到提議的諸司官職與姓名以及解狀之事，然而奏事式只記載受理並審查上奏案的主體（年月日之後的簽署者），而且其主體（簽署）仍然是議政官，如下【附錄 5-12】〈《大寶公式令》奏事式條〉，他們同時仍然是上奏的主體，在奏事式的上奏文中也有寫入「臣等商量」言文之例子。〔註 76〕

由此可見論事奏式和奏事式間在書式上的差異，是把議政官當成上奏的主體看待，還是當成受理並審查上奏案的主體看待之差別而已。因爲不管上奏主體的書式或受理並審查上奏案主體的書式，反正兩者的主體都是議政官全體，上奏時提議者的諸司以及對太政官上申之過程都並不重要。從著重於行政效率的日本來說，書式的簡潔化算是最理想的方法，〔註 77〕因此日本以

〔註 74〕請參考吉川眞司，《律令官僚制の研究》（東京：塙書房，1998 年 2 月，第 1 版），頁 293～298。

〔註 75〕論奏式中也有在上奏文中提到提議者之例子。

〔註 76〕【附錄 5-19】〈奏事式太政官奏例 2〉在上奏文中有寫入「謹量議如前」之言文。

〔註 77〕請參考【附錄 5-22】〈《大寶公式令》勅授位記式條〉與【附錄 5-23】〈《大寶公式令》奏授位記式條〉的書式。可見日制的勅授位記式和奏授位記式的書式非常簡潔，與唐制制授告身式和奏授告身式完全不同。尤其是日制奏授位記式的書式，六位以下位記的流程必須先由式部省來提名，但因爲此書式非常簡潔，所以無法由此了解此公文的流程。

案件的重大程度來分別兩種書式時，以拆開唐制奏抄式的書式之方式來生產出兩種書式（論事奏式和奏事式）。只有最重大案件，才由天皇親自畫「聞」；對其他中等重大案件，由大納言寫入「奉勅依奏」；天皇以修改上奏案爲前提同意時，亦由大納言來付加勅語，不同意時，又由大納言寫入「勅處分云云」之文，以便簡化天皇在處理公文上的繁雜。

至於太政官符，此書式除了直接把該上奏內容與敕裁之結果抄寫在太政官符中，以對八省下達施行命令以外，其他與詔書式相同，只有大辨官和參與發行太政官符的史簽署。但因爲太政官的政務非常繁忙，所以施行《大寶律令》後不久（大約從 8 世紀中葉開始），太政官符的書式又與唐制不相同。尤其以奏事施行或以太政官處分施行的太政官符，就逐漸變成在奉敕或決裁的上卿〔註78〕之責任下發行太政官符。即奏事式案件，不只是大納言，變得其他上卿也可以不經過其他公卿的簽署，而在個人的責任下直接上奏，之後在太政官符中載明奉敕的上卿之官職與姓名等，對京內外諸司發行，以便改爲更適合於實際狀況及更簡潔的公文處理方式，如：【附錄 5-21】〈以奏事施行的太政官符例〉。〔註79〕但如果必要時，議政官須共同審議國政，議政官組

〔註78〕　請參考【附錄 5-15】〈針對在京諸司上申案件以太政官處分施行的太政官符例〉。

〔註79〕　請參考武光誠，《律令太政官制の研究》（東京：吉川弘文館，1999 年五月，第一刷），頁 55～62；井上光貞、關晃、青木和夫等編，前揭書，頁 651～652。但唯一連簽署都完全被保存的天祿三年（972 年）九月二十七日之奏事式太政官奏（請參考【附錄 5-18】〈奏事式太政官奏例 1〉），在此公文上仍然還有所有公卿的簽署，因爲資料有限，所以無法了解當時奏事式的太政官奏仍然由所有公卿簽署之理由，即大約從 8 世紀中葉開始的確在奉敕的上卿之責任下發行太政官符，這意味著僅是大納言以外其他上卿，也與大納言相同，變得可以代表議政官上奏（依照公式令，這是大納言的職掌，發行奏事式太政官奏的上奏文），還是意味著上奏時基本上已經變得不需要取得其他公卿的簽署？但要看案件，有時候需要所有公卿的簽署，或上卿單獨用口頭上奏後宣旨，並直接寫入太政官符。吉川眞司在《律令官僚制の研究》中指出：主宰上卿可以透過太政官奏，把自己的想法反映在勅裁，即行使特權形成國政決策，因此遠比其他公卿有更大的責任，以前採用傳統的「讀申公文」方式，其他公卿都可以了解案件內容，所有的公卿簽署在太政官奏的公文上，但在「申文剌文」方式，只有主宰上卿了解其他公卿無法了解的詳細案件內容，裁決其公文，上奏也有相同道理存在，後來的官奏採用「申文剌文」方式，由主宰上卿單獨閱覽解文，上奏並宣旨，這可說是已經從議政官共同責任制踏出一步，因此必然把上卿的官職與姓名等寫在公文上（請參考吉川眞司，前揭書，頁 290～291）。筆者認同吉川眞司的看法，而且因爲大約

織爲國政決策的中樞仍舊不變。

　　另外，唐制奏抄式有一定的適用案件範圍能夠上奏，通常由尙書六部的二十四司通過左右僕射、各部尙書、侍郎的審查後，經過門下省的審查，向皇帝上奏。因爲其上奏內容是各諸司權限內案件，經過尙書省和門下省審查等一定的程序後上奏，所以唐朝皇帝的御畫「聞」是必然的結果；〔註80〕但唐制以奏抄和露布式以外，原則上允許其他官員直接上奏。至於日制，因爲天皇具有不干預行政，而主要以太政官上奏的方式進行「庶政見聞」，並對此上奏加以裁定之性質，所以官員除了非常特別的狀況之外，不能直接上奏（包括上表），必須經過太政官。並且皇帝以發日敕來下達命令的案件〔註81〕以及授五位以上，〔註82〕都包含在論奏式的適用範圍中。而且在《大寶公式令》論事奏式條中，更加規定云：「若律令外議應論者，並爲論奏」，〔註83〕也可以說是因爲日本不允許官員直接上奏，所以更需要此規定。可見議政官上奏的適用案件中也有超過諸司官員的權限以及與權限無關的案件，〔註84〕跟國家大事有關的問題，以及較重要的政務上的問題，大部分都託付議政官的國政審議。就這一點，與唐制奏抄式完全不相同，這也是需要天皇對臣下上奏的三種處理規定（「完全同意」、「以修改爲前提同意」和「不同意」）的理由之一，也可以說是天皇的御畫「聞」之性質與唐朝皇帝的御畫「聞」不相同，得到天皇的御畫「聞」並非必然的結果。

　　在 8 世紀中葉之前，寫入敕裁文言「奉勅依奏」（奏事式太政官奏的敕裁文言）的太政官奏，很多記載於《類聚三代格》中，但在 8 世紀中葉之後逐漸減少，在 9 世初期後已經沒有此類太政官奏的記載，取而代之，在 8 世紀中葉之後逐漸增加寫入敕裁文言「奉勅依請」和宣旨的上卿官職與姓名等的太政官符，如【附錄 5-21】〈以奏事施行的太政官符例〉，因此可能逐漸變成採用由上卿單獨用口頭上奏後宣旨，並把上奏內容和其敕裁結果直接寫入太政官符的公文處理方式。因爲偏向本論文的主旨外，所以關於此問題到此爲止，再也不深入探討。

〔註80〕請參考吉川眞司，前揭書，頁 59。
〔註81〕《大寶公式令》論事奏式條云：「廢置國郡；差發兵馬一百匹以上；用藏物五百端以上、錢二百貫以上、倉粮五百石以上、奴婢二十人以上、馬五十匹以上、牛五十頭以上。」見【附錄 5-11】〈《大寶公式令》論事奏式條〉。也許在《大寶公式令》論事奏式條中無此類的規定。請參考本章註88。
〔註82〕《大寶公式令》論事奏式條云：「若勅授外應授五位以上，……並爲論奏。」見【附錄 5-11】〈《大寶公式令》論事奏式條〉。
〔註83〕見【附錄 5-11】〈《大寶公式令》論事奏式條〉。
〔註84〕請參考吉川眞司，前揭書，頁 59。

附錄 5-9：《唐公式令》奏授告身式條〔註85〕

尙書吏部（餘司授官奏者，各載司名。）謹奏某官名等擬官事。

具官姓名（某州某縣本品若干人）

　　右一人云云。（謂若爲人舉者，注舉人具官封姓，及所舉之狀。）

　　若選者，皆略注其由歷及身才行。即因解更得敘者，亦略述解

　　由及擢用之狀。今擬某官某品，替某甲考滿。若因他故解免，

　　及元闕者，亦隨狀言之。

左丞相具官封臣名

右丞相具官封臣名

吏部尙書具官封臣名

吏部侍郎具官封臣名

吏部侍郎具官封臣名　　等言云云。謹件同甲人具姓名等若干人，

擬官如右。謹以申聞。謹奏。

　　　　年月日　　　吏部郎中具官封臣姓名上

　　　　　　　　　　給事中具官封臣姓名讀

　　　　　　　　　　黃門侍郎具官封臣姓名省

　　　　　　　　　　侍中具官封臣姓名審

聞御畫

　　　　　　月日　都事姓名受

　　　　　　　　　　左司郎中付某司

吏部尙書具官封名

吏部侍郎具官封名

吏部侍郎具官封名

左丞具官封名

告具官封姓名，計奏被

旨如右。符到奉行。

　　　　　　　　　　　　主事姓名

吏部郎中具官封名　　　　　令史姓名

　　　　　　　　　　　　書令史姓名

　　　　年月日下

〔註85〕仁井田陞，《唐令拾遺補》第三部〈唐公式令〉第二十一，第 12 制授告身式
　　　條，頁 1267～1268。

附錄 5-10：《唐公式令》奏抄式條 〔註86〕

奏抄式，部覆斷訖送都省。都省令以下侍郎以上，

及刑部尚書以下侍郎以上，俱署申奏。

門下錄事勘。給事中讀，黃門侍郎省，侍中審。

右祭祀，支度國用，授六品以下官，斷流已上罪，

及除免官當者，並爲奏抄。

尚書某司謹奏某某事。

左丞相具官封臣名

右丞相具官封臣名

某部尚書具官封臣名

某部侍郎具官封臣名

某部侍郎具官封臣名等言云云。謹以申聞。謹奏。

年月日　　　　　某部郎中具官封臣姓名上

　　　　　　　　給事中具官封臣姓名讀

　　　　　　　　黃門侍郎具官封臣姓名省

　　　　　　　　侍中具官封臣姓名審

聞御畫

附錄 5-11：《大寶公式令》論事奏式條 〔註87〕

太政官謹奏其事。

太政大臣位臣姓名

左大臣位臣姓名

右大臣位臣姓名

大納言位臣姓名等言云云。謹以申聞。謹奏。

　年月日

可（《養老公式令》寫爲聞）。御畫。

　大納言位姓

　右諸大祭祀，支度國用，增減官員，斷流罪以上

〔註86〕仁井田陞，《唐令拾遺補》第三部〈唐公式令〉第二十一，第 2 奏抄式條，頁 1242～1243。

〔註87〕仁井田陞，《唐令拾遺補》第三部〈大寶公式令〉第二十一，第 3 論事奏式條，頁 1242～1243。

及除名之類，<u>廢置國郡，差發兵馬一百匹以上，</u>
<u>用藏物五百端以上、錢二百貫以上、倉粮五百石以上、</u>
<u>奴婢二十人以上、馬五十匹以上、牛五十頭以上</u>。〔註88〕
若勑授外應授五位以上，若律令外議應論者，並爲論奏。
畫聞訖，留爲案。御畫後，奏官名下注奏字。

附錄 5-12：《大寶公式令》奏事式條〔註89〕

太政官謹奏
其司位姓名等解狀云云。謹以申聞。謹奏。
　　年月日
太政大臣位臣姓
左大臣位臣姓
右大臣位臣姓
大納言位臣姓名
奉　勑，依奏。若更有勑語須附者，各隨狀附，云云。
大納言位姓
右論奏外，諸應奏式者，並爲奏式。皆據案成，乃奏。
奉勑後，注奏官位姓。若少納言奏者，奏官名下注奏字。

附錄 5-13：《大寶公式令》便奏式條〔註90〕

太政官奏

〔註88〕早川庄八指出＿＿＿＿部分條文也有可能是施行《養老公式令》時付加的條文。
　　　　但實際上如何不詳。不管在《大寶公式令》中是否有此條文，因爲《大寶公
　　　　式令》論事奏式條云：「若律令外議應論者，並爲論奏。」可見屬於重大案件
　　　　的廢置國郡；差發兵馬一百匹以上；用藏物五百端以上、前二百貫以上、倉
　　　　粮五百石以上、用藏物五百端以上、前二百貫以上、倉粮五百石以上、奴婢
　　　　二十人以上、馬五十匹以上、牛五十頭以上等狀況也包含在《大寶公式令》
　　　　論事奏式的適用案件內，只是仿效唐「發日勑式」，在《養老公式令》上更詳
　　　　細地規定論奏式的用途而已。
〔註89〕仁井田陞，《唐令拾遺補》第三部〈大寶公式令〉第二十一，第4奏事式條，
　　　　頁 1243～1245。
〔註90〕仁井田陞，《唐令拾遺補》第三部〈大寶公式令〉第二十一，第5便奏式條，
　　　　頁 1245～1246。因爲《古記》在《養老公式令》奏事式條中註云：「問：年月
　　　　日注奉勑之後，未知不記年月日奏歟？答：灼然，一云：今行事，先必注年
　　　　月日也。」（《令集解後篇》，卷第三十一〈養老公式令〉第二十一，第4奏事
　　　　式條，引《古記》，頁 794），因此「年月日」的位置不確定。

其司所申其事云云。

（年月日）

奉　勅。依奏。若不依奏者。即云。勅處分云云。

　少納言位姓名

　　右請進鈴印；及賜衣服、鹽酒、菓食；並給醫藥，

　　如此小事之類，並爲便奏。其口奏者，並准此例。

　　奉勅後，注奏官位姓名。其皇太子監國，亦准此式，

　　以奏勅代啓令。

附錄 5-14：《大寶公式令》解式條 [註91]

式部省解　　　申其事

其事云云。謹解。

　年月日　　　　大錄位姓名

卿位姓名　　　　大丞位姓名

大輔位姓名　　　少丞位姓名

少輔位姓名　　　少錄位姓名

　　八省以下內外諸司。上太政官爲解。

　　其非向太政官者。以以代謹。[註92]

附錄 5-15：針對在京諸司上申案件以太政官處分施行的太政官符例 [註93]

太政官符

　　勸學院一區在左京三條一坊

右淂（得）彼院解偁：件院，是贈太政大臣正一位藤原朝臣多嗣去弘仁十二

[註91] 仁井田陞，《唐令拾遺補》第三部〈大寶公式令〉第二十一，第 11 解式條，頁 1254。

[註92] 「以以代謹」是以「以」字取代「謹」字之意，「謹解」改爲「以解」。

[註93] 見著者不詳，《類聚三代格前篇》（收入黑板勝美編，《新訂增補國史大系》，東京：吉川弘文館，1996 年 4 月，普及版第 9 刷），卷第十二〈正倉官舍事〉貞觀十四年十二月十七日太政官符條，頁 392～393。因爲施行《大寶律令》後不久（大約從 8 世紀中葉開始），尤其以奏事施行或以太政官處分施行的太政官符，就變成在奉敕的上卿之責任下發行太政官符，必須在公文中載明發文公卿的官職與姓名等（請參考本章註79），所以此太政官符例載明官裁者右大臣。因爲後世奉敕的太政官奏也稱爲太政官處分，所以在此特別載明此例所謂的太政官處分意味著官判的處分。

年所建立也。即爲大學寮南曹。但不被管寮家創業年深，內外聞遠，加以去承和三年十月五日田園所輸牧宰可催送之狀騰　勅符頒下諸國。而所在之職未有承知。恐千祀之後□不分明。望請下知京職以爲後驗。謹請　官裁者，右大臣宣。依請。

　　　　貞觀十四年（872年）十二月十七日

附錄5-16：針對八省上申案件以太政官處分施行的太政官符例〔註94〕

太政官符民部省外　御稻

　應進上新嘗會御酒□屯田稻貳拾束事

　　定山城國宕郡

右得造酒司解偁：來十一月新嘗會白貴黑貴御酒□，依例所請如件者，省宜承知依件宛之。符到奉行。

左中弁　　　　　　　　　　　　　　　　　　左大史

　　　　天曆四年（950年）九月二十三日

附錄5-17：論奏式太政官奏例〔註95〕

太政官事

〔註94〕見著者不詳，《類聚符宣抄》第四〈帝皇〉御膳條，頁94～95。此例與【附錄5-15】〈針對在京諸司上申案件以太政官處分施行的太政官符例〉相同，是《養老律令》下的以太政官處分施行的太政官符例，可以了解當時以太政官處分施行的太政官符之書式形態，但這並非完全的太政官符，因爲在此公文中沒有載明發文公卿的官職與姓名等。另外，在此例所謂的太政官處分意味著官判的處分。

〔註95〕見今江廣道，前揭書，轉引《大日本古文書》（四）太政官奏（壬生官務家所藏文書），頁96。此文書是《養老律令》下的論奏式太政官奏例，而且《大日本古文書》編者在該條中對此論事奏式太政官奏例註云：「此文書是後世的抄本，因此書式並非與當時相同。」今江廣道亦指出雖然此文書所謂的議政官曾經把「太政官」名稱改爲「乾政官」是事實，但有很單純的抄錯和漏字，由此可見論事奏式太政官奏需要所有議政官（公卿）的簽署才可以上奏以及當時論事奏式太政官奏的書式形態。另外太政官奏例幾乎都載於《類聚三代格》中，但其太政官奏都省掉公卿簽署部分，只載上奏內容而已，無法了解簽署狀況，也難以判斷該書中記載的太政官奏屬於論奏式還是屬於奏事式（論奏式的書式是按照簽署、「謹以聞。謹奏」結文、「年月日」的順序，但奏事式的書式是按照「謹以申聞。謹奏」結文、「年月日」、簽署的順序，論奏式上奏文有「朝議商量」、「臣等商量」、「官議商量」等詞句）。因此在此無法使用《類聚三代格》中太政官奏之例。

太政官

乾政官。本号太政官。

惣持綱紀，掌治邦國，如天施德生育万物，故改爲乾政官。

紫微內相從二位兼行中衛大將臣藤原押勝。正三位行中納言兼式部卿神祇伯臣石川朝臣年足。參議從三位行出雲守臣文室眞人智勢。參議從三位行紫微大弼兼兵部卿侍從下総守臣巨勢朝臣麻呂。參議正四位下守中務卿臣藤原朝臣眞楯等言。伏奉今月一日勅偁：宜改百官之名者。臣等商量，改換如右。謹以申聞。謹奏。

天平寶字二年（758 年）八月二十五日

附錄 5-18：奏事式太政官奏例 1 〔註96〕

太政官謹奏

參議從四位上藤原朝臣元輔

右，謹案選敘令云：職事官患經百二十日解官者，今件人依病不上滿百二十日，仍准令條。具狀奏聞。謹以申聞。謹奏。

天祿三年（972 年）九月二十七日

正二位太政大臣臣藤原

左大臣從二位兼皇太子傳臣源

正三位守右大臣兼行左近衛大將臣藤原

大納言正三位兼行陸奧出羽按察使臣源朝臣雅僖

大納言正三位兼行右近衛大將臣藤原朝臣兼家

權中納言從三位臣源朝臣重信

中納言從三位兼行中宮大夫臣藤原朝臣朝成

權中納言從三位臣藤原朝臣兼通

〔註96〕見《政事要略》，卷第三十〈年中行事〉御畫條，頁 247～248。編者是出自明法家的惟宗允亮，他的曾祖父是編纂《令集解》的惟宗直本，《政事要略》是記載有關平安時代政務運作事例的史料。雖然此例是《養老律令》下的奏事式太政官奏例，但可以了解與論事奏式太政官奏相同，需要所有議政官（公卿）的簽署才可以上奏以及當時奏事式太政官奏的書式形態。雖然奏事式幾乎都是諸司提議的案件，通常在上奏文中會提到提議者，如：【附錄 5-12】《大寶公式令》奏事式條〉，此例是由議政官提議的奏事式之例子。

中納言從三位兼行左衛門督春宮大夫臣源朝臣延光

中納言從三位兼行民部卿臣藤原朝臣文範

參議從三位行大藏卿兼右兵衛督臣源朝臣重光

參議從三位行左兵衛督兼讚岐守臣藤原臣朝臣濟時

參議正四位下行右衛門督臣藤原朝臣齋敏

參議左大弁正四位下兼行式部大輔備前權守臣源朝臣保光

參議從四位上行左近衛中將兼備中守臣藤原朝臣爲光

附錄 5-19：奏事式太政官奏例 2〔註97〕

太政官謹奏

按察使令准正五位上階。祿絁五疋。綿五屯。布十二端。鍬二十口。

記事　令准正七位上階。祿絁二疋。綿二屯。布四端。鍬十五口。

右國郡官人漁獵黎，元蠹害政法，故遣件司糺彈非違肅清奸詐。既定官位，宜令有祿□。其按察使請准正五位官，記事准正七位官給祿。謹量議如前。伏聽　勅裁。謹以申聞。謹奏。

養老五年（721 年）六月十日

奉　勅。朕之股肱，民之父母，獨在按察，不可同等，宜更加祿一倍，仍隨風土所出，通融相折，餘依奏。自今以後，永爲恆式。

附錄 5-20：以論奏施行的太政官符例〔註98〕

太政官符

應停止土師宿祢等預凶儀事兼入諸使部

右大政官今月十四日論奏偁：臣等謹撿故事，上古淳朴。……（論奏本文）……左右大舍人雜色等人宛之。伏聽天裁。謹以申聞者，畫聞既訖，省宜承知，年終幣使者。……自今以後，永爲恆例。

延曆十六年（797 年）四月二十三日

〔註97〕《類聚三代格前篇》，卷第五〈定官員并官位事〉養老五年六月十日太政官謹奏條，頁 222。這是由議政官提議的奏事式之例子，也是以修改爲前提同意的奏事式太政官奏例。

〔註98〕見著者不詳，《類聚三代格後篇》（收入黑板勝美編，《新訂增補國史大系》，東京：吉川弘文館，1996 年 4 月，普及版第 9 刷），卷第十七〈蠲免事〉延曆十六年四月二十三日太政官符條，頁 521～522。

附錄 5-21：以奏事施行的太政官符例〔註 99〕

太政官符

　　應諸勘籍人經一選補他色事

右得式部省解偁：以諸勘籍人，補「人」諸司番上諸衛府舍人。……（奏事本文）……望請自先立限之外，悉經一選，以補他色。謹請官裁者，右大臣宣。奉勅，依請。但外考補坊舍人……亦同此例。

　　　　承和十年（843 年）四月十九日

附錄 5-22：《大寶公式令》勅授位記式條〔註 100〕

中務省

　　本位姓名　年若干　今授其位

　　　年月日

　　　中務卿位姓名

太政大臣位姓大納言加名。

　　式部卿位姓名

　　右勅授五位以上位記式，皆見在長官一人署。

　　若長官無，則大納言及少輔以上，依式署。

　　兵部准此。

附錄 5-23：《大寶公式令》奏授位記式條〔註 101〕

太政官謹奏

　　本位姓名年若干其國其郡人今授其位

　　年月日

〔註99〕見《類聚三代格前篇》，卷第四〈加減諸司官員并廢置事〉承和十年十月十九日太政官符條，頁 189。此例與【附錄 5-20】〈以論奏施行的太政官符例〉相同，是《養老律令》下以奏事施行的太政官符例，可以了解當時直接把上奏內容與敕裁的結果抄寫在太政官符中施行之情形。因爲施行《大寶律令》後不久（大約從 8 世紀中葉開始），就變成在奉敕的上卿之責任下發行太政官符，所以此太政官符例載明官裁者右大臣。

〔註100〕仁井田陞，《唐令拾遺補》第三部〈大寶公式令〉第二十一，第 16 勅授位記式條，頁 1265～1266。

〔註101〕仁井田陞，《唐令拾遺補》第三部〈大寶公式令〉第二十一，第 17 奏授位記式條，頁 1267。

太政大臣位姓大納言加名
　式部卿位姓名
右奏授六位以下位記式。

第四節　小　結

　　唐、日有關制敕和上奏規定之間具有很大的差異，這是意味著天皇與皇帝兩者間參與行政上的性質不相同。天皇不干預行政，而主要以太政官上奏的方式進行「庶政見聞」，並對此上奏加以裁定。

　　在中樞決策流程方面，中書省和中務省從起草案到進畫日前的流程，看起來幾乎都一樣，因為中書令的基本職務，是草擬、建議王命，也是王命之發動者，所以唐代政府「定旨出命」之權，實操於中書省；而日本不採用以分權制衡為基礎的三省制，關於天下政事，主要建議王命的是大納言，此建議也代表「太政官」所有成員的合意，因此未曾由議政官來對詔書提出過任何異議。日本由辨官局來掌控所有國家行政，並且其長官太政大臣和左右大臣都是宰相，也是「太政官」議政官的成員，行政上的問題可以容易地反應到中樞決策。中務省雖然進行基本上的審查，但根本沒有操縱詔書之餘地，主要是按照天皇的旨意起草，格外重視行政上效率以及合議體制的日本，詔書的推行是在所有公卿的共同責任下進行，即以所有公卿的合意為絕對的原則。

　　少納言局也跟門下省不同，並非獨立審查的官署，只不過是太政官的一部分，而非判斷執行該詔書是否恰當。因此，詔書需要表同意的對象，是太政官組織中的議政官，所以少納言局與唐制門下省不同，不需要從仿效唐制尚書省的太政官獨立，也不需要兩者間建立分權制衡的關係。日本對任何官員不允許任何封駁權，在理論上「太政官」認為詔書有問題時，以「論事奏式」的方式由大納言來敷奏。形成「太政官」合議體是為了與天皇進行交涉前的國政審議之最高審議機關，即大納言做為其合議體的代表，為了對不干預行政的天皇轉達太政官的決議而敷奏。因此，不需要使上卿和其他官員（少納言局等）具有封駁權；也不會有像唐制那樣，因採用三省制，故遭到尚書省暫時擱置詔令並覆奏，以提出異議之情形，亦即不必要將此類覆奏權交給任何官員。

　　雖然日本對官員不允許任何封駁，但假如「太政官」對詔書內容有異議，

爲了同一案件堅持「太政官」的決議，而能夠敷奏幾次的話，這與門下省的封駁沒有甚麼兩樣。於是在三種上奏形式「論奏式」、「奏事式」、「便奏式」中，有制定天皇對臣下上奏的三種處理規定，如「完全同意」、「以修改爲前提同意」和「不同意」，也可以說是防止對同樣案件重複敷奏的規定。

在執行流程方面，尚書省並非門下省所管轄的下階層機關，所以覆奏後的「制可制書」當作公文流程的一環，直接送到尚書都省，通常由尚書省以省符，對中外百司的事務機關下達施行命令。至於日本的執行流程，因爲掌控全國行政的行政機關左、右辨官局爲組成太政官之一部分，因此覆奏後的詔書由大納言直接透過外記對太政官內的辨官局頒布。又因爲八省是不屬於太政官組職的下階層官署，因此辨官局對八省以及地方政府等，以太政官符下達執行命令。並且因爲八省與在外諸司不相同，並非施行詔書的事務機關，而是傳達施行詔書命令之在京行政機關，加上詔書是天皇的命令，因此針對八省不使用謄詔官符，而直接送外記抄寫的詔書原案和簡略的太政官符，然後使八省特意抄寫其詔書，對在京諸司發行省符。此省符必須送到太政官檢查並蓋內印，太政官藉以管理八省。因此在下達施行命令的過程中，日本必須發行兩種符（太政官符和省符），但唐制只發行一次省符。

至於謄詔官符的書式，與唐省符不同，日本採用遠比唐謄詔省符更簡潔的書式，日本的謄詔官符僅抄寫傳達給諸司的詔書內容和年月御畫日而已，完全省掉參與決策的官員簽署部分；而唐謄詔省符則從頭到尾全都抄寫，呈現出中樞決策及執行過程的來龍去脈，以及參與的官員。此唐、日間書式上的差異是代表日本國政決策的責任顯著在於議政官組織全體，從著重於行政效率的日本來說，簡潔的書式也算是理想的書式。唐制則重視參與決策以及執行詔書的三省官員每個人的責任，並清楚記載他們官員的官職與姓名。

在奏抄式的上奏流程方面，尚書省是百司申奏的主體，而門下省則是受理並審查上奏案的機關。中外百司的事務機關發行解狀，當做提議者。至於日本論事奏式和奏事式的上奏流程，凡重要案件一律透過此議政官之國政審議。所有決策和施政的責任都在議政官全體，所以議政官是對天皇負責並與天皇溝通和接洽的主體。因此，議政官既是上奏的主體，也是受理並審查上奏案的主體。另外，八省和在外諸國等是不屬於太政官組織的下階層官署，因此八省和在外諸國等必須對太政官以解方式提出上申文，並非上奏的主體，而只不過是提議者。雖然在京諸司直接隸屬於八省，但因爲八省是在京

諸司上階層的行政機關，所以在京諸司也對八省以解狀方式提出上申文，他們也是提議者。

　　論事奏式和奏事式間在書式上的差異，是把議政官當成上奏的主體看待，還是當成受理並審查上奏案的主體看待之差別而已。因為無論如何，反正兩者的主體都是議政官全體，上奏時提議者的諸司以及對太政官上申之過程都並不重要。從著重於行政效率的日本來說，書式的簡潔化算是最理想的方法，因此日本以案件的重大程度來分別兩種書式時，以拆開唐制奏抄式的書式之方式來生產出兩種書式（論事奏式和奏事式）。只有最重大案件，才由天皇親自畫「聞」；對其他中等重大案件，由大納言寫入「奉勅依奏」；天皇以修改上奏案為前提同意時，亦由大納言來付加敕語；不同意時，又由大納言寫入「勅處分云云」之文，以便簡化天皇在處理公文上的繁雜。

　　另外，唐制奏抄式有一定的適用案件範圍能夠上奏，但因為其上奏內容是各諸司權限內案件，經過尚書省和門下省審查等一定的程序後上奏，所以唐朝皇帝的御畫「聞」是必然的結果，但唐制以奏抄和露布式以外，原則上允許其他官員直接上奏。至於日制，因為天皇具有不干預行政，而主要以太政官上奏的方式進行「庶政見聞」，並對此上奏加以裁定之性質，所以官員除了非常特別的狀況之外，不能直接上奏（包括上表），必須經過太政官，因此更需要「若律令外議應論者。並為論奏」的規定。就這一點，與唐制奏抄式完全不相同，這也是需要天皇對臣下上奏的三種處理規定（「完全同意」、「以修改為前提同意」和「不同意」）的理由之一，也可以說是天皇的御畫「聞」之性質與唐朝皇帝的御畫「聞」不相同，得到天皇的御畫「聞」並非必然的結果。

　　對唐、日中樞決策流程間帶來差異的最大主因，在於日本不採用門下省的封駁權，以及不給任何官員提出異議的覆奏權。即日本國政審議權和責任都集中於議政官組織。相對的，唐朝採用分權制衡的三省制，國政審議權和責任在於門下和中書兩省，但尚書省相關官員也免不了失政的部分責任。

　　唐、日對於重大案件上奏流程之差異，其主因在於唐、日中央中樞組織架構上的差異。唐、日間上奏的主體完全不同，唐上奏的主體是尚書省，而日本上奏的主體是議政官組織，並非八省。關於上奏制度，唐、日間呈現明顯差異，與其說是唐、日有關重大案件上奏流程的差異，寧可說是唐、日上奏規定的差異。對唐、日上奏規定間帶來差異的主因，在於不干預行政並具

萬世一系觀念的天皇，與具天命思想的唐朝皇帝間性質上的差異；以及具國
政審議權且對天皇負責的議政官組織之性質，與唐朝皇帝惟恐失政之餘，非
常重視每一個官員對施政和職務上責任的唐朝政治觀念間的差異。

　　對唐、日中樞決策和上奏有關的執行流程間帶來很大差異之主因，在於
唐、日中央中樞組織架構的差異。至於發行太政官符的程式和書式，也遠比
唐制的省符還要簡潔。因爲太政官符在議政官全體的責任下發行，即責任都
在議政官組織，因此太政官符上不寫入任何議政官的官職名和姓名等，這也
與重視每個相關官員責任的唐省符完全不同。

第六章　結　論

　　本文共五章（第一章緒論不包含在內）十節（前言和小結不包含在內），
其中核心部分在於第三章到第五章。雖然筆者參考了許多代表性前輩學者的
研究成果，但當時日本方面的史料有限，產生許多學者的推論和說法，因此
筆者儘量參考原始史料的記載，以中、日比較方式，探討關於日本唐化運動
中未全採用的統治體制，以免受太多前輩學者先入觀念的影響。筆者相信因
爲「人」所造成或制定的歷史上事件或政治制度等，在此行爲背景中一定有
行爲者的欲望或目的存在，尤其政治上的演變和事件等，只要人有欲望或目
的存在，並由人來施政，不管古代或現代，其歷史就會以不同的形態重演，
所以現代人就算史料有限，也可以在一定的範圍內推斷其本質，而且以此念
頭來仔細觀察歷史記載，或許可以得到意外的收穫或新發現。因此筆者把此
念頭放在心裡分析歷史記載和史上的事件，藉以推斷其本質，雖然不出推論
之範圍，但做爲全體理論構造中的部分依據。關於未完全採用唐制之原因，
因爲史料有限，所以在某部分內容，透過唐制施政上的特性之分析，試探其
原因，如：第四章第三節「太政官中樞組職的性質及唐三省制間之比較」。本
論文的主要內容和其結論分爲五，如下。

一、古代天皇之性質與氏族間之權力架構

　　日本古代天皇制的性質在於以天皇爲中心的氏族國家體制，天皇氏就是
此集團中具有最大勢力的豪族。但天皇只是當做朝廷內氏上們的統御者，扮
演朝廷內總括核心勢力氏族們意見之角色。5 世紀初以後天皇的地位在宗教上
的神威迅速衰退，在祭政分離後，天皇的所謂「しろしめす（知道神意）」之

行爲已經失去像以前般的重要性。「しろしめす」的含意變成「知道諸重臣的上奏」，即「庶政見聞」之含意，天皇不干預行政，遂成爲慣例。之後，天皇被稱爲「大王」，「王」本來是對氏上的稱呼，天皇氏與蘇我氏、中臣鎌子、中大兄皇子他們都同樣是身爲豪族，也同時是統治階級。

與天皇聯合的氏族需要透過把天皇的地位神化起來，讓他繼續具有超越階級的性格，委託各種權力給天皇之方式，維持氏族們之間的均衡勢力，以及保護自己的權益，也利用天皇和自己的特殊階級，來確保自己的利益，以及擴大自己的勢力，來掌控實際上的權力。藉此與天皇互利共存。進入6世紀後，各氏族在經濟上的發展導致了氏族們與皇室和氏族之間的鬥爭，在6世紀末時物部氏終於被蘇我氏所滅，中臣氏也喪失在朝廷內的勢力，於是出現蘇我馬子的專制政治，天皇最終變成傀儡，而喪失實際上所擁有的政權。

聖德太子以恢復且建立皇權爲目的，積極努力去仿照隋朝的制度並進行改革，制定冠位十二階制。但當時日本的國家體制還是氏族國家體制，因此儒教所提倡的王道思想完全與氏族國家體制並不相容，更何況是在天皇喪失權威，而蘇我氏霸權的狀況下。聖德太子的理想本來是打算將所有的氏族通通列入冠位階級規定中，使之成爲以天皇爲中心的國家，但因爲當時蘇我馬子的勢力非常龐大，而無法改革氏族國家體制，所以聖德太子爲了避開跟蘇我馬子之間的摩擦，而不得不把蘇我氏當成與自己共同執政的人看待。

在聖德太子逝世後，蘇我蝦夷和入鹿父子專橫的行爲更激烈，尤其蘇我入鹿。如果蘇我氏的實權持續下去，根本不可能由天皇氏來實現其改革，甚至那時候的國家制度以及中央政府架構，有可能會變成幾乎都仿照唐帝國般的模式，並且君主之形態和性質也變成像蘇我氏般強者以自己出身的門第爲由，任意將爭奪王權加以合理化，即所謂萬世一系的天皇制會從日本歷史中消失，由強者來統治日本，會導致變成反覆改朝換代之模式。以天皇家而言，當然無法接受像蘇我入鹿般的政治人物之存在。因此以中大兄皇子和中臣鎌子爲主導，在645年六月八日發生討滅蘇我氏本家的蝦夷和入鹿父子之事件，這就是大化革新的開始。

雖然說日本在大化革新後，終於實現以天皇氏爲中心的中央集權制度；但自古以來牢不可破由大氏族爲中心的政治體制，即氏族制度，並無法馬上完全廢止。但，於大化革新後，到了天武天皇和持統天皇時，透過神話故事，

並在從唐朝導入律令制度的過程中設置神祇官，以便特別強調天皇氏祖先為天神，即天皇的神格化；天皇家是萬世一系，具有任何人都不可侵犯的神聖地位等觀念。此時，以前的「大王」名稱被改稱為「天皇」，變成名實相符的日本統治者，才能得到永不磨滅的地位，而且將國號「倭」改為「日本」的也是剛好此時候。

二、日本皇位繼承法未全採用唐制的原因及其影響

　　氏族集團中具有最大勢力的天皇氏也與其他氏族之族長繼承法幾乎都相同，在皇位繼承法上採用兄弟繼承法，因為天皇家在氏族聯合體的共同執政下，無法讓不適合擔任天皇的候選人勉強繼承皇位。但因為日本古代人的潛意識中有宗法觀念存在著，故日本皇位繼承法同時也包含中國式的直系嫡子繼承法之性質在內。

　　天皇家由於大化革新，已經從蘇我氏奪回政權，到了第 40 代天武天皇時皇族的權力達到最高峰，建立了鞏固的皇親政治體制。以第 41 代女帝持統天皇為首，是天武系統的皇族們，企圖推動直系嫡子皇位繼承法的時代。他們利用唐朝的直系嫡子皇位繼承法觀念，套用在家族法上。但當時立法者下了一番工夫，必須對於唐令家族法相關之規定加以部分修改，使新制可以符合日本當時的實際狀況，並使直系嫡子繼承法在法令上合理化為日本獨特規定。

　　另外，中大兄皇子在擔任兩代天皇的皇太子期間，建立了皇太子執政之慣例。在大化革新前，代替天皇統轄政務之人是大臣；在大化革新後，即由皇太子來擔任之。以天皇的不干預政治和「庶政見聞」性質，或者以皇太子代替天皇執政的慣例而言，隨著中央組織化，在太政官制的組織當中需要設置代替天皇統轄政務之太政大臣。

　　但企圖推動直系嫡子皇位繼承法的持統天皇，必須透過皇嗣權者和統轄政務者的分離方式，完全劃分清楚在皇太子和太政大臣之間的各角色，進而促使兩者能夠共同生存。因為以兩者分離的方式來維持太政大臣之官職，所以即使因實施直系嫡子皇位繼承法而造成因為皇太子的年紀尚幼或者執政能力不足，需由皇太后暫時即天皇位的狀況，也不會產生執政上的困難。因此，持統天皇特別設置所謂「知太政官事」之令外官，以方便地位較太政大臣低的天武系統的皇族，也可以擔任此一職務。其實，「太政大臣」相當於唐尚書

省長官的尚書令，唐太宗擔任尚書令後不置，而且唐高宗在 662 年時已經廢除此職，因此實際上尚書省的長官是左右僕射。由此可見，日本因爲「太政大臣」一官在律令上的需要，所以沒有完全採用唐制不拜尚書令或廢罷尚書令，而是以比「太政大臣」降一級的「知太政官事」取代之，這是變通唐制而設置之官職。

在天武系統的直系嫡子皇位繼承上，經常出現女帝，這就是爲了維持直系嫡子皇位繼承法，而不可避免產生的現象。其實，在確保直系嫡子方面難免受到限制，在 738 年居然出現了史無前例的女皇太子。到了 745 年，象徵天武系統皇族權力體制之「知太政官事」一職被廢除，再度恢復「太政大臣」的官職，但變成不常置，此即回復隋朝以及唐初的制度。從知太政官事的官職被廢除之後，代替天皇統轄政務的權限就再度回歸到大臣（藤原氏）手中。之後的直系嫡子皇位繼承權，從 770 年即位的第 49 代光仁天皇開始，又回到大兄的天智系統之皇子們那裡，而恢復了以兄弟繼承法爲主，其中也包含中國式的直系嫡子皇位繼承性質之皇位繼承法。由此可知，雖然日本在具有龐大權力的天皇統治下，曾經一度出現中國式直系嫡子繼承法之皇位繼承法，並且爲了維持直系嫡子之皇位繼承，而特置唐令中所無的令外官「知太政官事」一職。但日本自古以來在政治上具有的性質仍然無法改變，皇位繼承法不久又回復到原來的兄弟皇位繼承法。可見最適合當時日本政治體制而牢不可破的皇位繼承法，仍然是以兄弟繼承法爲主，其中也包含直系主義嫡子繼承法的性質。

三、日本神祇官之成立及其性質

天皇氏在大化革新後，完全掌控政權，尤其從天武天皇開始進行以皇族爲中心的皇親政治。但因爲皇族的人才自然有限，故仍須在貴族們的協助下經略日本，然而從日本的歷史背景來看，因爲天皇不干預行政，加上日本自古以來非常重視合議之性質，因此容易出現具有勢力的氏族們通常透過策略婚姻等方式來連繫皇族，藉此更增加其勢力，掌控政權。因此天皇家必須向唐朝學習政治制度和律令制度，用來建立以天皇爲中心的中央集權制度，鞏固天皇的政權。但日本跟中國不同，因爲沒有天命思想之基礎，爲了加強天皇的尊嚴和宗教上的神威，必須透過日本的神話故事加以神化，即賦與「神格」給天皇，才可以確保政治上的地位和權力，並且建立萬世一系的天皇制。

這就是特別設置神祇官的目的。

　　因此，日本跟唐制不相同，不把神祇官之職務列入太政官八省的組織中，而刻意區分為太政官和神祇官的二官，雖然神祇官在管理或法令上隸屬於太政官，但是，日本的政體呈現分裂為行政上以及祭祀上的雙重架構。而且利用神祇官行事的核心，比擬日本神話故事的「踐祚大嘗祭」和「新嘗祭」，動員在朝廷內外的官吏及國司和郡司，以便能夠讓他們服從具有在宗教上的神威，即神格化的天皇統治，灌輸所有的國民具有天皇為萬世一系，唯一統治日本的「現人神」之觀念。《養老令》是從唐尚書禮部的職掌中把祭祀和禮樂分割開來，只採用有關祭祀的職務部分，當成獨立設置的神祇官之職務。至於「禮樂」仍然由式部省來繼承之，改名為「禮儀」，而《養老令》所說的「禮儀」，主要是官吏在朝廷裡所須遵行的章服朝禮儀，即規範官吏關係和行為的具體規定，目的是為了維持朝廷內的秩序以及尊重天皇。即當時日本政治制度，在氏姓制度和強調天皇的神格化的關係上，已變通儒教思想禮樂的本質，將祭祀天神從禮樂中獨立設置於施政制度之外。

四、太政官中樞組織的性質及唐三省制間之比較

　　唐代採用三省分立制度，分相權於三個機關，其目的在於分權制衡，藉以加強君權，並對相權予以控制。其實，三省分權僅是一種理想的模式，在國家機器的實際運行中存在著許多弊病，必須按照實際情況加以調整。於是設置政事堂的宰相決策會議，主要對中書和門下兩省提供互相溝通之場所，同時使各機關實際運作上謀求方便，也使皇帝能正確判斷國政並且進行決策。其實，唐三省制有多重為了避免皇帝國政決策過失之配套措施，也是因為中國人天意史觀中有「天人推移說」的思想，與大化革新後加強神格化，並對所有的日本民族灌輸萬世一系觀念的天皇完全不相同。日本對政治的惡化造成自己朝代的滅亡之危機感，遠比不上在史上經歷過反覆改朝換代之中國，也難免此差異會影響到整個統治體制。但以分權制衡為基礎，避免皇帝國政決策過失的，此非常慎重的配套措施，難免會為了作成適當的決策而需要花費不少時間，即在行政處理的速度上帶來鈍化。

　　但日本為實際政治上的運作則設置太政官，把國政審議、執政權和統率國政部分委託此官署。日本自古以來非常重視合議之性質習慣，及 6 世紀中葉以來的大夫合議體制之傳統，並且天皇與具天命思想的皇帝不同，具萬世

一系觀念，而且特別著重於行政上的效率之緣故，日本不採用以分權制衡爲基礎，加強皇權爲目的的唐三省制，也不採取皇帝對國策做正確判斷的措施。因此，日本不給任何官員類似唐朝的封駁權和提出異議的覆奏權，而將唐初的宰相合議體制（政事堂的宰相決策會議）和尚書省的合議體制採用於太政官的議政官制，以議政官透過大納言敷奏，請天皇裁定的方式來取而代之。即從唐初的統治體制和其相關法令中只篩選有利的部分，必要的話則加以修改，而建立了日本獨特的政治體制（太政官制）和其相關法令。凡重要案件，一律須透過此議政官之國政審議。因此在日本中央政府的中樞組織架構中沒有像唐三省制那樣，以分權制衡爲基礎的三權分立體制存在。

　　雖然中務省仿效唐制中書省設立是前輩學者們的共識，且在字面上兩者職掌看起來很相似，但中務省職掌的性質和實際職權內容與唐制中書省迥然不同，有天壤之別。兩者設立目的是完全不相同的，不採用唐三省制的日本，以太政官爲國政決策的中樞，是統率所有國政的最高政務機關，把中務省當做天皇的秘書行政機關，使它負責天皇相關的政務，成爲在太政官管轄下分掌行政的機關八省之一，此與唐制中書省形成很大的差異。相對的，唐制政事堂的合議體制是以分權制衡爲基礎，使三省實際運作上謀求方便，也使皇帝能正確判斷國策並且進行決策。這與太政官集權、天皇不預政的日本不同，爲唐、日之間國政決策程序帶來很大的差異。

五、唐、日國政決策程序之比較

　　天皇與具天命思想的皇帝不同，具萬世一系觀念，也不干預行政，而且日本自古以來非常重視合議之性質習慣，也有 6 世紀中葉以來的大夫合議體制之傳統。日本考慮如此的傳統和國情，不採用唐三省制，也不採取皇帝對國政做正確判斷的措施，而著重於行政上的效率，將唐制宰相的合議體制和尚書都省的合議體制採用於太政官的議政官制，凡重要案件一律透過此議政官之國政審議。因此，雖然中樞決策流程、上奏流程以及執行流程，以唐制爲藍本，但無法完全採用唐制的流程。至於公文的書式與程式，也呈現出很大的差異。

　　對唐、日中樞決策流程間帶來差異的最大主因，在於日本不採用門下省的封駁權，以及不給任何官員提出異議的覆奏權。即日本國政審議權和責任都集中於議政官組織。相對的，唐朝採用分權制衡的三省制，國政審議權和

責任在於門下和中書兩省，但尚書省相關官員也免不了失政的部分責任。

　　至於唐、日對於重大案件上奏流程之差異，其主因在於唐、日中央中樞組織架構上的差異。唐、日間上奏的主體完全不同，唐上行公文的受納主體是尚書省，而日本則是議政官組織，並非八省。關於上奏制度，唐、日間呈現明顯差異，與其說是唐、日有關重大案件上奏流程的差異，寧可說是唐、日上奏規定的差異。對唐、日上奏規定間帶來差異的主因，在於不干預行政並具萬世一系觀念的天皇，與具天命思想的唐朝皇帝間性質上的差異；以及具國政審議權且對天皇負責的議政官組織之性質，與唐朝皇帝惟恐失政之餘，非常重視每一個官員對施政和職務上責任的唐朝政治觀念間的差異。因此唐朝原則上允許官員直接上奏，但日本原則上不允許官員直接上奏。而且皇帝以發日敕來下達命令的案件、超過諸司官員權限的案件以及與權限完全無關的案件等，都託付議政官的審議，與唐制奏抄式完全不相同。因此日本的上奏適用案件範圍非常廣泛，同時敕裁方式也有制定三種規定，如：「完全同意」、「以修改爲前提同意」和「不同意」，這也具有爲防止對同樣案件重複敷奏並提高行政效率的作用，與唐制完全不同。

　　還有，對唐、日中樞決策和上奏有關的執行流程間帶來很大差異之主因，在於唐、日中央中樞組織架構的差異。至於發行太政官符的程式和書式，也遠比唐制的省符還要簡潔。因爲太政官符在議政官全體的責任下發行，即責任都在議政官組織，因此太政官符上不寫入任何議政官的官職名和姓名等，這也與重視每個相關官員責任的唐省符完全不同。

　　最後，當時的日本在唐化運動的過程中，雖然積極地仿效並吸收唐朝的律令制度，以便建立以天皇爲中心的中央集權制度。但是，也同時考慮到日本當時的傳統和風俗習慣、天皇的性質、天皇和貴族間複雜的權力關係等歷史背景，以及行政效率與唐制的優點和缺點等因素，然後以改良並創造出適合當時日本國情的獨特政治制度和律令制度。當然，其中也包含了大化革新不久，掌控政權的天皇和皇族們的企圖在內，這即成爲日本未全採用唐朝統治體制的原因。

參考書目

一、原始史料

（一）中　文

1. 王溥撰，《唐會要》，臺北：世界書局，1989 年 4 月，第 5 版。

2. 孔穎達等，《毛詩正義》，收入國立編譯館主編，《十三經注疏分段標點》第三冊，台北：新文豐出版公司，2001 年，初版。

3. 司馬光，《資治通鑑》，北京：中華書局，1956 年 6 月，第 1 版。

4. 李林甫等撰、陳仲夫點校，《唐六典》，北京市：中華書局，2005 年 4 月，第 2 次印刷。

5. 杜佑，《通典》，台北：中華書局，1988 年 12 月，第 1 版。

6. 沈約，《宋書》，台北：鼎文書局，1998 年 7 月，第 9 版。

7. 宋敏求編、洪丕謨、張伯元、沈敖大點校，《唐大詔令集》，北京市：學林出版社，1992 年 10 月，第 1 版第 1 次印刷。

8. 房玄齡等，《晉書》，台北：鼎文書局，2003 年 1 月，第 9 版。

9. 長孫無忌等、劉俊文點校，《唐律疏議》，北京：中華書局，1993 年 9 月，第 2 次印刷。

10. 金富軾，《三國史記》，收入金鍾權譯，《完譯‧三國史記》，出版地不詳：先進文化社，1969 年 3 月。

11. 范曄，《後漢書》，台北：鼎文書局，1999 年 4 月，第 2 版第 1 刷。

12. 吳兢編，許道勳注譯，《新譯貞觀政要》，台北：三民書局，2000 年 3 月，第 2 刷。

13. 姚思廉，《梁書》，台北：鼎文書局，1998 年 7 月，第 9 版。

14. 班固,《漢書》,台北:鼎文書局,1997 年 10 月,第 9 版。

15. 陳壽,《三國志》,台北:鼎文書局,1997 年 5 月,第 9 版。

16. 劉昫等,《舊唐書》,台北:鼎文書局,2000 年 12 月,第 9 版。

17. 《論語》,收入楊伯峻譯注,《論語譯注》,北京:北京中華書局,1999 年 11 月,初版第 2 刷。

18. 鄭樵,《通志二十略》,北京:中華書局,1995 年 11 月,第 1 版。

19. 歐陽修、宋祁等,《新唐書》,台北:鼎文書局,1998 年 10 月,第 9 版。

20. 魏徵等,《隋書》,台北:鼎文書局,1997 年 10 月,第 9 版。

(二) 日 文

1. 卜部兼方(懷賢),《釋日本紀》,收入黑板勝美編,《新訂增補國史大系》第八卷,東京:吉川弘文館,2003 年 8 月,新裝版第 2 刷。

2. 三善爲康,《朝野群載》,收入黑板勝美編,《新訂增補國史大系》第二十九卷上,東京:吉川弘文館,2003 年 7 月,新裝版第 2 刷。

3. 太安萬侶,《古事記》,收入丸山二郎,《標注訓讀古事記》,〈本文編〉,東京:吉川弘文館,1965 年 12 月。

4. 平氏,《聖德太子傳曆上卷》,收入佛書刊行會編纂,《大日本佛教全書》第一一二冊〈聖德太子傳叢書〉,東京:名著普及會,1987 年 2 月,覆刻版第 2 刷。

5. 北畠親房,《職原抄》,收入物集高見編纂,《新註皇學叢書》第四卷,東京:廣文庫刊行會,1938 年 8 月,初版。

6. 舍人親王,《日本書紀前篇》,收入黑板勝美編,《新訂增補國史大系》,東京:吉川弘文館,2002 年 3 月,普及版第 13 刷。

7. 舍人親王,《日本書紀後篇》,收入黑板勝美編,《新訂增補國史大系》,東京:吉川弘文館,1997 年 4 月,普及版第 14 刷。

8. 東京帝國大學文科大學史料編纂掛,《大日本古文書》(一),東京:東京帝國大學,1901 年 7 月。

9. 阿闍梨皇圓,《扶桑略記》,收入黑板勝美編,《新訂增補國史大系》第十二卷,東京:吉川弘文館,2003 年 9 月,新裝版第 2 刷。

10. 菅野眞道、藤原繼繩等,《續日本紀前篇》,收入黑板勝美編,《新訂增補國史大系》,東京:吉川弘文館,2004 年 4 月,普及版第 26 刷。

11. 菅野眞道、藤原繼繩等,《續日本紀後篇》,收入黑板勝美編,《新訂增補國史大系》,東京:吉川弘文館,2004 年 8 月,普及版第 25 刷。

12. 栫園朝田由豆流,《交替式》,收入黑板勝美編,《新訂增補國史大系》第二十六卷,東京:吉川弘文館,2004 年 12 月,新裝版第 2 刷。

13. 惟宗允亮，《政事要略》，收入黑板勝美編，《新訂增補國史大系》第二十八卷，東京：吉川弘文館，2004 年 3 月，新裝版第 2 刷。

14. 惟宗直本，《令集解前篇》，收入黑板勝美編，《新訂增補國史大系》第二十三卷，東京：吉川弘文館，2004 年 9 月，新裝版第 2 刷。

15. 惟宗直本，《令集解後篇》，收入黑板勝美編，《新訂增補國史大系》第二十四卷，東京：吉川弘文館，2004 年 10 月，新裝版第 2 刷。

16. 著者不詳，杉本行夫註釋，《懷風藻》，東京：弘文堂書房，1943 年 10 月，再版印刷。

17. 著者不詳，《上宮聖德太子傳補闕記》，收入佛書刊行會編纂，《大日本佛教全書》第一一二冊〈聖德太子傳叢書〉，東京：名著普及會，1987 年 2 月，覆刻版第 2 刷。

18. 著者不詳，《上宮聖德法王帝說》，收入佛書刊行會編纂，《大日本佛教全書》第一一二冊〈聖德太子傳叢書〉，東京：名著普及會，1987 年 2 月，覆刻版第 2 刷。

19. 著者不詳，《類聚三代格前篇》，收入黑板勝美編，《新訂增補國史大系》，東京：吉川弘文館，1996 年 4 月，普及版第 9 刷。

20. 著者不詳，《類聚三代格後篇》，收入黑板勝美編，《新訂增補國史大系》，東京：吉川弘文館，1996 年 4 月，普及版第 9 刷。

21. 著者不詳，《類聚符宣抄》，收入黑板勝美編，《新訂增補國史大系》第二十七卷，東京：吉川弘文館，2003 年 5 月，新裝版第 2 刷。

22. 淡海眞人元開，《唐大和上東征傳》一卷，收入佛書刊行會編纂，《大日本佛教全書》第一一三冊〈遊方傳〉，東京：名著普及會，1984 年 7 月，覆刻版第 2 刷

23. 藤原不比等等，《律》，收入黑板勝美編，《新訂增補國史大系（普及版）》東京：吉川弘文館，1998 年 2 月，普及版第 8 刷。

24. 藤原仲麿，《家傳》卷上〈大師（鎌足）傳〉，收入沖森卓也、佐藤信、矢嶋泉，《藤氏家伝：鎌足・貞慧・武智麻呂伝：注釈と研究》，東京：吉川弘文館，1999 年 5 月。

25. 藤原忠平，《延喜式》，收入黑板勝美編，《新訂增補國史大系》第二十六卷，東京：吉川弘文館，2004 年 12 月，新裝版第 2 刷。

26. 藤原時平、菅原道眞、大藏善行、三統理平，《日本三代實錄前篇》，收入黑板勝美編，《新訂增補國史大系》，東京：吉川弘文館，2002 年 3 月，普及版第 12 刷。

27. 藤原時平、菅原道眞、大藏善行、三統理平，《日本三代實錄後篇》，收入黑板勝美編，《新訂增補國史大系》，東京：吉川弘文館，2002 年 3 月，普及版第 12 刷。

二、一般專書

（一）中　文

1. 大庭脩、王曉秋編，《中日文化交流史大系 1．歷史卷》，浙江省：浙江人民出版社，1996 年 11 月，第 1 版第 1 次印刷。

2. 王吉林，《唐代宰相與政治》，臺北：文津出版社，1999 年 6 月，第 1 刷。

3. 王素、陳仲安，《漢唐職官制度研究》，北京：中華書局，1993 年 9 月，第 1 版第 1 刷。

4. 王壽南，《唐代政治史論集》，臺北：臺灣商務印書館，1977 年。

5. 王穎樓，《隋唐官制（公元 581～907)》，四川：四川大學出版社，1995 年，第 1 版。

6. 古正美，《從天王傳統到佛王傳統》，香港：商周出版，2003 年 6 月，初版。

7. 甘懷眞，《皇權、禮儀與經典詮釋：中國古代政治史研究》，臺北：國立臺大出版中心，2004 年 6 月，初版。

8. 池田温、劉俊文編，《中日文化交流史大系 2．法制卷》，浙江省：浙江人民出版社，1996 年 12 月，第 1 版第 1 次印刷。

9. 任育才，《唐型官學體系之研究》，臺北：國五南圖書出版社，2007 年 11 月，初版第 1 刷。

10. 任爽，《唐代禮制研究》，長春：東北師範大學出版社，1999 年 9 月，第 1 版。

11. 余又蓀，《隋唐五代中日關係史》，臺北：臺灣商務印書館，1974 年 5 月，第 2 版。

12. 李天石，《中國中古良賤身份制度研究》，南京：南京師範大學出版社，2004 年 5 月第 1 版。

13. 沈任遠，《隋唐政治制度》，台北：臺灣商務印書館，1977 年 10 月，初版。

14. 吳宗國，《唐代科舉制度研究》，遼寧：遼寧大學出版社，1992 年 12 月，第 1 版第 1 次刷。

15. 吳宗國主編，《第二屆國際華學研究會議論文集》，上海：上海辭書出版社，2003 年 8 月，第 1 版。

16. 李錦綉，《唐代制度史略論稿》，北京：中國政法大學出版社，1998 年 9 月，第 1 次印刷。

17. 卓遵宏，《唐代進士與政治》，台北：國立編譯館，1987 年 3 月，初版。

18. 胡滄澤，《唐代御史制度研究》，台北：文津出版社，1993 年 5 月，初版。

19. 高明士，《日本古代學制與唐制的比較研究》，臺北：學海出版社，1986 年，增訂版第 1 版。

20. 高明士，《東亞古代的政治與教育》，臺北：財團法人喜瑪拉雅研究發展基金會發行，2003 年 5 月，第 2 版。

21. 高明士編，《東亞傳統教育與法制研究（一）教育與政治社會》，臺北：國立臺大出版中心，2005 年 7 月，初版。

22. 高明士編，《東亞傳統教育與法制研究（二）唐律諸問題》，臺北：國立臺大出版中心，2005 年 7 月，初版。

23. 高明士，《中國中古政治的探索》，臺北：五南圖書出版社，2006 年 10 月，初版第 1 刷。

24. 袁剛，《隋唐中樞體制的發展演變》，台北：文津出版社，1994 年 6 月，初版。

25. 孫文良，《中國官制史》，台北：文津出版社，1999 年 7 月，初版第 1 刷。

26. 孫國棟，《唐宋史論叢》，香港·龍門書店，1980 年 1 月，初版。

27. 郭成偉，《唐律與唐代吏治》，北京：中國政法大學出版社，1994 年 8 月，初版第 1 次刷。

28. 陳炳天，《唐代政治制度研究》，台北：臺灣商務印書館，1983 年，初版。

29. 陳寅恪，《隋唐制度淵源略論稿、唐代政治史述論稿》，台北：里仁書局，1994 年 8 月，再版。

30. 張國剛，《唐代政治制度研究論集》，台北：文津出版社，1994 年 5 月，初版。

31. 蒲堅，《中國古代行政立法》，北京：北京大學出版社，1990 年 10 月，第 1 版。

32. 劉后濱，《唐代中書門下體制研究》，濟南：齊魯書社，2004 年 6 月，第 1 版。

33. 劉俊文，《唐代法制研究》，收入高明士編，《隋唐文化研究叢書》歷史篇，臺北：文津出版社，1999 年 6 月，第 1 刷。

34. 雷家驥，《中古史學觀念史》，臺北：臺灣學生書局，1990 年 10 月，初版。

35. 雷家驥，《隋唐中央權力結構及其演進》，台北：東大圖書股份有限公司，1995 年。

36. 楊樹藩，《唐代政制史》，臺北：國立政治大學出版委員會，1967 年，初版。

37. 堀敏一，韓昇譯，《隋唐帝國與東亞》，雲南：雲南人民出版會，2002 年 1 月，第 1 版第 1 次刷。

38. 鄭顯文，《唐代律令制研究》，北京：北京大學出版社，2004 年，第 1 版。

39. 錢穆，《中國歷代政治得失》，台北：東大圖書，1981 年 9 月，再版。

40. 謝元魯，《中央政權決策研究》，台北：文津出版社，1992 年，初版。

41. 閻文儒，《唐代貢舉制度》，陝西：陝西人民出版社，1989 年，第 1 版第 1 次刷。

42. 羅永生，《三省制新探——以隋和唐前期門下省職掌與地位爲中心》，北京：中華書局，2005 年 8 月，第 1 版。

（二）日　文

1. ねずまさし，《天皇家の歷史》上卷，東京：三一書房，1977 年。

2. 八木充，《律令國家成立過程の研究》，東京：塙書房，1968 年，第 1 版。

3. 大山誠一，《古代國家と大化改新》，東京：吉川弘文館，1997 年 10 月，第 4 刷。

4. 小林博，《詳說東洋歷史》上卷，東京：大同館書店，1931 年 4 月，第 3 版。

5. 大津透編，《日唐律令比較研究の新段階》，東京：山川出版社，2008 年 10 月，第 1 版第 1 刷。

6. 山崎丹照，《天皇制の研究》，東京：シュージアム圖書，1997 年 9 月。

7. 大庭脩，《唐告身と日本古代の位階制》，三重：皇學館，2003 年，第 1 版。

8. 井上光貞，《日本古代國家の研究》，東京：岩波書店，1965 年。

9. 井上光貞博士還曆記念會編，《古代史論叢》中卷，東京：吉川弘文館，1978 年。

10. 井上光貞等編，《日本古代史講座（6）・日本律令國家と東アジア》，東京：學生社，1981 年。

11. 井上光貞等編，《東アジア世界における日本古代史講座（5）・隋唐帝國の出現と日本》，東京：學生社，1981 年。

12. 井上光貞、關晃、青木和夫等編，《律令》，收入井上光貞、關晃、青木和夫等編，《日本思想大系 3》，東京：岩波書店，1982 年 12 月。

13. 井上光貞、永原慶二等編,《日本歷史大系》1、原始‧古代編,東京:山川出版社,1991 年 3 月,第 1 版第 2 刷。

14. 井上辰雄,《古代史研究の課題と方法》,東京:圖書刊行會,1988 年。

15. 井上薰教授退官記念會編,《日本古代の國家と宗教》上卷,東京:吉川弘文館,1980 年 5 月。

16. 井上薰教授退官記念會編,《日本古代の國家と宗教》下卷,東京:吉川弘文館,1980 年 5 月。

17. 仁井田陞,《唐令拾遺》,東京:東京大學出版會,1964 年。

18. 仁井田陞,《補訂中國法制史研究》,東京:東京大學出版會,1991 年 4 月,補訂版第 3 刷。

19. 仁井田陞,《唐令拾遺補》,東京:東京大學出版會,1997 年。

20. 仁井田陞追悼論文集編集委員會編,《前近代アジアの法と社會》第一卷,收入仁井田陞追悼論文集編集委員會編,《仁井田陞追悼論文集》,東京:勁草書房,1967 年。

21. 水本浩典,《律令註釋書の系統的研究》,東京:塙書房,1991 年,第 1版。

22. 中田薰,《法制史論集》第一卷,東京:岩波書店,1970 年。

23. 中田薰,《法制史論集》第二卷,東京:岩波書店,1970 年。

24. 中田薰,《法制史論集》第三卷,東京:岩波書店,1973 年。

25. 中田薰,《法制史論集》第四卷,東京:岩波書店,1971 年。

26. 中村裕一,《唐代制勅研究》,東京:汲古書院,1991 年 2 月。

27. 飯倉晴武、中尾堯編,《日本古文書學講座》第二卷〈古代編 1〉,東京:雄山閣,1984 年 7 月。

28. 內藤乾吉,《中國法制史考證》,東京:有斐閣,1963 年 3 月。

29. 北山茂夫,《日本古代政治史の研究》,東京:岩波書店,1963 年 9 月,第 3 刷。

30. 北山茂夫,《大化の改新》,東京:岩波書店,1971 年 1 月,第 13 刷。

31. 石井良助,《天皇——天皇の生成および不親政の傳統》,東京:山川出版,1982 年,第 2 刷。

32. 石井良助,《日本法制史概要》,東京:創文社,1989 年 5 月,第 35 刷。

33. 田中卓,《律令制の諸問題》,東京:圖書刊行會,1986 年 5 月。

34. 石尾芳久,《增補日本古代法の研究》,東京:法律文化社,1960 年 5 月,增補版。

35. 石尾芳久,《日本古代天皇制の研究》,東京:法律文化社,1969 年 7月。

36. 平野邦雄,《大化前代政治過程の研究》,東京:吉川弘文館,1985 年。

37. 布目潮渢,《隋唐史研究——唐朝政權の形成》,京都:京都大學文學部內東洋史研究會,1968 年 10 月。

38. 布目潮渢、栗原益男,《隋唐帝国》,收入《中國の歷史》第四卷,東京:講談社,1974 年 9 月。

39. 早川庄八、朝尾直弘、石井進等編,《岩波講座・日本通史》第三卷〈古代 2〉,東京:岩波書店,1994 年 4 月,第 1 刷。

40. 西嶋定生,《中國古代國家と東アジアの世界》,東京:東京大學,1983 年。

41. 吉川眞司,《律令官僚制の研究》,東京:塙書房,1998 年 2 月,第 1 版。

42. 池內宏,《日本上代史の一研究:日鮮の交涉と日本書紀》,東京:中央公論美術,1970 年。

43. 竹內理三,《律令制と貴族政權》第 I 部,東京:御茶の水書房,1963 年 1 月,第 1 版第 3 刷。

44. 竹內理三博士還曆記念會編,《律令国家と貴族社會》,東京:吉川弘文館,1978 年 3 月。

45. 吉田孝,《律令國家と古代の社會》,東京:岩波書店,1983 年 12 月,第 1 刷。

46. 吉田晶,《日本古代社會構成史論》,東京:塙書房,1983 年。

47. 成清弘和,《日本古代の王位繼承と親族》,東京:岩田書院,1999 年,第 1 刷。

48. 成清弘和,《日本古代の家族、親族——中國との比較を中心として》,東京:岩田書院,2005 年 4 月,第 4 刷。

49. 沈才彬,《天皇と中國皇帝》,收入《東アジアの中の日本歷史》第十三卷,東京:六興出版,1990 年 4 月。

50. 坂本太郎,《大化改新の研究》,東京:至文堂,1943 年 10 月,第 5 版。

51. 坂本太郎,《古典と歷史》,東京:吉川弘文館,1972 年 7 月,第 1 刷。

52. 坂本太郎博士古稀記念會編,《續日本古代史論集》上卷,東京:吉川弘文館,1972 年 7 月,第 1 刷。

53. 坂本太郎博士古稀記念會編,《續日本古代史論集》中卷,東京:吉川弘文館,1972 年 7 月,第 1 刷。

54. 坂本太郎博士古稀記念會編,《續日本古代史論集》下卷,東京:吉川弘文館,1972 年 7 月,第 1 刷。

55. 坂本太郎,《律令制度》,收入氏著,《坂本太郎著作集》第七卷,東京:

吉川弘文館，1991 年 8 月，第 2 刷。

56. 池田温編，《中國禮法と日本律令制》，東京：東方書店，1994 年 4 月，初版第 2 刷。

57. 池田温編，《日本律令制の諸相》，東京：東方書店，2002 年 3 月，初版第 1 刷。

58. 村井康彥，《律令制の虛實》，收入《新書日本史》第二卷，東京：講談社，1976 年 3 月，第 1 刷。

59. 利光三津夫，《律令及び令制の研究》，東京：明治書院，1960 年。

60. 利光三津夫，《日本古代法制史》，東京：慶應通信，1995 年，再版。

61. 佐藤小吉，《奈良朝史》，東京：受驗講座刊行，1930 年。

62. 佐藤貢悦，《古代中國天命思想の展開》，東京：學文社，1996 年 6 月，第 1 版第 1 刷。

63. 佐藤貢悦，《古代中國天命思想の展開》，東京：學文社，1996 年 6 月，第 1 版第 1 刷。

64. 東京大學教養學部日本史研究室，《日本史概說》，東京：東京大學出版會，1987 年 1 月，第 27 刷。

65. 阿部猛、義江明子等編，《日本古代史研究事典》，東京：東京堂，1999 年 3 月，再版。

66. 直木孝次郎，《日本古代國家の構造》，東京：青木書店，1966 年。

67. 直木孝次郎，《古代國家の成立》，收入《日本の歷史》第二卷，東京：中央公論社，1967 年 11 月，第 42 版。

68. 直木孝次郎，《日本古代の氏族と天皇》，東京：塙書房，1974 年，第 1 版第 7 刷。

69. 直木孝次郎，《奈良時代史の諸問題》，東京：塙書房，1978 年。

70. 青木和夫，《日本古代の政治と人物》，東京：吉川弘文館，1977 年。

71. 青木和夫，《奈良の都》，收入《日本の歷史》第三卷，東京：中央公論社，1967 年 11 月，第 39 版。

72. 松本清張，《古代の終焉》，收入《清張通史》第六卷，東京：講談社，2000 年 10 月，第 12 版。

73. 武光誠，《律令太政官制の研究》，東京：吉川弘文館，1999 年 5 月，第 1 刷。

74. 岸俊男，《日本古代政治史研究》，東京：塙書房，1966 年。

75. 岸俊男，《まつりごとの展開》，收入《日本の古代》第七卷，東京：中央公論社，1986 年 12 月，初版。

76. 牧建二，《日本法制史論》，東京：弘文堂，1929 年。

77. 林屋友次郎,《天皇制の歷史的根據》上卷,東京:喜久屋書店,1946年 10 月。

78. 林屋友次郎,《日本古代國家論》,東京:學生社,1972 年。

79. 肥後和男,《天皇史》上卷,東京:富山房,1955 年 12 月。

80. 門脇禎二、甘粕健,《古代專制國家》,收入門脇禎二、甘粕健、黑田俊雄等,《体系・日本歷史》第一卷,東京:日本評論社,1967 年,第 1 版第 1 刷。

81. 岡崎文夫,《隋唐帝國五代史》,東京:平凡社,1995 年。

82. 押部佳周,《日本律令成立の研究》,東京:塙書房,1981 年 11 月。

83. 前川明久,《日本古代氏族と王權の研究》,東京:法政大學出版局,1991 年。

84. 津田左右吉,《津田左右吉全集》第三卷,東京:岩波書店,1986 年 11 月,第 2 刷。

85. 荒松雄等編,《岩波講座・世界歷史 (5)》,東京:岩波書店,1970 年。

86. 荒松雄等編,《岩波講座・世界歷史 (6)》,東京:岩波書店,1971 年。

87. 狩野久編,《日本古代の都城と國家》,東京:塙書房,1984 年 2 月,初版第 1 刷。

88. 南部昇,《日本古代戸籍の研究》,東京:吉川弘文館,1992 年。

89. 神野清一,《律令國家と賤民》,東京:吉川弘文館,1986 年 2 月,第 1 刷。

90. 洞富雄,《天皇不親政の起源》,東京:校倉書房,1979 年 5 月。

91. 唐代史研究會編,《律令制度——中國朝鮮の法と國家》,東京:汲古書院,1986 年。

92. 栗原朋信,《上代日本對外關係の研究》,東京:吉川弘文館,1978 年 9 月。

93. 野村忠夫,《官人制論》,東京:雄山閣,1975 年 5 月。

94. 原秀三郎等編,《大系・日本國家史》第一卷古代,東京:東京大學出版會,1975 年 9 月,第 1 版第 1 刷。

95. 原島禮二,《日本古代王權の形成》,東京:校倉書房,1977 年 9 月,第 1 刷。

96. 原秀三郎、峰岸純夫等編,《大系・日本國家史》第一卷古代,東京:東京大學出版會,1975 年 9 月,第 1 版第 1 刷。

97. 桑原隲藏,《支那法制史論叢》,收入氏著,《桑原隲藏全集》第三卷,東京:岩波書店,1968 年。

98. 笹山晴生編,《日本律令制の構造》,東京:吉川弘文館,2003 年 5 月。

99. 笹山晴生先生還曆記念會編，《日本律令制論集》下卷，東京：吉川弘文館，1993 年 9 月。

100. 細川潤次郎，《古事類苑・官位部二》，東京：吉川弘文館，1982 年 7 月，第 5 版。

101. 唐代史研究會編，《隋唐帝國と東アジア世界》，東京：汲古書院，1979 年。

102. 唐代史研究會，《中国律令制の展開と國家社會との關係》，東京：山川出版社，1984 年。

103. 國史研究會，《岩波講座・日本歷史》第二卷，東京：岩波書店，1968 年。

104. 野村忠夫，《律令政治の諸樣相》，東京：塙書房，1968 年。

105. 野村忠夫，《古代官僚の世界》，東京：塙書房，1969 年 5 月。

106. 野村忠夫，《官人制論》，東京：雄山閣，1975 年 5 月。

107. 笠原英彥，《天皇と官僚（古代王權をめぐる權力の相克）》，東京：PHP研究所，1998 年 12 月。

108. 國學院編纂，《法制論纂》，東京：大日本圖書，1903 年 4 月，第 1 刷。

109. 湊敏郎，《姓と日本古代國家》，東京：吉川弘文館，1989 年。

110. 森克己，《日本歷史新書遣唐使》，東京：至文堂，1955 年 10 月。

111. 朝枝善照編，《律令國家と佛教》，東京：雄山閣，1994 年 7 月。

112. 曾我部靜雄，《日中律令論》，東京：吉川弘文館，1963 年。

113. 曾我部靜雄，《律令を中心とした日中關係史の研究》，東京：吉川弘文館，1970 年 9 月，再版。

114. 曾我部靜雄，《中國律令史の研究》，東京：吉川弘文館，1971 年 12 月。

115. 黑板勝美編，《公卿補任第一篇》，收入黑板勝美編，《新訂增補國史大系》第五十三卷，東京：吉川弘文館，2005 年 1 月，新裝版第 2 刷。

116. 滋賀秀三，《中國家族法の原理》，東京：創文社，1949 年。

117. 新川登龜男，《道教をめぐる攻防》，東京：大修館書店，1999 年 6 月。

118. 鈴木榮太郎，《日本農村社會學原理》第八章第三節〈通婚圈〉，東京：時潮社，1940 年。

119. 楊永良《日本古代大權の祭祀と儀式》，台北：致良，1989 年。

120. 筧敏生，《古代王權と律令國家》，東京：校倉書房，2002 年。

121. 塩澤君夫，《古代專制國家の構造》，東京：御茶の水書房，1969 年 11 月，第 4 刷。

122. 熊谷公男，《大王から天皇へ》，收入《日本の歷史》第三卷，東京：公

談社，2001 年 1 月，第 1 刷。

123. 廣池千九郎，《東洋法制史研究》，東京：創文社，1983 年 10 月。

124. 榎村寬之，《律令天皇制祭祀の研究》，東京：塙書房，1996 年 2 月，第 1 版第 1 刷。

125. 築山治三郎，《唐代政治制度の研究》，大阪：創元社，1967 年 3 月，第 1 版。

126. 黛弘道，《律令國家成立史の研究》，東京：吉川弘文館，1982 年 12 月。

127. 藤原明久、牧英正，《日本法制史》，東京：青林書院，1995 年 11 月。

128. 魏晉南北朝隋唐時代史の基本問題編集委員會，《魏晉南北朝隋唐史の基本問題》，東京：汲古書院，1997 年 6 月。

129. 藤間生大，《日本古代國家》，東京：伊藤書店，1946 年。

130. 關晃先生古稀記念會編，《律令國家の構造》，東京：吉川弘文館，1989 年 1 月。

131. 關晃，《日本古代國家》上，收入氏著，《關晃著作集》第二卷，東京：吉川弘文館，1996 年 10 月。

132. 關晃，《日本古代國家》下，收入氏著，《關晃著作集》第二卷，東京：吉川弘文館，1996 年 11 月。

133. 東京：公談社，2001 年 1 月，第 1 刷。

134. 礪波護，《唐代政治社會史研究》，京都：同朋舍出版，1986 年 2 月，初版。

135. 礪波護，《唐の行政機構と官僚》，東京：中央公論社，1998 年 8 月。

136. 瀧川政治郎，《日本法制史》，東京：有斐閣，1930 年，再版。

137. 瀧川政治郎，《律令の研究》，東京：刀江書院，1931 年 9 月，再版。

138. 瀧川政次郎，《支那法制史研究》，東京：有斐閣，1940 年 4 月。

三、論　文

（一）中　文

1. 大津透著，王啓、張玉元譯，〈日本天皇制對唐律令與禮的承襲〉第二章，收入池田溫、劉俊文編，《中日文化交流史大系 2·法制卷》，浙江省：浙江人民出版社，1996 年 12 月，第 1 版第 1 次印刷。

2. 毛漢光，〈論唐代制書程式上的官職〉，收入中國文化大學，《第二屆國際華學研究會議論文集》，臺北：中國文化大學文學院，1991 年 12 月。

3. 毛漢光，〈論唐代之封駁〉，收入國立中正大學，《國立中正大學學報》人文分冊，第一期第三卷，嘉義：國立中正大學出版，1992 年。

4. 甘懷眞，〈日本江戶時代儒者的「天下」觀念：以會澤安《新論》爲例〉，收入張寶三、楊儒賓編，《日本漢學研究續探：思想文化篇》，臺北：國立臺大出版中心，2005 年，初版。

5. 甘懷眞，〈從天下觀到律令制的成立：日本古代王權發展的一側面〉，收入高明士編，《東亞傳統教育與法制研究（一）教育與政治社會》，臺北：國立臺大出版中心，2005 年 7 月，初版。

6. 吳宗國，〈隋與唐前期的宰相制度〉，收入吳宗國主編，《第二屆國際華學研究會議論文集》，上海：上海辭書出版社，2003 年 8 月，第 1 版。

7. 高明士，〈東亞古代的明法與律學教育〉，收入高明士編，《東亞傳統教育與法制研究（一）教育與政治社會》，臺北：國立臺大出版中心，2005 年 7 月，初版。

8. 陳登武，〈唐律對於「上書奏事」的相關規範──兼論唐代的「欺君罔上」〉，收入高明士編，《東亞傳統教育與法制研究（二）唐律諸問題》，臺北：國立臺大出版中心，2005 年 7 月，初版。

9. 葉煒，〈隋與唐前期的門下省〉，收入吳宗國主編，《第二屆國際華學研究會議論文集》，上海：上海辭書出版社，2003 年 8 月，第 1 版。

10. 劉后濱，〈唐前期中書省地位的變化與中書門下體制的建立〉，收入吳宗國主編，《第二屆國際華學研究會議論文集》，上海：上海辭書出版社，2003 年 8 月，第 1 版。

11. 劉后濱，〈隋與唐前期的中書省〉，收入吳宗國主編，《第二屆國際華學研究會議論文集》，上海：上海辭書出版社，2003 年 8 月，第 1 版。

12. 雷聞，〈隋與唐前期的尚書省〉，收入吳宗國主編，《第二屆國際華學研究會議論文集》，上海：上海辭書出版社，2003 年 8 月，第 1 版。

13. 嚴耕望，〈論唐代尚書省之職權與地位〉，收入國立中央研究院歷史語言研究所集刊編輯委員會，《國立中央研究院歷史語言研究所集刊》第二十四本一冊，台北：國立中央研究院歷史語言研究所，1953 年 6 月，初版。

（二）日 文

1. 大谷明稔，〈天智、天武部族抗爭の結末・古代國家に關する研究（四）〉，收入柏原高等學校，《研究紀要》第八號，1998 年 10 月。

2. 小幡みちる，〈日本古代の道教受容に關する一考察〉，收入早稻田大學大學院，《文學研究科紀要》第五十，2005 年 2 月。

3. 小幡みちる，〈八世紀後半の日唐關係と道教〉，收入早稻田大學大學院，《文學研究科紀要》第二十九輯，2007 年 12 月。

4. 今江広道，〈公式樣文書（2）〉，收入飯倉晴武、中尾堯編，《日本古文書學講座》第二卷〈古代編 1〉，東京：雄山閣，1984 年 8 月。

5. 西岡虎之助，〈古代前期總説〉，收入《新日本史講座》第一回，1952 年10 月。

6. 西岡虎之助，〈古代後期總説〉，收入《新日本史講座》第六回，1949 年8 月。

7. 大隅清陽，〈儀制令と律令國家〉，收入池田溫編，《中國禮法と日本律令制》，東京：東方書店，1994 年 4 月，初版第 2 刷。

8. 井上光貞，〈律令國家群の形成〉，收入荒松雄等編，《岩波講座・世界歷史（6）》，東京：岩波書店，1971 年。

9. 中田薫，〈養老令官制の研究〉，收入氏著，《法制史論集》第三卷，東京：岩波書店，1943 年。

10. 中田薫，〈養老戶令應分條の研究〉，收入氏著，《法制史論集》第一卷，東京：岩波書店，1970 年。

11. 今江廣道，〈公式樣文書（2）太政官文書・上申文書〉，收入飯倉晴武、中尾堯編，《日本古文書學講座》第二卷〈古代編 1〉，東京：雄山閣，1984 年 8 月。

12. 今江廣道，〈內侍宣・口宣案〉，收入飯倉晴武、中尾堯編，《日本古文書學講座》第三卷〈古代編 2〉，東京：雄山閣，1984 年 9 月。

13. 中村直勝，〈文書の形式より觀たる神祇官の地位〉，收入栗原武平編集，《期刊、寧樂》第七號，奈良：寧樂發行所，1927 年 1 月。

14. 早川庄八，〈律令太政官制の成立〉，收入坂本太郎博士古稀記念會編，《續日本古代史論集》上卷，東京：吉川弘文館，1972 年 7 月 1 日。

15. 早川庄八，〈制について〉，收入井上光貞博士還曆記念會編，《古代史論叢》中卷，東京：吉川弘文館，1978 年。

16. 早川庄八，〈律令法と天皇〉第一節，收入井上光貞、永原慶二等編，《日本歷史大系》1、原始・古代編，東京：山川出版社，1991 年 3 月，第 1版第 2 刷。

17. 早川庄八，〈律令國家の權力機構〉第二節，收入井上光貞、永原慶二等編，《日本歷史大系》1、原始・古代編，東京：山川出版社，1991 年3 月，第 1 版第 2 刷，〈律令國家の展開・律令國家と社會〉第二篇第二章。

18. 竹內理三，〈國政文書〉，收入飯倉晴武、中尾堯編，《日本古文書學講座》第二卷〈古代編 1〉，東京：雄山閣，1984 年 7 月。

19. 吉田孝，〈隋唐帝國と日本の律令國家〉，收入唐代史研究會編，《隋唐帝國と東アジア世界》，東京：汲古書院，1979 年。

20. 池田溫，〈律令官制の形成〉，收入荒松雄等編，《岩波講座・世界歷史（5）》，東京：岩波書店，1970 年。

21. 池田温,〈唐令と日本令〉,收入池田温編,《中國禮法と日本律令制》,
東京:東方書店,1994 年 4 月,初版第 2 刷。

22. 伊豆公夫,〈天皇支配の成立過程〉,收入《新日本史講座》第十一回,
東京:中央公論社,1951 年 2 月。

23. 成清弘和,〈大后と大兄〉,《續日本紀研究》第二三四號,1984 年 8 月,
收入氏著《日本古代の王位繼承と親族》,東京:岩田書院,1999 年,
第 1 刷。

24. 成清弘和,〈日本古代王位繼承法試論〉,《日本書紀研究》第二十一冊,
東京:塙書房,1997 年 6 月,收入氏著《日本古代の王位繼承と親族》,
東京:岩田書院,1999 年,第 1 刷。

25. 坂上康俊,〈詔書・勅旨と天皇〉,收入池田温編,《中國禮法と日本律令
制》,東京:東方書店,1994 年 4 月,初版第 2 刷。

26. 坂上康俊,〈符・官符・政務處理〉,收入池田温編,《日本律令制の諸
相》,東京:東方書店,2002 年 3 月,初版第 1 刷。

27. 佐藤宗諄,〈律令太政官制と天皇〉,收入原秀三郎等編,《大系・日本國
家史》第一卷古代,東京:東京大學出版會,1975 年 9 月,第 1 版第 1
刷。

28. 青木和夫,〈日本律令國家〉,收入井上光貞等編,《日本古代史講座
(6)・日本律令國家と東アジア》,東京:學生社,1981 年。

29. 岡田精司,〈古代國家と宗教〉,收入朝枝善照編,《律令國家と佛教》,
東京:雄山閣,1994 年 7 月。

30. 門脇禎二,〈「大化改新」から壬申の亂へ〉,收入井上光貞等編,《東ア
ジア世界における日本古代史講座(5)・隋唐帝國の出現と日本》,東
京:學生社,1981 年。

31. 津田左右吉,〈上代日本の道德生活〉第三篇,收入氏著,《津田左右吉
全集》第三卷,東京:岩波書店,1986 年 11 月,第 2 刷。

32. 津田左右吉,〈大化改新の研究〉第二篇,收入氏著,《津田左右吉全集》
第三卷,東京:岩波書店,1986 年 11 月,第 2 刷。

33. 柳雄太郎,〈太政官における四等官構成について〉,收入日本歷史學會
編,《日本歷史》第三二四號,1975 年 5 月。

34. 倉本一宏,〈律令制成立期の「皇親政治」〉,收入笹山晴生先生還曆記念
會編,《日本律令制論集》下卷,東京:吉川弘文館,1993 年 9 月。

35. 鬼頭清明,〈日本における朝堂院の成立〉,收入狩野久編,《日本古代の
都城と國家》,東京:塙書房,1984 年 2 月,初版第 1 刷。

36. 高橋富雄,〈皇親官僚成立の意義〉,收入歷史學研究會編,《歷史學研
究》第二二八號,岩波書店,1959 年 2 月。

37. 菊池克美，〈神祇令における法繼受の問題〉，收入池田温編，《中國禮法と日本律令制》，東京：東方書店，1994 年 4 月，初版第 2 刷。

38. 菊池英夫，〈律令法系の特質の成立過程について－禮と法と刑と兵－〉第二節，收入唐代史研究會，《中国律令制の展開と國家社會との關係》，東京：山川出版社，1984 年，〈中國律令法の展開〉第一章。

39. 陳淑慧，〈日本古代太政官制度の研究〉，文化大學日文系碩士論文，1994 年。

40. 飯田瑞穗，〈太政官奏について〉，收入日本歷史學會編，《日本歷史》第三八一號，1980 年 2 月。

41. 森克己，〈古代後期の政治と外交〉，收入《新日本史講座》第十二回，東京：中央公論社，1951 年 12 月。

42. 朝枝善照，〈日本古代における佛教受容の一考察〉，收入朝枝善照編，《律令國家と佛教》，東京：雄山閣，1994 年 7 月。

43. 飯倉晴武，〈公式樣文書（1）〉，收入飯倉晴武、中尾堯編，《日本古文書學講座》第二卷〈古代編 1〉，東京：雄山閣，1984 年 8 月。

44. 黛弘道，〈中務省に關する一考察〉，收入學習院大學文學部編，《學習院大學文學部研究年報》第十八號，1971 年。

45. 關口裕子，〈律令國家における嫡庶子制について〉，收入日本史研究會編，《日本史研究》第一○五號。

46. 關晃，〈大化改新と天皇權力〉，收入歷史學研究會編，《歷史學研究》第二二八號，岩波書店，1959 年 3 月。

47. 關晃，〈律令國家と天命思想〉，收入東北大學日本文化研究所，《日本文化研究所研究報告》第十三集，1977 年 3 月。

48. 瀧川政次郎，〈奴隸賤民論〉，收入《新日本史講座》第三回，1952 年 12 月。